Der Ersatz vergeblicher Aufwendungen im modernisierten Schuldrecht

Schriften zum Handels- und Wirtschaftsrecht

Herausgegeben von
Herbert Leßmann und Ralph Backhaus

Band 16

PETER LANG
Frankfurt am Main · Berlin · Bern · Bruxelles · New York · Oxford · Wien

Christine Bunzel

Der Ersatz vergeblicher Aufwendungen im modernisierten Schuldrecht

PETER LANG
Internationaler Verlag der Wissenschaften

Bibliografische Information der Deutschen Nationalbibliothek
Die Deutsche Nationalbibliothek verzeichnet diese Publikation in der Deutschen Nationalbibliografie; detaillierte bibliografische Daten sind im Internet über <http://www.d-nb.de> abrufbar.

Zugl.: Marburg, Univ., Diss., 2006

D 4
ISSN 1439-4189
ISBN 978-3-631-56162-1

www.peterlang.de

Vorwort

Der Impuls zur Thematik der vorliegenden Arbeit ging von meinem Doktorvater, Herrn Prof. Dr. Ralph Backhaus, aus. Hierfür sowie für seine förderlichen Anregungen während des Entstehensprozesses schulde ich ihm großen Dank. Herzlich bedanken möchte ich mich auch bei Herrn Prof. Dr. Stephan Buchholz für die zügige Zweitkorrektur.

„*Frustrierte Aufwendungen*" waren zwar das Thema dieser Arbeit, dass sie nicht auch zu ihrem Motto wurden, verdanke ich lieben Mitmenschen. Dank gebührt insbesondere meiner Schwester, Marianne Bunzel, und Eva C. Hardegen für ihren tatkräftigen Einsatz und ihre Leidensbereitschaft.

Ohne die Unterstützung moralischer und finanzieller Art durch meine Eltern, Hannelore und Dr. Gerd Bunzel, sowie meiner lieben Tante, Frau Ilse Gerhardt, hätte es diese Arbeit mit Sicherheit nicht gegeben. Ihnen möchte ich sie daher in großer Dankbarkeit widmen.

Christine Bunzel

Inhaltsverzeichnis

Literatur

Alternativkommentar: Band 3 Besonderes Schuldrecht §§ 433 – 853, Neuwied 1979. (Zitiert: Bearbeiter-AK)

Altmeppen, Holger: „Nochmals: Untaugliche Regeln zum Vertrauensschaden und Erfüllungsinteresse im Schuldrechtsmodernisierungsentwurf", DB 2001, 1399.

ders. „Schadensersatz wegen Pflichtverletzung, anfängliche Unmöglichkeit und Aufwendungsersatz im Entwurf des Schuldrechtsmodernisierungs-gesetzes - Replik auf Canaris", DB 2001, 1815 - DB 2001, 1821.

Amann, Hermann/ Brambring, Günter/Hertel, Christian: „Vertragspraxis nach neuem Schuldrecht", 2. Aufl., München 2003. (Zitiert: Bearbeiter in Vertragspraxis nach neuem Schuldrecht)

American Law Institute (Hersg.): „Restatement of the Law – Contracts", St. Paul (USA) 1932.

ders. „Restatement of the Law Second – Contracts", St. Paul (USA) 1979.

Ballerstedt, Kurt: „Zur Haftung für culpa in contrahendo bei Geschäftsabschluss durch Stellvertreter", AcP 151, 501.

ders. „Anmerkung zu BAG, Urt. v.7.6.1968 (1 AZR 276/62)", JZ 1964, 325.

Bamberger, Heinz Georg/Roth, Herbert (Hersg.): „Kommentar zum Bürgerlichen Gesetzbuch", Band 1 (§§ 1-160), München 2003. (Zitiert: Bearbeiter in Bamberger/ Roth)

Baumert, Georg: „Tatbestand und Haftungsmaßstab der einzelnen Pflichten bei der culpa in Contrahendo", Berlin 1955. (Zitiert: Baumert, Tatbestand und Haftungsmaßstab bei der c.i.c.)

Baur, Fritz: „Einige Bemerkungen zum Stand des Schadensausgleichsrechts", in: Festschrift für Ludwig Raiser, S. 119, Tübingen 1974. (Zitiert: Baur in FS für Raiser)

Baur, Jürgen/ Stürner, Rolf: „Lehrbuch des Sachenrechts", 17. Aufl., München 1999. (Zitiert: Baur/ Stürner, Sachenrecht)

Beuthien, Volker: „Leistung und Aufwendung im Dreiecksverhältnis - Grenzen des Handelns im Doppelinteresse", JuS 1987, 841.

ders. „Zweckerreichung und Zweckstörung im Schuldverhältnis", Tübingen 1969.

Bickenbach, Wilfried: „Die Haftung für culpa in contrahendo des Vertreters nach BGB", Köln 1934. (Zitiert: Bickenbach, Haftung für c.i.c.)

Birmingham, Robert: „Notes on the Reliance Interest", 60 Washington Law Review, S. 217 (1985).

Blomeyer, Jürgen: „Nochmals: Zum Herausgabeanspruch des Vorbehaltsverkäufers", DB 1969, 2117.

Boerner, Dietmar: „Kaufrechtliche Sachmängelhaftung und Schuldrechtsreform“, ZiP 2001, 2264.

Bohrer, Michael: „Die Haftung des Dispositionsgaranten“, Ebelsbach 1980.

Brambring, Günter: „Schuldrechtsreform und Grundstückskaufvertrag“, DNotZ 2001, 590.

Braschos, Franz-Joseph: „Der immaterielle Schaden im Vertragsrecht“, Köln 1979.

Brinker, Jürgen: „Die Dogmatik zum Vermögensschadensersatz“, Berlin 1982.

Brockhaus/ Brockhaus Enzyklopädie, 19. Aufl., Mannheim 1994.

Bullinger, Martin: „Leistungsstörungen beim öffentlich-rechtlichen Vertrag“, DÖV 1977, 812.

Bundesminister der Justiz (Hersg.): „Abschlussbericht der Kommission zur Überarbeitung des Schuldrechts“, Köln 1992. (Zitiert: Abschlußbericht)

Canaris, Claus - Wilhelm: „Äquivalenzvermutung und Äquivalenzstörung im Leistungsstörungsrecht“, in: Festschrift für Herbert Wiedemann, S.3, München 2002. (Zitiert: Canaris in FS für Wiedemann)

ders. „Die Vertrauenshaftung im deutschen Privatrecht“, 2. Aufl., München 1981. (Zitiert: Canaris, Vertrauenshaftung)

ders. „Die Schadensersatzpflicht der Kreditinstitute für eine unrichtige Finanzierungsbestätigung als ein Fall der Vertrauenshaftung“, in: Festschrift für Herbert Schimansky, S.45, Köln 1999. (Zitiert: Canaris in FS für Schimansky)

ders. „Die Vertrauenshaftung im Lichte der Rechtsprechung des Bundesgerichtshofs“, in: 50 Jahre Bundesgerichtshof – Festgabe aus der Wissenschaft, Band I Bürgerliches Recht, S. 129, München 2000. (Zitiert: Canaris in Festgabe für BGH)

ders. „Die Reform des Rechts der Leistungsstörungen“, JZ 2001, 499.

ders. „Das allgemeine Leistungsstörungsrecht im Schuldrechtsmodernisierungsgesetz“, ZRP 2001, 329.

ders. „Schuldrechtsmodernisierung 2002“, München 2002.

Cooter, Robert/Eisenberg, Aron: „Damages for Breach of Contract”, 73 Calif. L. Rev. (1985), 1432.

Däubler, Wolfgang: „BGB – Kompakt“, 2. Aufl., München 2003.

ders. „Neues Schuldrecht - ein erster Überblick“, NJW 2001, 3729.

Dauner-Lieb, Barbara/Heidel, Thomas (Hersg.): „Anwaltskommentar Schuldrecht“, Bonn 2002. (Zitiert: Bearbeiter-AnwKom)

Dauner-Lieb, Barbara/Heidel, Thomas/Lepa, Manfred/Ring, Gerhard (Hersg.:): „Das Neue Schuldrecht, Ein Lehrbuch“, Bonn 2002. (Zitiert: Bearbeiter in Das neue Schuldrecht – ein Lehrbuch)

Dauner-Lieb, Barbara/ Dötsch, Wolfgang: „Schuldrechtsreform: Haftungsgefahren für Zwischenhändler nach neuem Recht?“, DB 2001, 2535.

Deckers, Stefan: „Sind Kosten der Rückabwicklung des Kaufvertrages Vertragskosten i.S. von § 467 S. 2 BGB?“, NJW 1997, 158.

Derleder, Peter: „Der Wechsel zwischen den Gläubigerrechten bei Leistungsstörungen und Mängeln“, NJW 2003, 998.

Deutsch, Ernst: „Allgemeines Haftungsrecht“, 2. Aufl., Köln 1996.

Dietrich, Frank: „Schließt § 253 BGB den Ersatz immaterieller Personenschäden auch bei pVV und cic aus?“, MDR 1994, 525.

Dorn, Horst: „Arbeitsleistung und Aufwendungsersatz“, JZ 1964, 93.

Dötsch, Wolfgang: „Neues Leistungsstörungsrecht – Noch einmal: Burra“, ZGS 2002, 160.

Eckert, Hans-Werner: „Die Risikoverteilung im Pauschalreiserecht“, Neuwied 1988.

Ehmann, Horst/ Sutschet, Holger: „Modernisiertes Schuldrecht“, München 2002.

Eichler, Hermann: „Die Rechtslehre vom Vertrauen“, Tübingen 1950.

Einem, Cornelia von: „Der Ersatz von Vertragskosten gemäß § 467 Satz 2 BGB“, Frankfurt am Main 1987.

Emmerich, Volker: „Zur Ersatzfähigkeit nutzloser Aufwendungen des Mieters, Anmerkung zu BGH Urteil v. 10.12.1986 – VIII ZR 349/85“, JuS 1987, 489.

ders. „Das Recht der Leistungsstörungen“, 6. Aufl., München 2005.

Erman: „Bürgerliche Gesetzbuch, Handkommentar“, Band 1, 11. Aufl., Münster/ Köln 2004 (zum BGB a.F.: Band 1, 10. Aufl., Münster/ Köln 2000), Band 2, 10. Aufl., Münster/ Köln 2000. (Zitiert: Bearbeiter-Erman).

Esser, Josef/Schmidt, Eike: „Schuldrecht I, Allgemeiner Teil“, 8. Aufl., Heidelberg 2000.

Esser, Josef/Weyers, Hans-Leo: „Schuldrecht II, Besonderer Teil“, 8. Aufl., Heidelberg 2000.

Faust, Florian: „Die Vorhersehbarkeit des Schadens gem. Art. 74 Satz 2 UN-Kaufrecht (CISG)“, Tübingen 1996.

Fikentscher, Wolfgang: „Schuldrecht“, 9. Aufl., Berlin 1997.

Flume, Werner: „Allgemeiner Teil des Bürgerlichen Rechts, 2. Band, Das Rechtsgeschäft“, 3. Aufl., Berlin Heidelberg 1979.

Fritzsche, Jörg/Schmidt, Steffen: „Anmerkung zu BGH Urteil v. 26.03. 1999 (V ZR 364/97, Düsseldorf)“, WuV IV A. § 249 3.99.

Frost, Marina: „ ‚Vorvertragliche' und ‚Vertragliche' Schutzpflichten“, Berlin 1981.

Führich, Ernst: „Reiserecht, Handbuch des Reisevertrags-, Reiseversicherungs- und Individualreiserechts“, 3. Aufl., Heidelberg 1998.

Fuller, L.L./Perdue, William R.: „The Reliance Interest in Contract Damages:1", The Yale Law Journal 1936, 52. / „The Reliance Interest in Contract Damages:2", The Yale Law Journal 1937, 373.

Gernhuber, Joachim: „Das Schuldverhältnis", Tübingen 1989.

Gillig, Franz-Peter: „Nichterfüllung und Sachmängelgewährleistung", Tübingen 1984.

Glaß, Eberhard: „Gefahrtragung und Haftung beim gesetzlichen Rücktritt", Berlin 1959.

Grigoleit, Hans: „Neuregelung des Ausgleichs "frustrierter" Aufwendungen (§ 284 BGB): Das ausgefallene Musical", ZGS 2002, 122.

Grunewald, Barbara: „Die Haftung eines Experten für seine Expertise gegenüber Dritten", AcP 187, 285.

dies.: „Die Loslösung vom nicht erwartungsgemäßen Vertrag", in: Festschrift für Herbert Wiedemann, S.75, München 2002. (Zitiert: Grunewald in FS für Wiedemann).

Grunsky, Wolfgang: „Kurzkommentar zu BGH, Urt. v. 22.10. 1999 (V ZR 401/98)", EwiR 2000, 117.

ders.: „Schuldrecht Besonderer Teil", 4. Aufl., Heidelberg 2002. (Zitiert: Grunsky, Schuldrecht BT)

ders.: „Entgangene Urlaubszeit als Vermögensschaden", NJW 1975, 609.

ders.: „Aktuelle Probleme zum Begriff des Vermögensschadens", Bad Homburg v.d.H. 1968.

ders.: „Besprechung von Georg Müller, Der Ersatz entwerteter Aufwendungen", AcP 192, 251.

Gsell, Beate: „Aufwendungsersatz nach § 284", in: Das neue Schuldrecht in der Praxis, Köln 2003, Dauner-Lieb/ Konzen/ Schmidt (Hersg.). (Zitiert: Gsell, Aufwendungsersatz nach § 284)

dies.: „Der Schadensersatz statt der Leistung nach dem neuen Schuldrecht", in: Jahrbuch junger Zivilrechtswissenschaftler 2001, Das Neue Schuldrecht, S. 105, Stuttgart 2001. (Zitiert: Gsell, Der Schadensersatz statt der Leistung nach dem neuen Schuldrecht)

Haas, Lothar/ Medicus, Dieter/ Rolland, Walter/Schäfer, Carsten/ Wendtland, Holger: „Das neue Schuldrecht", München 2002. (Zitiert: Bearbeiter in Das neue Schuldrecht)

Hagen, Horst: „Fort- oder Fehlentwicklung des Schadensbegriffs? - BGH (GSZ)", NJW 1968, 1823, JuS 1969, 61.

Hanau, Peter/Wackerbarth, Ulrich: „Positives und negatives Interesse in Arbeitsrecht und Zivilrecht in der Entwicklung", Festschrift für Hyung-Bae Kim, S.205, Berlin 1995.

Hansen, Wilhelm Matthias: „Normativer Schadensbegriff und Schadensberechnung", Karlsruhe 1977.

Harke, Jan Dirk: „Positives als negatives Interesse, Beweiserleichterung beim Vertrauensschaden", JR 2003, 1.

Hartmann, Nicolai: „Ethik", 4. Aufl., Berlin 1962.

Hattenhauer, Christian: „Der Ersatz von Untersuchungskosten bei mangelhafter Kaufsache", VUR 1999, 179.

Hay, Peter: „U.S.-Amerikanisches Recht", 2. Aufl., München 2002.

Heintzmann, Walter/Heintzmann, Volker: „Leitfaden zur Schuldrechtsmodernisierung und Zivilprozessreform", Heidelberg 2002.

Hellwig, (ohne Vorname): „Über die Grenzen der Vertragsmöglichkeit", AcP 86, 223.

Henke, Horst-Eberhard: „Die Bewältigung des Mitverschuldens – eine anspruchsvolle juristische Technik", JuS 1991, 265.

ders.: „Mitverursachung und Mitverschulden – Wer den Schaden herausfordert, muß den Schädiger schonen", JuS 1988, 753.

Henssler, Martin/Westphalen, Friedrich Graf von: „Praxis der Schuldrechtsreform", 2. Aufl., Köln 2003. (Zitiert: Bearbeiter in Praxis der Schuldrechtsreform)

Hirsch, Christoph: „Allgemeines Schuldrecht", 4. Aufl., Köln 2003.

Hoeren, Thomas/Martinek, Michael (Hersg.): „Systematischer Kommentar zum Kaufrecht", Recklinghausen 2002. (Zitiert: Bearbeiter-SKK)

Hoffmann, Jan: „Verbrauchsgüterkaufrechtsrichtlinie und Schuldrechtsmodernisierungsgesetz", ZRP 2001, 347.

Hohloch, Gerhard: „'Vertrauenshaftung' – Beginn einer Konkretisierung?", NJW 1979, 2369.

Hohloch, Gerhard: „Allgemeines Schadensrecht, Empfiehlt sich eine Neufassung der gesetzlichen Regelung des Schadensrecht?" in: Bundesministerium der Justiz (Hersg.), Gutachten und Vorschläge zur Überarbeitung des Schuldrecht, Bd.I, S. 375, Köln 1981.

Holder, E. (ohne Vorname): „Zur Lehre von der Haftung für Verzug, Unmöglichkeit und Unvermögen", DR 1911, Sp.673.

Honsell, Heinrich: „Die misslungene Urlaubsreise – BGHZ 63, 98", JuS 1976, 222.

Horwitz, Morton J.: „Historical Foundations of Modern Contract Law", 87 Harvard L.Rev. 917 (1974).

Huber, Peter/Faust, Florian: „Schuldrechtsmodernisierung - Einführung in das neue Recht", München 2002.

Huber, Ulrich: „Zur Haftung des Verkäufers wegen positiver Vertragsverletzung", AcP 177, 281.

ders.: „Handbuch des Schuldrechts, Band II, Leistungsstörungen", Tübingen 1999.

Hudec, Robert E.: „Restating the „Reliance Interest", 67 Cornell Law Review (1982), 704.

Ihering, Rudolf von:„Ein Rechtsgutachten“, Iherings Jahrbücher 18 (1880), 1.

ders.: „Culpa in Contrahendo oder Schadensersatz bei nichtigen oder nicht zur Perfection gelangten Verträgen“, Iherings Jahrbücher 4 (1861), 1.

Jauernig, Othmar (Hrsg.): „Bürgerliches Gesetzbuch“, 11. Aufl., München 2004. (Zitiert: Bearbeiter-Jauernig)

Jorden, Simone/Lehmann, Michael: „Verbrauchsgüterkauf und Schuldrechtsmodernisierung“, JZ 2001, 952.

Kaiser, Dagmar: „Die Rückabwicklung gegenseitiger Verträge wegen Nicht- und Schlechterfüllung nach BGB: Rücktritts-, Bereicherungs- und Schadensersatzrecht“, Tübingen, 2000.

Keller, Max: „Das negative Interesse im Verhältnis zum positiven Interesse“, Aarau 1948.

Kelly, Michael B.: „The Phantome Reliance Interest in Contract Damages”, Wis. L. Rev. 1992, 1755.

Keuk, Brigitte: „Vermögensschaden und Interesse“, Bonn 1972.

Klatt, Heinz: „Fremdenverkehrsrechtliche Entscheidungen“, Band 10, Köln, Berlin 1978.

Knothe, Hans-Georg: „Ersatz nutzloser Aufwendungen und Rentabilitätsvermutung“, EWiR 1992, 441.

ders.: „Anmerkung zu BGH Urteil v. 19.04.1991 (V ZR 22/90)“, EwiR 1992, 441.

Köhler, Helmut: „Unmöglichkeit und Geschäftsgrundlage bei Zweckstörungen im Schuld-verhältnis“, München 1971. (Zitiert: Köhler, Unmöglichkeit und Geschäftsgrundlage bei Zweckstörungen)

ders.: „Fälle zum neuen Schuldrecht“, München 2002. (Zitiert: Köhler, Fälle zum neuen Schuldrecht)

Köhler, Helmut: „Arbeitsleistungen als ‚Aufwendungen'?“ JZ 1985, 359.

Kohler, Jürgen:„Die gestörte Rückabwicklung gescheiterter Austauschverträge“, Köln 1989.

Kohte, Wolfhard/Micklitz, Hans-W./ Rott, Peter/ Tonner, Klaus/Willingmann, Armin: „Das neue Schuldrecht, Kompaktkommentar“, Neuwied 2003. (Zitiert: Bearbeiter in Kompaktkommentar)

Koller, Ingo: „Die Risikozurechnung bei Vertragsstörungen in Austauschverträgen“, München 1979.

Koller, Ingo/Roth, Herbert/Zimmermann, Reinhard: „Schuldrechtsmodernisierungsgesetz 2002“, München 2002. (Zitiert: Bearbeiter in Schuldrechtsmodernisierungsgesetz 2002)

Köndgen, Johannes: „Selbstbindung ohne Vertrag“, Tübingen 1981.

ders.: „Ökonomische Aspekte des Schadensproblems“, AcP 177, 1.

Köndgen, Johannes/Randow, Philipp: „Sanktionen bei Vertragsverletzungen“, in: Allokationseffiziens in der Rechtsordnung, Schäfer, Hans-Bernd/Ott, Claus (Hersg.), Berlin, Heidelberg 1989.

Kropholler, Jan: „Studienkommentar", 9. Aufl., München 2006. (zum BGB a.F.: 4. Aufl. 2000)

Kübel, Franz von: „Philipp und Hilfsarbeiter, Die Vorentwürfe der Redaktoren zum BGB, Recht der Schuldverhältnisse Teil 2, Besonderer Teil", unveränderter Nachdruck der Ausgaben aus den Jahren 1876-1883, Werner Schubert (Hersg.), Berlin 1980. (Zitiert: von Kübel, Die Vorentwürfe der Redaktoren)

Küppers, Karsten: „Verdorbene Genüsse und vereitelte Aufwendungen im Schadensersatzrecht", Karlsruhe 1976.

ders.: „Zauberformel Frustrationslehre - Zugleich eine Anmerkung zu BGH v. 18.9.1975", VersR 1976, 604.

Lange, Hermann/Schiemann, Gottfried: „Handbuch des Schuldrechts, Bd.1 Schadensersatz", 3. Aufl., Tübingen 2003.

Larenz, Karl: „Nutzlos gewordene Aufwendungen als erstattungsfähige Schäden", in: Festschrift für Karl Oftinger, S. 151, Zürich1969. (Zitiert: Larenz in FS für Oftinger)

ders.: „Zur Abgrenzung des Vermögensschadens vom ideellen Schaden", VersR 1963, 312.

ders.: „Methodenlehre der Rechtswissenschaft", 6. Aufl., Berlin 1991. (Zitiert: Larenz, Methodenlehre)

ders.: „Lehrbuch des Schuldrechts", Band I, Allgemeiner Teil, 14. Aufl., München 1987. (Zitiert: Larenz, SchuRe AT)

ders.: „Lehrbuch des Schuldrechts", Band II, Besonderer Teil, 1. Halbband, 14. Aufl., München 1986. (Zitiert: Larenz, SchuRe BT)

ders.: „Geschäftsgrundlage und Vertragserfüllung", 3. Aufl., München, Berlin 1963. (Zitiert: Larenz, Geschäftsgrundlage und Vertragserfüllung)

Leonhard, Marc: „Der Ersatz des Vertrauensschadens im Rahmen der vertraglichen Haftung", AcP 199, 660.

Lepa, Manfred: „Inhalt und Grenzen der Schadensminderungspflicht", DRiZ 1994, 161.

Lieb, Manfred: „Personalkosten als Schaden", in: Festschrift für Ernst Steindorff, S. 705, Berlin, New York 1990.

Liebs, Detlef: „Bereicherungsanspruch wegen Mißerfolgs und WGG", JZ 1978, 697.

Lindacher, Walter: „Definität und Reversibilität der Gläubigerentscheidungen nach § 326", JZ 1980, 48.

Loges, Rainer: „Die Begründung neuer Erklärungspflichten und der Gedanke des Vertrauensschutzes", Berlin 1990.

Looschelders, Dirk: „Schuldrecht Allgemeiner Teil", 4. Aufl., Köln 2006. (Zitiert: Looschelders, Schuldrecht AT)

ders.: „Die Mitverantwortlichkeit des Geschädigten im Privatrecht, Tübingen 1999. (Zitiert: Looschelders, Mitverantwortlichkeit des Geschädigten)

Lorenz, Egon (Hrsg.): „Karlsruher Forum 2002: Schuldrechtsmodernisierung“, Karlsruhe 2004. (Zitiert: Bearbeiter in Karlsruher Forum 2002)

Lorenz, Stephan/Riehm, Thomas: „Lehrbuch zum neuen Schuldrecht“ München 2002.

Löwe, Walter: „Das neue Pauschalreiserecht“, München 1981. (Zitiert: Löwe, Pauschalreiserecht)

ders.: „Schadensersatz bei Nutzungsentgang von Kraftfahrzeugen?“, VersR 1963, 307.

Macaulay, Steward: „The Reliance Interest and the world outside the Law school's doors", Wisconsin Law Review 1991, 247.

Macy, J.E.: „Annotation Right To Recover In Action For Breach Of Contract, Expenditures Incurred In Preparation For Performance", 17 A.L.R. 2nd, 1300 (1951).

Mattheus, Daniela: „Das allgemeine Leistungsstörungsrecht nach seiner Neuordnung“, in: Examenswissen zum neuen Schuldrecht“, S. 67, herausgegeben von Martin Schwab/ Carl-Heinz Witt, München 2002.

Medicus, Dieter: „Grenzen der Rentabilitätsvermutung bei der Schadensberechnung“, EWiR 1993, 855.

ders.: „Allgemeines Schadensrecht, insbesondere zur Grenzziehung zwischen Vermögens und Nichtvermögensschäden“, in: 50 Jahre Bundesgerichtshof, Festgabe aus der Wissenschaft, Band I Bürgerliches Recht, S. 201, München 2000. (Zitiert: Medicus in Festgabe für BGH)

ders.: „Bürgerliches Recht“, 20. Aufl., Köln 2004. (Zitiert: Medicus, Bürgerliches Recht)

ders.: „Schuldrecht I, Allgemeiner Teil“, 13. Aufl., München 2002. (Zitiert: Medicus, Schuldrecht I)

ders.: „Schadensersatz und Billigkeit“, VersR 1981, 602.

Mertens, Hans-Joachim: „Der Begriff des Vermögensschadens im Bürgerlichen Recht“, Stuttgart 1967.

Messer, Herbert/Schmitt, Ralph: „Zum Umfang der ‚Rentabilitätsvermutung' und zu vorvertraglichen und vordeliktischen Aufwendungen“, in: Festschrift für Horst Hagen, Köln 1999, S. 425.

Meyer, Hans: „Das neue öffentliche Vertragsrecht und die Leistungsstörungen“, NJW 1977, 1705.

Motive zum Entwurfe eine Bürgerlichen Gesetzbuches für das Deutsche Reich“, Band II, Berlin- Leipzig 1888.

Motsch, Richard: „Risikoverteilung im allgemeinen Leistungsstörungsrecht“, JZ 2001, 428.

Müller, Georg: „Der Ersatz entwerteter Aufwendungen bei Vertragsstörungen“, Berlin 1991. (Zitiert: Müller, Ersatz entwerteter Aufwendungen)

Müller, Klaus: „Der Anspruch auf Aufwendungsersatz im Rahmen von Schuldverhältnissen“, JZ 1968, 769.

Müller, Walter: „Schadensersatz aufgrund verdorbenen Urlaubs: zur dogmatischen Einordnung von § 651 f II BGB“, Berlin 1986. (Zitiert: Müller, Schadensersatz aufgrund verdorbenen Urlaubs)

Müller-Laube, Hans-Martin: „Vertragsaufwendungen und Schadensersatz wegen Nichterfüllung“, JZ 1995, 538

Münch, Joachim: „Die ‚nicht wie geschuldet' erbrachte Leistung und sonstige Pflichtverletzungen, Jura 2002, 361.

Münchener Kommentar zum Bürgerlichen Gesetzbuch, Band 1, Allgemeiner Teil, §§ 1-240, 4. Aufl., München 2001. / Band 2 a Schuldrecht Allgemeiner Teil, §§ 241- 432, 4. Aufl., München 2003. / Band 4, Schuldrecht Besonderer Teil, Bd.2, §§ 611-704, 4. Aufl., München 2005. / Band 5, Sachenrecht, §§ 854 –1296, 4. Aufl., München 2004. (Zitiert: Bearbeiter-MüKo)

Muscheler, Karlheinz: „Der Ersatz von Vertragskosten beim gesetzlichen Rücktritt“, NJW 1985, 2686.

ders.: „Wandelung, gesetzlicher Rücktritt und negatives Interesse“, AcP 187, 343.

Nauen, Bernd von: „Leistungserschwerung und Zweckvereitelung im Schuldverhältnis“, Berlin 2001.

Oechsler, Jürgen: „Schuldrecht, Besonderer Teil – Vertragsrecht“, München 2003.

Oertmann, Paul: „Bürgerliches Gesetzbuch, Recht der Schuldverhältnisse, §§ 433 bis 853“, 5. Aufl., Berlin 1929.

Otte, Gerhard: „Nebenfolgen der Wandelung“, Jura 1988, 594.

Otto, Hansjörg: „Ausgleichsansprüche des Geschäftsführers bei berechtigter Geschäftsführung“, JuS 1984, 684.

ders.: „Die Grundstrukturen des neuen Leistungsstörungsrechts“, Jura 2002, 1.

Palandt: „Bürgerliches Gesetzbuch“, 66. Aufl., München 2007.

Pettit, Mark Jr.: „Private Advantage and Public Power: Reexamining the Expectation and Reliance Interests in Contract Damages", 1987 Hastings Law Journal, 417.

Picker, Eduard: „Positive Forderungsverletzung und culpa in contrahendo, Zur Problematik der Haftungen ‚zwischen' Vertrag und Delikt“, AcP 183, 369.

Rabel, Ernst: „Das Recht des Warenkaufs“, Band 1, unveränderter Nachdruck der Ausgabe von 1936, Berlin 1957.

Raiser, Thomas: „Haftungsbegrenzung nach dem Vertragszweck“, Tübingen 1962.

Randow, Philipp: „Anmerkung zu OLG Köln Urteil v. 16.9.1993 (7 U 89/93)“, EwiR 1994, 965.

Reichel, Hans: „Mehrkosten des erfolglosen Leistungsangebots (§ 304 BGB)“, DR 1910, Sp.810.

Reim, Uwe: „Der Ersatz vergeblicher Aufwendungen nach § 284 BGB“, NJW 2003, 3662.

Reinicke, Dietrich/Tiedke, Klaus: „Schadensersatzverpflichtungen aus Verschulden beim Vertragsabschluß nach Abbruch von Vertragsverhandlungen ohne Grund“, ZIP 1989, 1093.

Rengier, Hans-Bernhard: „Die Abgrenzung des positiven Interesses vom negativen Vertragsinteresse und vom Integritätsinteresse“, Berlin 1977.

RGRK Kommentar, Band II, 1. Teil §§ 241-413, Berlin 1976. / Band II, 4. Teil §§ 631- 811, Berlin 1978. (Zitiert: Bearbeiter-RGRK)

Roussos, Kleanthis: „Schaden und Folgeschaden“, Köln 1992.

Savigny, Friedrich Karl von: „System des heutigen römischen Rechts“, Bd III, 2. Neudruck der Ausgabe Berlin 1840, Aalen 1981.

Schack, Haimo: „Der Schutzzweck als Mittel der Haftungsbegrenzung im Vertragsrecht“, JZ 1987, 305.

Schackel, Torsten: „Negatives Interesse bei Nichterfüllung von Verträgen“, ZEuP 2001, 248.

Schäfer, Hans-Bernd/ Ott, Claus: „Lehrbuch der ökonomischen Analyse des Zivilrechts“, 3. Aufl., Berlin 2000.

Schellhammer, Kurt: „Das neue Kaufrecht – Die Sachmängelrechte des Käufers“, MDR 2002, 301.

Schimmel, Roland/ Buhlmann, Dirk: „Frankfurter Handbuch zum neuen Schuldrecht“, Frankfurt 2002. (Zitiert: Bearbeiter in Frankfurter Handbuch zum neuen Schuldrecht)

Schlechtriehm, Peter: „Schuldrecht Besonderer Teil“, 6. Aufl., Tübingen 2003.

Schmidt, Eike: „Die verpatzte Jubiläumsfeier“, in: Festschrift für Joachim Gernhuber, S. 423, Tübingen1993.

Schobel, Thomas: „Der Ersatz frustrierter Aufwendungen, Vermögens- und Nichtvermögensschaden im österreichischen und deutschen Recht“, Wien 2003.

Schobel, Thomas/Verda y Beamonte: „BGH, Urteil vom 26.3.1999 - Zur Erstattungsfähigkeit frustrierter Aufwendungen im Rahmen eines Schadensersatzanspruches wegen Nichterfüllung bei einem ursprünglich schwebend unwirksamen Vertrag“, ERPL 2002, 453.

Schottlaender, Rudolf: „Theorie des Vertrauens“, Berlin 1957.

Schreiber, Klaus: „Aufwendungsersatzansprüche“, Jura 1997, 442.

Schubel, Christian: „Schuldrechtsmodernisierung 2001/ 2002 – Das neue Kaufrecht“, JuS 2002, 3133.

Schultz, Michael: „Leistungsstörungsrecht“, in: Das Schuldrecht 2002, S. 17, herausgegeben von Harm Peter Westermann, Stuttgart, München 2002.

Schulze, Rainer (Schriftleitung): „Bürgerliches Gesetzbuch“, Handkommentar, 5. Aufl., Baden-Baden 2007. (Zitiert: Bearbeiter-HK)

Schulze, Rainer/Schulte-Nölke, Hans (Hersg.): „Die Schuldrechtsreform vor dem Hintergrund des Gemeinschaftsrechts“, Tübingen 2001. (Zitiert: Bearbeiter in Schulze/Schulte-Nölke)

Schupp, Jürgen/ Wagner, Gert G.: „Misstrauen – eine deutsche Krankheit“, Süddeutsche Zeitung vom 11.08.2005, S. 2.

Schwab, Dieter: „Familienrecht“, 10. Aufl., München 1999.

Schwab, Martin: „Das neue Schuldrecht im Überblick“, JuS 2002, 1.

ders.: „Culpa in contrahendo, Sachwalterhaftung und Vertrag mit Schutzwirkung für Dritte nach neuem Schuldrecht“, in: Examenswissen zum neuen Schuldrecht, S. 121, herausgegeben von Martin Schwab/Carl-Heinz Witt, 2. Aufl., München 2003.

Seiler, Hermann: „Über die Vergütung von Dienstleistungen des Geschäftsführers ohne Auftrag“, in: Festschrift für Heinz Hübner, S. 239, Berlin 1984. (Zitiert: Seiler in FS für Hübner)

Soergel: „Bürgerliches Gesetzbuch“, Band 1, „Allgemeiner Teil (§§ 1-240)“, 12. Aufl., Stuttgart 1987 / Band 2, „Schuldrecht I (§§ 249 – 432)“, 12. Aufl., Stuttgart 1990 / Band 4/2 „Schuldrecht III/2 (§§ 651a-704)“, 2. Aufl., Stuttgart 1990. / Band 6, „Sachenrecht (§§ 854-1296)“, 12. Aufl., Stuttgart 1990. (Zitiert: Bearbeiter-Soergel)

Staub: „HGB Großkommentar §§ 373 – 376“, 4. Aufl., Berlin 1984. (Zitiert: Bearbeiter-Staub)

Staudinger, Julius von: „Kommentar zum Bürgerlichen Gesetzbuch“, Buch 2 Recht der Schuldverhältnisse (Einleitung zu §§ 241 ff, §§ 241-243, Neubearbeitung, Berlin 2005; §§ 249-254, Neubearbeitung, Berlin 2005; §§ 255-314, 14. Bearb., Berlin 2004; §§ 433-534, 13. Bearb., Berlin 1995; §§ 657-704, 13. Neubearbeitung, Berlin 2006); Buch 3 Sachenrecht (§§ 985-1011), Neubearbeitung, Berlin 2006.

ders.: „Wiener UN-Kaufrecht (CISG)“, 14. Aufl., Berlin 1999. (Zitiert: Bearbeiter-Staudinger)

Stoll, Hans: „Vertrauensschutz bei einseitigen Leistungsversprechen“, in: Festschrift für Werner Flume, Bd. I, S. 741, Köln 1978. (Zitiert: Stoll in FS für Flume)

ders.: „Haftungsfolgen im bürgerlichen Recht. Eine Darstellung auf rechtsvergleichender Grundlage“, Hidelberg 1993. (Zitiert: Stoll, Haftungsfolgen im bürgerlichen Recht)

ders.: „Schadensersatz wegen Nichterfüllung nach Maßgabe enttäuschten Gläubigervertrauens. Kann die nationale Rechtsprechung zur Auslegung des Einheitlichen Kaufrechts beitragen?“, in: Schoch/ Stoll/ Tiedemann: Freiburger Begegnung: Dialog mit Richtern des Bundesgerichtshofs, S.55, Heidelberg 1996. (Zitiert: Stoll, Schadensersatz nach Maßgabe des enttäuschten Gläubigervertrauens) *ders.:* „Die bei Nichterfüllung nutzlosen Aufwendungen des Gläubigers als Maßstab der Interessenbewertung. Eine rechtsvergleichende Studie zum Vertragsrecht“, in: Festschrift für Konrad Duden, S. 641, München 1977. (Zitiert: Stoll in FS für Duden)

ders.: „Notizen zur Neuordnung des Rechts der Leistungsstörungen“, JZ 2001, 589.

ders.: „Empfiehlt sich eine Neuregelung der Verpflichtung zum Geldersatz für immateriellen Schaden?“ Gutachten für den 45. Deutschen Juristentag, Bd. I/1 (1964). (Zitiert: Stoll, Gutachten, 45. DJT I/1)

ders.: „Anmerkung zur Entscheidung des BGH vom 10.12. 1986 (VIII ZR 349/85 – BGHZ 99, 182)“, JZ 1987, 517.

ders.: „Anmerkung zur Entscheidung des BGH vom 21.04.1978 (V ZR 235/77)“, JZ 1978, 797.

Stoppel, Jan Filip: „Der Ersatz frustrierter Aufwendungen nach § 284“, AcP 204, 81.

ders.: „Der Ersatz frustrierter Aufwendungen nach § 284“, Köln 2003.

Ströfer, Joachim: „Reform des immateriellen Schadensersatzes nach dem BGB“, JZ 1982, 663.

ders.: „Schadensersatz und Kommerzialisierung, Grundprobleme der Grenzbereiche von materiellem und immateriellem Schaden unter besonderer Berücksichtigung des Vertragsrechts“, Berlin 1982.

Teichmann, Arndt: „Strukturveränderungen im Recht der Leistungsstörungen nach dem Regierungsentwurf eines Schuldrechtsmodernisierungsgesetzes“, BB 2001, 1485.

Teichmann, Christoph: „Schuldrechtsmodernisierung 2001/2002, Das neue Werkvertragsrecht“, JuS 2002, 417.

Thiele, Wolfgang: „Die Aufwendungen des Verletzten zur Schadensabwehr und das Schadensersatzrecht“, in: Festschrift für Wilhelm Felgenträger, S. 393, Göttingen 1969. (Zitiert: Thiele in FS für Felgenträger)

Thur, Andreas von: „Rezension von Fischer, Der Schaden nach dem BGB“, KitVJSch 47 (1907), S. 63.

ders.: „Der Allgemeine Teil des Deutschen Bürgerlichen Rechts“, Band I, Berlin 1910, unveränderter Nachdruck von 1957.

Thüsing, Gregor: „Schadensersatz für Nichtvermögensschäden bei Vertragsbruch“, VersR 2001, 285.

Timme, Michael: „Anmerkung zur Entscheidung des BGH vom 26.3. 1999 (V ZR 364/97)“, JZ 2000, 100.

ders.: „Frustrierte Aufwendungen und Schadensersatz wegen Nichterfüllung“, ZFS 1999, 502.

Tolk, Martin: „Der Frustrierungsgedanke und die Kommerzialisierung immaterieller Schäden“, Berlin 1977. (Zitiert: Tolk, Frustrierungsgedanke)

Tonner, Klaus: „Der Reisevertrag, Kommentar zu den §§ 651 a- 651l BGB", 4. Aufl., Neuwied 2000.

Vahlens Großes Wirtschaftslexikon Band 2, L-Z, 2. Aufl., München 1993.

Voß, Andreas: „Ersatz immaterieller Schäden im Rahmen höchstpersönlicher Verträge", ZRP 1999, 452.

Voß, Wulf-Eckhart/ Timme, Michael: „Anmerkung zu BGH, Urteil v. 18.6. 1997 (XII ZR 192/95)", JZ 1998, 304.

Walker, Wolf-Dietrich: „Allgemeines Schuldrecht, begründet von Hans Brox", 31. Aufl., München 2006.

Weitnauer, Hermann: „Die elektive Konkurrenz", in: Festschrift für Wolfgang Hefermehl, S.467, München 1976. (Zitiert: Weitnauer in FS für Hefermehl)

Wertenbruch, Johannes: „Zur Haftung aus culpa in contrahendo bei Abbruch von Vertragsverhandlungen", ZIP 2004, 1525.

Westphalen, Friedrich Graf von: „AGB-Recht ins BGB – Eine erste Bestandsaufnahme", NJW 2002, 12.

ders.: „Nach der Schuldrechtsreform: Neue Grenzen für Haftungsfreizeichnungs- und Haftungsbegrenzungsklauseln", BB 2002, 209.

Weyers, Hans-Leo: „Der Begriff des Vermögensschadens im deutschen Recht", in: Der Begriff des Vermögensschadens im deutschen und italienischen Recht – Internationale Aspekte des Arbeitsrechts in den deutsch-italienischen Rechtsbeziehungen, S. 37, Karlsruhe 1973.

Wiedemann, Herbert: „Das System der Leistungsstörungen im deutschen Vertragsrecht", in: Festschrift der Rechtswissenschaftlichen Fakultät zur 600-Jahr-Feier der Universität zu Köln, S.367, Köln 1988. (Zitiert: Wiedemann in FS für Universität Köln)

ders.: „Thesen zum Schadensersatz wegen Nichterfüllung", in: Festschrift für Heinz Hübner, S. 719, Berlin - New York 1984. (Zitiert: Wiedemann in FS für Hübner)

Wiedemann, Herbert/Müller, Georg: „Anmerkung zur Entscheidung des BGH vom 19.04. 1991 (V ZR 22/90 - BGHZ 114, 193)", JZ 1992, 467.

Wieling, Hans Josef: „Sachenrecht",4. Aufl., Berlin 2001.

Wiese, Günther: „Der Ersatz des Immateriellen Schadens", 1964 Tübingen.

Willoweit, Dietmar: „Störungen sekundärer Vertragszwecke", JuS 1988, 833.

ders.: „Schuldverhältnis und Gefälligkeit – Dogmatische Grundfragen", JuS 1984, 910.

Wilmowsky, Peter von: „Pflichtverletzung im Schuldverhältnis, Die Anspruchs- und Rechtsgrundlagen des neuen Schuldrechts", JuS 2002, Beilage zu Heft 1.

Wolf, Ernst: „Rücktritt, Vertretenmüssen und Verschulden", AcP 153, 97.

Wolf, Manfred: „Rechtsgeschäftliche Entscheidungsfreiheit und vertraglicher Interessenausgleich", Tübingen 1970.

ders.: „Sachenrecht", 14. Aufl., München 1997.
Wolf, Manfred/ Horn, Norbert/ Lindacher, Walter F.: „AGB-Gesetz Kommentar", 4. Aufl., München 1999. (Zitiert: Bearbeiter-AGBG-Kommentar)
Wolff, Max: „Über den Umfang des Wandelungsanspruchs", Gruchot 48, 503.
Zimmer, Daniel: „Das neue Recht der Leistungsstörungen", NJW 2002, 1.
Zimmer, Daniel/ Eckhold, Thomas: „Das neue Mängelgewährleistungsrecht beim Kauf", Jura 2002, 145.
Zweigert, Konrad/ Koetz, Hein: „Einführung in die Rechtsvergleichung", 3. Aufl., Tübingen 1996.

Einleitung

Es liegt aus umfassenden ökonomischen Gründen im Interesse der Gesellschaft, dass der Gläubiger dem Wort seines Schuldners traut und dieses Vertrauen verwirklicht.
Diese Einschätzung wird heute von der Mehrzahl der Wirtschaftswissenschaftler geteilt, nachdem diese zwei Jahrhunderte lang das Bild eines vom Eigennutz getriebenen ultrarationalen und misstrauischen „Homo Oeconomicus" gepflegt haben. Nun gilt als sicher, dass am Markt selbst einfachste Transaktionen wie zum Beispiel der Kauf eines Apfels nicht ohne ein gewisses Maß an **Grundvertrauen** funktionieren: Während der Käufer sich darauf verlässt, dass der lecker aussehende Apfel innen nicht faul ist, muss der Verkäufer darauf vertrauen können, das der Kunde zahlt. Der Kauf eines Gebrauchtwagens ist in diesem Zusammenhang ein noch deutlicheres ökonomisches Lehrbuchbeispiel, das vor Augen führt, welches Maß an Vertrauen Transaktionen erfordern können.[1] Außerdem soll der Gläubiger im Vertrauen auf die Leistungszusage Investitionen tätigen, die den Nutzen der geschuldeten Leistung optimieren. Um diese Art von Vertrauensdispositionen wird es in dieser Arbeit gehen. Im Falle einer ordnungsgemäßen Vertragsabwicklung ist dieses profitmaximierende Verhalten des Gläubigers für alle von Vorteil. Kommt es aber zu Leistungsstörungen, in Folge derer die getätigten Kapitalanlagen oder sonstige Aufwendungen entwertet werden und sich zu Fehlinvestitionen entwickeln, sieht sich der Gläubiger allein mit der Frage konfrontiert, ob er auf diesen Unkosten „sitzen bleibt".[2] Im Extremfall kann dies zu einer gedämpften Investitionsfreudigkeit auf Gläubigerseite führen. Auch im Interesse angedeuteter volkswirtschaftlicher Bedeutung der Investitionen ist eine sachgerechte Risikoverteilung unerlässlich. Hier setzt die Regelung des neuen § 284 BGB[3] an.

Das BGB enthielt in seiner bis zum Inkrafttreten des Schuldrechtsmodernisierungsgesetzes am 1.1.2002 geltenden Fassung keine gesonderte Regelung dieses Problembereichs. Aufgrund der Freiwilligkeit der getätigten Investitionen, sprich Aufwendungen, konnten diese nicht ohne weiteres als von etwaigen Schadensersatzansprüchen des enttäuschten Gläubigers umfasst angesehen werden.[4] Die Rechtsprechung behalf sich mit einer Art Trick, der so genannten **Rentabilitätsvermutung**. Über diese wurde zwar weder die Aufwendung an sich noch ihre Frustration zum Posten des Schadensersatzes, wohl aber die ver-

1 Wagner/ Schupp, SZ vom 11. 08. 2005, S. 2.
2 Köndgen/Randow, *Sanktionen bei Vertragsverletzungen*, S. 122 (124).
3 Im Folgenden sind alle §§ ohne Kennzeichnung solche des BGB.
4 Dem Schadensbegriff fehlt es an der für Aufwendungen typischen Mittel-Zweck-Relation zwischen Vermögenseinbuße und einem ins Auge gefassten Erfolg, Thiele in FS für Felgenträger, S. 393 (395).

eitelte Kompensationsmöglichkeit, das heißt die verlorene Chance des Gläubigers zur wirtschaftlichen Amortisation dieser Aufwendung.[5] Erst so konnte auf Fälle reagiert werden, in denen ein ökonomisch messbares, positives Interesse des Gläubigers bestand, sich dieses aber nicht in eine Schadensersatzforderung transformieren ließ, zum Beispiel, wenn der Gläubiger mit fraglichem Geschäft „Neuland" betrat und sich daher Prognosen über den zu erwartenden Gewinn verboten. Nicht reagiert werden konnte auf Fallkonstellationen, in denen der enttäuschte Gläubiger mit der Durchführung des Geschäfts immaterielle Ziele verfolgte.

Nach der Schuldrechtsmodernisierung findet sich in § 284 der erstmalige Versuch einer gesetzlichen Lösung. Abgesehen von dem sofort verständlichen Wortsinn dieser Norm ist noch vieles im Umgang mit diesem Novum im Unklaren.[6] Dies ist wenig verwunderlich, denn Rechtssätze erhalten letztlich ihre Ausprägung erst durch ihre Konkretisierung im kontinuierlichen Verlauf der zu ihnen ergehenden Rechtsprechung. Die ergangene Rechtsprechung wiederum ist Gegenstand der Diskussion in der Fachliteratur und beeinflusst die weitere Rechtsprechung. § 284 steht erst am Anfang dieses Prozesses.

Einen der ersten Schritte auf diesem Weg stellt die vorliegende Arbeit dar. In ihrem Verlauf wird erörtert, wie die einzelnen anspruchsbegründenden Voraussetzungen der Norm zu verstehen sind, welche Sachverhalte und Fallkonstellationen von § 284 erfasst werden und wo mögliche Grenzen bestehen. Dabei wird der eingehend grob skizzierte Hintergrund, das heißt die gesellschaftliche Realität, auf die § 284 zugeschnitten ist, für das Verständnis dieser Norm genauso förderlich sein wie das Wissen um die frühere Rechtslage.[7] Die Entwicklung der Rechtsprechung, insbesondere die von dem RG zur Bewältigung des Problemkreises durch Vertragspflichtverletzungen frustrierter Aufwendungen ins Leben gerufene und vom BGH weiterentwickelte Rentabilitätsvermutung, gilt es daher nachzuskizzieren. Besonderes Augenmerk wird dabei auf eine Entscheidung zu legen sein, nämlich die so genannte **Stadthallen-Entscheidung** des BGH. Der BGH hatte sich hier außerstande gesehen, der enttäuschten Gläubigerin Aufwendungsersatz zuzusprechen, was zur Folge hatte, dass diese trotz vorsätzlicher Nichtleistung der Beklagten ohne Sekundäransprüche blieb. Die in diesem Urteil zum Ausdruck gekommene, allgemein als unbillig empfundene

5 Vgl. BGHZ 99, 182 (197f) = ZIP 1987, 297 (301ff); OLG Köln, NJW-RR 1994, 687 (688); BGH NJW 2002, 614 (614); modifizierend BGHZ 114, 193 (197f) = NJW 1991, 2277 (2278ff).

6 Ernst hält § 284 für eine *„eigentümliche Neuschöpfung"*, MüKo, § 284 Rn. 2.

7 Der Jurist hat die sozialen Sachverhalte, auf die eine Norm sich bezieht, bei der Interpretation derselben zu berücksichtigen, Larenz, *Methodenlehre*, II. Teil, Kap. 1, 1., S. 190.

Rechtsprechung gab den Anlass zur Kodifikation des § 284.[8] Eine solche ergebnisorientierte Fokussierung des Gesetzgebers birgt die Gefahr in sich, dass sich der offerierte dogmatische Begründungsversuch als Scheinlegitimation herauskristallisiert, wenn „auf einmal“ neue – eigentlich: gar nicht bedachte- Fallgestaltungen auftreten. Auch unter diesem Blickwinkel wird also § 284 kritisch zu betrachten sein. Gegebenenfalls ist die zur befriedigenden Lösung von Sachverhalten sachgerechteste Auslegung des § 284 zu ermitteln.

Da das US-Amerikanische Rechtssystem Pate für die neue Norm des BGB gestanden hat, soll auf der Suche nach dem richtigen Verständnis des § 284 auch ein Überblick über dieses gewährt werden.

8 Vgl. Regierungsbegründung, BT-Drucks. 14/6040, S. 143; Westerman-Erman, § 284 Rn. 2.

Erster Teil: Problematik frustrierter Aufwendungen

Im allgemeinsten Sinne lassen sich Aufwendungen als Einsatz von Gütern jeglicher Art zur Erreichung eines bestimmten Ziels beschreiben.[9] Diese Beschreibung ist der kleinste gemeinsame Nenner aller vertretbaren Deutungen. Gelingt es dem Aufwendenden nicht, sein Ziel zu realisieren, sind die Aufwendungen frustriert.

Angesichts gegebener abstrakter Umschreibung erklärt sich die Vielschichtigkeit des Problemkomplexes „frustrierte Aufwendungen". Unter diesem Schlagwort werden die unterschiedlichsten Fallkonstellationen zusammengefasst: zum Beispiel Fälle, in denen es darum geht, dass der Betroffene aufgrund einer Körperverletzung oder Freiheitsentziehung oder Ähnlichem persönlich an der Teilnahme einer schon gebuchten Veranstaltung verhindert wird.

> ***Beispiel*: *Theaterkartenfall*[10]** *Der kulturbeflissene O kauft sich bereits 6 Wochen im Voraus eine Theaterkarte für die Premiere eines allseits mit Spannung erwarteten Stücks. Zwei Wochen vor dem geplanten Theaterbesuch wird er in einem von T verschuldeten Autounfall so schwer verletzt, dass es ihm unmöglich ist, die Premiere zu besuchen. Von T verlangt er Ersatz der für ihn nutzlosen Eintrittskarten.*

Auch deliktische Beeinträchtigungen sonstiger Güter, die in einer Art Nutzungsbeziehung zum Bezugsobjekt der Aufwendungen stehen, sind hierzu zu zählen. Die wohl bekannteste, hier zugehörige Gruppe sind die PKW-Generalunkosten-Fälle. Zu diesem Themenkomplex hat sich eine eigene Rechtsprechung entwickelt.

> **Beispiel: PKW-Generalunkosten** *Durch einen von S schuldhaft verursachten Unfall kann E sein Cabriolet für die Dauer von einem Monat nicht nutzen. Während dieser Zeit ist es in der Werkstatt. Abgesehen von der entgangenen Freude, Cabrio fahren zu können, ärgert sich E über die in der Zwischenzeit zu zahlenden, von ihm als „nutzlos" empfundenen Mietkosten für die Garage, die Kfz-Steuern und die Haftpflichtprämie.*

§ 284 ist auf andere frustrierte Aufwendungen anwendbar. Die systematische Stellung des § 284 im Allgemeinen Teil des Schuldrechts sowie die Tatsache,

---

9 Vgl. Küppers, *Verdorbene Genüsse und vereitelte Aufwendungen*, S. 69; Tolk, *Frustrierungsgedanke*, S. 104.
10 Medicus in Festgabe für BGH, S. 216 (219ff); Larenz in FS für Oftinger, S. 151 (158ff); Wiese, *Immaterieller Schaden*, S. 27, 29 f; Fikentscher, *Schuldrecht*, Rn. 536 (9.Aufl.).

dass es sich um Aufwendungen handeln muss, die der Gläubiger „... *im Vertrauen auf den Erhalt der Leistung gemacht hat...*“, lassen erkennen, dass eine Sonderverbindung zwischen Gläubiger und Schuldner bestehen muss. Ausgeschlossen sind damit Fälle, in denen ein bloßer Zufallskontakt zwischen den Beteiligten stattfand, der Haftungsfolgen für den einen Teil nach sich zieht. Diese Fallgestaltungen werden weiterhin einer eigenen deliktsrechtlichen Regelung unterfallen.

Zweiter Teil: Rechtslage vor der Schuldrechtsreform

A) Entwicklung der höchstrichterlichen Rechtsprechung

Die frühesten Entscheidungen des Reichsgerichts zum Ersatz von frustrierten Aufwendungen datieren aus dem Jahre 1902.[11] Es bestand also bereits eine langjährige, wenn auch nicht einheitliche Rechtsprechung[12] ehe der Begriff der Rentabilitätsvermutung vom BGH erstmals verwendet wurde.

I. Reichsgericht

Die Entscheidungen des Reichsgerichts bezogen sich zunächst nicht auf den Ersatz von Aufwendungen in der Gestalt von eingegangenen Verbindlichkeiten, entstandenen Unkosten oder Sachabnutzungen. Sie befassten sich vielmehr mit der Frage, ob im Rahmen des Schadensersatzes wegen Nichterfüllung der bereits hingegebene Kaufpreis beziehungsweise Werklohn zwar nicht als solcher, aber doch betragsmäßig zurückgefordert werden kann.[13] Dass das Reichsgericht dies als eine Frage des Aufwendungsersatzes ansieht, lässt sich aus den in späteren Entscheidungen enthaltenen Formulierungen schlussfolgern: "*Dann kommt als Schaden vor allem der ... als Gegenwert der Erfüllung nutzlos aufgewendete Betrag in Betracht.*"[14] Als Argument für die Erstattungsfähigkeit wurde die Gleichwertigkeit von Leistung und Gegenleistung im Synallagma angeführt: "*Es ist bei der Schadensersatzrechnung davon auszugehen, dass sich die beiderseitigen Leistungen nach dem Parteiwillen als gleichwertig einander gegenüberstehen. Der Käufer hat den vereinbarten Preis bewilligt, um die Gegenleistung zu erhalten. Erhält er diese Gegenleistung nicht, so muss ihm das vergütet werden, was er vergeblich hingegeben und aufgewendet hat, um die Gegenleistung zu erhalten. Das ist sein geringster Schaden.*"[15]

Den nächsten Schritt in Richtung Rentabilitätstheorie nahm das Reichsgericht, indem es dem Gläubiger auch verauslagte Vertragskosten,[16] zum Beispiel den

---

11 RGZ 50, 188.

12 Der Ersatz frustrierter Aufwendungen wurde zum Teil unter dem Aspekt eines Mangel- beziehungsweise Mangelfolgeschadens diskutiert: Vgl. RGZ 52, 18 (19); RGZ 95, 2 (4f); RG DR 1941, 637 (638); BGH 35, 130 (133); 319 (320).

13 Bejaht ohne nähere Begründung: RGZ 50, 187 (190); 58, 174 (177); 66, 61 (69); 66, 279 (285); 134, 83 (90); RG JW 1904, 140 Nr. 6 (140); JW 1912, 686 Nr. 9 (686); eingehender: RG JW 1913, 595 Nr. 8 (596); RG Seufferts Archiv 81, 359 Nr. 216, S. 369 (360). RG JW 1904, 140 (140); 1917, 686 (686);

14 RG, JW 1912, 686 Nr. 9 (686); vgl. RG, JW 1913, 595 Nr. 8 (596 linke Sp. unten): „... *vergeblich hingegeben und aufgewendet* ..." und RGZ 127, 245 (249).

15 RG, JW 1913, 595 Nr. 8 (596 linke Sp. unten); RGZ 127, 245 (248 f).

16 Zuerst RG, JW 1904, 140 Nr. 6 (140).

zur Beschaffung des Markbetrages aufgewendeter Kronenbetrag,[17] und schließlich Ersatz für *„jede andere Aufwendung unter dem Gesichtspunkt ..., dass er sie durch den Vorteil der erwarteten Lieferung der Kaufsache wieder eingebracht haben würde"*[18] gewährte. Mit letztgenanntem Aspekt ist damit der Sache nach das erste Mal die Vermutung der Rentabilität als Rechtfertigung für die Ersetzbarkeit vergeblicher Aufwendungen angesprochen worden.

II. BGH

Die Rechtsprechung des RG wurde vom BGH zunächst ohne inhaltliche Auseinandersetzung geschweige denn Weiterentwicklung übernommen.[19] Erst gegen Ende der '70er Jahre sah der BGH sich hierzu aufgrund neuartig gelagerter Sachverhaltskonstellationen gezwungen.

1. Verträge mit immaterieller Zielsetzung

Während für alle bis dato entschiedenen Fälle charakteristisch war, dass der Gläubiger mit der Durchführung des Vertrages materielle Ziele verfolgte, traten nun Fallkonstellationen auf, in denen die Kläger von ideellen Zielvorstellungen geleitet waren. Plötzlich standen konsumtive oder affektive Motive des enttäuschten Gläubigers hinter der Aufwendung: Es klagten ein um die Teilnahme an einer öffentlichen Ausschreibung für ein Kurhaus gebrachter Architekt, dem es zumindest auch um die Befriedigung rein fachlicher und künstlerischer Interessen ging;[20] der private Besteller einer verspätet errichteten Wohnung[21] und im **Stadthallen-Fall** eine um die Abhaltung einer politischen Veranstaltung gebrachte Partei[22]. Weil der Stadthallenfall letztlich den Ausschlag für eine Entscheidung zugunsten der Kodifikation einer Norm zur Regelung der Frustrationsproblematik gab,[23] sei er hier kurz skizziert:

---

17 RGU vom 5. Juni 1923 III 368/ 22 nach RGZ 127, 245 (248).
18 RGZ 127, 245 (248).
19 Vgl. BGH 57, 78 (80); 65, 107 (114); 71, 234 (238); BGH WM 1975, 897 (899); 1977, 1089 (1090); NJW 1983, 442 (443); NJW 1986, 659 (3. Leitsatz); NJW 1988, 563 (564); NJW 1990, 2543 (2544).
20 Architektenwettbewerb, BGH WM 1982, 1387 = BGH, NJW 1983, 442.
21 BGHZ 71, 234; ähnlich: Mietfall, LG Giessen NJW-RR 1995, 524 ("... *Wohngebrauch ..., der als solcher einen immateriellen Wert (§ 253) darstellt und nicht zum Vermögensbereich rechnet.*").
22 BGHZ 99, 182 = BGH NJW 1987, 831 = JZ 1987, 512 = ZIP 1987, 297 mit Anmerkung Stoll; JuS 1987, 489 Anmerkung Emmerich.
23 Vgl. Regierungsbegründung, BT-Drucks. 14/6040, S. 143; Westerman-Erman, § 284 Rn. 2.

Stadthallen-Fall: *Die Klägerin, ein rechtsgerichteter Verein, hatte eine Stadthalle zur Abhaltung einer politischen Veranstaltung von der beklagten Stadt gemietet. Es war ein Vortrag mit dem Titel „Das Geheimnis um Rudolf Hess" geplant. Nachdem die „Bunte Liste O. Demokraten" einen Tag vor der Veranstaltung protestiert und Gegendemonstrationen angekündigt hatte, verweigerte die Stadt die Erfüllung des Mietvertrags.*
Die Klägerin hatte nur einen in seiner Höhe weit hinter den frustrierten Aufwendungen (in Gestalt von Werbungsunkosten, Honorare und Vergütungen, Übernachtungs-, Verzehr- und Fahrtkosten, insgesamt. mehr als 31 312 DM) liegenden Nichterfüllungsschaden erlitten. Dieser bestand aus dem entgangenen Gewinn aus dem Broschürenverkauf in Höhe von 721,- DM und den entgangenen Spenden in Höhe von 729,- DM.

Genannten Gläubigern ging es von vornherein nicht beziehungsweise nicht nur darum, ihre im Zusammenhang mit der Vertragsdurchführung erfolgten Investitionen wieder hereinzuwirtschaften. Der BGH stellte richtigerweise fest, es bestehe hier keine „*'Rentabilitätsvermutung' in dem Sinne, dass der Geschädigte seine Aufwendungen durch Vorteile, die er aus der Durchführung des gescheiterten Geschäfts gezogen hätte, wieder eingebracht haben würde*"[24] und dass, die "*Aufwendungen ersichtlich nicht dem Zwecke der Mehrung des Vermögens*"[25] dienten. Der BGH sah sich selbst vor die praktische Schwierigkeit gestellt, bei einem immateriellen Aufwendungszweck „*quasi rentable*" von „*quasi unrentablen*" Vermögensopfern abzugrenzen.[26] Dies lässt erkennen, dass er jedenfalls andachte, die Rentabilitätstheorie nicht rein wirtschaftlich orientiert, sondern auf die persönliche Frage nach dem Sich-Lohnen der Aufwendung für den Einzelnen gemünzt anzuwenden. Die Argumentation des BGH in der Entscheidung zur verspätet errichteten Wohnung, die Möglichkeit der Vereinbarung einer Vertragsstrafe sei eine ausreichende Schutzmassnahme für den enttäuschten Gläubiger, lässt erkennen, dass er keine Notwendigkeit sah, die festgestellten Schwierigkeiten zu überwinden und dem Gläubiger von Rechts wegen zum Aufwendungsersatz zu verhelfen.[27]

Der Schaden der Kläger, den der BGH in vorgenannten Beispielsfällen auszumachen vermochte, war jeweils immaterieller Natur: Im Stadthallen-Fall die

---

24 BGH WM 1982, 1387 (1389).
25 BGHZ 71, 234 (239).
26 BGHZ 71, 234 (242); auch in der Stadthallen-Entscheidung finden sich hypothetische Überlegung, ob sich die hohen Werbeaufwendungen der Klägerin in ideeller Hinsicht durch eine gewisse Anzahl von Veranstaltungsbesuchern überhaupt „*rentiert*" hätten, BGH JZ 1987, 512 (517).
27 BGHZ 71, 234 (242).

Verfehlung der mit der Partei-Veranstaltung verfolgten Ziele wie zum Beispiel die Bekanntmachung ihrer Ideen[28], im **Architekten-Fall**, die verlorene Chance, eine Werbewirkung sowie Erhöhung des Renommees zu erreichen beziehungsweise im **Wohnungs-Fall** das Entgehen des Wohngenusses. Mit Hinweis auf § 253 wurde daher den Klägern der Aufwendungsersatz jeweils verweigert.[29]

Vielleicht als Reaktion auf das negative Echo, welches diese Rechtsprechung in der Literatur erfuhr, wendete sich das OLG Köln 1993 bezüglich eines weiteren Falles mit immaterieller Zielsetzung, dem **Oskar-Verleihungsfall**,[30] unter prinzipieller Anerkennung der Rentabilitätstheorie von dieser Rechtsprechung ab:

> **Oskar-Verleihungsfall:** *Die Kläger hatten von der Beklagten Tickets für die Oskarverleihung in Kalifornien gekauft, die ihnen vor Ort ausgehändigt werden sollten. Sie flogen nach Los Angeles, buchten ein Hotel sowie einen Mietwagen, nur um so dann vergebens auf die Übergabe der Eintrittskarten zu warten.*

Wie das OLG Köln feststellte, handelte es sich bei der Teilnahme an der Veranstaltung um ein ideelles Interesse, das nach der Rentabilitätstheorie nicht zum Aufwendungsersatz führen kann. Gestützt auf die Erkenntnis, dass Grundlage der Rentabilitätsvermutung der Parteiwille ist, schloss das OLG dennoch, dass im Einzelfall eine am Gebot von Treu und Glauben orientierte Auslegung des Vertrages, ob eine konkludente Abbedingung des § 253 vorliegt, entscheidend sei. Sofern dies zu bejahen ist, seien die Aufwendungen des Klägers bei der Bewertung seines Erfüllungsinteresses in vollem Umfang als "*rentabel*" zu behandeln.[31] Aus dem Umstand, dass die Karten erst in Los Angeles übergeben werden sollten, leitete das OLG eine "*Ungewissheit*" für die Gläubiger ab, die es rechtfertige, aus der erklärten Garantie für den Erhalt der Karten auf eine Garantie dafür, dass die Reiseaufwendungen nicht frustriert werden würden, zu schließen. Hierin liege in concreto die Abbedingung des § 253 durch die Parteien.[32] Dementsprechend gewährte das OLG dem Kläger Ersatz sämtlicher geltend gemachter Aufwendungen im Rahmen des Schadensersatzes wegen Nichterfüllung. Diese Entscheidung blieb allerdings vereinzelt.

---

28 BGH JZ 1987, 512 (517).
29 BGH JZ 1987, 512 (517); WM 1982, 1387 (1388); LG Gießen NJW-RR 1995, 524 (524).
30 OLG Köln NJW-RR 1993, 687; vgl. die zustimmende Anmerkung von v. Randow, EWiR 1994, 965
31 OLG Köln NJW-RR 1993, 687 (688).
32 OLG Köln, NJW-RR 1993, 687 (688).

2. Verträge mit materieller Zielsetzung

Schließlich fand hinsichtlich vertraglicher Schuldverhältnisse mit einem kommerziellen Hintergrund eine wesentliche inhaltliche Fortentwicklung der Rentabilitätstheorie statt:

Ein Meilenstein ist insofern die Rechtsprechung des BGH im sog. **Diskotheken-Fall**[33]:

> **Diskotheken-Fall:** *Es klagte der Käufer eines Grundstücks gegen den Verkäufer, welcher Eignung des Grundstücks für den Diskothekenbetrieb zugesichert hatte. Im Vertrauen auf diese Zusage hatte der Kläger*[34] *die auf dem Grundstück befindliche Disko samt Einrichtung vom Vorpächter mit Drittmitteln erworben und diese umgebaut. Nachdem sich herausstellte, dass mangels Parkmöglichkeiten der Betrieb einer Disko nicht genehmigungsfähig war, verlangte der Käufer seine Aufwendungen vom Grundstücksverkäufer ersetzt.*

Die Frage des Aufwendungsersatzes entschied der BGH durch eine zu diesem Zeitpunkt neuartige[35] Gruppierung der Aufwendungen in drei Sparten:

1) **Aufwendungen zur Erlangung der Gegenleistung,** wozu vorliegend die Kosten der notariellen Beurkundung des Kaufvertrages und der Eintragung der Auflassungsvormerkung gezählt wurden;

2) **Aufwendungen im notwendigen Zusammenhang** mit dem Leistungsaustausch, wozu die Erschließungs- und Vermessungskosten sowie die Grundsteuer und Brandversicherungsprämien gerechnet wurden;

3) **Aufwendungen aus dem Abschluss weiterer Geschäfte** – in concreto die Ausgaben für den Erwerb und den Umbau der Diskothek.

Nur für die erstgenannten beiden Gruppen sollte die Rentabilitätsvermutung gelten, und zwar unter der zusätzlichen ebenfalls neuerlichen Einschränkung, dass

---

33 BGHZ 114, 193 = NJW 1991, 2277 = JZ 1992, 464 mit Anmerkung Wiedemann/Müller, = BB 1991, 2035 = WM 1991, 1522 = ZIP 1991, 798; vgl. auch BGH, NJW-RR 1987, 908 zum vorangegangenen Rechtsstreit, in dem die Kläger Schadensersatz wegen Nichterfüllung verlangten; bestätigt in BGH NJW 2000, 506 = BGHZ 143, 41; instruktiv ist der Lösungsvorschlag von Oechsler, *Schuldrecht*, Rn. 260ff zum Diskotheken-Fall unter § 284.

34 Eigentlich der Ehemann der Kaufvertragspartnerin; aus Gründen der Vereinfachung wird hier von einer Einheit ausgegangen.

35 Eine ähnliche Einteilung hatte zuvor schon Wiedemann in FS für Hübner, S. 719 (728) vorgenommen.

es dem Schuldner nicht möglich sein sollte, die Vermutung durch Heranziehen von Umständen, die außerhalb des synallagmatischen Verhältnisses von Leistung und Gegenleistung wurzeln, zu widerlegen.[36] Dies ist so zu verstehen, dass der Schuldner die Rentabilitätsvermutung nur durch den Gegenbeweis widerlegen könne, dass das Geschäft für den Gläubiger nicht rentabel sei, weil ein viel zu hoher Preis gezahlt beziehungsweise die Aufwendungen zur Erlangung des Vertragsgegenstands unangemessen hoch waren. Jedenfalls müsste der Schuldner entsprechende Argumente aus dem Gegenseitigkeitsverhältnis ableiten.

Begründen will der BGH sein neues Verständnis von der Rentabilitätsvermutung mit einer konsequenten Übertragung der dem ungestörten Leistungsaustausch zugrunde liegenden Risikotrennung in das schadensrechtliche Abwicklungsverhältnis.[37] Weil der Verkäufer nach dem Vertragszweck nur für die Nutzungsmöglichkeit als solche, nicht aber für einen Gewinn bei der tatsächlichen Nutzung einzustehen habe, reiche auch eine Rentabilitätsvermutung zugunsten des Gläubigers nicht so weit. Grundsätzlich hat ein Gläubiger das Risiko, dass seine Aufwendungen durch den Wert der Leistung nicht gedeckt werden, selbst zu tragen. Der Gläubiger soll also das von diesen Folgeverträgen ausgehende, ihm obliegende unternehmerische Risiko nicht auf den säumigen Schuldner abwälzen können. Dementsprechend könne auf der anderen Seite auch der Schuldner nicht zwecks Widerlegung der Rentabilitätsvermutung auf verlustbringende Folgegeschäfte des Gläubigers verweisen. Die Rentabilitätsvermutung ist nur innerhalb des eigenen Wirkungsbereichs widerleglich.

Im Ergebnis hielt der BGH daher im Diskotheken-Fall die Aufwendungen des Käufers für den Abschluss des notariellen Kaufvertrages, die Gebühren des Grundbuchamtes und die Erschließungskosten sowie die Ausgaben für die Grundsteuer und Brandversicherung für erstattungsfähig. Zu einer Entscheidung über den Ersatz der geltend gemachten Maklerkosten sah sich der BGH mangels ausreichender Sachverhaltskenntnis nicht in der Lage. Er deutete jedoch an, falls es sich um Maklerlohn für die Vermittlung oder den Nachweis des Grundstücks handelt, sei er grundsätzlich erstattungsfähig.

Den Ersatz des Hauptpostens, also der Aufwendungen für Ankauf und Ausbau der Diskothek, beschied der BGH negativ.

---

36 BGH JZ 1992, 464 (465) = NJW 1991, 2277 (2278); anders die bisherige Rechtsprechung, vgl. RGZ 127, 245 (249); RG SeuffA 81, Nr. 216 (S. 360), die Beweislastumkehr habe zur Folge, dass es Sache des vertragsbrüchigen Schuldners ist, zu beweisen, dass der Gläubiger sein Geld auch bei ordnungsgemäßer Leistung nicht wieder herausgeholt hätte. Einschränkungen für die Möglichkeiten der Beweisführung wurden nicht aufgestellt.

37 Grundsätzlich ebenfalls für eine Verteilung der Haftung nach Risikobereichen spricht sich Schack, JZ 1987, 305 (312ff) aus.

III. Kritik an der Rentabilitätsvermutung

Zwar konnte über den Umweg der Rentabilitätsvermutung Gläubigern zu Ersatzansprüchen verholfen werden, die ihnen sonst trotz schuldhafter Vertragsverletzung ihres Partners und trotz der darauf fußenden Einbußen, nämlich den frustrierten Aufwendungen, nicht zugestanden hätten. Allerdings gelingt ihr dies nicht in allen Fällen. Zudem mutet ihre Konstruktion schon auf dem ersten Blick als sonderbar, gar „*gewagt*" [38] an. Ob die Rentabilitätsvermutung nur als ein Produkt ergebnisorientierter Billigkeitsrechtsprechung in die Annalen der Rechtsgeschichte eingeht oder ob sie systemgerecht und dogmatisch widerspruchsfrei war, bedarf näherer Untersuchung.

1. Ausgangsprämisse der Rentabilitätstheorie

Über die systematische Einordnung dieser Rechtsprechung besteht keine Einigkeit.

a) Richtigkeitsgewähr des Vertrages

Nach Roussos war die Rentabilitätsvermutung eine Begleiterscheinung der abstrakten Schadensberechnung.[39] Ähnlich wertete Müller-Laube diese Theorie.[40] Ihm zufolge werden über die Rentabilitätstheorie Investitionen mittels einer einfachen rechnerischen Umschichtung in der Kategorie des entgangenen Gewinns als Nichterfüllungsschaden erfasst.[41] Demnach verdankt der Gläubiger der Rentabilitätstheorie nicht die Ersatzfähigkeit seiner frustrierten Aufwendungen, sondern nur eine erleichterte Geltendmachung des im **Verlust der Kompensationsmöglichkeit** liegenden Schadens.[42] Die oft schwierige Bestimmung des Wertunterschiedes zwischen Leistung und Gegenleistung ist hinfällig, man vermutet, dieser entspreche jedenfalls der Höhe der getätigten Gläubigeraufwendungen. Die frustrierten Aufwendungen bilden also nur einen Maßstab für den entgangenen Gewinn, der grundsätzlich auch auf andere Weise berechnet und ersetzt ver-

---

38 Muscheler, NJW 1985, 2686 (2687).

39 Roussos, *Schaden und Folgeschaden*, S. 332. Die abstrakte Schadensberechnung räumt dem Geschädigten die Möglichkeit ein, seinen Schadensumfang nach dem gewöhnlichen Lauf der Dinge zu berechnen. Sie wird insbesondere bei Kaufleuten angewendet, da bei ihnen die Vermutung besteht, dass sie ein entgangenes Geschäft jederzeit zu Markpreisen hätten tätigen können, vgl. Oetker-Müko, § 252 Rn. 44ff; Lange/Schiemann, *Schadensersatz*, § 6 XI 2., S. 353; BGH NJW 1980, 1742 (1743).

40 Müller-Laube, JZ 1995, 538 (539).

41 Vgl. BGHZ 71, 234 (239): „*... Rentabilitätsvermutung... eine über § 252 hinausgehende Beweiserleichterung*"; ähnlich: Hanau/Wackerbarth, *Positives und negatives Interesse*, S. 205 (220).

42 Dies wurde von der Rechtsprechung oft betont: BGHZ 99, 182 (197f); OLG Köln, NJW-RR 1994, 687 (688); LG Lüneburg, NJW 2002, 614 (614).

langt werden kann. Auch Messer und Schmidt sahen in der Rentabilitätstheorie nicht mehr und nicht weniger als eine Beweiserleichterung zugunsten des Gläubigers.[43] Da unter dem Regime der Rentabilitätstheorie dem Schuldner der Beweis für die Verfehltheit der Aufwendungen überbürdet wurde, erscheint es fast als nicht weitgehend genug, nur von einer Beweiserleichterung zu sprechen – de facto handelte es sich eher um eine Beweislastumkehr. Da allerdings Beispiele aus der Rechtsprechung nicht ersichtlich sind, die den genauen Maßstab für die Widerlegung der „Vermutung“ erkennen lassen, kann dies nicht abschließend beurteilt werden.

Zweifelhaft ist, ob die von der Rechtsprechung vorgenommene Ableitung der Rentabilitätsvermutung aus dem synallagmatischen Zusammenhang von Leistung und Gegenleistung[44] eine dogmatische Rechtfertigung für die Gewähr der Beweiserleichterung zugunsten des Gläubigers darstellen kann. Das Fundament der Rentabilitätstheorie liegt in der so genannten Richtigkeitsgewähr des Vertrages, welche eine Gleichwertigkeit der einander geschuldeten Leistungen inklusive der zusätzlich erbrachten Aufwendungen erwarten lassen soll.[45] Man kann insofern auch von einem rationalen Erfahrungssatz sprechen, dass sich getätigte Aufwendungen rentieren. Die Richtigkeitschance sollen die Prinzipien der Privatautonomie und der Vertragsabschlussfreiheit für den Inhalt der Vereinbarung bereithalten.[46] Denn weil die Geschäftspartner sich einigen müssen, könne mit großer Wahrscheinlichkeit davon ausgegangen werden, dass der Vertrag gerecht sei.[47] Jedenfalls könne davon ausgegangen werden, dass die Parteien ihre beiderseitigen Leistungen als wertgleich, als subjektiv äquivalent gelten lassen wollen.[48] Bis zum Beweis des Gegenteiles sei es daher angemessen, davon auszugehen, dass die versprochenen Leistungen äquivalent sind.

Die Anhänger der Richtigkeitsgewähr müssen sich allerdings Realitätsferne vorhalten lassen: Diese Gewähr kann von vornherein nur dann greifen, wenn jede Partei ihr Interesse zutreffend einschätzt und ein gewisses Machtgleichgewicht

---

43 Messer/Schmidt in FS für Hagen, S. 424 (427).

44 RG JW 1913, 595 (596); RG 127, 245 (249); BGH, JZ 1992, 464 (465); BGHZ 71, 234 (238).

45 RGZ 127, 245 (248f); RG JW 1913, 595 (596); BGHZ 71, 234 (238); Stoll, *Haftungsfolgen im bürgerlichen Recht*, S. 320; Canaris in FS für Wiedemann, S. 3 (26); zu verschiedenen Bedeutungsebenen der Vertragsgerechtigkeit: Wolf, *Rechtsgeschäftliche Entscheidungsfreiheit und vertraglicher Interessensausgleich*, S. 32ff.

46 Wolf, *Rechtsgeschäftliche Entscheidungsfreiheit und vertraglicher Interessensausgleich*, S. 73f.

47 Tolk, *Frustrierungsgedanke*, S. 88; Loges, *Begründung neuer Erklärungspflichten und der Gedanke des Vertrauensschutzes*, S. 102 stimmt prinzipiell zu.

48 RG JW 1913, 595 (596); Huber-Soergel, § 459 Rn. 19; Huber, *Leistungsstörungen*, § 39 II 3.b, S. 274.

gegeben ist, damit sie die für ihre Interessen erkannten Positionen auch durchsetzen kann.[49] Gründe für die Schwäche einer Partei gegenüber der anderen sind aber mannigfaltig – zu denken ist an intellektuelle, psychologische und wirtschaftliche Faktoren. Die Gefahr liegt auf der Hand, dass die schwächere Partei sich dem Diktat des anderen beugt, will sie nicht ganz auf den Vertragsabschluss verzichten, oder dass sie ihre Übervorteilung gar nicht erkennt. An ausgeglichenen Verhältnissen wird es de facto bei einer Mehrzahl der Vertragsabschlüsse mangeln.[50] In der Regel weiß einer der Geschäftspartner, ob er bei Vertragsdurchführung ein gutes Geschäft macht oder nicht.[51] Die dogmatische Grundlage der Rentabilitätstheorie überzeugt daher nicht.
Für Aufwendungen aus dem Abschluss anderer, auf diesem Vertrag basierender Geschäfte, die sich durch die weitere Teilnahme am Wirtschaftverkehr rentieren sollen, hat die spätere Rechtsprechung dies eingesehen und erklärt, eine Vermutung, dass sich eine solche Teilnahme als rentabel erweise, komme nicht in Betracht, vgl. die Rechtsprechung im Diskotheken-Fall – hier insbesondere zu Aufwendungen der dritten Kategorie.

b) Interesse

Andernorts erblickte man die dogmatische Rechtfertigung der Rentabilitätstheorie in der zu tagetretenden Interessenbewertung des Aufwendenden. Man richtete das Augenmerk darauf, dass sich der Gläubiger den Leistungserhalt einen bestimmten Aufwand habe kosten lassen und dass sich in diesem Aufwand seine Interessenbewertung an der ordnungsgemäßen Vertragsdurchführung ausdrücke. Der Umstand, dass der Gläubiger über seine Gegenleistung hinaus einen Aufwand für den Erwerb aufgebracht hat, deute daraufhin, dass seiner Einschätzung nach der Erwerb mindestens so viel wert sei wie das Entgelt und die zusätzlichen Kosten zusammengerechnet.[52] Daher gewähre eine getätigte Aufwendung einen Anhaltspunkt zur Bemessung des Erfüllungsinteresses des Gläubigers.[53]

---

49 Wolf, *Rechtsgeschäftliche Entscheidungsfreiheit und vertraglicher Interessensausgleich,* S 9f.; Loges, *Begründung neuer Erklärungspflichten und der Gedanke des Vertrauensschutzes,* S. 102

50 Wolf, *Rechtsgeschäftliche Entscheidungsfreiheit und vertraglicherIInteressensausgleich,* S. 12ff nennt eine beträchtliche Anzahl verschiedener regelungsbedürftiger Verhältnisse, bzgl. derer allgemein anerkannt ist, dass der Vertrag nicht ohne weiteres in der Lage ist, einen sachgerechten Interessenausgleich zwischen den Parteien zu bewirken: Arbeitsvertrag; Mietvertrag; Knebelungsvertrag und Verträge unter Verwendung allgemeiner Geschäftsbedingungen.

51 Keuk, *Vermögensschaden und Interesse,* S. 157.

52 Huber, *Leistungsstörungen* II, § 39 II 3.b, S. 274.

53 Stoll, *Die bei Nichterfüllung nutzlosen Aufwendungen,* in FS für Duden, S. 641 (653); Stoll JZ 1978, 797 (798); Huber, *Leistungsstörungen,* § 39 II 3.b, S. 274; Gillig, *Nichterfüllung und Sachmängelgewährleistung,* S. 422.

Zumindest, wenn der Schuldner von den Aufwendungen wisse beziehungsweise wissen müsse, habe er sich diese Interessenbewertung gefallen zu lassen.[54] Dem ist vor allem vorzuhalten, dass von einem bloßen Wissen des Schuldners um diese Aufwendungen nicht auf seinen Willen, hierfür einzustehen, geschlussfolgert werden kann. Daneben widerspricht es grundlegenden Prinzipien des deutschen Schadensersatzrechts, auf Vorhersehbarkeitserwägungen bei der Schadensberechnung abzustellen. Bezugspunkt des Schuldvorwurfs ist die haftungsbegründende Pflichtverletzung, nicht der dadurch hervorgerufenen Schaden.[55]
In einer Fußnote (!) seiner späteren Anmerkung zum Stadthallen-Fall hat Stoll sich von dieser Sicht distanziert und recht pauschal erklärt, eine solche Bewertungshypothese werde nicht allen in Betracht kommenden Fällen gerecht. Sie ignoriere, dass der Schuldner durch sein Leistungsversprechen das Vertrauen des Gläubigers in Anspruch nimmt und so den Anlass für die Aufwendungen gibt.[56]

2. Versagen bei immaterieller Zielsetzung des Gläubigers

Da nach der Rentabilitätsvermutung nicht die Aufwendung als solche, sondern der Verlust ihrer wirtschaftlich verstandenen Kompensationsmöglichkeit als Schaden gilt,[57] kann sie bei einer schuldhaften Leistungsstörung eines Vertrages mit immaterieller Zielsetzung des Gläubigers diesem prinzipiell keinen Aufwendungsersatz gewähren. Die private Nutzungsrentabilität entzieht sich als solche einem objektiven Bemessungsmaßstab. Die Rechtsprechung hat die Rentabilitätstheorie trotzdem auch in diesen Fallgestaltungen angewandt, um wenig überraschend stets dasselbe Resultat zu verkünden, nämlich dass ein Aufwendungsersatz ausscheide. Dies begünstigte den Schuldner insofern, als er trotz schuldhafter Vertragsverletzungen keine Sanktionen zu befürchten hatte, und ist

---

54 Stoll in FS für Duden, S. 641 (651); ders., JZ 1978, 797 (798f); Gillig, *Nichterfüllung und Sachmängelgewährleistung*, S. 422.

55 Müller, *Ersatz entwerteter Aufwendungen*, S. 65f – Müller zweifelt zudem die praktische Durchschlagskraft des Weges von Stoll an und weist mit Recht darauf hin, dass eine Berücksichtigung möglicher entwerteter Aufwendungen durch Gläubiger und Schuldner beim Vertragsabschluss zu einem anderen Preis-Leistungs-Verhältnis geführt hätte. Ablehnend auch: Ströfer, *Schadensersatz und Kommerzialisierung*, S 265f.

56 Stoll, Anmerkung zum Stadthallen-Fall, JZ 1987, 517 (518 Fn. 6).

57 Dem hielt Müller, *Ersatz entwerteter Aufwendungen*, S. 101 (Fn. 25) entgegen, dass auf diese Weise an einen „*immateriellen Umstand angeknüpft würde, der zu bewerten wäre; diese Begründunge ist daher... dem aus § 253 BGB hergeleiteten Einwand ausgesetzt, der durch die Rentabilitätsvermutung gerade vermieden werden sollte*“. Da der Verlust einer Kompensationsmöglichkeit dem Verlust einer wirtschaftlichen Größe gleichkommt und im Übrigen der Geltendmachung entgangenen Gewinns ähnlich ist, ist diese Kritik unverständlich.

als größte Unzulänglichkeit der Rentabilitätstheorie zu werten.[58] Außerdem wurde kein einsichtiger Grund genannt, *warum* es für den Aufwendungserstattungsanspruch einen Unterschied machen sollte, ob ein Objekt zu privaten[59], ideellen[60] oder geschäftlichen Zwecken gemietet oder gekauft wurde. Dem Gesetz ist eine derartige Differenzierung nicht zu entnehmen.
Einen inneren Widerspruch stellt es insofern dar, dass der BGH im Stadthallen-Fall davon ausgeht, dass die beklagte Stadt der enttäuschten Partei nicht im Wege der Vorteilsanrechnung die entfallene Mietzinspflicht entgegenhalten könne.[61] Dies ist nichts anderes als eine Entschädigung für die vorausgezahlte Miete – also Ersatz einer nutzlos gewordenen Aufwendung.[62]

3. Beschränkung des Ersatzes auf vertragliche Schuldverhältnisse

Da die Rentabilitätstheorie auf dem Gedanken des synallagmatischen Gegenübers von Leistung und Gegenleistung beruht, wurde dem enttäuschten Gläubiger nach der alten Rechtsprechung nur im Rahmen von vertraglichen Schuldverhältnissen gestattet, sich auf die Rentabilitätstheorie zu berufen.[63]

Selbst unter Zugrundelegung der Rentabilitätstheorie kommt man nicht umhin, zugeben zu müssen, dass die Rentabilität einer Aufwendung nichts mit der Beziehung zwischen Schädiger und Geschädigtem zu tun hat.

> **Beispiel:** *Der Käufer des Grundstücks zahlt zum einen den vereinbarten Kaufpreis an den Verkäufer. Zum anderen trifft ihn eine Zahlungspflicht für die Beurkundung des Kaufvertrages sowie für die Eintragung in das Grundbuch. Als er sich später zum Weiterverkauf des Grundstücks entscheidet, stellt er fest, dass er unabhängig von diesen Aufwendungen grundsätzlich nur eine Summe in der Höhe verlangen kann, die er selbst an den Verkäufer gezahlt hatte.*

---

58 Das Versagen der Rentabilitätstheorie hinsichtlich Verträge mit einem immateriellen Hintergrund kritisieren: Wiedemann-Soergel, § 325 Rn. 53; Huber, *Leistungsstörungen,* § 39 II 2., S. 271; Däubler, *BGB Kompakt,* 16. Kap. Rn.70, S. 582; Oechsler, *Schuldrecht,* Rn. 255.
59 Mietfall, LG Gießen NJW-RR 1995, 524 (524).
60 Stadthallen-Fall, NJW 1987, 831; Anmerkung von Emmerich, JuS 1987, 489.
61 BGH JZ 1987, 512 (517).
62 So auch Stoll, JZ 1987, 517 (518); Fritzsche/Schmidt, WuB IV A. § 249 BGB 3. 99 weisen auf ähnliche Ungereimtheiten in der Rechtsprechung hin, zum Beispiel dass im Kaufrecht die Vertragskosten beim Erwerb zu Wohnzwecken als Mindestschaden ersetzbar sind (vgl. BGH, NJW 1985, 2697 (2698); WM 1993, 1703 (1704)).
63 Offengelassen von BGH, WM 1982, 1387 (1388); Kritisch: Schobel, *Ersatz frustrierter Aufwendungen,* S. 28 Fn. 46.

Dieses Beispiel zeigt, dass die Aufwendungen des Gläubigers jeweils außerhalb des vertraglichen Synallagmas stehen. Sie sind für das Verhältnis von Leistung und Gegenleistung unbeachtlich. Damit besteht kein Kontext zwischen den Aufwendungen und den ausgetauschten Leistungen.

Vor allem wird eine zwischen vertraglichen und nichtvertraglichen Schuldverhältnissen differenzierende Vorgehensweise nicht der Interessenlage der Gläubiger-Parteien gerecht, die in beiden Fällen auf Entsprechung des geweckten Vertrauens abzielt. Der Schuldner hat – wie noch zu zeigen ist[64] – für frustrierte Aufwendungen einzustehen, weil diese als Reaktion auf ein von ihm gegebenes Versprechen beziehungsweise auf einen vergleichbaren, anderweitig von ihm gesetzten Vertrauenstatbestand getätigt wurden und sodann aufgrund seines dem nicht entsprechenden Verhaltens frustriert wurden. Dieser zweiaktige Haftungsgrund kann ebenso in nicht-vertraglichen Schuldverhältnissen verwirklicht sein. Hier ist als entsprechender Vertrauenstatbestand zum Beispiel zu denken an ein Vermächtnis zu Gunsten des Aufwendenden, durch welches er einen obligatorischen Anspruch auf den vermachten Gegenstand gegen den Erben erhält, §§ 1939, 2147.

Daher belegt die Beschränkung der Rentabilitätsvermutung auf Fälle vertraglicher Pflichtverletzungen eine weitere Mangelhaftigkeit ihres Argumentationsgerüsts.[65] Insgesamt gesehen konnte die Rentabilitätstheorie weder mit den erreichten Resultaten noch mit ihrer dogmatischen Ableitung überzeugen.

4. Entscheidung zum Diskotheken-Fall

Kritik bedarf schließlich noch die Rechtsprechung zum Diskotheken-Fall.

Unter dem Hinweis auf Aspekte sachgerechter Risikotrennung schied hier der BGH verfehlte Folgeinvestitionen des Klägers, nämlich die Aufwendungen für die Disko, aus dem Kreis der von der Rentabilitätsvermutung aus dem Grundstücksvertrag erfassten Aufwendungen aus. Diese stünden außerhalb des Austauschverhältnisses von Leistung und Gegenleistung im Grundstückskaufvertrag.[66] Für den enttäuschten Gläubiger macht es freilich keinen Unterschied, welche Aufwendungen entwertet werden – ob es sich um solche handelt, die der Vertragsdurchführung oder der Verwertung der Leistung dienlich waren. Das

---

64 Siehe unten, Seite 53.

65 Schobel/Verda y Beamonte, ERPL 2002, 453 (465 Fn. 46); ähnlich der Gesetzgeber, der für diese Fälle mit § 284 ausdrücklich eine Anspruchsgrundlage schaffen wollte, vgl. BT-DruckS. 14/6040, S. 143.

66 BGH NJW 1991, 2277 (2279) = JZ. 1992, 464 (465); siehe oben Seite 11.

von ihm entwickelte und sodann enttäuschte Vertrauen ist jeweils gleichartig ausgeprägt und erweist sich damit als gleichermaßen schutzbedürftig.[67]
Motiv des BGH war es nach eigenem Bekunden, das dem ungestörten Leistungsaustausch zugrunde liegende Risikoverhältnis in die schadensersatzrechtliche Abwicklung zu übertragen. Ob dies gelungen ist, erscheint zweifelhaft. So ist zwar richtig, dass grundsätzlich den Gläubiger bei ungestörtem Leistungsaustausch das Verwendungs-[68] beziehungsweise Planungs- und Organisationsrisiko[69] trifft. Verwendungsrisiko ist das Risiko, ob mit einer ordnungsgemäßen Leistung der erwartete Nutzen tatsächlich gezogen werden kann. Demnach ist es Sache des Gläubigers, seinen Vertrag richtig zu kalkulieren und die Aufwendungen wieder hereinzuwirtschaften. Diese Gefahrenverteilung ist gerechtfertigt, schließlich ist der Gläubiger als Verwender „näher dran" und hat mögliche Risikoquellen für die Verwendung aus ureigensten Interessen im Blick. Er kennt sich in der Regel in der Branche, in der die Verwendung erfolgen soll, besser aus. Davon abgesehen ist es der Verwender, der bei Gelingen den Nutzen hat. Aus all dem folgt, dass er einen Beherrschbarkeits- sowie Absorptionsvorsprung[70] gegenüber dem Schuldner hat.
Ohne auf die Besonderheiten des Falles einzugehen, schlussfolgerte der BGH im Diskothekenurteil, dass es dem Käufer als alleinigem Träger des Verwendungsrisikos auch im Bereich der schadensersatzrechtlichen Abwicklung obliegen müsse, für seine Investitionen in die Diskothek einzustehen. Damit ignorierte der BGH die dem Käufer vom Verkäufer gegebene Zusicherung der Eignung des Grundstücks zum Diskothekenbetrieb. Zweck einer Zusicherung ist (beziehungsweise war unter dem alten Schuldrecht) gerade eine Art Versicherungseffekt für den Käufer. Möchte er die Verantwortung auf den Schuldner abschieben, lässt er sich eine entsprechende Zusicherung geben. Vorliegend wäre daher die Annahme einer Durchbrechung des Grundsatzes, dass der Gläubiger die Verwendungsgefahr trägt, aufgrund der gegebenen Zusicherung der Eignung des Grundstücks für den Diskothekenbetrieb durch den Verkäufer angemessen gewesen.[71]

---

67 So auch Müller, *Ersatz entwerteter Aufwendungen*, S. 193.
68 Koller, *Risikozurechnung bei Vertragsstörungen*, S. 8; Motsch, JZ 2001, 428 (429); Schack, JZ 1987, 305 (312).
69 Roussos, *Schaden und Folgeschaden*, S. 336.
70 Absorptionsprinzip - verschuldensunabhängig, knüpft an die Fähigkeit der Parteien an, die Auswirkungen von uneingeplanten Störungen aufzufangen und das Risiko zu steuern; Prinzip der abstrakten Beherrschbarkeit - hiernach ist das Risiko verschuldensunabhängig derjenigen Partei zuzurechnen, aus deren Sphäre es stammt, ebenfalls verschuldensunabhängig.
71 Vgl. die Entscheidung im Gaststätten-Fall, BGH WM 1977, 1089 – Durchbrechen der allgemeinen Grundsätze der Risikoverteilung zu Gunsten des Gläubigers nach einer Aufforderung des Schuldners zu investieren.

Dem könnte allenfalls entgegnet werden, dass der dem Diskobetrieb entgegenstehende Umstand, der nicht erbringbare Stellplatznachweis,[72] von beiden Seiten gleich gut erkennbar war. Anders formuliert, dass der eigentlich ausschlaggebende Faktor, nämlich die gesetzliche Stellplatzregelung, einer neutralen Sphäre entspringt. Greifen würde eine solche Argumentation indes nicht. Schließlich entfalten solche Beschränkungen in erster Linie für den Eigentümer Bedeutung, der diesen schon daher besondere Aufmerksamkeit zu schenken hat. Abgesehen davon hatte der Eigentümer im Gegensatz zum Käufer einen ungleich längeren Zeitraum zur Verfügung, um die Gegebenheiten des Grundstücks zu erkunden.[73] Vor allem aber wird so berücksichtigt, dass eine Zusicherung von Gesetzes wegen als Garantie verstanden wird und dass die Garantie der Inbegriff der Risikoübernahme ist. Unter Berücksichtigung dieser Umstände kann der Urteilsbegründung des BGH im Diskotheken-Fall nicht gefolgt werden - eine konsequente Übertragung der Risikoverhältnisse hätte zu einem Einstehenmüssen des Verkäufers führen müssen.

B) Entwicklung in der Literatur

I. Sachverhalte mit immaterieller Zielsetzung des Gläubigers

Der Stadthallen-Fall führte in der Literatur zu einer Belebung der Diskussion um den Ersatz entwerteter Aufwendungen im Vertragsrecht und im Rahmen dessen zu einer kritischen Auseinandersetzung mit der Rentabilitätslehre. Einig war man sich, dass das Ergebnis des BGH vor allem wegen der Benachteiligung von Gläubigern ohne kommerzielle Interessen unbefriedigend ist.[74] Aus einer ökonomischen Sicht der Dinge wurde bemängelt, dass diese Rechtsprechung dem Schuldner keinen Anreiz zur pflichtgemäßen Vertragserfüllung gibt.[75]

Die Lösungsvorschläge variierten stark:
So plädierte Eike Schmidt[76] nach eingehender Auseinandersetzung mit den generellen Einwendungen gegen den Frustrationsgedanken für eine grundsätzliche

---

72 Die Erteilung einer Stellplatzgenehmigung richtet sich nach § 12 BNVO.

73 Koller, *Risikozurechnung bei Vertragsstörungen*, S. 345.

74 Stoll, JZ 1987, 517 (518); Müller-Laube, JZ 1995, 538 (540); Schmidt in FS für Gernhuber, S. 423 (423 ff); Leonhard, AcP 199, 660 (680 f); Müller, *Ersatz entwerteter Aufwendungen*, S. 101 ff; Schackel, ZEuP 2001, 248 (251); Müko-Emmerich, § 325 Rn. 86; Huber, *Leistungsstörungen*, § 39 II 5, S. 280; Ströfer, *Schadensersatz und Kommerzialisierung*, S. 265.

75 Emmerich, JuS 1987, 489 (490); Köndgen/Randow, *Sanktionen bei Vertragsverletzungen*, S. 122 (133).

76 Schmidt in FS Gernhuber, S. 423 (423 ff); ähnlich: Fritzsche/Schmidt, WuB IV A. § 249 BGB 3. 99.

Ersetzbarkeit vergeblicher Aufwendungen auch bei immaterieller Vertragszielsetzung. Er verneint eine Gefahr uferloser Ausdehnung der Schadensersatzpflichten[77] und grenzenloser Materialisierung des Immateriellen. Letzteres könne nicht angeführt werden, da gesellschaftliche Entwicklungen ohnehin nicht durch juristische Realitätsverleugnung zu stoppen seien. Und erstgenannter Einwand sei nicht mehr als ein Hinweis auf die Notwendigkeit, richterliche Rechtsfortbildung nur kontrolliert vorzunehmen. Auch hält Schmidt den Hinweis auf die Freiwilligkeit der Aufwendungen und das gegen die Erstattbarkeit frustrierter Aufwendungen vorgebrachte Kausalitätsargument für wenig überzeugend. Stelle man nicht auf die Aufwendung als solche ab, sondern deren Vergeblichkeit, so werde klar, dass diese zum einen kausal mit der Leistungsstörung zusammenhängt und zum anderen, dass diese Vergeblichkeit unfreiwillig ist. Damit kommt Schmidt zu dem Fazit, dass es keine plausiblen Gründe gibt, warum dem vertragstreuen Teil verwehrt sein sollte, Aufwendungsersatz auch bei fehlender Rentabilität im wirtschaftlichen Sinne zu verlangen. Die Erstattbarkeit im einzelnen sieht Schmidt von der konkreten Vertragsgestaltung abhängig an – entscheidend sollen unter anderem sein: der Vertragstyp, konkrete Absprachen oder die Üblichkeit und Angemessenheit der vorgenommenen Aufwendungen. Konkretere Vorschläge blieb Schmidt leider schuldig.

Zu einem ähnlichen, wenn auch stärker durch das im angloamerikanischen Rechtsbereich maßgebliche Kriterium der Voraussehbarkeit geprägten Ergebnis gelangt Leonhard.[78] Er hält zwar grundsätzlich an der Rentabilitätstheorie fest, will hier aber dem Schuldner die Widerlegung der Vermutung von vornherein verwehren, um einer Benachteiligung der Verbraucher entgegenzuwirken.[79] Die so entstehende generelle Erstattbarkeit von Aufwendungen soll nur dadurch eingeschränkt werden, dass die Aufwendungen für den Schuldner vorhersehbar gewesen sein müssen.[80] Abgesehen von der Frage, ob das Vorhersehbarkeitskriterium überhaupt mit der deutschen Rechtsordnung harmoniert, verliert auf diese Weise die Rentabilitätsvermutung ihren namensgebenden Charakter und gerät in die Nähe einer Fiktion.

Ein weiterer Lösungsansatz setzte beim Verständnis des Schadensersatzes wegen Nichterfüllung an. Dieser werde gemeinhin zu unrecht auf das positive Interesse beschränkt.[81] Angebracht sei angesichts des Leitgedankens der Vertragshaftung, dem enttäuschten Gläubiger umfassenden Interessensschutz zu gewähren, eine Einbeziehung des Vertrauensschadens in Form entwerteter Aufwen-

77 Diese wird zum Beispiel von Timme, JZ 2000, 100 (101) befürchtet.
78 Leonhard, AcP199, 660 (681).
79 So schon Stoll in seinem grundlegenden Beitrag in FS für Duden, S. 641 (658).
80 Leonhard, AcP199, 660 (694);
81 Müller-Laube, JZ 1995, 538 (541ff); Schmidt in FS für Gernhuber, S. 423 (429).

dungen, durch eine Änderung der Differenzhypothese.[82] Um die Aufwendungen erfassen zu können, müssten diese dem Gläubiger gegebenenfalls auch den Einwand gewähren, dass sich die hypothetische Vermögenslage ohne die zweckverfehlenden Dispositionen im Vertrauen auf das später gebrochene Leistungsversprechen nicht negativ entwickelt hätte.[83] Demnach wäre der Haftungsgrund die Enttäuschung geweckten Vertrauens, nicht der Verlust von Kompensationsmöglichkeiten. Konsequenz einer derartigen Sichtweise ist die Erstattbarkeit vergeblicher Aufwendungen unabhängig davon, ob sie zu materiellen oder immateriellen Zwecken getätigt wurden.[84]

Diesem Gedankengang nicht unähnlich ist der Vorschlag, immer dann, wenn das positive Interesse als Bezugspunkt der Schadensberechnung nicht in Frage kommt, so zum Beispiel wenn es nicht vorhanden ist beziehungsweise beziffert werden kann, wenigstens das Vertrauensinteresse in Form entwerteter Aufwendungen zuzusprechen. Dies sei gerechtfertigt, da das Vertrauensinteresse, welches bis zum Vertragsschluss durch die culpa in contrahendo oder auch § 122 gesetzlich geschützt werde, durch den Vertragsschluss nicht ganz verdrängt sondern in „*Wartestellung*" verwiesen werde. Mit dem Vertrag hätten die Parteien einer Schadensersatzberechnung zwar eine neue Richtung gegeben, und der Schutz des negativen verwandele sich in den Schutz des positiven Interesses, im Rahmen einer „*wertenden Korrektur*" könne aber auf ersteres zurückgegriffen werden, wenn die eingangs erwähnten sachlichen Gründe vorliegen.[85] Auch unter Zugrundelegung dieser Sichtweise käme man zum Aufwendungsersatz bei immaterieller Vertragszielsetzung. Dies wäre sogar die Regel, so dass sich dieses Konzept hinsichtlich nicht-kommerzieller Aufwendungen zu Recht vorhalten lassen musste, die Regelung des § 253 geradezu in ihr Gegenteil zu verkeh-

---

82 Hanau/Wackebarth *Positives und negatives Interesse*, S. 205 (222; 224) sehen in den Vorschlägen praktisch das Zugeständnis eines Wahlrechts des Gläubigers zwischen dem Ersatz des positiven und des negativen Interesses, was aus dogmatischen Gründen und wie aus gesetzessystematischen Gründen abzulehnen sei. Auf dogmatischer Ebene werde verkannt, dass das haftungsauslösende Moment von negativem und positivem Interesseersatz einmal auf dem Hervorrufen und einmal auf der Enttäuschung von Vertrauen liegt. Auf gesetzessystematischer Ebene werde verkannt, dass dem Gläubiger durch § 325 BGB a.F. mit dem Rücktrittsrecht bereits eine Möglichkeit der Wiederherstellung in den status quo ante gewährt wird, dass damit kein Anlass bestehe, innerhalb des Schadensersatzes wegen Nichterfüllung ein solches Wahlrecht zuzugestehen. Schließlich befürchten sie, könnte dies in einer Verwischung der Grenzen von positivem und negativem Interesse münden.

83 Müller-Laube, JZ 1992, 538 (543).

84 Müller-Laube, JZ 1995, 538 (542 f); Schackel, ZEuP 2001, 248 (253; 259;) Stoll, JZ 1987, 517 (518 Fn. 6).

85 Müller, *Ersatz entwerteter Aufwendungen*, S. 92 f.

ren, und hinsichtlich kommerzieller Aufwendungen die §§ 252 S.2 und § 287 ZPO zu umgehen.[86]

Fazit: Damit zeichnete sich die Literatur weder durch ein einheitliches Bild noch durch einen vollends überzeugenden Vorschlag aus.[87]

II. zur Rechtsprechung im Diskotheken-Fall

Auch die Entscheidung des BGH im Diskotheken-Fall hat ein Echo in der Literatur gefunden, indessen weniger stark als dasjenige der Stadthallen-Entscheidung. Während die Rechtsprechung vielerorts Zustimmung fand,[88] nimmt Müller-Laube den Diskotheken-Fall zum Ausgangspunkt einer Aburteilung der Rentabilitätstheorie. Ihm zufolge offenbart die Rentabilitätsvermutung in ihrem vom BGH in dieser Entscheidung erhaltenen Gewand die eigene Unzulänglichkeit. Indem der BGH auf das Kriterium der **Risikoverteilung** zwischen den Vertragsparteien zurückgreift und getätigte Aufwendungen entsprechend diesen Maßstab in unwiderleglich rentable und andere generell nicht von der Rentabilitätsvermutung umfasste einteilt, werde die Vermutung zur Fiktion und die Rentabilitätstheorie zum bloßen äußeren Rahmen für die Entscheidung über den Aufwendungsersatz degradiert.[89] Davon abgesehen sei die Rentabilitätstheorie von vornherein ein Irrweg gewesen, da Aufwendungen keineswegs nach ökonomischen Erkenntnissen Garanten für Gewinn und mithin kein Maßstab für eine entsprechende Rentabilitätsvermutung seien.[90]
Andernorts wird die vom BGH in der Diskothekenentscheidung eingeführte Unterscheidung nach Vertrags-, Vertragsdurchführungs- und Vertragsverwertungskosten als schwer durchführbar empfunden und die neue Rechtsprechung mit Hinweis auf ihre Unpraktikabilität abgelehnt.[91]

---

86 Grunsky, AcP 192, 251 (252).

87 Nach einem weiteren Vorschlag sollte zwischen zwei Arten von Aufwendungen zur Befriedigung immaterieller Interessen unterschieden werden. Es gebe Verträge, die gerade den Zweck der Befriedigung immaterieller Interessen zum Inhalt haben und Verträge, in deren Rahmen Aufwendungen getätigt werden, um ein ideelles Interesse an der bestmöglichen Ausnutzung der vertraglichen Leistung zu befriedigen. Während Verträgen erstgenannter Art eine § 253 abbedingende Abrede zu entnehmen sei, so dass hier Aufwendungsersatz gerechtfertigt sei, soll die bei letztgenannten nicht der Fall sein. Hier bestehe ein Mangel für die Bewertung des die Aufwendungen aufwiegenden Interesses, Messer/Schmidt in FS für Hagen, S. 424 (434f).

88 Wiedemann/Müller, Anmerkung zu BGH Urteil v. 19. 4. 1991, JZ 1992, 467 (467); Messer/Schmidt in FS für Hagen, 425 (429); Knothe, EWiR § 463 BGBG 2/92, 441 (442); Altmeppen, DB 200, 1399 (1403 Rn. 42).

89 Müller-Laube, JZ 1992, 538 (540).

90 Müller-Laube, JZ 1992, 538 (542).

91 Leonhard AcP 1999, 660 (673).

C) Vorschläge der Schuldrechtskommissionen

Schon die erste Schuldrechtskommission hatte den Bedarf einer Regelung des Problemkreises frustrierter Aufwendungen erkannt und im Jahre 1991 ein Lösungskonzept vorgestellt, welches von dem Bestreben, dem Gläubiger unabhängig von dem Charakter seiner Zielsetzungen die Erstattungsmöglichkeit zu gewähren, motiviert war.[92] Vorgesehen war, dem Gläubiger nach dem Rücktritt anstelle eines Schadensersatzes wegen Nichterfüllung Ersatz desjenigen Schadens zuzusprechen, der ihm daraus entsteht, dass er auf die Durchführung des Vertrags vertraut hat, § 327 I BGB-KE.[93] Bestärkt, den richtigen Weg eingeschlagen zu haben, fühlte sich die Kommission durch die Sachgerechtheit der zu erwartenden Ergebnisse, denn es würde derjenige die Unkosten zu tragen haben, der das Scheitern des Vertrages zu vertreten habe.[94] In § 325 des Diskussionsentwurfs der Bundesregierung aus dem Jahre 2000 fand sich diese Regelung wieder[95] und wurde damit Arbeitsgrundlage für die Vorarbeiten zum Schuldrechtsmodernisierungsgesetz der zweiten Schuldrechtskommission, die ihre Tätigkeit 2001 aufgenommen hatte. Von dem Fortgang dieser Arbeiten weiß Canaris zu berichten, dass es lange so aussah, als würde auf die in § 325 des Diskussionsentwurfs enthaltene Regelung gänzlich verzichtet werden. Denn die allgemeine Meinung war, dass sie ihrem Inhalte nach zu weit gehe. Man befürchtete eine drohende Ausuferung der Erstattungspflicht, da eine Begrenzung der Höhe nach nicht vorgesehen war. Verwiesen wurde insbesondere darauf, dass die Leistungsstörung sich nicht zum „*Glücksfall*" für den Gläubiger entwickeln dürfe. Kritisiert wurde zudem der beschränkte Anwendungsbereich der Regelung auf Verträge. Erst die Vorlage eines Arbeitspapiers, dessen Hauptargumente sich im Artikel von Canaris über „*Die Reform des Rechts der Leistungsstörungen*" (in JZ 2001, 499) wieder finden, vermochte die Kommission zur Modifikation der Regelung mit dem in § 284 zu findenden Resultat umstimmen.[96] Dies brachte Canaris den Ruf ein, *geistiger Vater* des § 284 zu sein.

24

92 Abschlussbericht der Kommission zur Überarbeitung des Schuldrecht (1992), S. 173 f. Das Gutachten zur Überarbeitung des Schuldrechts, welches 1978 vom Bundesjustizminister in Auftrag gegeben worden war, sah in § 253 a einen Vorschlag vor, Entschädigung zu gewähren „ .... *für die Ausgaben, die durch das Ereignis, für das ein anderer verantwortlich ist, ihr Ziel verfehlten. Der Richter kann ihren Ersatz innerhalb der Grenzen der Billigkeit anordnen*". Hohloch selbst als Verfasser erläutert die Ersetzbarkeit frustrierter Aufwendungen nach dieser Norm nicht weiter sondern beschränkt sich auf die Äußerung, es stünde nicht dagegen, einen schadensrechtlichen Aufwendungsersatz auf frustrierte Aufwendungen auszudehnen (S. 425).

93 Abschlussbericht der Kommission zur Überarbeitung des Schuldrecht (1992), S. 174.

94 Abschlussbericht der Kommission zur Überarbeitung des Schuldrecht (1992), S. 174.

95 Bei Canaris, *Schuldrechtsmodernisierung* 2002, S. 22, 215f abgedruckt.

96 Canaris, JZ 2001, 499 (516).

Oft gelingt es einer positiven Rechtsordnung, innerhalb ihres Systems Lösungsmodelle zu entwickeln, die allgemeine, grenzübergreifende Rechtsprobleme bewältigen. Auf den sich daraus ergebenden Möglichkeiten und Nutzbarmachungen basiert die Rechtsvergleichung.[97] Von daher ist wenig überraschend, dass derselbe uns beschäftigende Problemkreis vergeblicher Aufwendungen im nichtdeliktischen Bereich insbesondere in den USA auf eine längere und intensivere Auseinandersetzung in Literatur und Rechtsprechung zurückblickt als hierzulande. Die Ergebnisse dieser Rechtsprechung haben bereits 1932 Eingang in § 333 des amerikanischen Restatement of the Law of Contracts[98] gefunden.[99] Seit 1979 sind sie in der überarbeiteten Fassung des Restatements in den aus dieser Norm hervorgegangenen § 349 in Verbindung mit § 344 Rest. zu finden. Bereits in der Diskussion um den Aufwendungsersatz im Vertragsrecht unter dem BGB a.F. finden sich vermehrt Hinweise auf die US-amerikanische Rechtslage.[100] Dies ist umso interessanter, als den Äußerungen von Canaris zu entnehmen ist, dass der amerikanischen Regelung während der Vorarbeiten zum Schuldrechtsmodernisierungsgesetz eine Vorbildfunktion für § 284 zukam.[101] Unter dem Vorbehalt der Vergleichbarkeit der beiden Regelungen liegt von daher auf der Hand, dass eine Auseinandersetzung mit dem amerikanischen Recht zum Verständnis des § 284 beizutragen vermag. Vor allem Aspekte, die sich in den USA als neuralgisch erwiesen haben und Gegenstand wissenschaftlicher Diskussion wurden, könnten bei der Auslegung des § 284 nutzbar gemacht werden. In der Hoffnung auf Impulse für die Auslegung des § 284 soll nun auf das amerikanische Vertragsrecht eingegangen werden.

Dies soll zunächst durch einige einleitende Bemerkungen zum amerikanischen Rechtssystem, den ausschlaggebenden Fällen und einen Rückblick auf das nunmehr der Rechtsgeschichte angehörende erste Restatement geschehen, was für das Verständnis der aktuellen amerikanischen Rechtslage förderlich ist. Diese ist sodann zunächst auf ihre Vergleichbarkeit mit der deutschen Regelung des

---

97 Larenz, *Methodenlehre*, S. 193.

98 Im folgenden: Rest.

99 Die Vergleichbarkeit des § 349 Rest. mit § 284 ist auch Ernst-MüKo aufgefallen, § 284 Fn. 6.

100 Z.B. von Stoll, Anmerkung zum Stadthallen-Fall, JZ 1987, 517 (518), ders. in Freiburger Begegnung, S. 55 (57, 60); ders. *Haftungsfolgen im bürgerlichen Recht*, S. 320f, 323 Fn. 38; Leonhard, AcP 199, 660 (665ff); Timme, JZ 2000, 100 (101); ders., ZfS 1999, 502 (502).

101 Canaris ZRP 2001, 328 (333); bekräftigt in FS für Wiedemann, S. 3 (27), bedenklich ist allenfalls, dass sich Canaris nicht direkt auf die entsprechenden Regelungen des Restatements bezieht, sondern allgemein von der „Lehre vom 'reliance interest'“ im anglo-amerikanischen Recht spricht. Die Lehre vom ‚reliance interest‘, so fern man überhaupt von einer Lehre sprechen kann – ist aber sehr facettenreich: Unter diesem Stichwort finden sich Diskussionen zu den verschiedensten Punkten wie promissory estoppel; Aufwendungsersatz; oder die Frage, ob Schadensersatzansprüche stets nach negativem anstatt nach positiven Interesses berechnet werden sollen.

Aufwendungsersatzes hin zu untersuchen, um einen sachgerechten Transfer vorgefundener, in Deutschland noch unbekannter Problematiken und eventuell der genutzten Argumentationsschienen gewährleisten zu können. Denkbar ist auch, dass durch den rechtsvergleichenden Blick auf die fremde Rechtsordnung Lücken im deutschen Recht zu Tage treten.

Dritter Teil: US-Amerikanischer Rechtskreis

A. Einleitung

Das amerikanische Recht gehört der Familie des common law an, das heißt es ist geprägt durch Richter- sprich Fallrecht. Diesem kommt grundsätzlich bindende Wirkung im Sinne der *stare decisis doctrine* zu. Allerdings hat das Richterrecht seit dem Ende des 19. Jahrhundert in dem Maße an Bedeutung verloren wie der Erlass von Gesetzen zunahm. Folge dieser Entwicklung ist heute ein „gemischtes" Rechtssystem in den USA, das seinen Akzent auf das Fallrecht setzt.[102] Gleichzeitig hat sich das deutsche Recht de facto von seiner eigentlichen dogmatischen Ausgangsposition, dem Fallrecht bloß indirekte, über den Gleichheitsgrundsatz vermittelte Bindungswirkung beizumessen, entfernt. Rein tatsächlich gesehen stehen sich damit die deutsche und die amerikanische Rechtsordnung näher, als es zunächst den Anschein haben mag.

B. Ersatz vergeblicher Aufwendungen in den USA

I. Fallrecht

Die Anfänge des Aufwendungsersatzes liegen in der ergiebigen Rechtsprechung. Leitlinien dieses case laws finden sich in dem späteren Restatement of the Law of Contracts wieder. Die früheste, den Ersatz vergeblicher Aufwendungen behandelnde Entscheidung, die einen hohen Bekanntheitsgrad erlangte und zugleich mehrere kritische Fragen berührte, ist *United Staates v. Behan*[103] Jahre aus dem Jahre 1884.

1. United Staates v. Behan

Der Kläger, Behan, hatte im März 1881 die werkvertraglichen Unternehmerpflichten aus einem 1879 mit der Beklagten, den USA, geschlossenen Vertrag übernommen. Gegenstand des Vertrages war die Erledigung vertraglich vorgegebener Maßnahmen im Hafen von New Orleans auf der Grundlage eines von der Beklagten gestellten Verbesserungsplans. Im Vorfeld dieser Arbeiten beziehungsweise in ihrer Ausführung nahm Behan Ausgaben für den nötigen Maschinenpark, die Arbeitsmaterialien sowie die Arbeitskräfte auf sich. Als eine staatliche Prüfungs-

102 Hay, U.S.-Amerikanisches Recht, Rn. 17.
103 United States v. Behan [1884] 28 L.Ed. 168; 4 S.Ct. 81; 110 U.S. 338.

kommission im September 1881 feststellte, dass der Hafen-Verbesserungsplan unzulänglich war, erging an Behan die Aufforderung, die Arbeit sofort einzustellen. Dieser Aufforderung entsprach Behan und forderte Aufwendungsersatz abzüglich der für den Weiterverkauf der Maschinen erzielten Summe und zuzüglich des Ersatzes des Wertes seiner eigenen Arbeit (insgesamt: $ 33 192, 90) sowie seines entgangenen Gewinns ($ 8 807, 10).

Nachdem der Court of Claims den Forderungen in Höhe der $ 33 192,90 für die Aufwendungen stattgegeben hatte, legte die US-Regierung Berufung ein, gestützt auf die Behauptung unzulässiger Schadensberechnung. Die Berufung blieb aus folgenden Erwägungen des *supreme courts* erfolglos: Hauptanliegen habe zu sein, den vertragstreuen Teil schadlos zu halten, was in Fällen, wie dem vorliegenden, da hinreichender Beweis für den ausgebliebenen Gewinn fehlt, nur mit Ersatz für die tatsächlich erlittenen Einbußen in Form von Aufwendungen zu bewerkstelligen sei. Berücksichtigt wurde auch der Umstand, dass die von Behan vorgenommenen Aufwendungen "*vernünftigerweise*" erfolgt waren.[104]
Das Vorbringen der Beklagten, der Schaden sei grundsätzlich nach der Differenz zwischen dem erwarteten Gewinn und den Aufwendungen abzüglich ersparter Aufwendungen zu berechnen, wurde mit dem Hinweis auf "*the two heads or classes of damages*" abgewiesen. Dies seien einmal die Ausgaben für Aufwendungen und zum anderen der entgangene Gewinn. Wenn nun der entgangene Gewinn nicht ausreichend belegt wird, sei dies kein Hinderungsgrund für den Kläger, auf die Aufwendungen zu rekurrieren. Vor allem könne sich die Beklagte als vertragsbrüchige Partei nicht darauf berufen, es lege kein ersatzfähiger Schaden vor. Es sei denn, sie beweist die Sinnlosigkeit dieser Aufwendungen für die Vertragsdurchführung: "*It does not lie in the mouth of the party, who has voluntarily and wrongfully put an end to the contract, to say that the injured party has not been damaged at least to the amount of what he has been induced fairly and in good faith to lay out and expend, (including his own services) ... unless he can show that the expenses of the party injured have been extravagant, and unnecessary for the purpose of carrying out the contract.*"[105] Indem von der vertragsbrüchigen Partei der Beweis des Gegenteils erwartet wird, wird – ähnlich dem Vorgehen der hiesigen Gerichte-[106] eine Beweislastumkehr zu Gunsten des enttäuschten Gläubigers statuiert.

---

104 United States v. Behan 4 S.Ct. 81 (83); 110 U.S. 338 (344).
105 United States v. Behan 4 S.Ct. 81 (84); 110 U.S. 338 (345); Beweislastumkehr bestätigt in Wells v. National Life Association of Hartford 99 F. 222 (236).
106 Z.B. RGZ 127, 245 (247); BGH JZ 1992, 464 (465); BGH 71, 234 (239); 99, 182 (197f).

Auch darüber hinaus wurde dem Urteil zuweilen Ähnlichkeit zur Rechtsprechung des Reichsgerichts bescheinigt. Zwar erinnert der hierfür herangezogene Satz "... *the first and most obvious damage to be shown is the amount which ... has been induced to expend on the faith of the contract*"[107] an die Lehre vom "*ersten handgreiflichen Schaden*" des Reichsgerichts.[108] Doch relativiert die im unmittelbaren Kontext geäußerte Überzeugung " ... *we can give nothing on account of prospective profits, because none have been prooved. So, for the same reason, we can deduct nothing from his expenditures on account of prospectiv losses*"[109] diese Ähnlichkeit. Deutlich wird, dass Aufwendungen nicht als "Garant" für die Erwirtschaftung eines Gewinns angesehen werden. Der Schaden wird hier nicht wie unter der Rentabilitätsvermutung im Verlust von Kompensationsmöglichkeiten, sondern in den Aufwendungen selbst gesehen: "*This leaves his expenditures as the only damage ...*".[110] Bei der Konstruktion der amerikanischen Gerichte handelt es sich damit nicht um eine Rentabilitätsvermutung, sondern um eine reine Beweislastumkehr zu Gunsten des Klägers. Diese beruht auf Billigkeitserwägungen, worin der maßgebliche Unterschied zur Rentabilitätsvermutung liegt.

Bemerkenswert sind die Ausführungen des Gerichts zu den zwei Gesichtspunkten, unter denen ein Schaden gemeinhin wahrgenommen werden kann, "*(the) two distinct items or grounds of damages*"[111]: nämlich Aufwendungen und entgangener Gewinn. Diese über den konkreten Fall hinausweisenden Grundsätze deuten bereits auf Akzeptanz des in den USA noch unbekannten Vertrauensschadens als eigenständiger Schadenskategorie hin. Demnach wurde zumindest in vorliegender Entscheidung ein Ersatz der vergeblichen Aufwendungen nicht im Rahmen des positiven, sondern des negativen Interesses gewährt - anders als es nach herrschender Lehre und ständiger Rechtsprechung in Deutschland bis zum Schuldrechtsmodernisierungsgesetz 2002 der Fall war.[112] Auch weitere Äußerungen beweisen ein Problembewusstsein bezüglich des Konkurrenzverhältnisses beider Schadensersatzarten: "*The two heads of damages are distinct though closely related. When profits are sought a recovery for outlay is*

---

107 United States v. Behan 4 S.Ct. 81 (84); 110 U.S. 338 (345).

108 RGZ 127, 245 (247); BGH WM 1969, 835 (836).

109 United States v. Behan 4 S.Ct. 81 (83); 110 U.S. 338 (343).

110 United States v. Behan 4 S.Ct. 81 (83); 110 U.S. 338 (343); dies wird auch aus dem zitierten Ausdruck "*the first and most obvious damage to be shown is the amount which ... has been induced to expend on the faith of the contract*" deutlich - im Gegensatz zum Reichsgericht wird auf ... rekurriert.

111 United States v. Behan 4 S.Ct. 81 (83); 110 U.S. 338 (344).

112 Falsch ist somit die Behauptung von Müller, die Entscheidung Security Stove & Manufactoring Co. v. Railway Express Co. im Jahre 1932 [siehe unten] hätte in den USA "*eine erste Auseinandersetzung zwischen Fragen des Aufwendungsersatzes und grundsätzlichen Wertungen des Schadensersatzrechts*" enthalten; Müller, *Ersatz entwerteter Aufwertungen*, S. 36.

included and something more.That something more is the profits. If the outlay equals ... the amount to be received of course there can be no profits."[113]

2. Wells v. National Life Association of Hartford[114]

Vertraglich war T.S.Wells[115] *auf 10 Jahre zur ausschließlichen Repräsentation der National Life Association of Hartford in Texas berechtigt und verpflichtet.*
Ihm oblag es, die in diesem Bundesstaate noch unbekannte Versicherungsgesellschaft auf eigene Kosten gegen Povision zu etablieren und Policen für sie abzuschließen. Hierzu errichtete Wells Zweigstellen, betrieb Werbung und bildete ein Netzwerk von mehr als 400 Agenten.

Grundlos brach die Muttergesellschaft im Dezember 1896 den Vertrag, indem sie selbst Firmen und Agenten[116] *verpflichtete, Verträge für sie abzuschließen, und so bis zur Klageerhebung Versicherungen in Höhe von einer Million Dollar an den Mann brachte.*

Dies führte zur Erhebung einer auf Schadensersatz in Höhe von $ 24 000 gerichteten Klage von Wells im September 1898. Diese Summe setzt sich aus Aufwendungen in Höhe von $ 4 000 zuzüglich entgangenen Gewinns in Höhe von $ 20 000 zusammen.

113 United States v. Behan 4 S.Ct. 81 (84); 110 U.S. 338 (345). Vor diesem Hintergrund ist die Einschätzung Stolls, bei dieser Entscheidung habe die Zubilligung des Schadensersatzes mit dem Ersatz des Vertrauensinteresses nichts zu tun - es werde vielmehr das Erfüllungsinteresse des Unternehmers befriedigt, nicht nachvollziehbar. Sie entspringt wohl seinem (später aufgegebenen) Bemühen, entwertete Aufwendungen als Maßstab des positiven Interesses im Rahmen des Nichterfüllungsschadens ersetzbar zu machen, FS für Duden, S. 641 (645).
114 Wells v. National Life Association of Hartford 99 F. 222; 53 L.R.A. 33, 39 C.C.A. 476.
115 Ursprünglich war der Vertrag am 6. 6. 1895 mit einem gewissen Adolph J. Miller geschlossen worden, der seine Rechte jedoch wirksam an Wells und einen Partner übertrug, welchen Wells im August 1896 auszahlte und damit alleiniger Vertragspartner wurde.
116 Darunter auch Adolph J. Miller.

Der Supreme Court[117] sah zwei Fragen als relevant an: Erstens, ob ein Kläger Ersatz für Aufwendungen und entgangenen Gewinn in einer Klage geltend machen könne. Und zweitens, ob im konkreten Fall der geltendgemachte entgangene Gewinn nicht "*too remote*", also zu entfernt, sei.[118] Uns interessiert die erste, vom S.C. ungleich kürzer behandelte Fragestellung. Dass dieser Frage weniger Bedeutung beigemessen wird, liegt daran, dass man sie als "*answered by the reasoning and review of authorities ... in the case of U.S. v. Behan*" ansah und dementsprechend bejahte.[119] Das Gericht gelangt zu dem Schluss, es sei prozessual zulässig, den Schadensersatzanspruch sowohl alternativ als auch kumulativ auf Aufwendungsersatz und entgangenen Gewinn zu stützen.

Nachdem das Gericht zu dem Ergebnis gelangt, dass der entgangene Gewinn nicht von vornherein "*too remote*" sei, erörtert es entscheidungsrelevante, noch offene Beweis- und Tatsachenfragen[120] und weist die Sache an den Court of Circuits zur Tatsachenermittlung zurück. Dies geschieht nicht ohne Aufzeigung der rechtlichen Konsequenzen der noch festzustellenden Größe des entgangenen Gewinns und der entstandenen Aufwendungen:

117Erstinstanzlich war die Kombination von Aufwendungsersatz und Entschädigung für entgangenen Gewinn als unzulässig angesehen worden. Das zuständige Gericht forderte den Kläger zu einer Klageänderung auf. So wurde der Antrag dahingehend geändert, dass Ersatz von entgangenem Gewinn und nur hilfsweise Aufwendungsentschädigung verlangt wurde, was das Gericht nicht als ausreichend ansah, sondern verlangte, dass entweder der eine oder der andere Posten geltend gemacht würde. Unter Protest kam der Kläger diesem Verangen nach und verzichtete auf die Geltendmachung von Aufwendungen. Mit Hinweis darauf, dass der geltendgemachte Verlust des Gewinns spekulativen Charakter hätte und nicht ausreichend bewiesen sei, wies der Court of circuits schließlich die Klage ab.

118 Wells v. National Life Association of Hartford 99 F. 222 (228).

119 Wells v. National Life Association of Hartford 99 F. 222 (228); Die einzige Seite des Urteils, die sich mit dieser Problematik beschäftigt, begnügt sich mit fast wörtlicher Wiedergabe der wichtigsten Absätze aus der Behan-Entscheidung. Es handelt sich um die oben angesprochenen Passagen zu den "*first and most obvious damage to be shown is the amount which ... has been induced to expend on the faith of the contract*" (Vgl. oben Seite29); "*unless there is some artificial rule of law which has taken the place of natural justice in relation to the measures of damages, it would seem to be quite clear that the claimant ought at least to be made whole for his losses and expenditures ...*", die Beweislastverteilung "*it does not lie in in the mouth of ...* ". Gegen Ende der Entscheidung, auf S. 234, findete sich eine weitere, nicht als solche gekennzeichnete fast wortwörtliche Widergabe aus dem Behan-Fall: "*the first and most obvious damage to be shown is the amount which he has been induced to expend on the faith of the contract, inlcuding a fair allowance for his own time and services; and it does not lie in the mouth of the defendant to say that he has not been damaged at least to that amount, unless it can be shown that the expenses wich the plaintiff incurred were extravagant and unnecessary for the purpose of carrying out the contract.*".

120 Z.B., ob tatsächlich ein Vertragsbruch vorliegt; ob der Kläger selbst seine vertraglichen Verpflichtungen erfüllte; die exakte Höhe des entgangenen Gewinns und der Aufwendungen.

Sollte festgestellt werden, dass der Betrag des entgangenen Gewinns geringer ist als die Summe der Aufwendungen, stehe es dem Kläger nicht frei, entgangenen Gewinn zu fordern.
Sollte sich aber herausstellen: Der entgangene Gewinn war größer als die Summe aller Aufwendungen, dürfe der Kläger Aufwendungsersatz und darüber hinaus Ersatz in Höhe der Differenz des entgangenen Gewinns verlangen.[121] Dies ist nichts anderes als die Durchsetzung des Netto-Gewinns zuzüglich des Betrags der frustrierten Aufwendungen, was dem Gläubiger ein Mehr zuspricht, als es nach dem deutschen § 252 der Fall wäre.

3. Security Stove & Mfg Company v. American Railway Express Company

Die Klägerin hatte einen neuartigen Ofen entwickelt, den sie auf einem eigens angemieteten Stand auf der American Gas Association Convention vom 11.-14.10. 1926 auszustellen plante. Mit dem Transport des in seine Einzelteile zerlegten Ofens beauftragte sie im September die Beklagte, nicht ohne dieser den Termindruck zu erläutern. Man kam überein, dass das Transportgut spätestens am 8.10 am Veranstaltungsort, in Atlantic City, sein sollte[122]. Die 21 Einzelteile wurden der Klägerin am 2.10. ausgehändigt. Durch ein Verschulden der Beklagten wurde das wichtigste Teil nach New Orleans befördert, so dass der Ofen nicht wie geplant in Atlantic City vorgeführt werden konnte. Daher mussten der eigens nach Atlantic City gereiste Firmenpräsident und ein Mitarbeiter unverrichteter Dinge die Rückreise antreten.

In erster Instanz wurde dem Schadensersatzbegehren der Klägerin in Höhe von $ 801,51 entsprochen. Diese Summe setzte sich aus folgenden Posten zusammen: $ 147 Express-Versendungs-Gebühren nach Atlantic City; $ 45,12 Beförderunsgsgebühren zurück nach Kansas City; $ 101, 39 Fahrtkosten; $ 48 Hotelkosten; $ 150 für die Zeit des Präsidenten; $ 40 Lohnkosten eines weiteren Angestellten und $ 240 Standmiete.[123] Dem hielt die Beklagte entgegen, die zugrunde gelegte Art und Weise der Schadensberechnung sei unzulässig. Der Schadensersatzanspruch sei nach der Höhe des entgangenen Gewinns zu be-

---

121 Wells v. National Life Association of Hartford, 99 F. 222 (236).

122 Diese Einigung wurde vom Supreme Court so ausgelegt, dass der Beklagte "nur" zur Beförderung innerhalb der normalen Zeit verpflichtet sein sollte, da eine auf eine Beförderung innerhalb einer bestimmten Zeit hinauslaufende Vertragsklausel unzulässig wäre, Security Stove & Mfg Company v. American Railway Express Company 51 S.W. 2nd 572 (576).

123 Security Stove & Mfg Company v. American Railway Express Company 51 S.W.2nd 572 (574).

rechnen, wozu der Kläger keinerlei Angaben gemacht habe.[124] Keinesfalls könne der Kläger verlangen, so gestellt zu werden, wie er stünde, wenn gar kein Vertrag zwischen ihnen zustande gekommen wäre. Die Ausgaben wären ohnehin entstanden.[125] Der Supreme Court ließ sich von diesem Vorbringen nicht beeinflussen, sondern bestätigte das erstinstanzliche Urteil: Herausgehoben wird in der Begründung, dass der Beförderungsweck, die Teilnahme an der geplanten Ausstellung, mitgeteilt worden war und dass daher eine entsprechende vertragliche Verpflichtung seinerseits anzunehmen sei - "*the carrier will be presumed to have contracted with reference thereto*".[126] Außerdem würde dem Kläger, der ja nicht von Gewinnstreben geleitet war, mangels entgangenen Gewinns sonst jeglicher Schadensersatz versagt - was von Rechts wegen nicht sein könne.[127] Der Supreme Court stellte klar, dass die Berechnung des Schadensersatzes nach den entstandenen Aufwendungen keine neuartige Ausnahme zum generellen Maß des entgangenen Gewinns sei. Nach dieser Ausnahmeregelung seien selbst die vorvertraglichen Aufwendungen für die Standmiete als ersatzwürdig anzusehen: "*... plaintiff arranged for the exhibit knowing that it could call upon defendant to perform its common law duty to accept and transport the shipment with reasonable dispatch. The whole damage, therefore, was suffered in contemplation of defendant performing its contract.*"[128]

Vorliegender Fall weist sowohl in tatsächlicher Hinsicht als auch in der Argumentation des Beklagten Parallelen zur deutschen Diskussion, insbesondere zur Rechtsprechung im Stadthallen-Fall auf: Während aber der BGH aufgrund der immateriellen Zielsetzung der Klägerin mit Rücksicht auf § 253 die Ersetzbarkeit eines Schadens ablehnte, nahm der Supreme Court denselben Umstand zum Anlass, Vertrauensschaden zuzusprechen, da ansonsten (gerade wegen der immateriellen Zielsetzung) mangels feststellbarem entgangenen Gewinn keinerlei Ersatz gewährt werden könnte. Erneut treten die Billigkeitsaspekte zu Tage, die in den USA zu einem Anerkenntnis des Anspruchs auf Aufwendungsersatz führten. Gleichzeitig wird vorliegend dieses Ergebnis untermauert mit dem Hinweis auf das Wissen des Schuldners um die Sekundärzwecke des Gläubigers und seiner dementsprechend zu verstehenden Vertragspflicht.

---

124 Security Stove & Mfg Company v. American Railway Express Company 51 S.W.2nd 572 (575).
125 Security Stove & Mfg Company v. American Railway Express Company 51 S.W.2nd 572 (576).
126 Security Stove & Mfg Company v. American Railway Express Company 51 S.W.2nd 572 (575).
127 Security Stove & Mfg Company v. American Railway Express Company 51 S.W.2nd 572 (577).
128 Security Stove & Mfg Company v. American Railway Express Company 51 S.W.2nd 572 (577).

II. Die Restatements

Die Prinzipien des Ersatzes vergeblicher Aufwendungen wurden im Restatement of the Law of Contracts[129] festgehalten. Diese amerikanischen Restatements ähneln zwar kontinentaleuropäischen Gesetzesbüchern vom Aufbau her, verfügen aber nicht über Gesetzeskraft. Sie sind private Abhandlungen des geltenden Rechts, herausgegeben vom American Institute of Law, deren Bindungskraft allein auf der Autorität ihrer Autoren beruht. Den Restatements, die auch von Gerichten zur Entscheidungsfindung benutzt werden, ist eine Vereinheitlichung der Rechtslage innerhalb der USA zu verdanken.[130]

1. Restatement of the Law of Contracts, 1932

Der den Aufwendungsersatz betreffende Paragraph des ersten Restatements lautet:

> *§ 333 When Damages May Be Measured By Expenditures In Part Performance*
> *The amount of the plaintiff's expenditure, reasonably made in performance of the contract or in necessary preparation therefore, is included in compensatory damages, with the following limitations:*
>
> *(a) Such expenditures are not recoverable in excess of the full contract price promised by the defendant.*
>
> *(b) Expenditures are not recoverable unless they can fairly be regarded as part of the cost of performance in estimating profit and loss.*
>
> *(c) Instalments of the contract price already received and the value of materials on hand that would have been consumed in competition must be deducted.*
>
> *(d) If full performance would have resulted in a net loss to the plaintiff, the amount of this loss must be deducted, the burden of proof being on the defendant.*

Vorgesehen war demnach kein Aufwendungsersatz im Rahmen eines allgemeinen, auf Ersatz des Vertrauensinteresses gerichteten Sekundäranspruchs. Man beschränkte sich auf die Möglichkeit des Ersatzes von Aufwendungen, die ent-

---

129 American Law Institute, Restatement of the Law of Contracts, St. Paul (USA) 1932; Restatement of the Law of Contracts Second, St. Paul (USA) 1979.
130 Zweigert/ Koetz, *Einführung in die Rechtsvergleichung*, § 17 III, S. 246.

weder in Vertragsausführung oder in Vorbereitung derselben erfolgt waren.[131] Der Ersatz dieses schon beschränkten Kreises von Aufwendungen unterlag weiteren Einschränkungen: ersatzfähig waren nur vernünftigerweise beziehungsweise notwendigerweise[132] erfolgte Aufwendungen. Und gemäß § 333 (a) Rest. war der Ersatz von vornherein begrenzt durch das positive Interesse des Gläubigers.[133] Schließlich waren auf Klägerseite vorhandene Werte vom ersatzfähigen Betrag abzuziehen, § 333 (c) Rest., ebenso wie zu berücksichtigen war, ob die Aufwendungen nicht anderweitig entschädigt wurden, § 333 Rest. Illustration 2. § 333 b Rest. hält eine weitere Beschränkung bereit. Stoll meint, diese Regelung sei in der Überzeugung getroffen worden, Maßstab der Interessenbewertung wären die zur Interesseverwirklichung erkennbar nötigen Aufwendungen des Gläubigers und nur insoweit unterwerfe sich der Schuldner diesem Maßstab, als sie sinnvoll zur Erreichung ihres Zweckes waren.[134] Ein Blick auf comment d zu § 333 Rest. zeigt die Unhaltbarkeit dieser Argumentation: Als Beispiel, wann eine Aufwendung nicht als "*properly provable in determining profit and loss*" angesehen werden kann, wird der Bau einer Fabrik im Zusammenhang mit der Durchführung eines Kaufvertrages über ein Auto angeführt. In dem Bestreben, eine gewisse Proportionalität zwischen Aufwendungsersatz und positiven Interesse herzustellen, hat dieser Paragraph also sein Bewenden.

Direkt in § 333 Rest. klingt keine dogmatische Grundlage für die Gewähr des Aufwendungsersatzes an. Sie erschließt sich durch einen Blick auf die Begründung und innerhalb dieser insbesondere auf comment a: Hier wird darauf hingewiesen, dass nach der allgemeinen Regel des § 329 Rest. Schadensersatz nur für durch den Vertragsbruch verursachte Verluste und für entgangenen Gewinn in Betracht komme. Bezüglich vergeblicher Aufwendungen komme aber aus Kausalitätserwägungen nur letzte Variante in Betracht. Da der "full contract price", das heißt das positive Interesse, sich aus allen Aufwendungen und dem entgangenen Einkommen (iSV von Brutto-Gewinn) zusammensetze, sei der Zuspruch von Aufwendungen nichts weiter als der Zuspruch eines Teils des vom Vertragspartner geschuldeten Wertes. Gedanklich steht also die Erwägung im Hintergrund, Aufwendungsersatz sei Teil des positiven Interesses.[135] Die Parallele zur Rechtsprechung des RG und des BGH liegt auf der Hand, wenn auch im

131 Kritik an dieser Differenzierung üben Fuller/Perdue, Yale Law Journal 1936, 52 (90ff): "*Why must the "expenditures" on the faith of the contract to be compensable consist of performance of the contract or of preparations to perform?* ", ... " *where is the line to be drawn?*".

132 Auf dieses Kriterium war schon im Rahmen der Entscheidungen Behan v. USA 4 S.Ct. 81 (83) und Wells v. National Life Association of Hartford (236) abgestellt worden.

133 Vgl. auch Restatement of the Law of Contracts, 1932, § 333, Illustration 1 (S. 528).

134 Stoll in FS für Duden, S. 641 (653).

135 Fuller/Perdue, Yale Law Journal 1936, 52 (90); Stoll in FS für Duden, S. 641 (647); Hudec, Cornell L. Rev. 1982, 704 (708).

deutschen Rechtskreis richtigerweise der Akzent auf den Wegfall der Kompensationsmöglichkeit und nicht auf die Aufwendungen an sich gesetzt wird. Die Handhabung im Restatement spiegelte damit die damalige Rechtsprechung und herrschende Lehre dieser Zeit in den USA wider, welche dem Vertrauensinteresse im Vertragsrecht die Anerkennung (noch) verwehrte.

2. Restatement of the Law of Contracts Second, 1979

Die Überarbeitung des Restatements im Jahre 1979 führte zur Neuregelung des Aufwendungsersatzes. Das vertragliche Schadensersatzrecht Amerikas hatte seine Betonung lange Zeit auf das positive Interesse gelegt[136], während das Vertrauensinteresse ein Schattendasein führte und als solches noch gar nicht erkannt wurde. Erst mit der Veröffentlichung der section 90 des ersten Restatements im Jahre 1932 und dem Erscheinen des allgemein als bahnbrechend empfundenen[137] Artikels von Fuller und Perdue, *The Reliance Interest in Contract Damages,* im Jahre 1936[138] begann das negative Interesse die Aufmerksamkeit der Fachwelt auf sich zu ziehen.

Die Regelung des Aufwendungsersatzes in den USA ergibt sich nunmehr aus dem Zusammenspiel folgender Paragraphen des Restatements:

> *§ 344 Purposes of Remedies*[139]
> *Judicial remedies under the rules stated in this Restatement serve to protect one or more of the following interests of the promisee:*
>
> *(a) his "expectation interest", which is his interest in having the benefit of his bargain by being put in as good a position as he would have been in had the contract been performed.*

---

136 Erstmals in der Zeit um 1790 in USA und England als Grundlage der Berechnung in Spekulationsfällen anerkannt – noch ohne Namensgebung. Und in der Ausgabe von 1826 von Joseph Chitty's *Treatise on Contracts,* Rn. 131 f. das erste Mal erwähnt: „*In an action for assumpsit, for not delivering goods upon a given day, the measure of damages is the difference between the contract price, and that which goods of a similar quality and description, bore on or about the day, when the goods ought to have been delivered.*" [nach Horwitz, Harv.L.Rev. 1974, 917 (936 ff)].

137 „*most significant article on contract law*", Birmingham, 60 Wash L.Rev. 1985, 217 (217); „*masterpiece of legal scholarship*", Kelly, Wis. L.Rev. 1992, 1755 (1845); „*a landmark article*", Cooter/Eisenberg, 73 Calif. L.Rev., 1432 (1476); „ *no scholary work during the period between the first and second Restatement of Contracts had more impact on the law of contracts...*", Hudec, Cornell L.Rev. 1982, 704 (704).

138 46 Yale L.J., 1936, 52; 1937, 373

139 § 344 Rest. ist von nur klarstellender Natur.

(b) his "reliance interest", which is his interest in being reimbursed for loss caused by reliance on the contract by being put in as good a position as he would have been in had the contract not been made, or

(c) his "restitution interest", ...

§ 347 Measure of Damages in General
Subject to the limitations stated in §§ 350 –355, the injured party has a right to damages based on his expectation interest ...

§ 349 Damages Based on Reliance Interest
As an alternative to the measure of damages stated in § 347, the injured party has a right to damages based on his reliance interest, including expenditures made in preparation for performance or in performance, less any loss that the party in breach can prove with reasonable certainty the injured party would have suffered had the contract been performed.

Die inhaltlichen Änderungen sind direkt auf den hoch angesehenen Aufsatz von Fuller und Perdue zurückzuführen.[140] Ein erster Blick auf die maßgeblichen Paragraphen offenbart Ähnlichkeiten in Struktur und Inhalt zur deutschen Regelung des Aufwendungsersatzes: Ebenso wie im deutschen Recht hat der Gläubiger ein Wahlrecht, allerdings scheinen die Rechtsfolgen auf amerikanischer Seite weitreichender als die des § 284: Während dem Gläubiger nach US-Recht alternativ zum positiven das gesamte negative Interesse zur Disposition steht, kann er nach deutschem Recht nur zwischen Aufwendungsersatz und positiven Interesse wählen.
Dem deutschen Schuldrecht gleich muss der Gläubiger auch nach § 349 Rest. nur den Beweis der geltend gemachten Posten, also der Aufwendungen, erbringen.
Beide Regelungen gewähren dem Schuldner die Möglichkeit, das Gläubigerbegehren durch Gegenbeweise zu mindern beziehungsweise ganz zu unterlaufen. Während allerdings § 284 etwas nebulös den Nachweis verlangt, dass die Aufwendungen auch ohne die Pflichtverletzung des Schuldners ihren Zweck nicht erreicht hätten, sieht § 349 Rest. eine unzweideutige Regelung vor. Demnach

140 Fuller/Perdue, Yale Law Journal 1936, 52; 1937, 373. Die Autoren beschäftigen sich im ersten Teil ihrer Untersuchung mit Beweggründen, gegen die vertragsbrüchige Partei Sanktionen zu verhängen. Dabei weisen sie erstmals in den USA die Existenz des Vertrauensinteresses neben den schon bekannten *Restitution* und *Expectation Interest* nach. Im weiteren Verlauf ihres weitsichtigen Artikels erörtern sie die nähere Ausgestaltung des Vertrauensinteresses und stoßen auf Problemkreise, die heute noch Gegenstand wissenschaftlicher Abhandlungen sind. Auf diese wird im weiteren Verlauf der Arbeit noch einzugehen sein.

mindert sich der Anspruch des Gläubigers in dem Maße, in dem es dem Schuldner gelingt zu beweisen, dass der Vertrag, wenn er wie vorgesehen durchgeführt worden wäre, sich zu einem Verlustgeschäft für den Gläubiger entwickelt hätte.

Im Vergleich zum ersten Restatement wird deutlich, dass dem zweiten Restatement ein andersartiges Denkmodell zugrunde liegt: Grundsätzlich steht dem Gläubiger nun der Ersatz aller frustrierter Aufwendungen über das Vertrauensinteresse alternativ zur Geltendmachung des positiven Interesses offen. Nur noch beispielhaft werden Aufwendungen im Rahmen der Vertragsdurchführung sowie zur Vorbereitung derselben genannt. Zusätzlich zu diesen früher ausschließlich als erstattungsfähig anerkannten Aufwendungen sollen Aufwendungen "*in preparation for collateral transactions that a party plans to carry out when the contract in question is performed*" ersetzbar sein, comment a zu § 349. Gemeint sind Folgeaufwendungen des Gläubigers, die die erfolgreiche Vertragsdurchführung zur Grundlage haben. Es handelt sich dabei um Aufwendungen der dritten Kategorie der Rechtsprechung zum Diskotheken-Fall, auf welche der Gläubiger dem BGH zufolge sein Erstattungsbegehren nicht erfolgreich stützen kann.[141]

Gestrichen wurde die Voraussetzung, dass es sich um vernünftigerweise erfolgte Aufwendungen handeln müsse.

Nicht direkt aus dem Wortlaut des § 349 Rest., wohl aber aus der Begründung und der Bezugnahme auf Gewähr des *Vertrauens*interesses als Rechtsfolge ist zu schlussfolgern, dass die Gläubigeraufwendungen wie unter § 284 im Vertrauen auf den Bestand des Vertrages getätigt worden sein müssen. So spricht comment a zu § 349 Rest. meist von „*expenditures in reliance*“ und schließlich davon, dass „*the reliance consists of performance of the contract, ... also ... of preparation for collateral transactions....* .“. Außerdem zeichnet sich das als Rechtsfolge angesprochene reliance interest gemäß der Legaldefiniton in § 344 (b) Rest., siehe oben, gerade durch den Ausgleich von Verlusten, die im Vertrauen auf den Vertrag entstanden, aus. Daneben war das Vertrauen in den maßgeblichen, hinter der Regelung des Restatements stehenden Gerichtsentscheidungen ein ausschlaggebender Punkt. Stets wurde hier argumentiert, die Aufwendungen seien „*in good faith*“[142] beziehungsweise "*in reliance upon the defendand to perform*

141 An dieser Stelle fällt die Unhaltbarkeit der Überzeugung Stolls, in den USA habe sich die Rentabilitätslehre durchgesetzt, auf, die mit einem Hinweis ausgerechnet auf den das negative Interesses befriedigenden § 347 Rest. belegt werden soll; Stoll in Freiburger Begegnung, S. 55 (60).
142 Wells v. National Life Association of Hartford 99 F. 222 (236); United States v. Behan 4 S.Ct. 81 (84); 110 U.S. 338 (345

his contract"[143] getätigt worden. Demnach enthält auch § 349 Rest. die tatbestandliche Vertrauensvoraussetzung und weist eine insofern eine weitere Parallele zu § 284 auf.[144]
Ob § 349 Rest. auch für Verträge mit einem nicht-kommerziellen Hintergrund gilt, ist jedenfalls auf dem ersten Blick unklar.[145] Angesichts der hinter dem Anerkenntnis des Aufwendungsersatzanspruchs durch die amerikanische Rechtsprechung stehenden Billigkeitsgesichtspunkten spricht vieles dafür. Insbesondere ein Blick auf die insofern als Paradefall anzusehende Entscheidung Security Stove & Mfg Company v. American Railway Express Company lässt eine andere Interpretation des § 349 Rest. als schwer vertretbar erscheinen, da der offiziellen Begründung zu entnehmen ist, dass dieser Fall dem Beispielsfall Nr. 2 der Begründung als Vorbild diente. Damit steht fest, dass aus der auf Verträge mit einem immateriellen Hintergrund nicht anwendbaren Widerlegungmöglichkeit gemäß § 349 a. E. keine anderweitigen Schlüsse gezogen werden dürfen.

a) Begrenzung des Ersatzanspruchs auf positives Interesse

Aus der Begründung zu § 349 Rest. geht hervor, dass die Höhe des Ersatzanspruchs auf den "*contract price*" beschränkt ist, comment a zu § 349 Rest. Dem liegt die Annahme zu Grunde, es sei offensichtlich, dass der Vertrag zumindest bis zu diesem Ausmaße ein Verlustgeschäft geworden wäre, wenn die Aufwendungen höher sind als das positive Interesse.

---

143 Security Stove & Mfg Company v. American Railway Express Company 51 S.W.2nd 572 (577)]

144 Falsch sind im Übrigen die Ausführungen von Georg Müller, *Ersatz entwerteter Aufwendungen*, S. 40, wonach Cooter und Eisenberg, 73 Calif. L.Rev., 1432 (1461ff), kritisierten, dass der Aufwendungsersatz in den USA als Teil des Vertrauensinteresses aufgefasst werde. Der amerikanische Artikel befasst sich generell mit den Vor- und Nachteilen des Vertrauens- und Nichterfüllungsschadensersatzes aus ökonomischer Sicht und gelangt zu dem Ergebnis, dass das positive Interesse vorzugswürdig sei. Nur in diesem Kontext ist die von Müller als Beleg angeführt Passage zu sehen: *"In short, where expectation and reliance interest diverge, expectation damages are preferable because they better assure that reliance will be compensated, better facilitate planning, provide better incentives for efficient performance and precaution, and povide no worse incentives for overreliance".*

145 Thüsing, VersR 2001, 285 (292) zweifelt hieran, meint aber, dem Restatement seien keine gegenteiligen Anhaltspunkte zu entnehmen, und gibt zu, dass einige Urteile, wenn auch älteren Datums, dafür sprächen, zum Beispiel People v. Flynn 82 N.E. 169 Court of Appeals NY 1907. Ohne direkt Bezug auf § 349 Rest. zu nehmen äußert sich Leonhard, AcP 199, 660 (684) zur amerikanischen Rechtslage. Er will festgestellt haben, hierfür gebe es „*umfangreiche Nachweise*" und verweist auf den Aufsatz von Fuller/Perdue, Yale Law Journal 1936, 373 (396) sowie die Annotation (17.A.L.R.2nd 1300, 1350ff)- ohne diese Nachweise weiter zu belegen. Leonhard zufolge soll es im amerikanischen Recht hinsichtlich von Verträgen, die der persönlichen Bedürfnisbefriedigung dienen, nur darauf ankommen, ob die Aufwendungen für den Schuldner vorhersehbar waren.

Hinsichtlich einer derartigen Einschränkung hatten Fuller und Perdue Zweifel geäußert.[146] Zunächst verwiesen sie auf einen Fall aus dem Jahre 1664, der beweisen sollte, dass nicht unbedingt ein Verlustgeschäft vorliegen müsse, nur weil die Aufwendungen ihrem Betrage nach das expectation interest ausstachen. Es handelte sich um Nurse v. Barns[147]: Der Gläubiger hatte im Vertrauen auf einen Mietvertrag über gewisse Räumlichkeiten zu £ 10 Waren zur Einlagerung im Werte von £ 500 erstanden, die sich nach dem Vertragsbruch des Schuldners als vergebliche Aufwendungen entpuppten. Nach Erörterung möglicher Fallgestaltungen, in denen das Vertrauensinteresse ausnahmsweise größer als das Erfüllungsinteresse ist, kamen Fuller und Perdue zu dem Schluss, dass zu unterscheiden sei zwischen dem "*essential*" und dem "*incidental reliance*". Kennzeichnend für Erstgenanntes sei, dass es sich hierbei die Vornahme ausdrücklich oder als selbstverständlich erachteter Voraussetzungen der Vertragsdurchführung und damit quasi um einen Teil des "Preises" handele, den der Gläubiger willentlich für die Gegenleistung auf sich nahm. Daher würde eine unbegrenzte Erstattung zu einer Risikoverlagerung vom Gläubiger auf den Schuldner führen. Dem könne tatsächlich mit einer Begrenzung durch das positive Interesse sachgerecht entgegengewirkt werden. Letztgenannte Vertrauenskategorie, das incidental reliance, stünde dagegen außerhalb des Vertragsverhältnisses, keinesfalls handele es sich hierbei um einen Teil des Preises. Kennzeichnend sei vielmehr, dass es zur Perfektion der Gläubigerrechte führe. Aus diesen Gründen sei in diesem Falle eine Begrenzung durch das positive Interesse abzulehnen.[148]

b) vorvertragliche Aufwendungen

Zum Gegenstand wissenschaftlicher Diskussion in den USA hat sich die Frage entwickelt, ob vorvertragliche Aufwendungen nach § 349 Rest. geltend gemacht werden können.[149] Der Umstand, dass in der Begründung des A.L.I. nicht eindeutig Stellung bezogen wird, hat die Diskussion angeschürt. Hier wurde nur bezüglich Fixkosten, also einem Unterfall vorvertraglicher Aufwendungen, festgehalten, dass diese nicht erfasst seien, vgl. comment a. Hintergrund ist allem Anschein nach die Überzeugung, es handele sich hierbei nicht um Aufwendungen im Vertrauen *auf den Vertrag*, es bestehe kein Kausalzusammenhang.[150]

---

146 Fuller/Perdue, Yale Law Journal 1936, 52 (75ff).
147 Nach Fuller/Perdue Yale Law Journal 1936, 52 (77).
148 Kritisch zur Differenzierung von incidental und essential reliance äußert sich Hudec, 67 Cornell Law Review (1982), 704 (724f).
149 Ausführlich: Kelly, Wis.L.Rev. 1992, 1755 (1815ff); Hudec, 67 Cornell Law Review (1982), 704 (721ff); Pettit, 1987 Hastings L.J., 417 (425, insbes. Fn. 31).
150 So auch Hudec, 67 Cornell Law Review (1982), 704 (712): "*The reason for this exclusion is that the concept of reliance requires a traceable causal connection between the*

Laut § 344 Rest. ist anerkennenswerter Vertrauensbezugspunkt nur der Vertrag. Allerdings hält sich die Begründung bedeckt und leidet zudem unter einer falschen Verweisung: *„To the extent that „overhead" costs are fixed costs, they are not included in the cost of expenditures in reliance for this purpose. See Illustration 6 to § 347."* Weder das verwiesene Beisp. Nr.6 noch die anderen Beispiele zu § 347 Rest. befassen sich mit vorvertraglichen Aufwendungen.
In der Literatur findet sich die Argumentation, dass eine Sicht, die Fixkosten aus Kausalitätserwägungen nicht ersetzt, auch zur Verneinung des Ersatzes für alle anderen vorvertraglichen Aufwendungen führen muss.[151] Einen differenzierten Vorschlag zur Handhabung von Fixkosten hält Hudec bereit. Ausgehend von der Überlegung, dass hinter dem Ausschluss von Fixkosten aus dem Anwendungsbereich des § 349 Rest. Kausalitätserwägungen standen, wendet er ein, dass es Fälle gibt, in denen es zwar noch nicht zum Vertragsschluss gekommen war, aber schon Vertrauen durch den Gläubiger ausgeübt wurde.[152] Zur Verdeutlichung führt er Security Stove & Mfg Company v. American Railway Express Company an, da das entscheidende Gericht hier ebenfalls davon ausging, dass der Kläger sich generell auf die „Pflicht" der Frachtschifffahrtsgesellschaften verlassen konnte, Aufträge anzunehmen.[153]
In der Erörterung der Ersatzfähigkeit von Fixaufwendungen nach § 284 wird auf diese Punkte näher einzugehen sein.[154]

c) Opportunitätskosten

In den USA hat sich der Ersatz von Opportunitätskosten als heikel erwiesen.[155] Als Opportunitätskosten eines wirtschaftlichen Gutes wird der entgangene Ertrag, den dieses Gut in der bestmöglichen alternativen Verwendung schaffen könnte, verstanden.[156] So wurde in den USA darauf hingewiesen, dass Opportunitätskosten insofern einen zu berücksichtigenden Unterschied zu sonstigen Aufwendungen aufweisen, als sie keinen eindeutig messbaren Abgang an Vermögenswerten darstellen. Daher ist bei dem Verzicht auf andere Geschäfte weniger

---

making of the expenditure and the contract; the contract promise must incuce the expenditure."

151 Hudec, 67 Corn.L.Rev. (1982), S. 704 (721 f).

152 Z.B. Kelly, Wis. L. Rev. 1992, S. 1755 (1782): *„ Reliance of a very real type can occur before any expenditure occurs. The expenditure method can therefor not properly identify either the point at which the contract should become enforceable or the extent to which the law should enforce it. "*

153 Hudec, 67 Corn.L.Rev. (1982), S. 704 (721 f).

154 Siehe unten Seite 176.

155 Kelly, Wis. L. Rev. 1992, S. 1755, (1781f).

156 Schäfer/Ott, *Lehrbuch der ökonomischen Analyse*, S. 77.

offensichtlich als bei sonstigen Aufwendungen, dass sich der Gläubiger nach dem Vertragsschluss mit dem Schuldner schlechter steht als vorher.[157]
Für eine Ersetzbarkeit auch der Opportunitätskosten streitet die Überlegung, dass jedem Vertrag der Nebeneffekt einer „Versicherung" zu eigen ist, welche den Gläubiger vor für ihn negativen Entwicklungen in der Zukunft schützt. So sichert der bereits geschlossene Kaufvertrag über die Lieferung von Sachen in der nahen Zukunft den Käufer vor dem Eintritt einer für ihn ungünstigen Marktsituation. Diese „Versicherung" verliert der Gläubiger als Folge des Vertragsbruchs.[158] Auch auf diese Problematik wird im Rahmen des § 284 zurückzukommen sein.[159]

d) allgemeine Einschränkungen

Neben den erwähnten speziellen Einschränkungen des § 349 Rest. unterliegt der Anspruch aus § 349 Rest. den allgemeinen Beschränkungen für vertragliche Schadensersatzansprüche. Eine umfassende Erörterung verlangt auch ihre Darstellung, da ansonsten ein verfälschter Eindruck des Ersatzes frustrierter Aufwendungen im US-Amerikanischen Recht droht.

aa) Vorhersehbarkeitsregel

§ 351 (1), (2) Rest.[160] statuiert die so genannte Vorhersehbarkeitsregel, wonach der Schuldner nur für solche Schäden haftet, die für ihn als Folge des Vertrags-

---

157 Hudec, 67 Cornell L.Rev. (1982), S. 704 (719), schlägt eine Lösung über die dem amerikanischen Recht eigene certainty-rule [siehe dazu unten Seite 44] vor: der Gläubiger muss die vertane Chance hinreichend belegen, was ihm insbesondere im Geschäftsleben schwer fällt. Aus diesem Grunde tendiere das Konzept des Rest.2nd dazu, das zu schützende Vertrauensinteresse nach § 349 Rest. auf Aufwendungsersatz zu limitieren (S. 721). Demnach entspricht sein Regelungsgehalt dem des deutschen § 284. Grundsätzliche Bedenken gegen ein die Opportunitätskosten umfassendes Prinzip des allgemeinen Vertrauensschadensersatzes haben Cooter/Eisenberg, 73 Calif. L. Rev. 1432 (1468). Sie wenden ein, es könne dazu führen, dass der Schutz des Vertrauensinteresses versagt wird, wenn nicht der Schadensersatz nach dem positiven Interesse berechnet würde. Diese paradox anmutende Aussage wird mit der Erwägung begründet, dass ein schwer zu berechnender, also für die Parteien unverlässlicher Maßstab der Schadensberechnung letztlich das ökonomische Ziel der Erleichterung privater Planung konterkarieren und sich damit nicht als effizient erweisen würde.
158 Kelly, Wis. L. Rev. 1992, S. 1755 (1776).
159 Siehe unten Seite 115.
160 § 351 *Unforeseeability and Related Limitations on Damages*
(1) Damages are not recoverable for loss that the party in breach did not have reason to foresee as a probable result of the breach when the contract was made.
(2) Loss may be foreseeable as a probable result of a breach because it follows from the breach (a) in the ordinary course of events, or (b) as a result of special circumstances, beyond the ordinary course of events, that the party in breach had no reason to know.

bruchs vorhersehbar waren. Nach dem Wortlaut dieser Norm steht es im Ermessen des Gerichts, von der Vorhersehbarkeitsregel Gebrauch zu machen.
Die Vorhersehbarkeitsregel lässt sich im anglo-amerikanischen Rechtskreis weit zurückverfolgen. Ihren Anfang nahm sie in der berühmt gewordenen englischen Entscheidung *Hadley v. Baxendale*[161], welcher der erste Beispielsfall in der Begründung zu § 351 (1), (2) Rest. nachempfunden wurde.[162] Vorhersehbarkeitserwägungen leiteten auch das Gericht in der Entscheidung *Security Stove & Manufactoring Corporation v. American Railway Express Co* (s.o). Ihre Rechtfertigung leitet diese Regel aus dem Vertragsschluss her, welcher die Pflichten- und Interessenslage zwischen Gläubiger und Schuldner festlegt und so den Umfang der Pflicht zum Schadensersatz im Falle einer Vertragsverletzung angibt. Indem der Schuldner sich dem Vertrag unterwirft, gibt er implizit zu erkennen, für die vorhersehbaren Schäden des Gläubigers infolge seiner Vertragsverletzung aufkommen zu wollen.
Doch was ist noch *vorhersehbar*?[163] Was für den einen schon zu ahnen war, kann für den anderen völlig unerwartet kommen. Der Begriff erklärt sich nicht von selbst, sondern verlangt danach, mit Inhalt gefüllt zu werden. Dem comment zu § 351 Rest. sind indes nur wenige Anhaltspunkte zu entnehmen. Ausreichend soll sein, dass der Schadenseintritt als mögliche, nicht als notwendige Folge der Vertragsverletzung vorhersehbar war (comment a).
Daher sollen Schäden, die im gewöhnlichen Verlauf der Dinge mit dem Vertragsbruch einhergehen, also quasi dessen „natürliche" Folge sind, grundsätzlich vorhersehbar sein – während es ansonsten besonderer Umstände im Einzelfall bedürfe, die den Schaden als vorhersehbare Folge der Pflichtverletzung erschei-

---

161 9 Exch. 341, 156 English Reprint 145 (1854) "*Where two parties have made a contract which one of them has broken, the damages which the other party ought to receive in respect of such breach of contract should be such as may fairly and reasonably be considered either arising naturally, i.e. according to the usual course of things, from such breach of contract itself or such as may reasonably be supposed to have been in the contemplation of both parties, at the time they made the contract, as the probable result of the breach of it. ...the recoverable expense must have been within the contemplation of the defendand as being so directly incidental to ... performance ... as to imply responsibility to the plaintiff for loss*" .

162 Der Müller Hadley hatte den Frachtführer Baxendale vertraglich verpflichtet, seinen gebrochenen Mühlenschaft nach Greenwich zu transportieren. Dabei erwähnte er nicht, dass seine Mühle nicht weiterbetrieben werden konnte, solange er auf den Mühlenschaft verzichten musste. Der Transport verzögerte sich und Hadley verlangte schließlich Schadensersatz wegen entgangenen Gewinns. Das Gericht hielt den Schaden nicht für vorhersehbar für den Beklagten und wies die Klage ab.

163 Mit dieser Frage setzt sich Leonhard, AcP 199, 660 (677f) auseinander; vgl. auch Faust, *Vorhersehbarkeit des Schadens gemäß Art. 74 Satz 2 UN-Kaufrecht,* S. 11ff zu dem umstrittenen Gegenstand der Vorhersehbarkeit sowie zur schwierigen Konkretisierung dessen, was vorherzusehen ist.

nen lassen können. Gerade die Unbestimmtheit dieses Rechtsbegriffs ist Gegenstand der Kritik in der amerikanischen Literatur gewesen.[164]

bb) Billigkeitserwägungen

Mit § 351 (3) 2.Alt. Rest. findet sich eine generalklauselartige Ermächtigung des Gerichts, Ersatzansprüche einzuschränken, wenn es der Überzeugung ist, dass die Gerechtigkeit dies nach den Umständen des Einzelfalls verlangt, um disproportionale Ersatzleistungen zu vermeiden.[165] In der Begründung zu § 351 (3) Rest., comment f, sind ausführend solche Umstände genannt, die entweder daraufhin deuten, dass die Parteien davon ausgingen, einer von ihnen wäre nicht Träger des Risikos, oder dass es sich um Umstände handelt, die es als ungerecht erscheinen lassen, eine Partei mit dem Risiko zu belasten. Beispielhaft werden für erstgenannte Kategorie eine auffällige Diskrepanz zwischen dem Preis und dem entstandenen Verlust und für die zweite Kategorie eine fehlende Formalität bei den Vertragsverhandlungen, insbesondere Nichtschriftlichkeit, genannt. Leider befassen sich angeführte Beispielsfälle nicht mit der Beschränkung von Vertrauensschäden.
Insofern versprechen die Grundsätze des § 351 (3) 2.Alt. Rest. für die Auslegung des tatbestandlichen Merkmals der Billigkeit des § 284 keinerlei Hilfe.

cc) certainty-rule, § 352 Rest.[166]

Schäden werden nur dann erstattet, wenn sie gemäß § 352 Rest. mit *„reasonable certainty"*, also mit vernünftiger Sicherheit bewiesen werden konnten. Dies gilt auch für Vertrauensschäden und für Aufwendungen. Bezüglich letzterer war man sich jedoch beim Verfassen des Restatements darüber im klaren, dass § 352 Rest. kaum jemals Schwierigkeiten bereiten wird – da der Nachweis eigener Unkosten naturgemäß leicht fällt. Diese Handhabung entspricht im Ergebnis den deutschen beweisrechtlichen Grundsätzen im Allgemeinen und der Beweislastverteilung gemäß § 284 im Speziellen.

---

164 Fuller/Perdue, Yale Law Journal 1936, 52 (85). "*There is an element of circularity about the test of forseeability For what items of damage should the court hold the defaulting promisor? Those which he should as a reasonable man have forseen. But what should he have forseen as a reasonable man? Those items of damage for which the court feels he ought to pay.*" .

165 § 351 (3): *A court may limit damages for foreseeable loss ... if it concludes that in the circumstances justice so requires in order to avoid disproportionate compensation.*

166 *§ 352 Uncertainty as a Limitation on Damages*
Damages are not recoverable for loss beyond an amount that the evidence permits to be established with reasonable certainty.

dd) avoidability, § 350 Rest.[167]

Die allgemeine Regel des § 350 Rest. bezweckt, den Gläubiger zu animieren, Anstrengungen zur Geringhaltung des Schadens zu unternehmen, comment a zu § 350 Rest. Gemäß § 350 (1) Rest. sind Schäden nicht ersatzfähig, wenn der enttäuschte Gläubiger sie ohne unzumutbares Risiko, andere Hindernisse oder Erniedrigungen hätte vermeiden können. Wenn die Gläubigerseite vernünftige, aber fehlgeschlagene Anstrengungen zur Vermeidung des Schadens unternimmt, wird ihre Berechtigung zum Ersatz nicht beeinträchtigt, § 350 (2) Rest. In der Begründung zu § 350 Rest. wird ausdrücklich auf die Obliegenheit des Gläubigers hingewiesen, weitere Leistungshandlungen zu unterlassen, um das Entstehen zusätzlicher Aufwendungen zu vermeiden, sobald er Anlass zur Annahme hat, dass die andere Seite nicht leisten wird, vgl. comment b.

ee)"split claims"/ "double damages"

In den USA gibt es Entscheidungen, die dem enttäuschten Gläubiger sowohl Aufwendungen als auch entgangenen Gewinn zusprechen.[168] Auf dem ersten Blick scheint dies im Widerspruch zu den Zielsetzungen des positiven Interesses auf der einen und denen des negativen Interesses auf der anderen Seite zu stehen. Denn während das eine Interesse den Blick nach vorne wendet, ist das andere rückwärts, auf die Zeit vor dem Vertragsschluss gerichtet. Eine gleichzeitige Berücksichtigung beider Interessen scheint unvermeidlich auf eine doppelte Entschädigung des Gläubigers für ein und dieselbe Vertragsverletzung hinauszulaufen.

Dass dies nicht der Fall sein muss, ergibt sich aus folgender Erkenntnis: Dreh- und Angelpunkt ist die Art und Weise, wie der entgangene Gewinn berechnet beziehungsweise betrachtet wird.[169] Möglich ist zum einen, dass der Gläubiger als entgangenen Gewinn seine entgangenen Einkünfte geltend macht, ohne die Aufwendungen mit in die Rechnung zu nehmen. Dann handelt es sich um die Geltendmachung des "Brutto-Gewinns". Denkbar ist zum anderen, dass er die ihm entstandenen Aufwendungen in die Gewinnberechnung mit einbezieht, in-

---

167 *§ 350 Avoidability as a Limitation on Damages*
(1) Except as stated in Subsection (2), damages are not recoverable for loss that the injured party could have avoided without undue risk, burden or humiliation.
(2) The injured party is not precluded from recovery by the rule stated in Subsection (1) to the extent that he has made reasonable but unsuccessful efforts to avoid loss.

168 Vgl. Feldman v. Jacob Branfman & Son 111 NJL 37, 166 A 126 (1933) (nach Annotation, S. 36); Worthington & Co. v. Gwin (1898) 119 Ala 44, 24 So 739, 43 LRA 382; Cederberg v. Robinson 100 Cal 93, 34 P 625 (1898) (nach Annotation, S. 73); Miami Cycle & Mfg. Co. V. National Carbon Co. (1920, CA 6th) 268 F 46; Dravo Contracting Co. v. James Rees & Sons Co. (1927) 291 Pa 387, 140 A 148 (alle: nach Annotation, S. 24).

169 Vgl. Fuller/Perdue, Yale Law Journal 1936, 52 (81).

dem er sie von den entgangenen Einkünften subtrahiert. Der Gläubiger verlangt also den "Netto-Gewinn". In diesem Falle haben die Aufwendungen den dem Gläubiger gebührenden „Kuchen“ geschmälert. Denn der ihm zustehende Ersatz des entgangenen Gewinns wurde um den Betrag der Aufwendungen reduziert. Hier nicht Ersatz für die Aufwendungen über einen zusätzlichen Anspruch gewähren zu wollen, würde zu einer doppelten Belastung des Gläubigers führen, der diese Aufwendungen dann zum einen in tatsächlicher und zum anderen in "rechnerischer" Hinsicht zu tragen hätte. Eine Kombination der Ersatzansprüche ist demnach angebracht.
Dies gilt aber nicht in dem Fall, da die Aufwendungen in der Berechnung des entgangenen Gewinns unberücksichtigt bleiben. Hier ist der Gläubiger genauso gestellt, als wenn ordentlich erfüllt worden wäre und er die Aufwendungen ohnehin zu tragen gehabt hätte.

III. Konsequenzen mit Blick auf § 284

Bereits jetzt, da die einzelnen Merkmale des § 284 noch nicht analysiert wurden, lässt sich festhalten, dass es sich bei der deutschen und der amerikanischen Regelung um ein „Geschwisterpaar“ aber nicht um „eineiige Zwillinge“ handelt. Während §§ 347, 349 Rest. alternativ zum positiven Interesse Ersatz des Vertrauensinteresses gewähren, spricht § 284 alternativ zum Schadensersatz statt der Leistung nur Aufwendungsersatz zu. Wo §§ 347, 349 Rest. den Ersatzanspruch durch das positive Interesse einschränken, setzt § 284 voraus, dass die Aufwendungen, "*im Vertrauen auf den Erhalt der Leistung ... billigerweise*" getätigt wurden. Gleichzeitig bestehen nach dem Restatement andere Möglichkeiten, einen ausufernden Ersatzbegehren Einhalt zu gebieten. Diese Einschränkungen des Gläubigeranspruchs führen dazu, dass der eigentlich gewährte Vertrauensschaden auf einen Aufwendungsersatzanspruch herabgeschraubt wird.[170] Somit handelt es sich um im Ergebnis wenig ins Gewicht fallende Unterschiede der Rechtsordnungen.

Offenkundige Übereinstimmung besteht hinsichtlich der dem Schuldner jeweils zugestandenen Möglichkeit, den Ersatzanspruch des Gläubigers bei einem Geschäft mit einem immateriellen Hintergrund durch den Beweis eines Verlustgeschäfts auf Gläubigerseite abzuwenden. Ohne die vorgefundenen Unterschiede zu untergraben, rechtfertigen die Gemeinsamkeiten bei der Suche nach der sachgerechtesten Auslegung des § 284 ein "*Anlehnen*" an die amerikanische Regelung. Damit steht auch schon an dieser Stelle fest, dass im Zusammenhang mit § 284 den sich in den USA als heikel erwiesenen Fragen wie der Ersatzfähigkeit

170 Hudec, 67 Cornell Law Review (1982), 704 (721).

von Opportunitätskosten und von Aufwendungen im Vorfelde des Schuldverhältnisses besondere Aufmerksamkeit zu schenken sein wird.

Vierter Teil: Rechtslage nach der Schuldrechtsreform

A) Vorüberlegungen

I. § 284 als eigene Anspruchsgrundlage

Letztlich eine akademische Fragestellung ist es, ob § 284 im System des allgemeinen Leisungsstörungsrechts eine eigenständige Anspruchsgrundlage darstellt[171] oder Haftungsausfüllungsnorm[172] ist. Die Charakterisierung als Haftungsausfüllungsnorm wäre zutreffend, wenn die Haftung für den Ersatz frustrierter Aufwendungen im Sinne des § 284 an anderer Stelle im Gesetz dem Grunde nach angelegt wäre und die neue Regelung sich nur als nähere Ausgestaltung hinsichtlich der tatbestandlichen Voraussetzungen sowie der Rechtsfolgen erweist. Der Gesetzesbegründung zufolge soll § 280 - abgesehen von § 311 a II- die einzige Anspruchsgrundlage des gesamten Leistungsstörungsrechts sein.[173] In der Generalklausel wird auf die Normen, die Schadensersatz statt der Leistung gewähren, verwiesen – was die Bildung von langen Anspruchsketten zur Folge hat. Fraglich ist, ob der Gesetzgeber § 284 übersehen hat, als er diese Äußerung machte.[174]

Selbst wenn man sich der Richtung anschließt, die auch nach der Normierung des § 284 von dem Fortbestehen der Rentabilitätsvermutung im Rahmen des Schadensersatzes statt der Leistung ausgeht, ist es verfehlt, mit ihren Anhängern zu argumentieren, § 284 sei eine Haftungsausfüllungsnorm, soweit es sich um Aufwendungen zur Gewinnerzielung handelt. Verwiesen wird darauf, dass diese Aufwendungen schon bei der Bestimmung des Schadensersatzes nach § 281 berücksichtigt würden. Soweit es sich um Aufwendungen zur Verwirklichung eines immateriellen Zwecks handelt, die nicht innerhalb der Schadensersatz gewährenden Normen berücksichtigt würden, sei § 284 eine eigenständige Anspruchsgrundlage.[175]
Zwar erscheint die Differenzierung nach Aufwendungen zur Erreichung von kommerziellen und ideellen Zwecken sinnvoll. Ihr ist zu Gute zu halten, dass sie dem Umstand Rechnung trägt, dass erstmalig mit der Regelung des § 284 Auf-

---

171 Canaris in FS für Wiedemann, S. 3 (28); Otto-Staudinger, § 284 Rn. 10; Dedek in Praxis der Schuldrechtsreform, § 284 Rn.3.
172 So noch Canaris, JZ 2001, 499 (517): *„Frage der korrekten Schadensbestimmung“*; ebenso: Münch, Jura 2002, 361 (369).
173 Regierungsbegründung BT-Drucks. 14/6040, S. 135.
174 Immerhin ist ihm die Umsetzung seiner Pläne für eine einzige Anspruchsgrundlage schon aus anderen Gründen nicht geglückt, vgl. Wilmowsky, JuS 2002, Beilage zu Heft 1, S. 1 (4) - mit Blick auf §§ 281-283 - : *"Klarer kann man eine Anspruchsgrundlage nicht formulieren."*
175 MüKo-Ernst, § 284 Rn. 8.

wendungsersatz im nicht-kommerziellen Bereich gewährt wird. Damit ist § 284 insoweit tatsächlich eine eigenständige Anspruchsgrundlage. Abgesehen von diesem richtigen Teilergebnis unterliegt jene Meinung aber einem Denkfehler. Würde es sich bei § 284 bzgl. Aufwendungen mit einem kommerziellen Hintergrund tatsächlich um eine haftungsausfüllende Norm handeln, müssten die Bestimmungen des § 284 ergänzend – „ausfüllend" – zur Rentabilitätsvermutung herangezogen werden. Dies hieße, die aus den unterschiedlichen dogmatischen Ansätzen fließenden tatbestandlichen Voraussetzungen miteinander vermengen zu wollen, was wenig sinnvoll erscheint. Das § 284 tragende dogmatische Gerüst der Vertrauenshaftung[176] hat mit der althergebrachten Rentabilitätstheorie nichts gemein – nach dieser wurde der Verlust einer Kompensationsmöglichkeit im Rahmen des positiven Interesses ersetzt[177]. Selbst wenn man die Rentabilitätstheorie nicht der Rechtsgeschichte zuschreibt, ist es also ein zwingender Schluss, dass § 284 eine eigenständige Anspruchsgrundlage für den erlittenen Frustrationsschaden des Gläubigers darstellt. Konsequenz benannter anderer Sicht müsste sein, den Anspruch auf Schadensersatz statt der Leistung als separate Anspruchsgrundlage für den Verlust einer wirtschaftlich fassbaren Kompensationsmöglichkeit neben dem Rechtsbehelf des § 284 anzusehen.

Das hier zugrunde gelegte Verständnis, dass nach der Schuldrechtsreform zur Begründung des Aufwendungsersatzes nicht mehr auf die Rentabilitätstheorie zurückgegriffen werden darf, hat mit der Feststellung, dass § 284 eine eigenständige Anspruchsgrundlage ist, keine Schwierigkeiten.[178] Denn ohne diesen Kunstgriff kann es außer über § 284 keinen Ersatz der frustrierten Aufwendungen geben.

II. Haftungsgrund des § 284

§ 284 macht das Entstehen des Aufwendungsersatzanspruches unter anderem vom Vertrauen des Gläubigers in die ordnungsgemäße Leistung abhängig. Den Gesetzgebungsmaterialien selbst ist zu entnehmen, dass dem Vertrauen des Gläubigers eine hohe Bedeutung zukommt: So wurde der Beschränkung auf gegenseitige Verträge des § 327 KE aus dem Grunde eine Absage erteilt, dass sich die Gläubiger ungeachtet der Art des Schuldverhältnisses in derselben **Vertrauenssituation** befänden.[179]

---

176 Vgl. zum Charakter des § 284 als Tatbestand der Vertrauenshaftung den nächsten Abschnitt.

177 Vgl. oben, Seite 13.

178 So auch Huber/Faust, *Schuldrechtsmodernisierung,* 4. Kap. Rn. 2, S. 158; Reim, NJW 2003, 3662 (3663); Stadler-Jauernig, § 284 Rn. 1; Dedek in *Praxis der Schuldrechtsreform,* § 284 Rn. 3; ansatzweise: Dauner-Lieb-AnwKom, § 284 Rn. 2.

179 Regierungsbegründung BT-Drucks. 14/6040, S. 143.

Andererseits ist – abgesehen davon, dass die Vertrauenshaftung selbst nicht allgemein anerkannt ist[180] - das Vertrauen des Gläubigers nur eine von mehreren Voraussetzung des § 284. Mancherorts wird die Betonung auf die Pflichtverletzung gesetzt und in dieser das haftungsbegründende Ereignis verortet.[181] Haftungsgrund ist der Grund, der angibt, warum und unter welchen Bedingungen die Rechtsordnung eine Partei schützt,[182] daher handelt es sich bei Haftung aufgrund Vertrauens und Haftung aufgrund der Selbstbindung durch Versprechen oder sonstiges Verhalten[183] um verschiedene Haftungsgründe. Im folgenden Abschnitt soll ergründet werden, was der Haftungsgrund des Aufwendungsersatzes nach § 284 ist. Insbesondere, ob es sich bei dieser Norm um einen weiteren[184] positivrechtlichen Anhaltspunkt für die Anerkennung der Vertrauenshaftung durch die lex lata handelt. Falls dies zu bejahen ist, könnten wertvolle Anhaltspunkte zur ordnenden Bildung eines weiteren Tatbestandes der Vertrauenslehre gewonnen werden, der von mehreren Seiten[185] vorgeworfen wurde, „*diffus*" zu sein. Sollte sich herausstellen, dass mit § 284 kein neuer Tatbestand der Vertrauenshaftung eingeführt wurde, verspricht die Auseinandersetzung mit dieser Frage immer noch Erkenntnisse hinsichtlich der schon bekannten Tatbestandsgruppen.

---

180 Die Vertrauenshaftung unterliegt insbesondere dem so genannten Einwand der Ubiquität (Köndgen, *Selbstbindung ohne Vertrag,* S. 98; Loges, *Begründung neuer Erklärungspflichten und der Gedanke des Vertrauensschutzes*, S. 58; 80ff). Es sei mit der Tatsache, dass der Vertrauensgedanke gleichermaßen in der Vertrags- wie in der Deliktshaftung auftrete, unvereinbar, diesen quasi als besonderes Merkmal einer neuen, dritten Haftungsform, nämlich der Vertrauenshaftung, einordnen zu wollen (Picker, AcP 183, 369 (427). Canaris hält dem entgegen, dass die Bezeichnung als Vertrauenshaftung gerechtfertigt ist, wenn der Vertrauensgedanke als konstituierendes Prinzip fungiert und die Inanspruchnahme und Gewährung von Vertrauen also eine notwendige Voraussetzung der Haftung darstellt (Canaris in FS für Schipanski, S. 43 (55)). Außerdem wird gegenüber der Vertrauenslehre der Einwand der Heterogenität und mangelnder dogmatischer Operationalität erhoben (Köndgen, *Selbstbindung ohne Vertrag,* S. 102).

181 So unter dem BGB a.F.: Müller-Laube, JZ 1995, 538 (541); Müller, *Ersatz entwerteter Aufwendungen,* S. 71.

182 Canaris, Vertrauenshaftung,, S. 470.

183 Hierfür grundsätzlich: Köndgen, *Selbstbindung ohne Vertrag,* S. 185ff; Stoll in FS für Flume, S. 741 (747f): Pflichtenbegründung ist im zweiseitigen Leistungsversprechen begründet; Hohloch, NJW 1979, 2369 (2373).

184 Es gibt wenige Literaturstimmen, welche die hier zugrunde gelegte Meinung, wonach §§ 122, 179 II und der frühere 307 BGB a.F. gesetzlich normierte Tatbestände der negativen Vertrauenshaftung sind, nicht teilen: Flume, *BGB AT,* § 21 Nr. 7, S. 423.

185 Loges, *Begründung neuer Erklärungspflichten und der Gedanke des Vertrauensschutzes,* S. 83 f.

1. Allgemeine Vertrauenshaftung

Die (allgemeine) Vertrauenshaftung lässt sich definieren als die Begründung entweder einer Erfüllungs- oder einer Schadensersatzpflicht aufgrund eines Vertrauenstatbestandes. Zu ihrem Selbstverständnis gehört der Antagonismus zur Haftung aufgrund eines Rechtsgeschäfts.[186]

Mit einer solchen „Definition" ist alles und nichts gesagt. Will man sich mit *der Vertrauenshaftung* beschäftigen, gilt es sich zunächst zu vergegenwärtigen, dass diese Titulierung nur das verbindende Glied unterschiedlichster Tatbestandsgruppen herauskehrt. Von Vertrauenshaftung spricht man dort, wo das Gesetz als Rechtsfolge Ersatz des Vertrauensschadens anordnet und sich das weder als Sanktion eines Vertragsbruchs noch als Deliktshaftung erklärt. Je nachdem, ob dem Vertrauen in positiver oder negativer Hinsicht genüge getan werden soll, ob es also um Vertrauensentsprechung oder Ersatz des Vertrauensschadens geht, verbergen sich zwei weitere Grundtypen hinter dem Oberbegriff: Es sind dies die Rechtsschein- und Erfüllungshaftung kraft rechtsmissbräuchlichen Verhaltens einerseits sowie die Erklärungshaftung kraft Risikozurechnung und die Haftung wegen Schutzpflichtverletzung (culpa in contrahendo) andererseits.[187]

2. § 284 als Tatbestand der vertrauensrechtlichen Schadensersatzhaftung

Zu Recht ist im Zusammenhang mit frustrierten Aufwendungen darauf hingewiesen worden, dass der Schuldner aufgrund seines Leistungsversprechens beziehungsweise seiner Leistungsverpflichtung für das Erreichen eines bestimmten Erfolges einzustehen hat. Hieran anknüpfend schlussfolgern verschiedene Stimmen, unmittelbare Haftungsgrundlage für Ersatzansprüche, die auf Ersatz frustrierter Aufwendungen zielen, sei nicht die Tatsache der Erfolgsvereitelung, sondern das originäre Versprechen des Schuldners. Dahinter steht auch die Erwägung, dass der Haftungsgrund nicht erst durch das die Haftung auslösende Ereignis geschaffen werde.[188] Vor der Schuldrechtsreform fand sich das OLG Köln mit seiner Entscheidung zum Oskarverleihungsfall auf dieser Linie[189].

Diese Vorgehensweise leidet an einer übermäßigen Betonung des vertraglichen Versprechens im Sinne einer verpflichtenden Zusage. Dem Versprechen wird eine Bedeutung verliehen, die der Versprechende in den seltensten Fällen bezweckt haben wird. Dagegen wird die Tatsache, dass es sich bei empfangsbe-

---

186 Larenz, *Methodenlehre*, S. 476.

187 Canaris, *Vertrauenshaftung*, S. 5f., 526ff; ders. in Festgabe für BGH, S. 129 (132); ders. in FS für Schimansky, S. 45 (49).

188 Küppers, VersR 1976, 604 (606); ähnlich werten die vom Schuldner gewährte „Garantie" der Leistungserbringung als Haftungsgrund: Leonhard, AcP 199, 660 (669); Stoll, JZ 1987, 517 (518); ders. *Haftungsfolgen im Bürgerlichen Recht*, S. 322.

189 Zum Oskarverleihungsfall, siehe oben Seite 10.

dürftigen Willenserklärungen[190] und erst recht bei abgeschlossenen Verträgen sowie bei sonstigen zur Leistung verpflichtenden Schuldverhältnissen um typische Vertrauensgrundlagen handelt, nicht thematisiert. Diese Bedeutungsträger stellen aber die Basis für die Gläubigeraufwendungen dar – denn ohne den durch die entsprechenden Vertrauenstatbestände vermittelten Anreiz hätte der Gläubiger weder Kosten noch Mühen aufgewendet.

Außerdem kommt es bezüglich frustrierter Aufwendungen nach der Gesetzessystematik erst dann auf das Versprechen an, wenn der Schuldner sich eine Pflichtverletzung zu schulden kommen ließ und wenn darüber hinaus ein gewisser Zusammenhang zwischen dem Leistungsversprechen und den Aufwendungen besteht. So sollen nach § 284 nur solche Aufwendungen ersetzbar seien „*...die er* [der Gläubiger] *im Vertrauen auf den Erhalt der Leistung gemacht hat*". Gleichzeitig wird der durch die bloße Pflichtverletzung verursachte Schaden schon von §§ 280, 281 erfasst. Daher kommt allein die Pflichtverletzung als Haftungsgrund ebenso wenig in Betracht wie das Versprechen. Erst die Feststellung, dass auf Seiten des Gläubigers ein durch den Schuldner hervorgerufenes Vertrauen enttäuscht wurde, ermöglicht es, gemäß § 284 den Frustrationsschaden zu ersetzen. In dem Zusammenspiel von Schaffen einer Vertrauensgrundlage und Pflichtverletzung wird die dem § 284 immanente **zweiaktige Haftungsstruktur** des **Hervorrufens und Brechens von Vertrauen** deutlich. Diese gewährt einer anderen Einordnung des § 284 als als Tatbestand der Vertrauenshaftung keinen Vorschub.[191]

Den Vertrag als Geltungsgrund der schadensersatzrechtlichen Haftung nach § 284 werten zu wollen, verbietet sich überdies aus folgenden Erwägungen: Die Ersatzpflicht aus § 284 tritt nicht ex voluntate sondern ex lege ein, so dass sie schon aus diesem Grund schwerlich als rechtsgeschäftlicher Natur gewertet werden kann. Dies wird noch deutlicher, wenn man sich in Erinnerung ruft, dass ein Gläubiger nicht nur bei Verletzungen vertraglicher Leistungspflichten seines Schuldners Ersatz seiner Aufwendungen verlangen kann, sondern auch dann, wenn der Schuldner zur Erfüllung eines gesetzlichen Schuldverhältnisses, beispielsweise auf Schadensersatz aus § 823 I, verpflichtet war. Schließlich würde eine Vorgehensweise, die sich auf den Vertrag als Geltungsgrund der Haftung auf Aufwendungsersatz berufen wollte, dann in Erklärungsnot geraten, wenn der

---

190 Canaris in Festgabe BGH, S. 129 (171); Ballerstedt, AcP 151, 501 (507); v. Craushaar, *Einfluss des Vertrauens auf die Privatrechtsbildung,* S. 37, dem Verständnis von v. Craushaars zufolge sind empfangsbedürftige Willenserklärungen eine Vertrauensgrundlage minderer Aussagekraft, da im rechtsgeschäftliche Verkehr wegen des besonders „*verdichteten sozialen Kontakts vom Erklärungsempfänger*" die Erforschung des wirklichen Willens zumutbar sei.

191 Beruhte die Leistungspflicht des Schuldners nicht auf einer rechtsgeschäftlichen Erklärung, sondern zum Beispiel auf einer deliktischen Handlung oder einem Vermächtnis, ist diese Haftungsstruktur weniger deutlich. Gleichwohl muss sich der Gläubiger darauf verlassen können, dass der Schuldner seiner Pflicht nachkommt.

Gläubiger Ersatz seiner Aufwendungen zu einem Zeitpunkt verlangt, da er bereits zurückgetreten, das Vertragsverhältnis mithin in ein Abwicklungsverhältnis übergegangen ist.[192]

Schon die Wortwahl des Gesetzes, sprich die Aufnahme des Vertrauensbegriffs in die neue Norm des § 284, deutet darauf hin, dass es sich bei dieser Regelung um einen Tatbestand der Vertrauenshaftung handelt.[193] Mit diesem Befund stimmt die Gesetzesbegründung überein: Hier heißt es im Kontext der Rechfertigung einer Ersatzpflicht nicht nur im Rahmen von vertraglichen Schuldverhältnissen: „ *hat der Vermächtnisnehmer in berechtigtem Vertrauen auf die Erfüllung Aufwendungen vorgenommen, ...so hat er das gleiche Bedürfnis nach Ersatz*“.[194] In diesem Satz klingt die Überzeugung des Gesetzgebers durch, dass das Vertrauen der ausschlaggebende, die Haftung des Schuldners rechtfertigende Aspekt ist. Die Betonung liegt gerade auf dem Vertrauen, nicht auf der Leistungspflicht. Und bereits vor der Schuldrechtsreform wurde von den Befürwortern eines Aufwendungsersatzes der Grund, warum in Vertrags- und vertragsähnlichen Verhältnissen frustrierte Aufwendungen unter gewissen Voraussetzungen zu ersetzen seien, in dem Vertrauensverhältnis der Beteiligten ausgemacht.[195] So äußerte im Stadthallen-Fall die Revision die Auffassung, Aufwendungsersatz im Vertragsrecht sei aus dem Grunde zu gewähren, weil und soweit diese Aufwendungen im Vertrauen auf die Durchführung des Vertrages gemacht worden waren.[196]

Es bleibt die Frage, welchem Grundtypus der vertrauensrechtlichen Schadensersatzhaftung § 284 zuzuordnen ist. Insoweit wird unterschieden zwischen der Erklärungshaftung qua Risikozurechnung und der Haftung wegen Schutzpflichtverletzung.[197]

Ein Verständnis des § 284 als weiterer Tatbestand der Erklärungshaftung qua Risikozurechnung erscheint schwer vertretbar. Nur vordergründig betracht bietet

---

192 Vergleiche zur Möglichkeit, nach Rücktrittserklärung noch Aufwendungsersatz zu verlangen, Seite 230.

193 So auch Otto-Staudinger, § 284, Rn.10. Undeutlich Canaris in FS für Wiedemann, S. 3 (27f), der zwar einerseits als Haftungsgrund das Vertrauen des Gläubigers in die ordnungsgemäße Leistung erblickt, aber gleichzeitig meint, „*...dogmatisch handelt es sich ...nicht um einen Anspruch aus Vertrauenshaftung, sondern um einen solchen wegen Nicht- oder Schlechterfüllung einer Leistungspflicht*“. Dass dem BGB der Vertrauensgedanke hinsichtlich des Ersatzes frustrierter Aufwendungen nach Brechen des gegebenen Versprechens nicht fremd ist, belegt auch eine Norm aus dem Familienrecht, § 1298.

194 Regierungsbegründung, BT-Drucks. 13/ 6040, S. 143.

195 Leonhard, AcP 199, 660 (674); Rengier, *Abgrenzung des positiven Interesses vom negativem Vertragsinteresse,* S. 87; Müller, *Entwertete Aufwendungen,* S. 68; Küppers, *Verdorbene Genüsse und vereitelte Aufwendungen,* S. 62; ders., VersR 1976, 604 (606); Frost, *Schutzpflichten,* S. 208; Köndgen, AcP 177, 1 (27).

196 Dies ist den Gründen der Stadthallen-Entscheidung des BGH in JZ 1987, 512 (517) zu entnehmen.

197 Canaris in Festgabe für BGH, S. 129 (171f, 195).

sich dies zunächst aus dem Grunde an, dass auch im Rahmen des § 284 an die Schuldnererklärung als Vertrauensgrundlage angeknüpft wird und dass es auch im Rahmen des § 284 zu einer Verlagerung des (Verwendungs-) Risikos[198] kommt. Dagegen spricht aber, dass für die Tatbestände der Erklärungshaftung, §§ 122 I in Verbindung mit §§ 118, 119; § 179 II, charakteristisch ist, dass jemand für die Folgen einer von ihm abgegebenen Erklärung aufzukommen hat, die als solche fehlerhaft war und keine Rechtspflicht begründete. Die verschuldensunabhängige Haftpflicht beruht darauf, dass der Erklärende auf Grund des Prinzips der Selbstverantwortung das Risiko einer Schädigung des anderen durch seinen Scherz beziehungsweise seinen Irrtum zu tragen hat.[199] Die Haftung nach § 284 greift dagegen erst nach der Verletzung einer Pflicht, deren Begründung eine fehlerfreie Erklärung des Schuldners zu Grunde lag. Dementsprechend gilt im Rahmen des § 284 das Verschuldensprinzip. Letztlich geht es hier weniger um das Prinzip der Selbstverantwortung als um die Überlegung, dass der Schuldner als Pflichtverletzer „näher am Schaden dran" ist. Ihm ist das Aufkommen für den Frustrationsschaden eher aufzubürden als dem vertragstreuen Gläubiger.

Da der Aufwendungsersatzanspruch weniger im Zusammenhang mit der Verletzung einer Schutzpflichtverletzung als mit der Verletzung der Hauptleistungspflicht in Betracht kommt, liegt eine Einordnung als Haftung wegen Schutzpflichtverletzung eigentlich fern.[200] Gleichwohl stellt sich die Frage, ob es sich nicht um einen mit diesem Grundtypus der Vertrauenshaftung verwandten Tatbestand handelt. Der Vertrauenshaftung wegen Schutzpflichtverletzung sind verschiedene Fallgruppen der culpa in contrahendo zuzuordnen: zum Beispiel die Haftung für den Abschluss eines unwirksamen Vertrags oder die Haftung wegen Abbruchs der Vertragsverhandlungen. Ebenfalls zu diesem Hafttypus zählt die Haftung Dritter für Schutzpflichtverletzungen nach Vertragsschluss. Aus der Sicht des Gläubigers stellt sich die Situation in diesen Fallkonstellationen ähnlich dar wie bei § 284: Er verlässt sich auf einen bestimmten Vertrauenstatbestand, der sich infolge der schuldnerischen Pflichtverletzung als trügerisch entpuppt. Ob es sich dabei um die Verletzung einer Schutz- oder einer Leistungspflicht handelt, ist für ihn nebensächlich. Gleichzeitig greift § 284 über § 282 im Ausnahmefall auch bei Schutzpflichtverletzungen des Schuldners. Dies belegt eine nahe Verwandtschaft der beiden Haftungstypen, womit vieles dafür spricht, dass es sich bei § 284 um einen weiteren Grundtyp der vertrauensrechtlichen Schadensersatzhaftung, nämlich wegen Verletzung einer (Leistungs-)

198 Zur Risikolagerung im Rahmen eines ungestörten Leistungsverhältnisses, siehe oben Seite 19.

199 Canaris in Festgabe für BGH, S. 129 (171).

200 Hierbei handelt es sich um einen Haftungstypus, der dieselbe Struktur wie die Erklärungshaftung aufweist, allerdings verschuldensabhängig ist, Canaris in Festgabe für BGH, S. 129 (172f).

Pflicht handelt. Eine abschließende Untersuchung würde indessen den Rahmen dieser Arbeit sprengen.

III. § 284 als Ausnahme zu § 253

Auch nach dem zweiten Gesetz zur Änderung schadensersatzrechtlicher Vorschriften, das am 1.8.2002 in Kraft trat, ist dem deutschen Zivilrecht mit § 253 eine restriktive Handhabung des Ersatzes immaterieller Schäden vorgegeben.[201] Fraglich ist, ob der nach § 284 ersetzte Schaden immaterieller Art ist.

1. zur Bedeutsamkeit der Frage nach dem Vermögenscharakter

Mit der Festschreibung des § 284 hat der Gesetzgeber die Klarheit geschaffen, dass frustrierte Aufwendungen im nicht-deliktischen Bereich ungeachtet dessen, ob sie materiellen oder immateriellen Zwecken dienlich sein sollten, unter den hier verankerten Voraussetzungen erstattungsfähig sind. Damit ist jenen Stimmen, die bisher die Erstattung von Aufwendungen mit immaterieller Zwecksetzung unter Hinweis auf § 253 ablehnten,[202] sowie solchen, die in dem Vergeblich-Werden einen nicht erstattungsfähigen Nichtvermögensschaden selbst bei Aufwendungen mit kommerziellem Hintergrund erblickten, der Boden unter den Füßen weggezogen. Sofern es sich bei dem Aufwendungsersatz um Ersatz eines Nichtvermögensschadens handeln sollte, wäre § 284 als ein von § 253 gedeckter gesetzlicher Ausnahmefall einzustufen. Man könnte also geneigt sein, die Frage nach der Qualifizierung frustrierter Aufwendungen als Vermögens- oder Nichtvermögensschaden als müßig dahingestellt zu lassen. Diese Versuchung liegt jedenfalls näher als die Einschätzung Schobels. Dieser glaubt, hier liege *„das zentrale Problem bei der Untersuchung der Ersatzfähigkeit von Frustrationsschä-*

201 Während nach der alten Regelung Ersatz für Nicht-Vermögensschäden nur in gesetzlich vorgesehenen Fällen gewährt werden konnte, legt § 253 nunmehr fest, dass stets auch Ersatz eines immateriellen Schadens verlangt werden kann, wenn wegen Körperverletzung, Verletzung der Gesundheit, der Freiheit, der sexuellen Selbstbestimmung Schadensersatz zu leisten ist. § 253 gilt nach allgemeiner Ansicht auch für das Vertragsrecht. Eine Mindermeinung, Ströfer, *Schadensersatz und Kommerzialisierung,* S. 171ff, wollte dagegen ausschließlich nach den durch den Vertrag in concreto geschützten Interessen fragen und nicht unterscheiden, ob das verletzte Interesse materieller oder immaterieller Natur ist. Sie verkennt indessen das hinter dieser Norm stehende Anliegen sowie die Gesetzessystematik, also die Stellung von § 253 im allgemeinen Schadensrecht.

202 BGHZ 71, 234 (241); BGH WM 1982, 1387 (1388); NJW 1987, 831 (834); BGHZ 71, 234 (241); BGH NJW 2002, 614 (614).

den", und dass die Abgrenzung von materiellem und immateriellen Schaden „... *für die Frage der Ersatzfähigkeit wesentliche Bedeutung*" hat.[203]

Exkurs: Schobels Sicht:
Zum besseren Verständnis insbesondere letzterer Einschätzung bedarf es der Vergegenwärtigung seines Blickwinkels. Schobel geht davon aus, dass sich die Qualifizierung der Frustration als Vermögens- oder Nichtvermögensschaden auf die Festlegung der anspruchsbegründenden Voraussetzungen auswirke. Diese seien bei Bejahung eines Nichtvermögensschadens restriktiver zu handhaben als bei dessen Verneinung. Sofern die verursachte Frustrierung als Vermögensschaden zu charakterisieren ist, stehe dem Geschädigten „*Ersatz schon unter den 'normalen' weiteren Haftungsvoraussetzungen*", also bei Vorliegen von Kausalität, Rechtswidrigkeitszusammenhang, Adäquanz und Verschulden zu. Handelt es sich um einen immateriellen Schaden, hänge der Schadensersatzanspruch weitergehend davon ab, ob die Aufwendungen *billigerweise* getätigt wurden.[204] Wie Schobel diese Sicht mit der Kodifizierung des § 284 und der damit vom Gesetzgeber vorgegebenen tatbestandlichen Voraussetzungen für die Bejahung eines Erstattungsanspruchs vereint, deutet er an anderer Stelle an[205]: Ansatzpunkt soll der ausfüllungsbedürftige Begriff der Billigkeit sein.

Tatsächlich könnten neben dem in der Klärung eines rein akademischen Streits liegenden Nutzen per se aus einer Einordnung des Aufwendungsersatzes nach § 284 in die Kategorie des Vermögens– oder Nichtvermögensschaden Ableitungen für den sich um die Frage nach der Abgrenzung materieller und immaterieller Schäden rankenden Theorienstreit gewonnen werden. Denn zumindest auf dem ersten Blick scheint es möglich, dass die Kodifikation von § 284 als Anerkennung der Frustrationstheorie durch den Gesetzgeber zu verstehen ist.[206] Schließlich liegt die Bedeutsamkeit einer Qualifizierung des Aufwendungserstattungsanspruchs auch in der Ermöglichung einer Einordnung der neuen gesetzgeberischen Tendenzen zum Ersatz immaterieller Schäden in ihrer Gesamtheit. In diesem Zusammenhang könnten neue Erkenntnisse hinsichtlich der die Ersatzfähigkeit von Nichtvermögensschäden beherrschenden Grundsätze im Vertragsrecht gewonnen werden. Da diesem Problemkreis bisher eher ein Schat-

---

203 Schobel, *Ersatz frustrierter Aufwendungen*, S. 21. An anderer Stelle spricht er von „*einer der wahren Wertungsfragen im Rahmen der Frustrationsproblematik*" (S. 15) und lokalisiert hier, „*das diffizilste Problem*".

204 Schobel, *Ersatz frustrierter Aufwendungen*, S. 44, 89, 101.

205 Schobel, *Ersatz frustrierter Aufwendungen*, S. 119 (Fn. 64).

206 So die Befürchtung von Stoll, JZ 2001, 589 (596 Fn. 38a); nach Harke soll das Ziel der Regelung des § 284 der Ersatz der Rentabilitätsvermutung durch den Frustrationsgedanken sein, JR 2003, 1 (2); auch Altmeppen bringt § 284 mit dem Frustrationsgedanken in Verbindung, DB 2001, 1821 (1823).

tendasein neben der verwandten Thematik im Deliktsrecht vergönnt gewesen war, wäre dies für das allgemeine Verständnis förderlich.

2. zum Schaden bei frustrierten Aufwendungen

Ob § 284 als Ausnahme im Sinne des § 253 I anzusehen ist, lässt sich erst erörtern, wenn feststeht, worin der nach dieser Norm zu ersetzende Schaden begründet ist. In Betracht kommen mehrere Aspekte: die Aufwendungen selbst[207], die Frustration der Aufwendungen[208] beziehungsweise die Frustration des übergeordneten, vom Gläubiger verfolgten Ziels[209].
Als Schaden wird weitläufig die nichtfreiwillige Einbuße von rechtlich geschützten Gütern verstanden.[210] Auch Aufwendungen zeichnen sich durch den Verlust von Rechtsgütern aus, denn sie bewirken zunächst ein Vermögensminus. Anders als beim Schadenseintritt wird dieses Minus freiwillig eingegangen. Nach allgemeiner Ansicht ist daher an dem Kriterium der Freiwilligkeit zur Abgrenzung von Schaden und Aufwendung anzusetzen.[211] Da Aufwendungen freiwillig eingegangene Investitionen sind, sind sie nicht unter den Schadensbegriff zu subsumieren.[212] Dies war für die Schwierigkeit unter dem bisherigen Recht, dem Ersatzbegehren hinsichtlich frustrierter Aufwendungen des enttäuschten Gläubigers entgegen zu kommen, ausschlaggebend.[213]

---

207 Schobel, *Ersatz frustrierter Aufwendungen,* S. 16, 306 (Fn. 111) interpretiert § 284 in diese Richtung; ebenso: Altpmeppen, DB 2001, 1399 (1403); wohl auch Köhler, *Fälle zum neuen Schuldrecht,* Fall 7 Rn. 5, S. 64f; so zur Rechtslage unter dem BGB a.F.: Müller, *Ersatz entwerteter Aufwendungen,* S. 66, 71 – vgl. aber auch S. 99; Stoll in FS für Duden, S. 641 (651); ders. JZ 1978, 797 (798f).

208 Canaris, *Schuldrechtsmodernisierung 2002,* S. XVII; ders. DB 2001, 1815 (1820); ders. ZRP 2001, 329 (333); Lorenz/Riehm, *Lehrbuch zum neuen Schuldrecht,* 6. Kap. V. 1.c) aa), Rn. 223; Otto-Staudinger, § 284 Rn.10.

209 Gsell, *Aufwendungsersatz nach § 284,* S. 321 (336).

210 Vgl. nur Larenz, *SchuRe AT,* § 13 I, S. 185 und § 27 II a, S. 426.

211 Schon früh hat das RG dies erkannt: RGZ 88, 406 (408); Küppers, *Verdorbene Genüsse und vereitelte Aufwendungen,* S. 70.

212 Eine Erkenntnis, die Schobel nicht nachvollziehen mag, vgl. *Ersatz frustrierter Aufwendungen,* S. 20. Zu sehr unter dem Einfluss des österreichischen Rechts stehend, welches als Schaden gemäß § 1293 S. 1 ABGB jeden Nachteil, egal ob am Vermögen oder an der Person eingetreten, wertet, gelingt es ihm nicht, die Situation unter dem BGB zu erfassen. Von daher erscheinen ihm Begründungsversuche in der deutschen Literatur zur Bejahung eines Schadens als „*...angesichts der Selbstverständlichkeit dieses Umstandes höchst unnotwendig*".

213 Wenig hilfreich war in diesem Dilemma die Vorgehensweise von Stoll, der ungeachtet des Mankos der Unfreiwilligkeit in den Aufwendungen den Schaden begründet sah, Stoll in FS für Duden, S. 641 (651); ders. JZ 1978, 797 (798f); Gillig, *Nichterfüllung und Sachmängelgewährleistung,* S. 422. Gedanklich stand die wenig beachtet gebliebene Erwägung im Hintergrund, dass sich der Gläubiger den Leistungserhalt einen bestimmten Aufwand kosten ließ und dass mit diesem Aufwand seine Interessebewertung an der ordnungsgemäßen Durch-

Die Lösung des Problems, wo der zu erstattende Schaden begründet ist, liegt in einem der Frustrationstheorie ähnlichen, aber nicht mit ihr identischen Argumentationsschema: Der Gläubiger, dessen Aufwendungen sich im Nachhinein als vergeblich erweisen, sieht sich unfreiwillig mit dieser Frustration konfrontiert. Als vergebliche Investition hatte er seine Aufwendung nicht geplant. Was so nicht von ihm gewollt war, ist die Vergeblichkeit seines Vermögensminus – die Frustration dieser Aufwendungen. Man kann auch von der Entwertung der Aufwendung sprechen. Exakt dies stellt des Gläubigers Schaden dar.[214]
Für diese Sicht lässt sich insbesondere der Wille des Gesetzgebers heranziehen: *„Bei der Verfolgung eines ideellen Zwecks kann ein materieller Nichterfüllungsschaden gar nicht entstehen; es kommt von vornherein nur die Frustration der gemachten Aufwendungen in Betracht.*“[215] Deutlich wird, dass der Gesetzgeber von der Frustration als Schaden ausgeht. Die dezidierte Betonung der Frustration ist es, was diesen Ansatz von dem der Frustrationstheorie abhebt. Denn nach letzterer erschiene die Aufwendung selbst bei rückblickender Betrachtung als Schaden.
Verfehlt ist es, von den *vergeblichen Aufwendungen* als Schaden zu sprechen.[216] Dies verbietet sich aus zwei Gründen – zunächst, weil es verwirrend ist. Der unbefangene Leser weiß nicht, wo er den Akzent setzen soll: Sind die Aufwendungen der Schaden – und werden diese nur *vergeblich* tituliert, weil dies ihrer näheren Charakterisierung tunlich ist, man aber genauso gut von *den Aufwendungen* sprechen könnte? Zum anderen würde eine derartige Formulierung die Bedeutung der Aufwendungen im Rahmen des § 284 missinterpretieren. Die Aufwendung ist tatbestandliche Voraussetzung des § 284 – genauso wie die Vergeblichkeit derselben. Doch im Rahmen der Rechtsfolgenfrage erfüllen beide unterschiedliche Funktionen: Die Vergeblichkeit ist der erlittene Schaden und die Aufwendungen an sich dienen als Bemessungsfaktor dieses Schadens.

Gleichsam als Zwischenergebnis bleibt festzuhalten: Der **Schaden**, der im Mittelpunkt nun folgender Erörterungen steht, **ist die Vergeblichkeit** der Aufwendungen des Gläubigers.

---

führung ausgedrückt wurde. Stoll selbst sah seine Sicht in Übereinstimmung mit Rechtsprechung und herrschenden Literaturmeinung, vgl. Anmerkung zum Stadthallen-Fall, JZ 1987, 517 (518 Fn. 6). Siehe zur Auffassung von Stoll oben Seite 15.

214 Dies ist keine neue Erkenntnis sondern wurde schon unter der alten Rechtslage vertreten: z. B. von Mertens-Soergel, vor § 249 Rn. 92; Keuk, *Vermögensschaden und Interesse*, S. 247. In Bezug auf § 284: Canaris, *Schuldrechtsmodernisierung* 2002, S. XVII; ders. DB 2001, 1815 (1820); ders ZRP 2001, 329 (333); ders. in FS für Wiedemann, S. 3 (28); ders. in Karlsruher Forum 2002, 5 (50); Lorenz/Riehm, *Lehrbuch zum neuen Schuldrecht*, 6. Kap. V. 1. c) aa), Rn. 223.

215 Regierungsbegründung BT-Drucks. 14/6040, S. 143.

216 So zum Beispiel Fritzsche/Schmidt, WuB IV A. § 249 BGB 3. 99.

3. Frustration als Nichtvermögensschaden

Dem Gesetz sind unmittelbar keine Anhaltspunkte zu entnehmen, wann ein Vermögens- und wann ein Nichtvermögensschaden vorliegt. Die Suche nach einem perfekten Vermögensschadensbegriff, der jedweder Fallkonstellation gerecht wird, ist noch im Gange. Im Folgenden soll daher anhand der bedeutendsten Schadenstheorien weiter vorgegangen werden.

a) klassisches Vermögensverständnis

Ausgehend von der Differenzhypothese liegt ein Vermögensschaden nach dem klassischen Verständnis vor, wenn der Wert des Vermögens einer Person durch die Pflichtverletzung des Schuldners geringer ist als der Wert, den es bei ordnungsgemäßer Leistung hätte. Dementsprechend liegt ein Nichtvermögensschaden vor, wenn eine Gegenüberstellung der Vermögenssituationen nach der Differenzhypothese unmöglich ist.[217] Bleibt die Verfehlung der Gläubigerzwecke Ansatzpunkt der Betrachtung, gelangt man zu einer Bejahung eines Nichtvermögensschadens. Denn das Erreichen oder Verfehlen eines selbst gesteckten Ziels an sich lässt sich in keiner Vermögensbilanz darstellen.[218] Die Unerreichbarkeit eines Zieles ist ein immaterieller Umstand.[219] Daher „musste" die frühere Rechtsprechung die Rentabilitätstheorie ins Leben rufen.[220] Erst diese erlaubte eine andere, zur Bejahung eines Vermögensschadens führende Betrachtungsweise, nämlich das Abstellen auf den Verlust der Kompensationsmöglichkeit der Aufwendung und damit auf die Einbuße einer wirtschaftlichen Größe. Auch nachdem die Rechtsprechung nicht mehr auf die Rentabilitätstheorie angewiesen ist, könnte man im Zusammenhang mit frustrierten Aufwendungen unter Einnahme dieses Blickwinkels zu dem Ergebnis kommen, dass jedenfalls der Gläubiger, dessen Aufwendungen einen wirtschaftlichen Hintergrund hatten, mit ihrer Frustration einen Vermögensschaden erleidet. Das hieße aber, sich von dem richtigen Ausgangspunkt zu entfernen, nach welchem der von § 284 ersetzte Schaden in der Verfehlung der Gläubigerzwecke liegt. Es bleibt also dabei, dass nach dem klassischen Vermögensverständnis die Frustration der Aufwendung grundsätzlich einen Nichtvermögensschaden begründet.

---

217 Vgl. GS/BGHZ 98, 212 (217); BGH 123, 96 (99).
218 BGH NJW 1987, 831 (834); OLG Köln, NJW-RR 1994, 687 (688); LG Lüneburg, NJW 2002, 614 (614).
219 BGH 99, 182 (199); LG Münster ZfS 1988, 38.
220 Bei ordnungsgemäßer Erfüllung hätte der Gläubiger die Aufwendungen ebenfalls zu tragen gehabt.

b) Frustrationstheorie

Unter dem bezeichnenden Namen „Frustrationstheorie
" werden jene Anschauungen gebündelt, die darin übereinstimmen, einer Position Vermögenscharakter allein aufgrund der Tatsache beizumessen, dass der Geschädigte für ihre Erlangung Geld aufgewendet hat.[221] Vater im Geiste ist von Thur, der den Frustrationsgedanken 1906 erstmals formulierte: „*Der Eigentümer kann seinen Schaden darin finden, dass die Aufwendungen, die er zum Erwerb einer an sich wertlosen Sache gemacht hat, durch das schuldhafte Eingreifen eines Dritten für ihn nutzlos geworden sind. Diese Aufwendungen verwandeln sich nachträglich, durch Vereitelung ihres Zwecks, in Schaden.*"[222] Im Rahmen der Diskussion des Schadensersatzes für entgangene Nutzungsmöglichkeiten des PKW in den 60er und 70er Jahren wurde dieser Gedankengang wieder aufgegriffen. Der Schwerpunkt der Diskussion lag bisher allerdings eindeutig im Deliktsrecht. Gemeinsamer Ausgangspunkt aller Richtungen innerhalb der Frustrationstheorie ist, dass der Aufwendende mit der Tätigung der Aufwendung sein Vermögen mindert. Hieran anknüpfend werden vergebliche Aufwendungen teils durch eine Fiktion teils über eine Analogie[223] einem Schaden gleichgesetzt. Gedanklich steht die Erwägung im Hintergrund, die bei Tätigung der Aufwendung bestehende Freiwilligkeit der Vermögensminderung entfalle durch die Frustration im nachhinein, und es offenbare sich mithin ein weiteres charakteristisches Schadensmerkmal. Wenn auch keine Kausalität zwischen dem haftbar machenden Vorfall und der Vermögensminderung bestehe, so doch zwischen vorgeworfenem Verhalten und der Zweckvereitelung. Es sei also angebracht, die Aufwendungen gleich einem (Vermögens-) Schaden zu behandeln.

Unter Zugrundelegung dieser Sichtweise müsste man den nach § 284 gewährten Erstattungsanspruch als Entschädigung für einen Vermögensschaden einordnen.[224] Allerdings verbietet sich dies aus folgenden Gründen: Über die Frustrati-

---

221 V. Thur, KritVJSchr 47 (1906), 63 (65); ders. *Der Allgemeine Teil des Deutschen Bürgerlichen Rechts*, Bd. I § 18 II, S. 320 Fn. 33a; Löwe, VersR 1963, 307 (310f); Hansen, *Schadensbegriff*, S. 77f; Fritzsche/ Schmidt, WuB IV A. § 249 BGB 3. 99; allgemein zur Frustrationstheorie: Küppers, *Verdorbene Genüsse und vereitelte Aufwendungen*, S. 29ff, 56ff, 69ff; ders. VersR 1976, 604ff; Tolk, *Frustrierungsgedanke*, S. 49ff; Lange/Schiemann, - *Schadensersatz*, § 6 IV, S. 255ff.

222 Von Thur, kritV JSchr 47 (1906), 63 (65). Schon Ihering hatte festgestellt, dass der Eigentümer bei einer Störung der durch das Vermögen vermittelten Vorteile einen Vermögensschaden erleide, weil er das hierfür aufgewendete Geld einbüße: Jherings Jahrbücher 18 (1880), 1 (1 ff, 48f).

223 Löwe, VersR 1963, 307 (311); Larenz, VersR 1963, 312 (313). Allerdings hat Larenz später seine Meinung geändert, FS für Oftinger, S. 151 (161ff), und schwenkte zu einer Frustrationstheorie im weiteren Sinne über.

224 Wer einen Vermögensschaden annimmt, muss sich fragen, ob er damit nicht das dem Vermögensbegriff eigene objektive Bewertungsprinzip über die Orientierung an dem indivi-

onstheorie werden die Aufwendungen selbst, sei es analog oder fiktiv, zum Schadensposten. Demgegenüber ist nach der Konstruktion des § 284 die Verfehlung des übergeordneten Ziels des Gläubigers sein Schaden, siehe oben. Für diesen will § 284 einen Ausgleich gewähren. Die Frustrationstheorie ist daher mit dem dogmatischen Gerüst des § 284 unvereinbar.[225] Es kann nicht auf diese Lehre zurückgegriffen werden, um das Vorliegen eines Vermögensschadens bejahen zu können.

c) Kommerzialisierungstheorie

Zwar wird oft recht plastisch von **der** Kommerzialisierungstheorie gesprochen, doch auch dies ist nur eine der Vereinfachung dienende, plakative Begrifflichkeit, ein Sammelsurium für eine Vielzahl von Modifikationen. Alle Unterarten der Kommerzialisierungstheorie gehen davon aus, dass ein Vermögensschaden vorliegt, wenn ein Gut beziehungsweise ein Vorteil betroffen ist, das am Markt für Geld erworben werden kann. Unerheblich ist, ob es sich hierbei ursprünglich um eine Anschaffung zu geschäftlichen oder zu Genuss-Zwecken handelte. Die grundsätzliche Erwerbbarkeit, das heißt die Verkehrsfähigkeit im Sinne der Üblichkeit entgeltmäßigen Erlangens, steht im Vordergrund.[226] Die Kommerzialisierungstheorie setzt also voraus, dass ein Gut der fraglichen Art auf dem Markt existiert, fungibel ist und einen Preis hat, was dann der Fall ist, wenn dieses Gut von den dort agierenden Menschen begehrt wird. Die Qualifikation als Vermögensgut bedingt, dass die Eigenschaften, deretwegen es auf dem Markt wertgeschätzt wird, auf die Interessenten übertragbar sind.[227]
Der Kommerzialisierungstheorie gelingt es, die von ihren Vertretern und zum Teil auch andernorts als Schwäche empfundene Verneinung eines Schadens nach der Differenztheorie in Fallkonstellationen zu überwinden, in denen eine Position entfallen ist, ohne die Vermögensbilanz des Betroffenen im negativen Sinne zu beeinflussen. Anders als bei der Frustrationstheorie stand bei der Entwicklung der Kommerzialisierungstheorie das Problem vergeblicher Aufwen-

---

duell erfolgten, das heißt von den jeweiligen Begleitumständen abhängigen, sich im konkreten Aufwand ausdrückenden persönlichen Wertschätzung vergisst. Es erscheint fraglich, dass der Erfahrungssatz rationalen Verhaltens diese Bedenken entkräften kann. Vgl. den entsprechenden Einwand gegen die Frustrationstheorie von Weyers, *Der Begriff des Vermögensschadens im deutschen Recht,* S. 37 (55f).

225 An dieser Stelle zeigt sich, dass die Frustrationslehre mit Blick auf durch unerlaubte Handlungen entwertete Aufwendungen entwickelt worden ist und schlechterdings aufs Schuldrecht übertragbar ist. Denn anders als dem Schuldner im Vertrags- beziehungsweise Schuldrecht ist es dem Schädiger im Deliktsrecht unzumutbar, für eine Vereitelung der weiteren Zwecke des Anspruchstellers aufzukommen. Mangels Begründung eines Vertrauenstatbestandes kommt im Deliktsrecht nur eine rückwärts gerichtete Betrachtungsweise in Frage.

226 Z.B. Küppers, *Verdorbene Genüsse und vereitelte Aufwendungen,* S. 94.

227 Küppers, VersR 1976, 606 (608).

dungen nicht im Mittelpunkt. Ihre Ursprünge hat die heutige Kommerzialisierungstheorie in der vor dem Inkrafttreten des BGB geführten Diskussion über das „*Obligationsinteresse*". Diese wissenschaftliche Auseinandersetzung drehte sich um die Art der Anforderungen an das Interesse des Gläubigers, welche zur Bejahung eines Schuldverhältnisses und zur Verneinung antagonistischer (Gefälligkeits-) Verhältnisse zu stellen seien.[228] Die Kommerzialisierungstheorie, wie wir sie heute kennen, wurde in der Folgezeit vor allem zur Klärung von Fragen des Schadensersatzes im Zusammenhang mit dem Nutzungsentgang von PKW, aber auch von anderen Gegenständen, sowie Verlust von Freizeit und Urlaub bemüht. Zu der Einordnung von frustrierten Aufwendungen als Vermögensschaden finden sich dagegen keine Ausführungen ihrer Verfechter.
Einen Versuch zur Anwendung der Kommerzialisierungstheorie auf vergebliche Aufwendungen unterbreitet Schobel: „ ... *typischerweise* [muss] *auch der durch eine Aufwendung erlangten Position ein Vermögenswert zukommen, weil die konkrete Tätigung der Aufwendung ja regelmäßig von einer am Markt bestehenden Erwerbbarkeit der Position zeugt*".[229] Diese Überlegung mündet in der Erkenntnis, bei Beeinträchtigung dieser Position sei unter Zugrundelegung von Kommerzialisierungsaspekten stets ein Vermögensschaden zu erblicken.[230] Unter Fortführung dieses Gedankenganges müsste man den Aufwendungsersatz nach § 284 als Ersatz eines Vermögensschadens qualifizieren.

Betont sei an dieser Stelle erneut, dass die beeinträchtigte Position im Zusammenhang mit vergeblichen Aufwendungen in der Erreichung des übergeordneten Zwecks liegt. Zur Verdeutlichung ein Beispiel:

> **Spielzeugpferd-Fall:** *Der Vater möchte seiner kleinen Tochter eine Geburtstagsfreude machen, indem er ihr ein Spielzeugpferdchen in Selbstarbeit bastelt. Die schwer erhältlichen Rollen hat er bestellen können und anschließend das nötige Holz gekauft. Am Samstag, einen Tag vor dem Geburtstag, teilt der Verkäufer der Rollen mit, ihm sei es unmöglich zu liefern. Mittlerweile ist so viel Zeit verstrichen, dass der Vater, auch*

---

228 Streitig war in diesem Zusammenhang, ob ein vermögenswertes Interesse des Gläubigers ein taugliches Abgrenzungskriterium war. Dies war der äußere Rahmen, in dem erstmals der Gedanke von einem so genannten „*konsumtiven Vermögenswert*" geäußert wurde, vgl. Hellwig, AcP 86, 223 (229f): Zum Vermögen gehöre jede Leistung, die „*im wirtschaftlichen Verkehr gegen Geld beschaffbar ist*". Nach der Kodifikation des BGB klang die Diskussion um den Vermögensschaden ab, bis der Kommerzialisierungsgedanke vom III. Zivilsenat in der Entscheidung zum Seereise-Fall, NJW 1965, 1234 (1235), erneut aufgegriffen wurde. Eingehend zur Historie: Küppers, *Verdorbene Genüsse und vereitelte Aufwendungen,* S. 5ff.
229 Schobel, *Ersatz frustrierter Aufwendungen,* S. 61.
230 Schobel, *Ersatz frustrierter Aufwendungen,* S. 61.

wenn er anderswo die Rollen noch bestellen könnte, nicht bis zum Geburtstag fertig werden würde.[231]

Die beeinträchtigte Position ist die Vereitelung des Ziels des Vaters, am Geburtstag seiner Tochter das Spielzeug zu haben und ihr so eine besondere Freude bereiten zu können. Über diese Zusammenhänge setzt Schobel sich in seinem Anwendungsversuch hinweg, wenn er darauf abstellt, ob ein bestimmtes *Mittel* zur Erlangung des übergeordneten Zwecks am Markt erhältlich ist. Er müsste im Spielzeugpferd-Beispiel von der Tatsache, dass das Holz, dessen Anschaffung[232] durch den Ausfall der Rollen frustriert wurde, auf dem Markt erhältlich ist, zur Bejahung eines Vermögensschadens gelangen, ohne zu berücksichtigen, dass der Schaden in der Verfehlung des Ziels des Vaters liegt, seiner Tochter eine Geburtstagsfreude zu machen.[233] Die Unerreichbarkeit des Zwecks an sich ist aber ein immaterieller Umstand.[234] Höchstens die Folgen der Unerreichbarkeit können sich materiell niederschlagen. Wenn es zu solchen materiell messbaren Folgen kommt, treten diese quasi simultan ein, was zu der Ungenauigkeit verleitet, das Immaterielle in der Zweckverfehlung zu übersehen. Neben diesem Trugschluss verwundert ein weiterer Aspekt der Vorgehensweise Schobels: Fraglich ist, ob überhaupt eine der Kommerzialisierungstheorie entsprechende Position eingenommen wird. Unter ihrer Zugrundelegung müsste ausschlaggebend sein, ob die angestrebte Position am Markt für Geld erworben werden kann. Schobel missachtet die der Kommerzialisierungstheorie immanente Erkenntnis, dass vermögenswerte Gebrauchsgüter nur dadurch einen Verlust im Werte erfahren können, dass genau diejenigen Eigenschaften und Vorzüge beeinträchtigt werden, aus denen der Verkehr ihre Wertschätzung ableitet. Auf dem für die Kom-

---

231 Vgl. zu einer ähnlichen Fallkonstellation: Keuk, *Vermögensschaden und Interesse*, S. 243f.

232 Genau genommen: die Leistung des Kaufpreises.

233 Außerdem setzt Schobel sich darüber hinweg, dass diejenigen Stimmen, die noch an der Kommerzialisierungstheorie festhalten, skeptischer Natur sind und sich darauf konzentrieren, Grenzen der für das Schadensersatzrecht relevanten Kommerzialisierung oder Voraussetzungen, die zusätzlich zur Erhältlichkeit auf dem Markt hinzutreten müssen, ausfindig zu machen, vgl. BGHZ 99, 212 (213ff); Grunsky-MüKo, vor § 249 Rn. 12b [3. Aufl.]; Oetker-MüKo, § 249 Rn. 37. Z.B. Ergänzung der Kommerzialisierungstheorie um das Element der „Verkehrsauffassung". Nur wenn die herrschende Verkehrsauffassung ein käufliches Gut als Vermögensgut einstuft, soll dessen Beschädigung zu einem Vermögensschaden führen; Ansinnen des Großen Senats: Ergänzung um Element der „Fühlbarkeit" bei abstrakter Nutzungsbeeinträchtigung. Fühlbarkeit sei gegeben, *„wenn der Gebrauchswert von Sachen beeinträchtigt wird, auf deren ständige Verfügbarkeit die eigenwirtschaftliche Lebenshaltung des Eigentümers ... angewiesen ist ..., sofern der Eigentümer die Sache in der Zeit ihres Ausfalls entsprechend genutzt hätte"*, BGHZ-GS 98, 212 (216f); Das Fühlbarkeitskriterium war bereits verwendet worden von: BGHZ 55, 146 (147f); 45, 212 (219).

234 BGHZ 99, 182 (189); LG Münster ZfS 1988, 38; Keuk, *Vermögensschaden und Interesse*, S. 247; Ströfer, *Schadensersatz und Kommerzialisierung*, S. 58.

merzialisierungstheorie ausschlaggebenden freien Markt wird die jeweilige Tauglichkeit eines Gutes abstrakt und objektiv beurteilt.[235] Dies bedeutet nichts anderes, als dass die individuellen Zwecksetzungen des einzelnen außer acht zu lassen sind.[236] Folgerichtig kann nicht die Vereitelung der persönlichen Zwecke sondern nur eine Herabsetzung dieser allgemein anerkannten Tauglichkeit zur Wertminderung, mithin zum Anerkenntnis eines Schadens führen.[237] Demnach liegt nach der Kommerzialisierungstheorie in den Fällen der frustrierten Aufwendungen kein Vermögensschaden vor.

d) Fazit

Festzuhalten bleibt, dass die Verfehlung des übergeordneten Ziels keinen Vermögensschaden darstellt.[238] Gleichzeitig bestehen auch vor diesem Hintergrund keine Bedenken, bei Störung eines Leistungsverhältnisses, in dessen Rahmen Aufwendungen mit einer kommerziellen Zielsetzung getätigt wurden, einen Vermögensschaden mit Blick auf den Verlust der Kompensationsmöglichkeit zu bejahen. Hier besteht die Besonderheit, dass der Gläubiger je nach Perspektive und Akzentuierung einen materiellen und zugleich einen immateriellen Schaden erlitten hat.

Letztlich statuiert § 284 eine weitere gesetzliche Ausnahme von § 253. Ob dessen Wertungen nur peripher[239] oder weitergehend[240] berührt werden, ist nicht nur eine Frage des persönlichen Dafürhaltens. Schon unter alter Rechtslage war mit Recht zum gleichen Problemkreis angeführt worden, dass die hinter § 253 stehenden Erwägungen durch einen Ersatz frustrierter Aufwendungen wenig stra-

---

235 Vgl. Küppers, *Verdorbene Genüsse und vereitelte Aufwendungen,* S. 138.

236 Bis zu dem Grad, da sie keine persönliche Eigenart des Einzelnen mehr sind, sondern sich selbst zu einer Verkehrsanschauung entwickelt haben und so auf die Marktverhältnisse einwirken.

237 Vgl. Küppers, *Verdorbene Genüsse und vereitelte Aufwendungen,* S. 140.

238 Canaris, *Schuldrechtsmodernisierung 2002*, XVII; Gsell, *Aufwendungsersatz nach § 284,* S. 321 (327) sieht nur hinsichtlich der Frustration von Aufwendungen, die einen immateriellen Hintergrund hatten, einen Nichtvermögensschaden gegeben; ebenso: Ernst-MüKo, § 284 Rn. 7. Dagegen: Müller, *Ersatz entwerteter Aufwendungen,* S. 98f (und S. 76): „*Ist der Sekundärzweck immaterieller oder ideeller Natur, führt dies nicht dazu, dass auch der aus der Vertragsstörung entstehende Schaden als immaterieller einzuordnen ist ... über den Charakter des Schadens ist selbst ist jedoch noch nichts gesagt. Diesem kommt vielmehr ein Vermögenswert zu, so dass von einem immateriellen Schaden nicht gesprochen werden kann. Über die Enttäuschung hinaus ... ist der Einsatz von vertrauens- und daher zweckbezogenen Vermögensmitteln entwertet worden, mithin ein materieller Schaden entstanden*“; Köhler, *Fälle zum neuen Schuldrecht*, Fall 7 Rn. 4, S. 64, legt sich nicht fest: § 284 sei eine dem Ersatz immateriellen Schadens nahe stehende Anspruchsgrundlage.

239 Canaris, JZ 2001, S. 499 (516 Fn. 164).

240 Gsell, *Aufwendungersatz nach § 284,* S. 321 (337 Fn. 49).

paziert würden.[241] Denn Bedenken gegen die Kommerzialisierung bloßer Annehmlichkeiten oder das Erschleichen eines Ersatzes für immateriellen Schaden scheiden aus dem Grunde von vornherein aus, dass der Gläubiger im Zeitpunkt, als er die Aufwendung tätigte, davon ausgehen musste, sie selbst zu tragen beziehungsweise selbst für ihre Amortisation sorgen zu müssen.[242] Außerdem führte insbesondere eine Angst vor der richterlichen Bewertungsfreiheit zur Normierung des § 253, diese Norm sollte eine *„dem deutschen Recht fremde Souveränität“* der Richter gegenüber dem Schuldverhältnis verhindern.[243] Im Zusammenhang mit frustrierten Aufwendungen im Sinne des § 284 besteht kein Anlass zu derartigen Bedenken, denn die Aufwendungen stehen zum einen ihrer Höhe nach fest und zum anderen ist das Vorliegen der Vertrauensgrundlage vom Richter in objektiv nachvollziehbaren Schritten feststellbar. Insofern ist die Lage eine grundsätzlich andere als im Zusammenhang mit typischen Nichtvermögensschäden, wie zum Beispiel wenn das Affektionsinteresse betroffen ist.[244] Demnach werden die Wertungen des § 253 in der Tat mit der Erstattung des Aufwendungsersatzes kaum berührt. Von daher vermag ein Verweis auf § 284 keine Deutung der neueren gesetzgeberischen Aktivitäten als Entwicklung hin zu einer erstattungsfreudigeren Behandlung der Nichtvermögensschäden im Vertragsrecht stützen.

Schon jetzt deutet sich an, dass § 284 keine Anerkennung der allgemeinen Frustrationstheorie durch den Gesetzgeber darstellt und dass sich deren Befürworter im Rahmen der Abgrenzung materieller gegenüber immaterieller Schäden nicht auf diese neue Norm berufen können. Eingehender wird hierauf am Ende der Arbeit eingegangen, siehe unten, S.248.

IV. Aufwendungsersatz als Ersatz des negativen Interesses

Ein weiterer Punkt der um § 284 schwelenden Diskussion ist die Frage, ob der nach dieser Norm gewährte Sekundäranspruch das negative oder positive Interesse des Gläubigers befriedigt.

Der Ersatzpflicht des negativen Interesses liegt ein ähnliches wenn nicht sogar das gleiche Konzept zugrunde wie der Frustrationslehre. Es kommt nicht von ungefähr, dass sich viele Anhänger der Frustrationslehre aus diesem Grunde auf das negative Interesse zur Begründung ihrer Ansicht berufen. So war schon von Thur überzeugt, im Gesetz mit der Pflicht zum Ersatz des Vertrauensschadens

---

241 Stoll, JZ 1987, 518.
242 Wiedemann in FS für Hübner, 719 (729).
243 Motive zu dem Entwurfe eines Bürgerlichen Gesetzbuches, S. 22.
244 Vgl. Müller, *Ersatz entwerteter Aufwendungen,* S. 78.

einen Anhaltspunkt für die Frustrationstheorie ausmachen zu können.[245] Und Rengier meint: *„Die (Interessens-) Lage ist bei frustrierten Aufwendungen im Vertragsverhältnis nicht anders als in den Fällen der §§ 122, 179 II, 307, 309.“*[246] In Anbetracht dessen ist vorstellbar, dass wenigstens die Anhänger der Frustrationslehre versuchen werden, § 284 in ihrem Sinne zu deuten. Schon im Stadthallen-Fall hatte die Klägerseite ihr Vorbringen auf die Frustrationstheorie gestützt.[247] Sollte § 284 auf Ersatz des negativen Interesses gerichtet sein, muss sich aber auch, wer nicht der Frustrationslehre anhängt, die Frage stellen, ob es zu weit hergeholt ist, von einer - auf das Schuldrecht beschränkten- Anerkennung der Frustrationstheorie zu sprechen.

1. Interesse-Begriff

Obwohl der Begriff des Interesses zum juristischen Standardvokabular gehört, ist nicht eindeutig, was hierunter zu verstehen ist. Bevor der Frage nach dem Charakter der Ersatzpflicht nach § 284 nachgegangen werden kann, sollte daher zumindest klargestellt werden, von welchem Verständnis hier ausgegangen wird.

a) im allgemeinen Sprachgebrauch

Zur Verdeutlichung mag eine Vergegenwärtigung dessen beitragen, was im allgemeinen Sprachgebrauch unter dem Begriff des Interesses verstanden wird. Hier steht er für den Wert, den das Vorliegen- beziehungsweise das Nichtvorliegen einer Tatsache für den Einzelnen besitzt. Dies spiegelt sich auch in der wörtlichen Übersetzung des originär lateinischen Ausdrucks wieder – *inter esse* (id quod interest) spielt auf das, was *dazwischen* ist, an. Gemeint ist also ein Dazwischenliegen, spezieller: der Unterschied zwischen zwei Situationen.[248]

b) die unterschiedlichen rechtlichen Auffassungen

Grundsätzlich lassen sich zwei wissenschaftliche Ansätze bezüglich des Interessebegriffs unterscheiden. Zum einen jener, der als Interesse lediglich die aufgrund der Differenzhypothese ermittelte Gesamtvermögensdifferenz als Folge

---

245 Von Thur, KritVJSch 47, 63 (65f).

246 Rengier, *Abgrenzung des positiven Interesses vom negativen Vertragsinteresse,* S. 87; auch der BGH erkennt an, dass der Frustrationsgedanke verwirklicht sei, sofern es um den Ersatz des Vertrauensschaden geht, wenngleich sich dies aus der Differenztheorie ergebe - vgl. BGHZ 71, 234 (237).

247 Vgl. Emmerich, JuS 1987, 489 (490).

248 Vgl. Keller, *Das negative Interesse im Vergleich zum positiven,* S. 1.

des Verletzungsereignisses auffasst,[249] und zum anderen jene Stimmen, die hinter dem Interesse mehr verstehen. Zu letzteren zählt Knobbe-Keuk, die darunter *jede* Differenz zwischen dem Jetzt-Zustand und dem Zustand, der durch ein ordnungsgemäßes Verhalten herbeigeführt werden sollte, versteht. Ihr zufolge bestand das Interesse schon, bevor der Schuldner sich die Leistungsstörung zu schulden kommen ließ und der Schaden eintrat.[250] Ebenfalls nicht in Konkordanz mit dem gebräuchlichen Verständnis sieht sich Larenz, der die Betonung auf die Beschreibung der Beziehung zwischen geschädigtem Objekt und dem Vermögenssubjekt legt. Ihm zufolge bezeichnet der Begriff des Interesses den Wert, den ein Gegenstand gerade für die verletzte Person hat. Es werden so Folgeschäden mit in die Berechnung des Schadensersatzes einbezogen, die sich in der Vermögensbilanz an anderer Stelle bemerkbar machen – wobei Affektionsinteressen unter Beachtung des § 253 außer Betracht zu bleiben hätten.[251]

Konsequenz: Im Zusammenhang mit § 284 kann jedenfalls eine Gleichsetzung mit der Gesamtvermögensdifferenz nicht zu Grunde gelegt werden, da hier wie gesehen Ersatz von Nichtvermögensschäden gewährt wird.

c) positives und negatives Interesse

Wenn auch allenthalben Differenzen hinsichtlich des Interessebegriffs bestehen, so herrscht im großen und ganzen Einigkeit in Bezug auf das Begriffspaar von positivem und negativem Interesse.[252] Demnach geht der Schadensersatzanspruch auf Ersatz des positiven Interesses des Gläubigers, wenn sein Inhalt an dem Interesse des Gläubigers an der ordnungsgemäßen Erbringung der Leistung ausgerichtet wird. Prägnant formuliert spricht man hier von der *ersatzweisen Realisierung des Leistungsanspruches* oder *Festhalten am Vertrag.*[253] Kennzeichnend ist, dass es dem Gläubiger um die Herstellung des Zustandes, wie er bei vertragsgemäßen Verhalten des Schuldners bestehen würde, und damit positiv um die Erbringung der Leistung geht.[254] Das Gläubigerinteresse ist allein positiv auf die Erbringung der Leistung gerichtet und wird dadurch befriedigt, dass ihm die Vorteile vergütet werden, die für ihn von der ordnungsgemäßen Erfül-

---

249 Dies ist das in der Rechtsprechung gebräuchlichste Verständnis, vgl. Kuckuk-Erman, § 249 Rn. 31.
250 Keuk, *Vermögensschaden und Interesse,* S. 52ff (54).
251 Larenz, *Schuldrecht AT*, § 29 I. 1. b), S. 482f.
252 Seit v. Ihering, *Culpa in Contrahendo oder Schadensersatz bei nichtigen oder nicht zur Perfection gelangten Verträgen*, Iherings Jahrbücher. 4 (1861), S. 1 (16ff); Zuvor fanden sich erste Hinweise auf die Unterscheidung des Interesses als positiv und negativ bei Savigny, *System des heutigen römischen Rechts* Bd. III, § 138 Note d (S. 294f).
253 Keuk, *Vermögensschaden und Interesse,* S. 155.
254 Keuk, *Vermögensschaden und Interesse,* S. 157.

lung abhingen. Nach der Konzeption des Gesetzes steht das Erfüllungsinteresse dem Gläubiger dann zu, wenn der Schuldner seine vertragliche Leistungspflicht nicht erbringt.[255]
Wird die Berechnung des Schadensersatzes dagegen nicht am Interesse des Gläubigers, einen gewissen Vorteil zu erwerben, ausgerichtet, sondern an seinem Interesse, einen Vorteil aufrecht zu halten beziehungsweise einen Schaden an bestehenden Gütern zu vermeiden, ändert sich die Richtung seines Begehrens auf Schadensersatz. Die geänderte Tendenz wird durch die Bezeichnung *negatives Interesse* beziehungsweise *Vertrauensinteresse* zum Ausdruck gebracht. Praktisch durchgeführt wird diese Art der Schadensberechnung durch eine Orientierung am Zustand, wie er vor Vertragsabschluss bestanden hat. Man stellt darauf ab, wie der Gläubiger stehen würde, wenn nie vom Vertrag die Rede gewesen wäre. Bisher wurde diese Form des Schadensersatzes dem Gläubiger überwiegend bei Nichtzustandekommen eines wirksamen Rechtsgeschäfts zugestanden.[256] Allerdings konnte die Verletzung von Aufklärungspflichten auch bei einem wirksamen Vertrag zu einer Haftung aus culpa in contrahendo auf Rückgängigmachung des Vertrages führen.[257] Gleichzeitig wurde in bestimmten Fallgruppen der culpa in contrahendo, nämlich bei dem Abbruch von Vertragsverhandlungen oder bei einer Verleitung zum Vertragsschluss durch die andere Partei, ausnahmsweise das Erfüllungsinteresse zugestanden.

So gegensätzlich negatives und positives Interesse nach diesen einführenden Erläuterungen erscheinen mögen - im Grunde trennt sie nicht viel. Diese Erkenntnis wird unter anderem durch die antagonistische Begriffspaarbildung von negativem und positivem Interesse erschwert.

Seit der Habilitationsschrift von Canaris ist bekannt, dass sich der Begriff des Vertrauensinteresses weitläufiger in einem das positive wie das negative Interesse umfassenden Sinne verstehen lässt.[258] Für enttäuschendes Verhalten kann zum einen positiv dadurch gehaftet werden, dass der Gläubiger so gestellt wird,

---

255 Hanau/Wackerbarth, *Positives und negatives Interesse,* S. 205 (206).
256 Vgl. Heinrichs-Palandt, vor § 249 Rn. 16 (58. Aufl. 1999). Dagegen wendeten sich: Müller-Laube, JZ 1995, 538 (543f) und Müller, *Ersatz entwerteter Aufwendungen,* S. 92 ff; Müller schlug zum Schutze der vertragstreuen Partei vor, ausnahmsweise auf das Vertrauensinteresse zurückgreifen, wenn das positive Interesse nur schwer beziehungsweise gar nicht zu beziffern ist.
257 St. Rspr. RGZ 79 194 (197); BGH NJW 1962, 1196 (1196); 1979, 1983 (1983); 1998, 302 (303).
258 Canaris, *Vertrauenshaftung*, S. 5; schon Keller, *Das negative Interesse im Verhältnis zum positiven Interesse,* (S. 15 f) hat darauf hingewiesen, dass es sich sowohl beim positiven wie auch beim negativen Interesse um die Enttäuschung eines erweckten Vertrauens handele: „*Während ... das negative Interesse die Folge einer Vertrauenserweckung und – täuschung ist, so ist das positive Interesse durch Vertrauensenttäuschung verursacht.*“

als hätten die Angaben des Schuldners beziehungsweise die Tatsachen dem Vertrauen entsprochen und zum anderen negativ, indem der Gläubiger so gestellt wird, als habe er nicht vertraut.[259] Der Grund für die unterschiedliche Ausrichtung der Ersatzpflicht liegt in einem jeweils anders gearteten Haftungsgrund, womit zusammenhängt, dass grundsätzlich das negative Interesse nur bei Nichtzustandekommen und das positive nur bei Zustandekommen eines wirksamen Vertrags herangezogen werden.

2. Aufwendungsersatz als Teil des negativen Interesses

Nach diesen Worten vorweg wird nun der Frage nachgegangen, ob der Ersatz von vergeblichen Aufwendungen nach § 284 das positive oder das negative Interesse des Gläubigers befriedigt.

Diese Fragestellung wird durch verschiedene Aspekte verkompliziert[260]: So sind mehrere Bezugspunkte der Gläubigerposition möglich, wenn die aktuelle Lage des enttäuschten Gläubigers mit der sich vor Vertragsschluss beziehungsweise der sich hypothetisch bei ordnungsgemäßer Erfüllung ergebenden Lage verglichen werden soll: In Betracht kommen die Aufwendungen an sich[261], die Frustration der Aufwendungen und der Verlust der Kompensationsmöglichkeit im wirtschaftlichen Sinn. Dass bei der Erörterung des eigentlichen Schadens bereits eine Festlegung gegen die Aufwendungen erfolgte, ist unerheblich, denn an dieser Stelle geht es um den Umfang der Ersatzpflicht. Die Richtung der Interessenbewertung wird nicht durch die Art des Schadens bestimmt, sondern durch die Richtung der Geltendmachung. Den Ausschlag gibt allein, wie der Gläubiger gestellt werden will.[262]

---

259 So auch Müller, *Ersatz entwerteter Aufwendungen* S. 90; Hanau/Wackerbarth, *Positives und negatives Interesse,* S. 205 (207).

260 Auch der Gesetzgeber hat die Problematik der Einordnung der Rechtsfolge von § 284 gesehen und versucht, diese durch folgende unglückliche Äußerung zu entschärfen: „*§ 327 Abs. 1 Satz 2 KE wollte dem Gläubiger einen Anspruch auf Ersatz seiner frustrierten Aufwendungen dadurch verschaffen, dass er Ersatz seines Vertrauensschadens soll beanspruchen können. Dieser schadensersatzrechtliche Anspruch erweist sich als hinderlich. .... In der Sache geht es bei dem Ersatz frustrierter Aufwendungen nicht eigentlich um ein Schadensersatzproblem, sondern um eine Frage des Aufwendungsersatzes. Mit diesem Ansatz lässt sich das anzustrebende Ergebnis zielgenauer erreichen. Deshalb gewährt § 284 dem Gläubiger die Möglichkeit, anstelle des Schadensersatzes statt der Leistung auch Aufwendungsersatz zu verlangen.*" BT-DruckS. 14, 6040, S. 144.

261 Gsell geht davon aus, dass eine Einordnung der Frustration und nicht der Aufwendungen als Schaden im Sinne des § 284 eine Sicht, der zufolge § 284 Ersatz des negativen Interesses gewährt, verbiete, vgl. Gsell, *Aufwendungsersatz nach § 284,* S. 321 (336, Fn. 47).

262 Müller, *Ersatz entwerteter Aufwendungen,* S. 62; Gillig, *Nichterfüllung und Sachmängelgewährleistung,* S. 32; Küppers, *Verdorbene Genüsse und vereitelte Aufwendungen,* S. 60.

Stellt man auf die Aufwendungen an sich ab, so führt dies zu der Erkenntnis, dass sie dem Gläubiger auch bei ordnungsgemäßer Erfüllung entstanden wären, dass der Gläubiger sie aber nicht getätigt hätte, wenn vom Vertrag nie die Rede gewesen wäre. Dies entspricht der klassischen Beschreibung des negativen Interesses. Damit hängt zusammen, dass man unter dem BGB a.F., das für Fälle nicht ordnungsgemäßer Erfüllung keinen Ersatz des negativen Interesses kannte, in den hier interessierenden Fallkonstellationen nur über den Umweg der Rentabilitätsvermutung Ersatz gewähren konnte. Nun, da § 284 Ersatz dieser Aufwendungen anordnet, scheint nichts näher zu liegen, als dies als Ausdruck des negativen Interesseschutzes zu verstehen.[263] Auch die vom Gesetzgeber gewählte Formulierung des § 284 erlaubt es, in diese Richtung weisende Schlussfolgerungen zu ziehen. Dies gilt insbesondere, wenn man den Wortlaut des § 284 mit anderen Vorschriften, die anerkanntermaßen das negative Interesse regeln, vergleicht – zum Beispiel mit §§ 122, 179 II. Soweit es um den Anspruchsinhalt geht, finden sich hier dem § 284 weitestgehend entsprechende Formulierungen: Es ist der *„Schaden zu ersetzen, den der andere Teil oder der Dritte dadurch erleidet, dass er auf die Gültigkeit der Erklärung vertraut*" (§ 122) beziehungsweise es ist der Vertreter ohne Vertretungsmacht *„zum Ersatz desjenigen Schadens verpflichtet, den der andere Teil dadurch erleidet, dass er auf die Vertretungsmacht vertraut*" (§ 179). Nach § 284 kann *„der Gläubiger Ersatz der Aufwendungen verlangen, die er im Vertrauen auf den Erhalt der Leistung gemacht hat."*

Der weiteren Aufhellung der Lage ist ein Blick in die Gesetzgebungsgeschichte förderlich. § 327 I KE war sowohl seinem Wortlaut als auch seiner Begründung zufolge eindeutig auf den Ersatz des negativen Interesses ausgerichtet. So hieß

---

263 Für eine Zuordnung des Ersatzes frustrierter Aufwendungen im Vertragsrecht zum negativen Interesse unter alter Rechtslage: Muscheler, AcP 187, 343 (345, 374); Müller, *Ersatz entwerteter Aufwendungen,* S. 66 (auf die Aufwendungen an sich abstellend); Brinker, *Dogmatik zum Vermögensschadensersatz,* argumentierte, dass der Ersatz der Aufwendungen nicht der ersatzweisen Herstellung des status ad quem bei Erfüllung entspreche; Hanau/Wackerbarth, *Positives und negatives Interesse,* S. 205 (220); Fritzsche/Schmidt, WuB IV A. § 249 BGB 3. 99. Ebenso die Rechtsauffassung im Common Law: "*Expenditure is recoverable as relicance loss where it is uncurred in performance or in preparation to perform the contract and is wasted in consequence of the breach*", Treitel, *Remedies for breach of contract,* Rn. 85; vgl. BGH 99, 182 (200). Nicht festlegen will sich Dauner-Lieb in *Das Neue Schulrecht – Ein Lehrbuch,* S. 100: *„Zwischen positivem und negativem Interesse*". Pro negatives Interesse, eingeschränkt in der Form des Aufwendungsersatzes unter dem BGB n.F.: Ehmann/Sutchet, *Modernisiertes Schuldrecht,* S. 121; Canaris, DB 2001, 1815 (1817); ders. JZ 2001, 499 (517); Schobel, *Ersatz frustrierter Aufwendungen,* S. 15 (Fn. 26); Lorenz/Riehm, *Lehrbuch zum neuen Schuldrecht,* 8. Kap. § 5, 1. e) dd), Rn. 542; Emmerich, *Recht der Leistungsstörungen,* § 13 VIII. 5., S. 219; Otto-Staudinger, § 284, Rn.10; beiläufig: Koller in *Schuldrechtsmodernisierung 2002,* 45 (45, 54); Schulze-HK, § 284 Rn. 1; Grüneberg in Bamberger/Roth, § 284 Rn. 13; Stoll, JZ 2001, 589 (595); Zimmer, NJW 2002, 1 (10), Heintzmann/Heintzmann, *Leitfaden,* A 2. III b (3), S. 11.

es hier: „... *Er* [der Gläubiger] *kann stattdessen auch Ersatz des Schadens verlangen, der ihm daraus entsteht, dass er auf die Ausführung des Vertrags vertraut hat.*“ Durch den zweiten Satz sollte die Problematik frustrierter Aufwendungen gelöst werden. In Ergänzung des für sich schon eindeutigen Wortlauts wies die Kommission darauf hin, dass es sich bei der Rechtsfolge des § 327 um einen Anspruch auf das negative Interesse ohne Begrenzung durch das positive handele.[264]
Bis zur konsolidierten Fassung des Diskussionsentwurfs war diese Regelung Diskussionsge-genstand in der Literatur. Hier vorgebrachte Bedenken griff der Gesetzgeber zum Teil auf, woraus sich das geänderte Gesicht des Aufwendungsersatzes erklärt. Man teilte mit: „ *...eine Regelung nach dem Vorbild von § 327 I S.2 KE ist ... notwendig*“[265] und nahm dennoch Änderungen in nicht unerheblicher Anzahl vor. So ist die Vertragskostenregelung im neuen Recht abweichend geregelt, die Begrenzung auf gegenseitige Verträge ist aufgehoben, und dem Schuldner wurde der „es-sei-denn“ Einwand gebilligt. Intentionen, nicht den Ersatz des negativen, sondern des positiven Interesses zuzugestehen, werden indes weder aus diesen Änderungen noch aus sonstigen Gesichtspunkten ersichtlich.

Insbesondere Gsell und Ernst wehren sich gegen eine Einstufung der Rechtsfolgen des § 284 als Anerkenntnis des negativen Interesses.[266] Sie argumentieren, dass die Regelung nicht an die Aufhebung eines Vertrages, sondern an die Verletzung einer Leistungspflicht anknüpft[267], dies sei untypisch für Vertrauensschäden.[268] In Fortführung dieser Gedanken will Ernst entdeckt haben, dass immer dann, wenn keine vollständige Vertragsaufhebung erfolgt, wie zum Beispiel beim kleinen Schadensersatzanspruch, eine Gleichsetzung des § 284 mit Gewähr des Vertrauensinteresses nicht in Betracht komme.[269] Da aber der Gläubiger auch in diesen Situationen ein anerkennenswertes Bedürfnis nach Ersatz seiner

---

264 Abschlussbericht der Kommission zur Überarbeitung des Schuldrechts, S. 173. In dem ersten Diskussionsentwurf des BMJ vom 4. 8.2000 fand sich in § 325 DiskE eine § 327 KE entsprechende Regelung.

265 Regierungsbegründung, BT-Drucks. 14/6040, S. 143 – mit Verweis auf BGHZ 99, 182 Stadthallen-Fall und unter einem Hinweis auf *„die vielen Fälle, in denen der Gläubiger primär einen Konsumzweck verfolgt*“.

266 Für eine Zuordnung zum positiven Interesse: MüKo-Ernst, § 284 Rn. 6; Gsell, *Aufwendungsersatz nach § 284,* S. 321 (336 f.); Schultz in *Das Schuldrecht 2002,* S. 17 (8).

267 Nach hier vertretener Ansicht sanktioniert der Erstattungsanspruch aus § 284 das Hervorrufen und Brechen eines Vertrauenstatbestandes durch den Schuldner, siehe oben Seite 53.

268 Ernst-MüKo, § 284 Rn. 6; Gsell, *Aufwendungsersatz nach § 284,* S. 321 (335).

269 Falsch ist im Übrigen die von Ernst-MüKo, § 284 Rn. 6 im Rahmen der Darstellung seiner These gefallene Äußerung, dass die Aufwendungen durch die Rückgabe/Nichtannahme der gestörten Leistung und nicht durch die Aufhebung des Vertrages nutzlos würden. Er übersieht, dass die Aufwendungen durch die nicht-ordnungsgemäße Leistung frustriert werden.

frustrierten Aufwendung habe, sei § 284 so zu verstehen, dass er das positive Interesse des Gläubigers befriedige.
Letztlich sind damit altbekannte Argumente gegen den Ersatz des Vertrauensschadens bei Nichterfüllung aufgegriffen, welche schon von Rabel[270] bemüht wurden. Dies ist die richtige Stelle, um auf die eingangs angesprochene Besonderheit zurückzukommen, dass nach der Verletzung einer Leistungspflicht der Schuldner das positive Interesse, nicht aber das negative zu ersetzen habe. Tatsache ist, dass die dem negativen Gläubigerinteresse dienenden Normen, §§ 122, 179 II und der frühere § 307 BGB a.F., sowie die als Gewohnheitsrecht anerkannte culpa in contrahendo nicht an Leistungsstörungen anknüpfen. Dies wäre aus dem Grunde unmöglich, dass es in diesen Fällen keine Leistungspflicht gibt: So ist § 122 im Zusammenhang mit § 118 beziehungsweise §§ 119, 120 zu lesen, die die Nichtigkeit entweder von Angebot oder Annahme anordnen. Hat ein Vertreter ohne Vertretungsmacht gehandelt, kommt weder ein Vertrag zwischen ihm und dem Gläubiger noch zwischen Gläubiger und Vertretenem zustande, es gibt also auch hier keine Leistungspflicht. Und die culpa in contrahendo gilt für den vorvertraglichen Bereich – sprich zu einem Zeitpunkt, da noch keine Leistungspflichten begründet wurden. In diesen Fällen kommt schon aus dem Grunde keine Haftung auf das Erfüllungsinteresse in Betracht, weil das die spezifischen, hinter der Aberkennung eines wirksamen Erfüllungsanspruchs stehenden Wertungen ausgehebelt hätte. Dies so zu verstehen, dass die Anordnung des Ersatzes des negativen Interesses eine bloße Zufälligkeit gewesen wäre, hieße auf halbem Wege stehen zu bleiben. Entscheidend ist, dass die angeführten Normen eine ihnen eigene Haftungsstruktur aufweisen. Der Vertreter ohne Vertretungsmacht, der sich einen Scherz Erlaubende, der Irrende und der Partner im vorvertraglichen Verhältnis – sie alle setzen einen Vertrauenstatbestand, auf den sich ihr Gegenüber verlässt und sodann enttäuscht wird. Die diese Normen verbindende Haftungsstruktur besteht im Hervorrufen und Brechen von Vertrauen auf Seiten des Gläubigers. Dem entspricht das Konzept des § 284, wenn man mit der hier vertretenen Ansicht den Haftungsgrund nicht allein in der Pflichtverletzung ausmacht. Jeweils ist Haftungsgrund das Brechen des einmal gegebenen Versprechens und jeweils liegt der Schaden in dem Vergeblichwerden der Aufwendungen. Dass in den von § 284 erfassten Fällen das Leistungsversprechen rechtlich wirksam war und ein Leistungsanspruch[271] des Gläubigers entstanden ist, begründet keinen eine unterschiedliche Behandlung rechtfertigenden Unterschied. Daher erweist sich eine Argumentation, die sich darauf beruft, dass bei

---

270 Rabel, *Das Recht des Warenkaufs,* S. 428: Es könne nicht angehen, dass der Gläubiger sich einfach wegen mangelhafter Erfüllung auf den Standpunkt stellen dürfe, er sei so zu behandeln, als wenn der Vertrag nicht geschlossen worden wäre.
271 In der Regel wird dieser in einen Anspruch auf Schadensersatz statt der Leistung übergegangen sein, vgl. § 281 IV.

§ 284 die Verletzung einer Leistungspflicht Anknüpfungspunkt und dies mit dem Ersatz des negativen Interesses unvereinbar sei, als kurzsichtig.[272]

Unter dem hier zugrunde gelegten Verständnis resultieren im Übrigen auch keine Schwierigkeiten aus der systematischen Stellung des § 284 im Allgemeinen Schuldrecht und seiner sich daraus ergebenden Geltung auch für einseitige und gesetzliche Schuldverhältnisse, wie Ernst sie bei einer Zuordnung des § 284 zum negativen Interesse erkannt haben will.[273] Wenn auch über das negative Interesse das Hervorrufen und Enttäuschen von Vertrauen geahndet wird, zu dem es typischerweise innerhalb vertraglicher Sonderbeziehungen aufgrund des Einigungsprozesses im unmittelbaren Kotakt miteinander und vor allem der gegenseitigen Einstandspflichten für die Herbeiführung eines bestimmten Erfolgs kommt, darf nicht übersehen werden, dass einseitige und gesetzliche Schuldverhältnisse dem nicht all zu weit nachstehen. Wie beim Vertrag bestehen auch hier Einstandspflichten des Schuldners gegenüber dem Gläubiger, auf deren Einhaltung der Gläubiger sich verlassen können muss.

Dass es sich beim Aufwendungsersatz nicht um das Anerkenntnis von Vertrauensinteresse handeln könne, wird noch aus zwei weiteren Überlegungen heraus befürwortet, die zum Teil in ähnlicher Form unter dem BGB a.F. vom BGH gegen eine andere Möglichkeit des Aufwendungsersatzes als über die Rentabilitätstheorie hervorgebracht wurden. So ähnelt das Hauptargument von Gsell, der zu ideellen Zwecken handelnde Gläubiger würde über die Grenzen des positiven Interesses hinaus so gestellt, als hätte keine Leistungspflicht bestanden,[274] dem Lukrativitätsvorwurf des BGH[275]. Gsell hebt darauf ab, dass dem Schuldner der Einwand eines niedrigeren Nichterfüllungsschadens bei Aufwendungen im nicht-kommerziellen Bereich verwehrt bleibt und rekurriert auf das Beispiel des Kunstliebhabers, der einen Rahmen für das schuldig gebliebene Kunstwerk anfertigen ließ. Mache der Gläubiger nun § 284 zu seinen Gunsten geltend, würde er mehr als bei ordnungsgemäßer Erfüllung erhalten. Da aber in der Begründung der Leistungspflicht weder die Verletzung noch die Störung der Leistung gesehen werden kann, sei schwer einzusehen, warum dem Gläubiger durch eine Berufung auf den hypothetischen Zustand ohne die Leistungspflicht erlaubt werden

---

272 Auch unter dem BGB a.F. war eine Sicht, die bei Verletzung einer Leistungspflicht Ersatz des negativen Interesses ablehnt, nicht konsequent durchzuhalten. Siehe nur die dem Gläubiger nach § 325 BGB a.F. gewährten Wahlrechte, die zum Teil dem negativen (Rücktritt, Rechte nach § 323 BGB a.F.) zum Teil dem positiven Gläubigerinteresse (Schadensersatz wegen Nichterfüllung) zuzuordnen waren.

273 Ernst-Müko, § 284 Rn. 6.

274 Gsell, *Aufwendungsersatz nach § 284,* S. 321 (335 f).

275 BGH NJW 1983, 442 (444) = WM 1982, 1388 (1389).

solle, sich einen Vorteil gegenüber der sich bei ordnungsgemäßer Leistung ergebenden Situation zu verschaffen.[276]
Gegen diese Argumentation sind zwei Einwände zu erheben. Einmal ist zu berücksichtigen, dass sich gerade bei immateriellen Vertragszwecken die *„Lukrativität"* für den Gläubiger nicht beziffern lässt.[277] Er handelt ja von vornherein nicht in dem Bestreben, materielle Vorteile zu erzielen. Für ihn stehen andere nicht pekuniär ausdrückbare Werte im Vordergrund, so im eingebrachten Beispiel die Freude des Kunstliebhabers an seinem Unikat. Gsell ignoriert, dass dem Kunstliebhaber genau diese Freude durch die nicht-ordnungsgemäße Leistung entgeht. Dass sich dieser Verlust nicht materiell bemessen lässt, ändert nichts daran, dass der Gläubiger aus seiner Sicht tatsächlich bei ordnungsgemäßer Erfüllung besser gestanden hätte. Ihm bleibt nur nichts anderes übrig, als auf die frustrierten Aufwendungen zu rekurrieren. Außerdem kann vorgenannter Argumentationsweise entgegnet werden, dass demjenigen, der ein Recht auf Erfüllung hat, quasi als Mindestrecht das zustehen sollte, was das Gesetz über Gewähr des Vertrauensschadens demjenigen zugesteht, dessen Vertrag noch nicht einmal wirksam ist.[278] Ansonsten würden die Wertigkeiten des BGB aus den Fugen geraten.
Zum anderen muss Gsell sich den Vorwurf gefallen lassen, die Regelung des § 284 aus den Augen verloren zu haben. Wenn dem Schuldner auch nicht gestattet ist, dem Gläubiger entgegenzuhalten, dass er ein Verlustgeschäft getätigt hat, so hat er doch noch die Möglichkeit, gemäß § 284 a.E. vorzubringen, dass der Gläubiger seine immateriellen Ziele auch bei ordnungsgemäßer Erfüllung nicht erreicht hätte. Er ist also mitnichten schutzlos.
Damit sind die Argumente gegen eine Einstufung des Aufwendungsersatzes nach § 284 als Ersatz des negativen Interesses entkräftet.[279] Soweit auf die Aufwendungen abgestellt wird, besteht kein Anlass an dem mit dem herkömmlichen Verständnis des negativen Interesses erreichten Ergebnisses zu rütteln.

---

276 Gsell hat aber kein Problem damit, dem zu immateriellen Zwecken handelnden Gläubiger dann einen das materielle Interesse übersteigenden Aufwendungsersatz zuzugestehen, wenn dies im Rahmen des Ersatzes nach dem positiven Interesse geschieht - als Begründung gibt sie an, *„dass der Ersatzumfang sich am hypothetischen Zustand korrekter Erfüllung"* bemisst, Gsell, *Aufwendungsersatz nach § 284,* S. 321 (335 f).

277 Dieser Einwand entspricht Beanstandungen, die schon gegen die alte BGH-Rechtsprechung vorgebracht wurden, Vgl. Schackel, ZEuP 2001, 248 (255).

278 So ebenfalls schon gegen den Lukrativitätseinwand des BGH: Müller-Laube, JZ 1995, 541 (543); Schackel, ZEuP 2001, 248 (255).

279 Die Behauptung, dass über den Aufwendungsersatz nur ein willkürlich herausgegriffener Teilausschnitt des Vertrauensinteresses gewährt werde (in diese Richtung: Gsell, *Aufwendungsersatz nach § 284,* S. 321 (334); Ernst-MüKo, § 284 Rn. 6.), verkennt, dass nur Opportunitätskosten ausgeklammert werden und dies mit gutem Grund, siehe unten Seite 115ff.

Abschließend soll aufgezeigt werden, was es bedeuten würde, in § 284 den Ersatz des positiven Interesses des Gläubigers zu erblicken. Dies setzt die Beantwortung der Frage voraus, wie ein Gläubiger bei ordnungsgemäßen Verhalten seines Schuldners gestanden hätte. Dies ist im Einzelfall, insbesondere bei immateriellen Interessen des Gläubigers, schwer zu sagen – feststeht, dass er jedenfalls auch die Aufwendungen zu tragen gehabt hätte. Er hätte allerdings einen hypothetisch nicht immer leicht greifbaren Nutzen aus ihnen gezogen. Dieser kann geringer, gleich oder größer als die Aufwendungen ausfallen beziehungsweise gar nicht pekuniär messbar sein. Durch Erstattung der Aufwendungen über § 284 wird aber nicht dieser hypothetische Zustand hergestellt, sondern ein hiervon zu trennender erlittener Schaden vergolten, es kann also nicht behauptet werden, diese Norm befriedige das positive Interesse.
Anders liegt es nur, wenn man auf die bei ordnungsgemäßer Erfüllung dem Gläubiger erwachsende Kompensationsmöglichkeit als wirtschaftliche Größe abstellt, was wie gesehen nur bei Aufwendungen mit kommerziellem Hintergrund in Frage kommt. Ist man angesichts angesprochener Bewertungsschwierigkeiten gewillt, diese Größe mit dem Aufwendungsbetrag gleichzusetzen, ist eine Zuordnung der Rechtsfolge des § 284 zum positiven Interesse tatsächlich angebracht. Schließlich spricht nichts dagegen, eine verlorene Position aus verschiedenen Blickwinkeln zu betrachten und je nach Einzelfall dem positiven oder dem negativen Interesse zuzuordnen.[280]

B) Voraussetzungen des Aufwendungsersatzanspruchs

I. Anwendungsbereich des § 284

Der Geltungsbereich des § 284 hängt von mehreren Faktoren ab. Ein Faktor ist das Verhältnis des Aufwendungsersatzanspruchs zur Regelung des Verzugs. Während der Gesetzgeber davon ausging, dass sich die Frage des Aufwendungsersatzes allein innerhalb des Schadensersatzanspruches wegen Nichterfüllung stellt und daher über § 284 nur anstelle eines Schadensersatzanspruches statt der Leistung Aufwendungsersatz gewährte,[281] kann sich das Problem vergeblicher Aufwendungen tatsächlich auch im Zusammenhang mit dem Schuldnerverzug

280 Küppers, *Verdorbene Genüsse und vereitelte Aufwendungen*, S. 58; Ernst-MüKo, § 283 Rn. 6.
281 Vgl. BT-Drucks. 14/6040, S. 142. Einem ähnlichen Missverständnis unterliegt Ströfer, der argumentiert, „*da die Rentabilitätsvermutung ihrem eigenen Verständnis nach die Nichtausführung des Vertrages voraussetzt, scheitert sie ..., wenn es zu einer nur verzögerten Durchführung des Vertrages kommt und gerät in größte Schwierigkeiten, wenn es um eine teilweise Nichterfüllung geht*", Ströfer, *Schadensersatz und Kommerzialisierung*, S. 265.

stellen[282]. Im neuen Leistungsstörungsrecht kann der Gläubiger bei Verzug einen Anspruch auf Schadensersatz wegen Verzögerung geltend machen, §§ 280 I, II, 286, nicht aber auf Schadensersatz statt der Leistung, so dass eigentlich die Voraussetzungen des § 284 nicht gegeben sind. Ob es hierbei bleiben kann, wird im Folgenden zu erörtern sein.

Darüber hinaus hängt die Bedeutung des § 284 davon ab, ob im Rahmen des Schadensersatzes statt der Leistung weiterhin auf die Rentabilitätstheorie zur Ermittlung von Schadensersatzposten zurückgegriffen werden kann. Sollte dies der Fall sein, wäre § 284 in den von der Rentabilitätsvermutung erfassten Fällen überflüssig.

Den aufgeworfenen Fragen ist im Folgenden nachzugehen bevor auf die einzelnen anspruchsbegründenden Voraussetzungen des § 284 eingegangen wird.

1. Schicksal der Rentabilitätsvermutung

Wenn der neue Anspruch auf Schadensersatz statt der Leistung dem alten auf Schadensersatz wegen Nichterfüllung entsprechen soll, erscheint es möglich, dass die Rentabilitätstheorie fortbesteht.[283] In der Tat werden in Anknüpfung an diese Überlegung vielerorts Argumente für die Beibehaltung der Rentabilitätsvermutung innerhalb der Berechnung des Schadensersatzanspruchs geltend gemacht: Z.B., dass mit der Schaffung des § 284 Rechte des Gläubigers erweitert und nicht verkürzt werden sollten. Man wollte eine Anspruchsgrundlage für Fäl-

---

282 Vgl. BGHZ 71, 234 (238 f); Müller, *Ersatz entwerteter Aufwendungen*, S. 67; Stoll erkennt die Problematik, sieht die Entwertung der Gläubigeraufwendungen aber nicht über die Rentabilitätsvermutung als ersetzbar, denn diese betreffe: „... *die wirtschaftliche Gesamtkalkulation und ist deshalb nur von Belang, wenn der Vertrag scheitert. ... .Aus einer positiven Gesamtkalkulation kann man nicht ableiten, dass jede Verzögerung bei der Durchführung des Vertrages die Gesamtkalkulation in Frage stellt und sich deshalb vermutlich nachteilig auswirkt. Gerade wenn der Vertrag insgesamt „rentabel" ist, liegt die Möglichkeit nahe, dass auch bei verzögerter Leistung die Aufwendungen letztlich wieder hereinkommen werden.*", JZ 1978, 797 (798); vgl. Stoll in FS für Duden, S. 641 (652).

283 Für Beibehaltung: OLG Karlsruhe, NJW 2005, 989 (991); LG Bonn, NJW 2004, 74 (75); Heinrichs-Palandt, § 284 Rn. 4; Ernst-MüKo, § 284 Rn. 5, 35; Emmerich-MüKo, vor § 281 Rn. 31; Canaris JZ 2001, 499 (517); Lorenz/Riehm, *Lehrbuch zum neuen Schuldrecht*, Rn. 223 ff, 542; Emmerich, *Recht der Leistungsstörungen*, § 13 VIII 2., S. 217; Gsell, *Aufwendungsersatz nach § 284*, S. 321 (340f); Grigoleit, ZGS 2002, 122 (123); Looschelders, *Schuldrecht AT*, Rn. 677; Grothe in Bamberger-Roth, § 325 Rn. 326; Gehrlein in Bamberger/Roth, § 311 a Rn. 7; beiläufig Harke, JR 2003, 1 (1). Gegen Beibehaltung: Dauner-Lieb-AnwKom, § 280 Rn. 5, 55; Schellhammer, MDR 2002, 301 (305f); v. Willmowsky, JuS 2002, Beil. 1 zu Heft 1, S. 10, 14; Willingmann/Hirse in *Kompaktkommentar*, § 284 Rn. 4. Dedek in *Praxis der Schuldrechtsreform*, § 284 Rn. 15 nimmt nicht Stellung.

le mit immaterieller Zwecksetzung des Gläubigers schaffen.[284] Dies hieße aber nicht, dass die Rentabilitätstheorie zur Rechtsgeschichte werden müsse.

Es ist paradox: Kaum bietet sich die Gelegenheit, die Rentabilitätstheorie zu verabschieden, da scheint diese mehr Fürsprecher zu gewinnen als sie je hatte.[285] Den Anhängern der Rentabilitätstheorie seien die Konsequenzen ihres Vorbringens demonstriert: Die Möglichkeiten, vorvertragliche Aufwendungen nach § 284 und über die Rentabilitätstheorie im Rahmen der Schadensersatzberechnung geltend zu machen, fallen auseinander.[286] Den Fürsprechern der Rentabilitätstheorie bliebe nur die Möglichkeit, unter Hinweis auf eine drohende doppelte Befriedigung der Gläubigerinteressen dem kommerziell handelnden Gläubiger die kumulative Geltendmachung der verschiedenen Schadensersatzposten zu untersagen. So könnte zwar das Gleichgewicht zum Gläubiger mit immaterieller Zielsetzung wieder hergestellt werden, dies wäre aber ein unnötig umständliches Vorgehen.

Außerdem kann der Gedanke, dass künftig auf die Rentabilitätstheorie verzichtet werden soll, die Gesetzesbegründung für sich in Anspruch nehmen. Zum einen heißt es hier wortwörtlich, auf die Rentabilitätsvermutung komme es nicht mehr an.[287] Denn der Gesetzgeber war sich bewusst, dass diese Theorie zu methodenunehrlichen Ergebnissen neigt.[288] Und zum anderen war es das ausdrückliche Anliegen des Gesetzgebers, eine einheitliche Regelung des Problemkreises zu schaffen.[289]

Abgesehen davon würde sich ansonsten der Anwendungsbereich des § 284 in der Regelung des nicht-kommerziellen Bereichs erschöpfen. Denn hinsichtlich kommerzieller Aufwendungen würde die neu geschaffene Norm nur eine erleichterte Beweisführung für den Gläubiger bedeuten. Ihr käme damit von vornherein nicht mehr als eine Auffangfunktion zu.

---

284 Emmerich, *Recht der Leistungsstörungen,* § 13 VIII, 1., S. 216.

285 Unter dem BGB a.F. lehnten die Rentabilitätstheorie ab: Müller-Laube, JZ 1992, 538 (540), Rengier, *Abgrenzung des positiven Interesses vom negativen Vertragsinteresse,* S. 86; Fritzsche/Schmidt, WuB IV A. § 249 BGB 3. 99; befürwortet wurde sie von Grunsky, EWiR 2000, 117 (118).

286 Beispiele aus der früheren Rechtsprechungspraxis, die sich mit dem Ersatze vorvertraglicher Aufwendungen befassen, sind nicht ersichtlich. Wenn auch nicht nach der Rentabilitätstheorie in Form der Diskotheken-Fall-Entscheidung, so sind vorvertragliche Aufwendungen nach der eigentlichen Ausgangsprämisse dieser Theorie ersetzbar. Entsprechend äußerte sich das RG: „... *Ebenso gut kann der Käufer Ersatz für jede... Aufwendung unter dem Gesichtspunkt verlangen, dass er sie durch den Vorteil der erweiterten Lieferung der Kaufsache wieder eingebracht haben würde.*" (RGZ 127, 245 (248)). Jedenfalls nach hier vertretener Sicht, wonach vorvertragliche Aufwendungen nicht über § 284 ersetzbar sind, siehe unten Seite 234, käme man daher zu unterschiedlichen Ergebnissen.

287 Regierungsbegründung BT-Drucks. 14/6040, S. 144.

288 Regierungsbegründung BT-Drucks. 14/6040, S. 143.

289 Regierungsbegründung BT-Drucks. 14/6040, S. 144.

Am Überzeugendsten ist es also, die Rentabilitätstheorie als Möglichkeit, frustrierte Aufwendungen als Posten des Schadensersatzes wegen Nichterfüllung geltend zu machen, der Rechtsgeschichte zuzuordnen.

2. Verhältnis Aufwendungsersatz - Ersatz des Verzögerungsschadens

In die Problematik des Verhältnisses des Aufwendungsersatzes zum Verzögerungsschadensersatz lässt sich gut über ein Beispiel einsteigen:

> **Meierei-Beispiel:** *S hat sich dem G gegenüber zu einer Lieferung frischer Kuhmilch verpflichtet. G will diese weiterverarbeiten und hat in Erwartung der fristgerechten Leistung des S die ihm aufgrund der vereinbarten Holschuld obliegenden Maßnahmen getätigt. Pünktlich fährt ein LKW der von ihm beauftragten (Speditions-) Firma auf den Hof des S ein. S kann aber nicht zum vereinbarten Zeitpunkt leisten und lässt den Fahrer unverrichteter Dinge wieder fahren. Als S leisten kann, muss G die Firma erneut beauftragen. Schließlich stellt sich heraus, dass die Lieferung zu spät kam, weil die bei G zur weiteren Verarbeitung mit der Milch bestimmten Zutaten infolge der Verzögerung verdorben waren.*
>
> *a) G ist ein gewerbsmäßiger Produzent von Molkereiprodukten*
> *b) G ist ein ökologisch bewusst lebender Mensch, dem es um die gesunde Ernährung seiner Familie geht*

Der Gläubiger kann hier dem Grunde nach Schadensersatz wegen Verzögerung der Leistung nach §§ 280 I, II, 286 verlangen. Hierunter ist in Abgrenzung zum Schadensersatz statt der Leistung wegen nicht erbrachter Leistung gemäß §§ 280 I, II, 281 I derjenige Schaden zu verstehen, der durch die Verzögerung der noch geschuldeten Leistung entstanden ist – der auf die *Nicht*- beziehungsweise Schlechterfüllung zurückzuführende Schaden ist auszuklammern.[290] Bezogen auf das Beispiel könnte dies heißen, dass der Gläubiger Ersatz seiner vergeblichen Vertragskosten nach §§ 280 I, II, 286 geltend machen kann. Denn es ist zumindest denkbar, dass diese Art der frustrierten Aufwendungen vom Verzögerungsschadensersatz umfasst wird, ähnlich wie es zum alten Recht vertreten wurde[291]. Schließlich ist die Frustration der Aufwendungen, also der

290 Diese Abgrenzungsmethode erscheint nur auf den ersten Blick einfach durchführbar. Tatsächlich erweist sich die Abgrenzung als äußerst diffizil.

291 Dafür: BGHZ 71, 234 (239); Hölder, DR 1911, Spalte 673 (674); Dauner-Lieb in *Das neue Schuldrecht – Ein Lehrbuch*, § 2 Rn. 54, S. 99 beziehungsweise in AnwKom § 284 Rn. 8 (Fn. 22): "*Bisher hätte man ... den vergeblichen ... Aufwand wahrscheinlich ganz unbefangen als Verzugsschaden i.S.v. § 286 Abs. 1 a.F. qualifiziert.*"; a.A.: Reichel, DR 1910 Spalte 811f; Küppers, *Verdorbene Genüsse und vereitelte Aufwendungen*, S. 64.

Frustrationsschaden, mit Verzögerung der Leistung eingetreten - selbst durch eine spätere Erfüllung würde dieser Schaden nicht wieder entfallen.[292] Auch der BGH tendierte vor der Schuldrechtsreform in diese Richtung: *„Für die Zuerken-*

---

292 Dies könnte allein aus dem Blickwinkel fraglich erscheinen, ob nicht ein qualitativer Unterschied zwischen späterer Erreichung des Zwecks und seiner totalen Verfehlung eingeebnet wird. Tatsächlich ist es bedenklich, den zunächst eingetretenen Frustrationsnachteil nach erfolgter Naturalrestitution – das heißt nach erneuter und diesmal erfolgreicher Vornahme der Aufwendung – als nicht mehr als existent ansehen zu wollen. Gedanklich steht die Erwägung im Hintergrund, dass die vom enttäuschten Gläubiger unmittelbar nach Schädigung empfundene Frustration durch die Naturalrestitution wieder wettgemacht würde, so Schobel, *Der Ersatz frustrierter Aufwendungen,* S. 30, der aber widersprüchlich ist in seinen Ausführungen: *„In diesem Zusammenhang ist darauf hinzuweisen, dass der Frustrationsschaden nach erfolgreicher Naturalherstellung nicht mehr existiert. ... durch die Naturalrestitution wird ein Zustand hergestellt, als hätte die (in Wahrheit frustrierte) Aufwendung doch noch ihr Ziel erreicht*". Der Bereich der frustrierten Aufwendungen wird in diesem Zusammenhang als *„Paradefall nahezu perfekter Restituierbarkeit"* lobpriesen, a.a.O., S. 29 Fn. 117. Werden diese Überlegungen auf § 284 übertragen, hieße dies, eine Vergeblichkeit der zunächst erfolgten Aufwendung zu verneinen, mithin ein Erstattungsbegehren abzulehnen. Diese Vorgehensweise ignoriert jedoch die Eigenständigkeit der einzelnen getätigten Aufwendungen. Mit jeder Aufwendung verband der Gläubiger ein autonomes Ziel: es sollte mit den jeweils vorgesehenen Mitteln, zum jeweiligen festgesetzten Zeitpunkt die Kaufsache in den eigenen Herrschaftsbereich überführt werden. Hinter der erneuten Vornahme der Aufwendung steht die zusätzliche Motivation des Gläubigers im Raum, einer unnötigen Ausweitung des Schadens durch den Betriebsausfall entgegenzuwirken. Nur im tatsächlich bewirkten Erfolg sind die Aufwendungen vergleichbar. Es tritt zu Tage, dass die ersten Bemühungen fehlschlugen im Sinne des § 284 – denn es wurde nicht mit den vorgesehenen Mitteln zum vorgesehenen Zeitpunkt der anvisierte Zweck erreicht. Die gegen eine Verneinung der Vergeblichkeit sprechenden Gründe werden durch folgende Überlegung ergänzt: die Restitution kennzeichnet nur eine Form des Schadensersatzes, vgl. § 249. Schon die Gesetzessystematik verbietet es, aus (Natural-)Restituierbarkeit eines Schadens Schlussfolgerungen hinsichtlich der Existenz dieses Schadens zuzulassen. Die sich aus der Tatsache der Naturalkompensation des Gläubigers ergebende Problematik muss den Akzent auf die Ersatzfähigkeit der letztlich erfolgreichen zweiten Aufwendung setzen. Charakteristisch für diese Aufwendung ist, dass sie bei ordnungsgemäßer Erfüllung des Schuldners nicht angefallen wäre. Sie gibt sich bei genauerer Betrachtung als eine der Schadensbeseitigung und –verringerung dienende Aufwendung zu erkennen. Damit ist sie Posten des Schadensersatzes statt der Leistung und über § 281 ersetzbar. Die in besagten Fallkonstellationen liegende Besonderheit entpuppt sich damit als Konkurrenzproblem. Denn zumindest dem Betrage nach taucht derselbe Posten einmal im Rahmen des Schadensersatzbegehrens und einmal im Verlangen nach Aufwendungsersatz auf. Auch wenn es sich nicht um denselben Posten handelt, verbietet sich daher eine doppelte Berücksichtigung. Mit beiden Begehren sucht der Gläubiger sein Integritätsinteresse zu befriedigen. Durch Gewähr entweder der frustrierten Aufwendung oder aber der Aufwendung zur Schadensbeseitigung ist diesem Interesse genüge getan. Schließlich hätte der Gläubiger auch bei ordnungsgemäßen Verhalten des Schuldners die Aufwendungskosten zu tragen gehabt – in dem Beispiel hatte etwa der Gläubiger die Transportkosten übernommen. Dieses Ergebnis ergibt sich auch unter Beachtung der gesetzlichen Altnernativitätsanordnung des § 284, deren Regelungszweck gerade die Verhinderung einer doppelten Entschädigung des Gläubigers ist.

nung „frustrierter Aufwendungen" als Verzugsschäden sind Beispiele aus der Rechtsprechung nicht ersichtlich. Indessen bestünden insoweit keine zusätzlichen Bedenken, denn die Rentabilitätsvermutung lässt sich ohne weiteres auch auf die (hypothetische) Vermögenslage erstrecken, die sich bei termingerechter Leistung des Schuldners ergeben hätte."[293] Da der Rentabilitätsvermutung nach erfolgter Schuldrechtsmodernisierung keine Bedeutung mehr zukommt, haben die Ansatzpunkte des BGH allerdings ihre Berechtigung verloren. Unter Geltung des neuen Schuldrechts ist es eine Überlegung wert, ob der Gläubiger nach § 284 vorgehen kann.

Es ist zwischen zwei Situationen zu differenzieren: Macht der Schuldner von seinem Nacherfüllungsrecht Gebrauch, kann der Gläubiger sich nicht auf Schadensersatz statt der Leistung berufen. Anders aber letztlich ähnlich ist die Lage, wenn der Schuldner endgültig nicht leistet, dem Gläubiger die Geltendmachung des Schadensersatzes statt der Leistung aber aus bestimmten Gründen ungelegen kommt (zum Beispiel weil es ihm schwer fällt, sein positives Interesse in Geldbeträgen auszudrücken) und ihm nur die Geltendmachung des Verzögerungsschadens gemäß §§ 280 I, II, 286 bleibt. Im ersten Fall ist der Ersatz der durch die Verzögerung der Leistung vergeblich gewordenen Aufwendungen aus dem Grund zweifelhaft, dass der Aufwendungsersatz nach § 284 einen Schadensersatzanspruch statt der Leistung des Gläubigers verlangt. In zweitgenannter Konstellation verschiebt sich die Problematik insofern, als hier die Pflichtverletzung, die über § 281 sanktioniert wird, die endgültige Nichterfüllung ist. Eine innerhalb der Nachfrist erfolgte Leistung toleriert § 281. Gewährt man hier alternativ oder unter Umständen kumulativ einen Anspruch aus § 284, würde dies eine gewisse Inkongruenz bedeuten. Denn es handelt sich um Aufwendungen, die wegen der Verzögerung und nicht wegen der Nichterfüllung vergeblich wurden: Die über § 281 zum Schadensersatz führende Pflichtverletzung ist eine andere als diejenige, die über § 284 zum Aufwendungsersatz führt. Fraglich ist, ob sich diese systematischen Erwägungen auswirken.

In der Literatur zu § 284 haben sich zwei konträre Auffassungen hinsichtlich des Verhältnisses von Aufwendungsersatz und Ersatz des Verzögerungsschadens herauskristallisiert:

---

293 BGH 71, 234 (239); Schiemann-Staudinger, § 249 Rn. 127 nennt diese Bemerkung des BGH „*beiläufig*" und argumentiert, dass sich nicht vermuten lasse, dass schon die Rechtzeitigkeit der Leistung ebensoviel wert sei wie der Aufwand für den Erfüllungsanspruch (unter Verweis auf Stoll JZ 1978, 797 (798)). Damit verkennt er die Grundhypothese der Rentabilitätsvermutung, wonach davon auszugehen ist, dass sich die Vertragsleistungen inklusive der Aufwendungen summenmäßig entsprechen.

a) kein Aufwendungsersatz bei Verzug

Ernst sieht in den meisten Verzugsfällen keinen Bedarf für eine erweiternde oder analoge Anwendung des § 284, wenn der Gläubiger nicht nach § 281 vorgeht beziehungsweise vorgehen kann.[294]
War ein absolutes Fixgeschäft vereinbart, erhalte der Gläubiger ohnehin Schadensersatz statt der Leistung gemäß § 283, was ihm alternativ ein Vorgehen nach § 284 ermöglicht.
Ansonsten könne der Gläubiger von dem säumigen Schuldner die Kosten für die erneute Vornahme der Aufwendungen als Posten des Verzögerungsschadens erstattet verlangen. Insofern sei er lediglich um den Beweisvorteil des § 284 gebracht. Nur wenn die Leistung der Befriedigung eines immateriellen Zwecks des Gläubigers zu dienen bestimmt war und sie nachholbar ist beziehungsweise nachgeholt wird, sei der Gläubiger merklich schlechter gestellt. Zwar könne er letztlich seine Zwecke verwirklichen, müsse dafür aber Mehraufwendungen in Kauf nehmen.
Dies stellt für Ernst keinen Anlass dar, an der vermeintlich gesetzlich vorgegebenen Regelung zu rütteln. Er beruft sich darauf, dass hinter ihr die "*Entscheidung des Gesetzgebers, den Gläubiger nur dann, wenn er durch die endgültige Vereitelung seines ideellen Interesses einen immateriellen Schaden erleidet, durch eine am Aufwendungsbetrag orientierte Ersatzleistung zu entschädigen* ...." stehe.[295] Der Hinweis auf den gesetzgeberischen Willen erweckt einen falschen Eindruck: Eine derartige Äußerung ist den Gesetzgebungsmaterialien weder ausdrücklich noch konkludent zu entnehmen. Nahe liegender ist, dass der Gesetzgeber diese Fallgruppe schlichtweg übergangen hat, schließlich lag weder der Schwerpunkt der alten Rechtsprechung noch der Grund für die Schaffung der neuen Norm auf ihr. Insbesondere die Äußerung des Gesetzgebers, dass sich das Problem frustrierter Aufwendungen nur innerhalb des Anspruchs auf Schadensersatz wegen Nichterfüllung gemäß §§ 325, 326 BGB a.F. stellen könne,[296] dass mithin ein Auftreten der Problematik im Rahmen des Verzugsschadens (§ 286 BGB a.F.) übersehen wurde, lässt hierauf schließen. Daher kann eine erweiterte Anwendung des § 284 auf Verzugsfälle nicht mit Hinweis auf den Willen des Gesetzgebers abgetan werden.

---

294 Ernst-MüKo, § 284 Rn. 14; ebenso: Dedek, *Praxis der Schuldrechtsreform*, § 284 Rn..6.
295 Ernst-MüKo, § 284 Rn. 14; dem schließt sich Stoppel in seiner Dissertation *Ersatz frustrierter Aufwendungen*, S. 58f sowie in einem Aufsatz in der AcP 204, 81(89) an. Bemerkenswert ist insoweit, dass benannter Aufsatz, der sich zwar in der Ausdrucksweise von der Dissertation abhebt, aber quasi inhaltsgleich mit dieser ist, nicht einen Verweis auf die eigene Dissertation enthält.
296 BT-Drucks. 14/6040, S. 142; ähnlich hatte sich bereits die Kommission zur Überarbeitung des Schuldrecht in ihrem Abschlussbericht von 1992, S. 174 geäußert.

Demnach stünde dem Gläubiger G aus dem Meierei-Beispiel in Variante a) hinsichtlich der erneut getätigten Beauftragung der Spedition ein auf §§ 280, 286 gestütztes Vorgehen offen. Anders sieht es in Variante b) aus, denn hier können die Aufwendungen angesichts ihres immateriellen Hintergrunds nicht mittels der Rentabilitätstheorie zu einem Schadensposten erklärt werden. In jedem Fall könnte G aber seinen in der verdorbenen Ware liegenden Verzögerungsschaden liquidieren. Dagegen wäre ihm ein auf § 284 gestütztes Vorgehen wäre in jedem Fall verwehrt.

b) ausdehnende Auslegung des § 284

Gsell[297] befürwortet eine ausdehnende Auslegung des § 284: Je nachdem, ob die Vergeblichkeit der Aufwendung durch Nachholung der ordnungsgemäßen Leistung noch vermeidbar ist beziehungsweise tatsächlich noch vor Fristablauf vermieden wurde, soll auf das Erfordernis eines Schadensersatzanspruchs statt der Leistung verzichtet werden oder nicht. Außerdem müsse die Vergeblichkeit auf dem Verzug mit der Leistung im Sinne des § 286 beruhen.[298] Abgeleitet wird dieser Lösungsweg aus der Betrachtung einer bestimmten Kategorie von Aufwendungen, die Gsell *„Fixaufwendungen"* tauft. Es handelt sich um termingebundene Investitionen im weitesten Sinne, die durch bloße Verzögerung der Leistung vergeblich werden und damit auch im Falle ihrer Nachholung nicht mehr den mit ihnen verbundenen Ziel- und Zwecksetzungen zugeführt werden können. Es ginge am Sinn des § 284 vorbei, diesen einmal entstandenen Frustrationsschaden nicht zu ersetzen, wenn die Leistung nachgeholt wird – und damit ein Schadensersatzanspruch statt der Leistung ausscheidet.
Dauner-Lieb stimmt mit Gsell im Ergebnis darin überein, sich über den Wortlaut des § 284 hinwegzusetzen. Sie betont, dass dies wie bei der Abgrenzung zwischen § 280/ § 281 in Anbetracht der Ratio der Erforderlichkeit einer Fristbestimmung im Rahmen des § 281 gerechtfertigt ist. Vergegenwärtige man sich, dass die Voraussetzung einer Fristbestimmung mit dem Hintergedanken ins Gesetz aufgenommen wurde, dass der Schuldner eine zweite Chance zur ordnungsgemäßen Erfüllung erhält, müssten Aufwendungen, die auch nach verspäteter Leistung oder erfolgreicher Nacherfüllung vergeblich bleiben, ohne weiteres nach § 284 ersetzt verlangt werden können.[299]

---

297 Gsell *Aufwendungsersatz nach § 284*, S. 321 (341 f); ebenso: Grüneberg in Bamberger/Roth, § 284 Rn. 6; Canaris in FS für Wiedemann, S. 3 (31).
298 Dies folge daraus, dass für Schadensfolgen, die bereits vor Verzugsbegründung eintreten, kein Ersatzanspruch besteht, egal ob man sie unter § 281 subsumiert oder nach § 286 ersetzt.
299 Dauner-Lieb in *Das neue Schuldrecht – Ein Lehrbuch*, § 2 Rn. 54; dies. in AnwKom, § 284 Rn. 8.

Die erstmalige Beauftragung der Spedition durch den G war eine termingebundene Aufwendung, somit stünde dem Gläubiger G aus dem Meierei-Beispiel in Variante a) und b) nach dieser Sichtweise hinsichtlich der sich als frustriert erweisenden Kosten ein auf § 284 gestütztes Vorgehen offen. Da es sich nicht um die doppelte Befriedigung des Gläubigerinteresses handelt, bestehen keine Bedenken, dem G neben dem Aufwendungsersatz aus § 284 gem. §§ 286, 280 I, II seinen in der verdorbenen Ware liegenden Verzögerungsschaden zuzusprechen.[300] Nur in Variante b) des Beispiels gelangen die beiden dargestellten Lehrmeinungen also zu für den Gläubiger fühlbar unterschiedlichen Ergebnissen.

c) Fazit

Das Argument von Dauner-Lieb ist überzeugend, denn das Nacherfüllungsrecht war nur aus dem Grunde in § 281 aufgenommen worden, dem Schuldner eine letzte Chance zu gewähren, ehe seine Verpflichtung zur Leistung in eine ihn möglicherweise stärker belastende Schadensersatzpflicht übergeht. Abgesehen davon verbietet sich eine Einordnung der frustrierten Aufwendungen in die Kategorie des Verzugsschadens aus dem Grunde, dass dies zu ähnlichen Ungereimtheiten wie unter früherer Rechtslage führen würde. Denn wie gesehen kann von einem Vermögensschaden nur bei Aufwendungen mit einem kommerziellen Hintergrund unter Betonung des Verlusts der Kompensationsmöglichkeit ausgegangen werden. Folglich würde der Ersatz des immateriellen Frustrationsschadens über §§ 280, 286 wiederum an § 253 scheitern. Konsequenz wäre eine ungerechtfertigte Ungleichbehandlung der Gläubiger je nach Art ihrer Sekundärzwecke. Auch aus dem Grunde, dass der Gesetzgeber diese mit der Schuldrechtsmodernisierung beseitigen wollte, wäre dies intolerabel.
Darüber hinaus ist erneut darauf hinzuweisen, dass der Gesetzgeber ausdrücklich seine Auffassung kundgetan hat, dass der Problemkreis frustrierter Aufwendungen möglichst einer einheitlichen Lösung zugeführt werden sollte.[301] Eine ausdehnende Auslegung des § 284 dahin, dass in Verzugsfällen kein Anspruch auf Schadensersatz statt der Leistung gegeben sein muss, um dem Gläubiger Ersatz für die durch die Verzögerung frustrierten Aufwendungen zuzusprechen, ist daher geboten.

Was die eingangs angesprochene Fallkonstellation angeht, dass der Schuldner nicht von seinem Recht auf Nacherfüllung Gebrauch macht, kann hier dem Gläubiger kaum aus systematischen Gründen ein Vorgehen nach § 284 verwehrt werden. Ansonsten wäre er, obwohl sich sein Schuldner durch Verzögerung der Leistung die Frustration der Aufwendungen genauso zuzuschreiben lassen hat,

---

300 Vgl. allgemein zur Konkurrenz der Ansprüche aus § 284 und § 280 unten Seite 226.
301 Regierungsbegründung BT-Drucks. 14/6040, S. 144.

unverhältnismäßig schlechter gestellt. In diesem Fall steht dem Gläubiger neben einem Anspruch aus § 284 ein Anspruch auf Ersatz seines Verzugsschadens zu. Eine doppelte Befriedigung seines Interesses ist nicht zu befürchten.

II. Schadensersatzanspruch statt der Leistung

§ 284 gewährt dem Gläubiger die Möglichkeit des Aufwendungsersatzes nur alternativ zu einem bestehenden Schadensersatzanspruch statt der Leistung. Im allgemeinen Leistungsstörungsrecht finden sich vier Anspruchsgrundlagen für Schadensersatz statt der Leistung: § 281 I wegen nicht oder nicht wie geschuldet erbrachter Leistung; § 282 wegen Verletzung einer Pflicht nach § 241 II; § 283 bei Ausschluss der Leistungspflicht nach § 275 I-III und § 311 a II S. 1 wegen eines Leistungshindernisses bei Vertragschluss.

1. Anspruchsgrundlagen des allgemeinen Teils des Schuldrechts

Bevor kurz auf diese „Ausgangsanspruchsgrundlagen" eingegangen wird, sei Folgendes erwähnt: Die einzelnen auf die §§ 281- 283 gestützten Schadensersatzansprüche statt der Leistung basieren jeweils darauf, dass § 280 tatbestandlich gegeben ist. Nach der amtlichen Begründung ist sogar § 280 I die eigentliche Anspruchsgrundlage.[302] Grundvoraussetzung auch des Aufwendungsersatzanspruches ist damit eine schuldhafte Verletzung einer aus einem Schuldverhältnis resultierenden Pflicht und ein hieraus entstehender Schaden gemäß § 280 I.

a) Voraussetzungen des § 280 I

aa) Schuldverhältnis

Aus § 280 I können nur Partner eines Schuldverhältnisses Ansprüche gegeneinander herleiten (Relativität der Schuldverhältnisse). Dreh- und Angelpunkt eines jeden Schuldverhältnisses ist das Recht des Gläubigers auf die Leistung, dem die Schuldnerpflicht zur Erbringung der Leistung entspricht.[303] Neben diesen Primär- existieren Sekundärpflichten.[304]

---

302 Zweifelhaft – dies ist aber nicht mehr als eine rein akademische Streitigkeit, da der Umfang des Schadensersatzanspruchs letztlich unberührt bleibt; Wilmowsky meint jedenfalls mit Blick auf §§ 281-283: *„Klarer kann man eine Anspruchsgrundlage nicht formulieren."*, JuS 2002, Beilage zu Heft 1, S. 4.

303 Innerhalb von Gefälligkeitsverhältnissen gibt es im Gegensatz zu den Gefälligkeitsverträgen (gesetzlich geregelte, uneigennützige Rechtsgeschäfte – zum Beispiel Auftrag, Leihe, Schenkung, Verwahrung, Darlehen) keine Leistungspflichten. Da aber

Von § 280 werden Schuldverhältnisse jeder Art erfasst, das heißt sowohl gesetzliche als auch ein- oder zweiseitig begründete rechtsgeschäftliche Schuldverhältnisse. Sollte dies auch im Zusammenhang mit § 284 gelten, hätte der Bereich erstattungsfähiger frustrierter Aufwendungen eine erhebliche Ausweitung erfahren. Denn wie gesehen war Haftungsgrund vergeblich gewordener Aufwendungen nach der Rentabilitätstheorie der synallagmatische Zusammenhang von Leistung und Gegenleistung. Man stützte die Vermutung der Rentabilität darauf, dass sich die gegenseitigen Leistungen nach dem Parteiwillen als gleichwertig gegenüberstünden.[305] Sämtliche Entscheidungen des RG und des BGH, in denen Aufwendungsersatz zugesprochen wurde, bezogen sich denn auch auf vertragliche, synallagmatische Schuldverhältnisse. Meistens ging es um einen Kauf-[306], häufig auch um einen Miet-[307] oder Werkvertrag[308]. Der BGH hatte nur ein einziges Mal, im Architektenwettbewerbsfall,[309] über ein nicht aus einem synallag-

---

Schutzinteressen unabhängig davon bestehen, ob die Parteien das Leistungsinteresse durch die Begründung einer Leistungspflicht rechtlich absichern, hat der BGH beispielsweise einen Schadensersatzanspruch aus pVV gegen den nachlässigen Ehemakler anerkannt, weil dieser, obwohl nicht zur Leistung verpflichtet, doch auf die Interessen seines Auftraggebers Rücksicht zu nehmen habe, BGHZ 25, 124 ff; vgl. OLG Düsseldorf, NJW 1980, 1966; Willoweit, JuS 1984, 910 (914). Insoweit könnte man versucht sein, unter Betonung des Vertrauensverhältnisses zwischen den Parteien eines Gefälligkeitsverhältnisses ein Vorgehen nach § 284 zu ermöglichen. Letztlich kommt dies aber nicht in Betracht: Zum einen muss im Rahmen des § 284 die verletzte Pflicht eine Leistungspflicht sein, weil bei bloßen Schutzpflichtverletzungen Schadensersatz statt der Leistung in der Regel ausscheidet (Es sei denn, es ist dem Gläubiger die Leistung durch den Schuldner nicht mehr zumutbar, §§ 282, 280 I). Zum anderen muss Bezugspunkt des Vertrauens eine geschuldete *Leistung*, nicht eine Gefälligkeit sein. Vor allem aber gilt es auch hier, zu verhindern, dass das Recht bis in die persönlichsten Bereiche hineinragt und jeder noch so kleine Interessenskonflikt mit rechtlichen Mitteln gelöst wird. Schließlich muss jeder, der am sozialen Leben teilnimmt, einen Teilnahmepreis zahlen; vgl. Stoll, Gutachten, 45. DJT Band I/1, S. 143; Schobel, *Ersatz frustrierter Aufwendungen*, S. 234.

304 „Primär" – weil es sich hierbei um Pflichten handelt, die direkt aus dem Schuldverhältnis entstehen, also alle Haupt- und Nebenleistungs- sowie Schutzpflichten. Sekundärpflichten resultieren dagegen erst aus der Verletzung der Primärpflicht. Prägnant formuliert wird das Schuldverhältnis oftmals als „*Organismus*", der beiderseitige Leistungs- und andere Verhaltenspflichten hervorbringt, charakterisiert: Teichmann-Soergel, Vorb. § 241 Rn. 3; ähnlich: „*komplexe Einheit*" Gernhuber, *Schuldverhältnis*, § 2 I 3.a), S. 9; „*Gesamtheit der Rechtsbeziehungen zwischen Gläubiger und Schuldner*", Palandt-Heinrichs, Einl. v. § 241 Rn. 3.

305 RGZ 127, 245 (248f); RG JW 1913, 595 (596); BGHZ 71, 234 (238); Zustimmung zur Annahme der Gleichwertigkeit äußert beispielsweise Tolk, *Frustrierungsgedanke*, S. 88.

306 RGZ 50, 187; 66, 61; 66, 279; 127, 245; 134, 83; RG JW 1904, 140 Nr. 6; RG JW 1913, 595 Nr. 8; RG SeuffA 81, 359; BGHZ 65, 107; 114, 193; 143, 41; BGH NJW 1994, 687; BGH JZ 2000, 100.

307 BGH 99, 182; 123, 96; BGH WM 1969, 835; LG Gießen, NJW-RR 95, 524.

308 RG JW 1912, 686 Nr. 9; BGH 65, 107; 71, 234.

309 BGH NJW 1983, 442.

matischen Vertragsverhältnis heraus geltendgemachtes Ersatzbegehren zu entscheiden. Diesem Begehren wurde nicht stattgegeben.

Der Gedanke einer einheitlichen Regelung des Aufwendungsersatzes innerhalb aller Schuldverhältnisse nach § 284 kann für sich in Anspruch nehmen, dass allgemeine schuldrechtliche Grundsätze prinzipiell in anderen Teilen des Zivilrechts Geltungsrang haben. Dies trifft zum Beispiel auf das Familien- und Erbrecht zu, soweit Vermögensinteressen betroffen sind.[310] Vor allem aber spricht der Wille des Gesetzgebers eindeutig für eine Ersetzbarkeit von Aufwendungen ungeachtet der Art des die Parteien verbindenden Schuldverhältnisses: Während die den Ersatz vergeblicher Aufwendungen betreffende Regelung des Kommissionsentwurfs, § 327 KE, sowohl vom Wortlaut als auch von der Gesetzes-Systematik her ausschließlich auf gegenseitige Verträge zugeschnitten war, wendete man sich im weiteren Gesetzgebungsverfahren hiervon bewusst ab. Der Aufwendungsersatzanspruch erhielt seinen endgültigen systematischen Standort im Allgemeinen Teil des Schuldrechts. Gleichzeitig wurde der Wortlaut der Regelung angepasst, indem auf den Vertrag als Bezugspunkt verzichtet wurde.[311] Argumentativ untermauert wurde die neue Sicht mit der Überlegung, dass die Problematik vergeblicher Aufwendungen keinesfalls charakteristisch für synallagmatische Verträge sei, sondern dass im Gegenteil diesbezüglich auf Wertungsebene Parität zwischen allen Schuldverhältnissen bestehe.[312]
Ob eine Gleichbehandlung tatsächlich sachgerecht ist und ob sie in allen Fällen durchzuhalten ist, soll im Folgenden durch eine Betrachtung der möglichen Sachverhaltskonstellationen nachgeprüft werden.

(1) rechtsgeschäftliche Schuldverhältnisse

Wenden wir uns zunächst den rechtsgeschäftlichen Schuldverhältnissen zu:

(a) einseitig begründete Schuldverhältnisse

Das BGB kennt als einseitig begründete Schuldverhältnisse die Auslobung gemäß §§ 657 ff, das Vermächtnis gemäß § 2147, die Stiftung nach §§ 80ff und die Schuldverschreibung auf den Inhaber nach § 793. In der Gesetzesbegründung wurde beispielhaft das durch ein **Vermächtnis** entstehende Schuldverhältnis zwischen dem Erben und dem Vermächtnisnehmer dem Anwendungsbereich des § 284 zugeordnet. Der Gesetzgeber bildete den Fall, dass der Erbe seiner

---

310 Fikentscher, *Schuldrecht,* § 1 III 2 c) und d), Rn.5.

311 Regierungsbegründung BT Drucks. 14/6040, S. 144. Dies ignoriert Schobel, wenn er behauptet, § 284 sei auf nur eine ganz bestimmte Fallgruppe, nämlich die Verletzung vertraglicher Leistungspflichten, zugeschnitten, vgl. Schobel, *Frustrierte Aufwendungen,* S. 172 (Fn. 6).

312 Regierungsbegründung BT Drucks. 14/6040, S. 143f.

Pflicht zur Überlassung eines Gegenstandes an den Vermächtnisnehmer nicht nachkommt, dieser aber bereits im berechtigten Vertrauen auf die Pflichterfüllung Aufwendungen, zum Beispiel Renovierungsarbeiten zur Integration eines Kunstwerkes in sein Haus, vorgenommen hatte.[313] Zu Recht weist der Gesetzgeber darauf hin, dass der Vermächtnisnehmer sich genauso wie zum Beispiel ein Käufer oder Mieter auf das pflichtgemäße Verhalten seines Schuldners eingestellt und verlassen hat.[314] In beiden Fällen äußert sich das Vertrauen in die ordnungsgemäße Pflichterfüllung auf Gläubigerseite durch das Tätigen von hierauf aufbauenden Investitionen, den Aufwendungen. Und jeweils ist der Schuldner als Verantwortlicher weniger schutzwürdig als der Gläubiger.
Der einzige Unterschied zu dem Schuldner innerhalb eines Vertragsverhältnisses liegt darin begründet, dass dieser von dem Gläubiger ausgewählt wurde. Dass dies aber ohne Gewicht zu bleiben hat, legt schon die Formulierung des § 284 nahe, wonach Bezugspunkt des Vertrauens die Leistung ist, nicht aber die Person des Schuldners. Was nicht bedeuten soll, dass dieser Umstand nicht an anderer Stelle auch eine Rolle spielen kann. Jedenfalls ist es von daher sachgerecht, das Schuldverhältnis zwischen Erben und Vermächtnisnehmer unter § 284 zu subsumieren.

Die Ausführungen des Gesetzgebers zum Vermächtnis erfolgten ausdrücklich „beispielhaft“ zur Veranschaulichung der Verfehltheit einer auf gegenseitige Verträge begrenzten Regelung. Demnach wäre auch die **Auslobung** als Schuldverhältnis im Sinne der §§ 280, 284 anzusehen. Auch dies ist sachgerecht. Obgleich die ihr zugrunde liegenden nicht-empfangsbedürftigen anders als die empfangsbedürftigen Willenserklärungen nicht zu den typischen Vertrauenstatbeständen gehören, so ist doch anzuerkennen, dass auch sie generell bestimmt und geeignet sind, Vertrauen anderer hervorzurufen – mithin Vertrauenstatbestände sind.[315]
Im bereits erwähnten Architektenwettbewerbsfall[316] standen sich Veranstalter und Teilnehmer einer Auslobung in Form eines **Preisausschreibens** gemäß § 661 gegenüber. Der BGH nahm dies zwar zum Anlass, sich mit der Frage auseinanderzusetzen, ob die Rentabilitätstheorie auf einseitige Rechtsge-

313 Regierungsbegründung BT Drucks. 14/6040, S. 143.

314 Skeptisch bezüglich eines objektiven Vertrauenstatbestandes bei einseitigen Leistungsversprechen äußert sich Stoll in FS für Flume, S. 741 (749).

315 V. Craushaar, *Einfluss des Vertrauens auf die Privatrechtsordnung,* S. 37. Allerdings sieht v.Craushaar auch empfangsbedürftige Willenserklärungen nicht als ausreichend ein, um eine normale Vertrauensgrundlage (im Gegensatz zu einer ausreichend gesicherten Vertrauensgrundlage) begründen zu können, da im rechtsgeschäftlichen Verkehr wegen des hier bestehenden besonders *„verdichteten sozialen Kontakts vom Erklärungsempfänger“* die Erforschung des wirklichen Willens zumutbar sei. Diese Argumentation hat im heutigen Massenverkehr allerdings kaum mehr eine Aussagekraft.

316 BGH NJW 1983, 442.

schäfte übertragbar ist, konnte dies in concreto mangels Entscheidungsrelevanz aber dahingestellt lassen. Angesprochen wurden in der Entscheidung aber die besonderen Umstände beim Preisausschreiben, die auch unter dem neuen Schuldrecht relevant sein könnten. Die Zweifel an der Ersetzbarkeit der Aufwendungen des Architekten wurden zum einen darauf gestützt, dass die als maßgeblich erachtete Rentabilitätstheorie auf der für einseitige Rechtsgeschäfte nicht zutreffenden synallagmatischen Verknüpfung von Leistung und Gegenleistung („do ut des") aufbaut. Ausschlaggebend war für den BGH letztlich, dass sich das Preisausschreiben gemäß § 661 zu einer herkömmlichen Auslobung insofern abgrenzt, als bei dieser gemäß § 657 bereits die Leistungserbringung den Anspruch auf die ausgesetzte Belohnung begründet. Beim Preisausschreiben bedarf es darüber hinaus einer positiven Entscheidung des Preisrichters zu Gunsten des Teilnehmers. Demzufolge wird beim Preisausschreiben mit Teilnahme lediglich die Chance - nicht der Anspruch- auf einen den Aufwand unter Umständen wieder einbringenden Gewinn erworben.[317] Damit stellt das Preisausschreiben einen Sonderfall innerhalb der einseitig begründeten Schuldverhältnisse dar. Demzufolge konnte der BGH sich im Architektenwettbewerbsfall darauf berufen, dass, selbst wenn einseitig begründete Schuldverhältnisse wie die Auslobung grundsätzlich für die Rentabilitätsvermutung offen wären, beim Sonderfall des Preisausschreiben nicht der die Rentabilitätstheorie tragende Gedanke geltend gemacht werden kann. Hier besteht eben keine Vermutung, wonach der geschädigte Gläubiger seine Aufwendungen durch Vorteile aus der Durchführung des Geschäfts wieder eingewirtschaftet hätte. Ein Anspruch auf Aufwendungsersatz des Architekten war in jedem Fall aus diesem Grunde zu verneinen. Dies machte eine Entscheidung des BGH zur Frage der Erstattbarkeit von Aufwendungen im Rahmen einseitig begründeter Schuldverhältnissen entbehrlich.

Auch nachdem die Rentabilitätsvermutung nunmehr Rechtsgeschichte ist, erweist sich die vom BGH hervorgehobene Besonderheit beim Schuldverhältnis des Preisausschreibens als überzeugend. Der schuldrechtliche Anspruch des Gläubigers geht nur auf die Gewähr einer gleichberechtigten Chance – dies ist die ihm geschuldete Leistung im Sinne des § 284. Von daher gibt ihm das Schuldverhältnis Anlass hierauf - aber auch nur hierauf- billigerweise zu vertrauen. Von ihm getätigte Aufwendungen wie zum Beispiel Portogebühren, Kauf von Reisetickets oder Hotelkosten müssen sich hieran messen lassen. Damit wird sein Ersatzanspruch in der Regel an einem anderen Tatbestandsmerkmal des § 284, nahe liegend erscheint die Billigkeit des Vertrauens, scheitern, jedoch nicht an dem vorauszusetzenden Schuldverhältnis.
Als Fazit ergibt sich damit, dass Preisausschreiben und generell Auslobungen Schuldverhältnisse im Sinne der §§ 280, 284 sind.

---

317 BGH NJW 1983, 442 (443f).

(b) zweiseitig begründet, einseitig verpflichtend

Die Schenkung gemäß §§ 516ff beruht wie die von der Rentabilitätsvermutung erfassten Schuldverhältnisse auf einem Vertrag. Was sie von diesen abhebt, ist der Umstand, dass ein Vertragspartner keine Gegenleistung erbringt. Es handelt sich bei der Schenkung damit um ein zweiseitig begründetes, einseitig verpflichtendes Rechtsgeschäft. Wie beim Vermächtnis gibt der Schuldner nicht, um im Gegenzug etwas zu erhalten. Es fehlt am „do ut des".

Dieser Besonderheit des **Schenkungsvertrages** wird von Gesetzes wegen an verschiedenen Stellen zu Gunsten des altruistisch handelnden Schenkers Rechnung getragen: § 521 beinhaltet zu seinen Gunsten ein Haftungsprivileg und gemäß § 528 kann er bei Verarmung die Herausgabe des Geschenkes verlangen. In diesen Zusammenhang gehört auch § 822, nach dessen Regelungsgehalt der Beschenkte damit zu rechnen hat, einem Kondiktionsanspruch eines Dritten auf Herausgabe des geschenkten und übereigneten Gegenstandes Folge leisten zu müssen. Dahinter steht die Überlegung, der Beschenkte sei aufgrund der Unentgeltlichkeit des Erwerbs im Verhältnis zu anderen Gläubigern weniger schutzwürdig.[318]

Die sich aus der Gesamtschau dieser Normen ergebende Natur des Anspruchs aus einer Schenkung könnte die eingangs angeführten Wertigkeitsaspekte für eine Erstreckung des § 284 auch auf alle nicht-synallagmatischen Schuldverhältnisse außer Kraft setzen. Wenn der Beschenkte nicht einmal sicher sein kann, das Geschenk auf jeden Fall behalten zu können, so könnte man argumentieren, so dürfe er erst recht nicht Aufwendungen bezüglich dieses Geschenks machen und diese später über § 284 auf den Schenker abwälzen. Von dieser Sicht der Dinge aus könnte man erwägen, § 284 teleologisch dahingehend zu reduzieren, dass eine Schenkung kein zum Aufwendungsersatz führendes Schuldverhältnis ist.

Bedenken gegen eine derartige Lesart des § 284 erwachsen aus dem Schweigen des Gesetzgebers. Wenn er eine Sonderbehandlung des Schenkenden bezweckt hätte, wäre eine entsprechende Kodifikation, zumindest ein Hinweis in den Gesetzesmaterialien, zu erwarten gewesen. Schließlich sind auch die eingangs aufgelisteten, auf der Unentgeltlichkeit der Zuwendung beruhenden Sonderregelungen des Schenkungsrechts dem BGB zu entnehmen. Zu berücksichtigen ist des Weiteren, dass nunmehr nach hier vertretener Ansicht nicht mehr die Rentabilitätsvermutung und das durch sie protegierte Prinzip des „do ut des" ausschlaggebend sind, sondern dass der Haftungsgrund in der Inanspruchnahme von Vertrauen liegt. Auch der Verpflichtete eines Schenkungsvertrages setzt mit Abschluss des Vertrages einen Vertrauenstatbestand, auf den sich sein Vertrags-

318 Medicus, *Bürgerliches Recht*, Rn. 669; Kropholler, *Studienkommentar*, § 812 Rn. 20; Stadler-Jauernig, § 822 Rn. 1.

partner verlassen können muss. Insoweit erweist sich der Beschenkte als mindestens genauso schutzbedürftig wie der altruistisch handelnde Schenker. Weitere Wertigkeits-Gesichtspunkte lassen letzteren schließlich vergleichsweise schlechter dastehen, weil er es ist, der die schuldhafte Pflichtverletzung zu verantworten hat, und weil „schuldhaft" ein vorsätzliches beziehungsweise grob fahrlässiges Handeln seinerseits bedeutet (§ 521). Abgesehen davon liegt der Regelung des § 528 ein Sonderfall zugrunde, so dass es nicht angebracht erscheint, dem Beschenkten unter Hinweis auf diese auch noch den Schutz des § 284 zu nehmen.
Es ist eine andere, nicht an diese Stelle gehörende Frage, ob aufgezeigten Besonderheiten im Schenkungsrecht an anderer Stelle innerhalb des § 284 Rechnung zu tragen ist.

(c) unvollkommen zweiseitig

Schließlich ist der Frage nachzugehen, ob im Rahmen der unvollkommen zweiseitigen Schuldverhältnisse **Leihe** (§§ 598ff) und **Auftrag** (§§ 662ff) ein Aufwendungsersatz nach §§ 280, 284 in Betracht kommt. Da auch mit Eingehen dieser Schuldverhältnisse ein Leistungsanspruch entsteht, könnte dies allenfalls aufgrund des Charakters von Auftrag und Leihe als Gefälligkeitsverträge fraglich erscheinen. Dies hat aber direkt nichts mit dem Haftungsgrund des § 284, dem Hervorrufen und Brechen des Vertrauens, zu tun, so dass sich Rückschlüsse hieraus verbieten.
Hinsichtlich der Leihe erkennt das Gesetz schon mit der Haftungsbeschränkung des Entleihers in § 599 die besondere Interessenslage an. Zur Frage des Aufwendungsersatzes kann es nur kommen, wenn der Entleiher vorsätzlich oder grob fahrlässig handelte.
Im Gegensatz zu den anderen Gefälligkeitsverträgen hält das Gesetz für den Beauftragten keine Haftungserleichterung vor.[319] Hier bietet sich daher eine Berücksichtigung der speziellen Interessenslage im Rahmen der Billigkeitsprüfung an, siehe Seite 193.

(2) gesetzliche Schuldverhältnisse

Die gesetzlichen Schuldverhältnisse grenzen sich gegen rechtsgeschäftliche dadurch ab, dass sie nicht auf Parteiwillen beruhen. Relevant sind: das Eigentümer-Besitzer-Verhältnis gemäß §§ 985ff; das Kondiktionsverhältnis gemäß

319 Nach allgemeiner Ansicht ist eine analoge Beschränkung abzulehnen, vgl. Mansel-Jauernig, § 663 Rn. 14. Im Einzelfall kann allerdings aus der beiderseitigen Interessenlage ein konkludenter Haftungsverzicht für einfache Fahrlässigkeit zu folgern sein, vgl. OLG Frankfurt, NJW 1998, 1232.

§§ 812ff; das nach §§ 823ff auf Schadensersatz wegen Delikt gerichtete Schuldverhältnis[320] und der Erbschaftsanspruch gemäß § 2018.[321]
Auch bezüglich der gesetzlichen Schuldverhältnisse sind Fallgestaltungen, in denen die einzelnen Voraussetzungen des § 284 erfüllt sind, denkbar. Das gleiche Los wie den Vermächtnisnehmer, Käufer oder Beschenkten mit denselben Konsequenzen kann den (Sach-) Gläubiger eines Kondiktions- oder Erbschaftsanspruchs treffen. Ebenso wie diese richten sich die Gläubiger aus einem gesetzlichen Schuldverhältnis darauf ein, dass der Schuldner sich pflichtgemäß verhält, und tätigen im Vertrauen hierauf Aufwendungen, die frustriert werden, wenn der Schuldner nicht erfüllt.
Was den Gläubiger aus einem gesetzlichen von einem Gläubiger aus einem rechtsgeschäftlich entstandenen Schuldverhältnis unterscheidet, ist, dass nur letztgenannter sich seinen Schuldner ausgesucht und mit ihm das Verhältnis von Leistung und Gegenleistung ausgehandelt hat. Nur hier verspricht der eine Vertragsteil seine Leistung gerade als Gegenleistung für die pflichtgemäße Leistung des anderen. Allein dieser Aspekt könnte folglich eine unterschiedliche Behandlung der Gläubiger gebieten. Aus diesen Zusammenhängen wurde die Vermutung der Rentabilität von Aufwendungen hergeleitet. Darauf kann angesichts des neuen § 284 nach hier vertretener Sicht nicht mehr rekurriert werden, siehe oben. Im Vordergrund steht nun der Vertrauensgedanke. Daher muss sich das Für- und Wider der Erstreckung des Anwendungsbereiches von § 284 auf die in Frage stehenden Aufwendungen hieran messen lassen. Aufgrund eingangs aufgezeigter wertungsmäßiger Parallelität der Interessenlagen empfand der Gesetzgeber zu recht nur eine unterschiedslose Lösung der Problematik als angemessen.

(3) Öffentliches Recht

Auch im öffentlichen Recht können schuldrechtliche Normen eine Rolle spielen. Da § 62 VwVfG für das öffentliche Vertragsrecht „*ergänzend*" auf das BGB verweist, findet das zivilrechtliche Leistungsstörungsrecht Anwendung auf die **verwaltungsrechtlichen Verträge**.[322] Eine jedenfalls auf den ersten Blick jenen Fallkonstellationen, die für die Kodifikation des § 284 ausschlaggebend waren,

---

320 Ein Schuldverhältnis gemäß § 823ff entsteht erst mit deliktischer Handlung, zuvor ist der Schuldner dem Gläubiger gerade nicht zu einer Leistung im Sinne des § 362 verpflichtet.

321 Bei einer berechtigten GoA ist der Geschäftsherr dem Geschäftsführer nach GoA-Recht zum Aufwendungsersatz verpflichtet, §§ 683, 670. Da es hier um den Ersatz von fremdnützigen Aufwendungen geht, handelt es sich nicht um eine § 284 verdrängende Regelung. Dass der Geschäftsherr Aufwendungen im Sinne des § 284 tätigt, ist undenkbar, da er von der Geschäftsführung keine Kenntnis besitzt, mithin auch nicht auf deren ordnungsgemäße Ausführung vertrauen kann.

322 Vgl. Bullinger, DÖV 1977, 812 (812ff); Meyer, NJW 1977, 1705 (1709ff).

vergleichbare Sachlage findet sich im Baurecht. Hier ist es üblich, dass ein Investor, von einem gewissen Interesse an der Bebauung eines bestimmten Gebietes geleitet, an eine Gemeinde herantritt, um mit ihr einen so genannten Durchführungsvertrag abzuschließen. Aufgrund des öffentlich-rechtlichen Kooperationsvertrages erlässt die Gemeinde sodann einen vorhabenbezogenen Bebauungsplan, der das Vorhaben realisierbar macht. Bevor es zum entsprechenden Satzungsbeschluss durch die Gemeinde kommt, tätigt der Investor regelmäßig erhebliche Aufwendungen – beispielsweise für Beraterhonorare, Bodenuntersuchungen, Kosten für Architekten und Statiker etc. Diese Aufwendungen über § 62 VwVfG in Verbindung mit § 284 von der Gemeinde erstattet zu bekommen, scheidet aus zwei Aspekten aus: Zum einen kann sich die Gemeinde in einem solchen Durchführungsvertrag gar nicht wirksam vertraglich binden, einen inhaltlich näher bestimmten Bebauungsplan aufzustellen[323]. Es besteht also gerade kein Schuldverhältnis, aufgrund dessen der aufwendende Gläubiger eine Leistung vom Schuldner verlangen kann, wie § 284 es voraussetzt. Und zum anderen verbietet es sich, angesichts der in Art. 28 II GG verfassungsrechtlich garantierten Planungshoheit der Gemeinde, von einem rechtlich sanktionierten, berechtigten Vertrauen des Investors in den Erlass eines bestimmten Bebauungsplanes auszugehen.
Trotzdem ist es denkbar, dass § 284 in anderen Fallkonstellationen über § 62 VwVfG im öffentlichen Vertragsrecht relevant wird.

(4) Exkurs: Kritik von Stoll

Als Fehler wertet Stoll, dass die Regelung des § 284 aus dem systematischen Zusammenhang der Gläubigerrechte bei Rücktritt von einem gegenseitigen Vertrag im BGB genommen und dem allgemeinen Leistungsstörungsrecht zugeordnet wurde. Dabei ist seine Kritik geprägt von einem (zu) engen Verständnis der zu ersetzenden Aufwendungen – dies seien nur solche, die zur Durchführung des Vertrags und dem Erhalt des Leistungsgegenstandes notwendig waren. Dieser Standpunkt Stolls beruht ebenso auf der Anerkennung der Rechtsprechung des BGH im Diskotheken-Fall wie die Überzeugung, Aufwendungen sollen nur ersetzbar sein, sofern sie *„rentabel“* gewesen wären, und dass es zur Beurteilung dieser Rentabilität ausschließlich auf das Leistungsverhältnis zwischen Gläubiger und Schuldner ankomme. Stoll kommt zu dem Schluss, dass die Frustration nur dann zum Aufwendungsersatz führen dürfe, wenn die Aufwendungen *„durch das vom Schuldner zu verantwortende Scheitern eben dieses Vertrages zwecklos werden. Die Liquidierung ... kann somit nur zugelassen werden, wenn*

323 BVerwG, NJW 1980, 2538 ((1. Leitsatz); 1970, 626 (626); 1977, 1979 (1980); NVwZ 1982, 249. Seit dem 1. 1. 1998 ergibt sich nunmehr auch aus § 2 III 2.HS BauGB, dass ein Anspruch auf die Aufstellung von Bauleitplänen und städtebaulichen Satzungen nicht besteht und auch vertraglich nicht begründet werde kann.

der Gläubiger wegen der vom Schuldner zu vertretenden Leistungsstörung von dem Vertrag Abstand nimmt.“[324] Da Rücktrittsrechte für Verletzungen von außervertraglichen Leistungspflichten nicht existieren beziehungsweise nicht unbedingte Folge der Verletzung einer einzelnen Leistungs- oder Nebenleistungspflicht im Vertragsverhältnis sind, gehöre der Aufwendungsersatz in den Zusammenhang der Gläubigerrechte beim Rücktritt vom Vertrag und nicht in das allgemeine Leistungsstörungsrecht.

Selbst wenn man sich das Argumentationsgerüst von Stoll zu eigen machen wollte, käme man nicht umhin, Bruchstellen in der Konstruktion zuzugeben. So geht Stoll eingangs auf den Diskotheken-Fall ein und erklärt die Entscheidung des BGH gegen den Aufwendungsersatz der Kläger für rechtens, schließlich hätten die Aufwendungen für den Ankauf und Ausbau der Disko „*in jedem Fall ihren Zweck verfehlt; denn die Käuferin hätte wegen fehlender Stellplatznachweise keine Genehmigung für den Betrieb der Diskothek erhalten.*“ Diese Aufwendungen wären schließlich nur zu ersetzen gewesen, „*wenn ihnen bei Betrieb der Disko ein Gegenwert gegenübergestanden hätte*“.[325] Stoll ignoriert, dass Sinn und Zweck der gegebenen Zusicherung die Eignung des Grundstücks zum Diskothekenbetrieb war und zwar im umfassenden, das heißt auch auf öffentlich-rechtliche Hindernisse bedachten, Sinne. Der Verkäufer hatte damit das Risiko für die Eignung des Grundstücks zum Diskobetrieb unter allen Aspekten übernommen. Stoll tut geradezu so, als wäre der fehlende Stellplatznachweis ein ähnlich überraschendes sowie außerhalb des Zusicherungsgehalts stehendes Ereignis wie zum Beispiel ein das Grundstück verwüstender Erdrutsch, der die Aufwendungen frustriert.[326]

Schwer nachvollziehbar ist darüber hinaus, wie Stoll dazu kommt, dass die Frustration der Aufwendung auf dem Scheitern des Vertrages, das gemäß Stoll identisch mit der Abstandnahme vom Vertrag durch den Gläubiger ist, zu beruhen habe. Tatsächlich ist der Rücktritt vom Vertrag die Reaktion auf eine Leistungsstörung. Die Vergeblichkeit einer Aufwendung beruht dagegen unmittelbar auf der Leistungsstörung. Dass nur diese Auffassung mit der Gesetzessystematik

---

324 Stoll, JZ 2001, 589 (596).

325 Stoll, JZ 2001, 589 (595f).

326 Verwirrend ist auch die Ausdrucksweise von Stoll, der folgendermaßen fortfährt: „*Es sei indes nicht anders zu entscheiden, wenn zwar die Diskothek hätte betrieben werden können, die Aufwendungen für sie aber dennoch vereitelt wurden, weil der Kaufvertrag unerfüllt blieb.*“ Dieser Satz ist schwer verständlich, weil unklar ist, was Gegenstand der Aufwendungen war und welcher Kaufvertrag unerfüllt blieb. Bisher war vom Ankauf und Ausbau der Diskothek als auf dem Grundstückskauf basierenden Aufwendungen die Rede, nicht aber von Aufwendungen für die Disko. Wahrscheinlich will Stoll den Fall konstruieren, dass der Diskobetrieb nicht am fehlenden Stellplatznachweis scheitert, der Grundstücksvertrag aber nicht erfüllt wird. Von diesem Verständnis wird hier im Weiteren ausgegangen.

übereinstimmt, offenbart ein Blick in den § 284 2.HS.[327] Die von Stoll an § 284 hervorgebrachte Kritik vermag daher in ihrer Gesamtheit nicht zu überzeugen.

(5) Zwischenergebnis

Grundsätzlich kommt Ersatz für vergebliche Aufwendungen innerhalb aller Schuldverhältnisse über § 284 in Betracht. Gleichzeitig ist den Besonderheiten einzelner Schuldverhältnisse Rechnung zu tragen – hierfür bietet sich das tatbestandliche Merkmal des billigen Vertrauens an.

bb) Pflichtverletzung

Gemäß § 280 muss der Schuldner eine dem Schuldverhältnis entspringende Pflicht verletzt haben. Erfasst wird jede tatsächliche Verhaltensweise, die hinter der geschuldeten zurückbleibt.[328] In Betracht kommen gleichermaßen die Verletzung einer Hauptleistungspflicht wie der leistungs- und nichtleistungsbezogenen Nebenpflichten. Die speziellen Anforderungen an die Art und Weise der Pflichtverletzung ergeben sich im Zusammenspiel mit den weiteren Normen des allgemeinen Leistungsstörungsrechts.[329] Für den Anwendungsbereich des § 281 ergibt sich damit eigentlich, dass unerheblich wäre, ob im Falle der Schlechterfüllung eine Haupt- oder Nebenpflicht verletzt wurde. Da aber § 282 für Leistungsstörungen letztgenannter Art eine Spezialregelung vorsieht und damit in seinem Anwendungsbereich den § 281 verdrängt,[330] erfasst § 281 die Störung nicht-leistungsbezogener Nebenpflichten nicht. Schadensersatz statt der Leistung kann nach § 281 grundsätzlich nur bei Verletzung einer Leistungspflicht gewährt werden oder unter den Voraussetzungen des § 282 bei Verletzung einer nicht leistungsbezogenen Schutzpflicht gemäß § 241 II.
Bei der Geltendmachung von Schadensersatz statt der Leistung wegen nachträglicher Unmöglichkeit gemäß §§ 275 IV, 280 I, III, 283 ist die vorgeworfene Pflichtverletzung die Nichtleistung - ebenfalls ein Unterfall des allgemeinen Pflichtverletzungstatbestandes. Anders sieht es bei der den §§ 311 a II, 275 IV unterfallenden anfänglichen Unmöglichkeit aus. Diese ist kein Unterfall der Pflichtverletzung nach § 280. Dogmatisch gesehen folgt der Anspruch aus der Nichterfüllung des wirksamen Leistungsversprechens.

---

327 Siehe zum Kausalzusammenhang zwischen Pflichtverletzung und Frustration unten Seite 195.
328 Vgl. Regierungsbegründung,BT-Drucks. 14/6040, S. 135.
329 In diesem dem BGB neuen Begriff der „Pflichtverletzung“ konkretisiert sich ein internationaler Usus, der vor allem auch dem UN-Kaufrecht zugrunde liegt, und als Oberbegriff aller Leistungsstörungen der übergreifende Terminus der „Vertragsverletzung“ gebraucht wird.
330 Vgl. Regierungsbegründung, BT-Drucks. 14/6040, S. 138; lex specialis derogat lex generalis.

Verfehlt wäre es also, aus der Formulierung des § 284: „... *im Vertrauen auf den Erhalt der Leistung*" den Schluss zu ziehen, den Anwendungsbereich von § 284 auf die Fälle der Nichtleistung zu begrenzen.
Auch darf die Gesetzesbegründung[331] nicht für eine derartige Begrenzung des § 284 herangezogen werden, denn zum einen wird dort auf das alte Recht abgestellt[332] und zum anderen ist bewusste Stelle in den Gesetzgebungsmaterialien falsch, wie oben aufgezeigt (Seite 79). Dass es in § 284 primär um die Verletzung von Leistungspflichten geht, ergibt sich aus der angeordneten Rechtsfolge, wonach der Gläubiger alternativ zu dem ihm zustehenden Anspruch auf Schadensersatz statt der Leistung Ersatz seiner Aufwendungen verlangen kann.

Das Erfordernis einer Pflichtverletzung ergibt sich nicht nur aus dem Verweis des § 284 auf Schadensersatz statt der Leistung gewährende Anspruchsgrundlagen, auch § 284 erwähnt die Pflichtverletzung in seinem letzten Halbsatz. Dass es sich jeweils um ein- und dieselbe Pflichtverletzung handelt, ergibt sich zum einen aus dem Wortlaut des § 284, der nur zur näheren Bestimmung der Vergeblichkeit auf die Pflichtverletzung Bezug nimmt, und zum anderen aus dem Sinn und Zweck des § 284, wie er sich mit Blick auf die dem Gesetzgeber regelungsbedürftig erscheinenden Fallkonstellationen darstellt.

cc) schuldhaft

Entsprechend dem Wortlaut der §§ 284, 280 sowie ausweislich der Gesetzesbegründung[333] gilt für den Aufwendungsersatz der Verschuldensgrundsatz.[334] Sofern das Vertretenmüssen aus dem „*Inhalt des Schuldverhältnisses*" oder aus der Übernahme einer Garantie im Sinne des § 276 folgt, kann § 280 I und damit auch § 284 zum Garantiehaftungstatbestand werden. Dementsprechend gilt das Alles-oder-Nichts-Prinzip des § 276 auch im Rahmen des § 284, so dass sich eine am Grad des Verschuldens orientierte Erstattung vergeblicher Aufwendungen verbietet. Eine Einschränkung erfährt dieses Prinzip – wie auch sonst– in Fällen des Mitverschuldens. Hinzuweisen ist noch darauf, dass im Bereich der Vertrauenshaftung zwar die Zurechnung von Fremdverhalten anderen Regeln als im Bereich der Bindung kraft Rechtsgeschäfts unterliegt,[335] dass dies aber innerhalb

---

331 BT-Drucks. 14/6040, S. 142: es stelle sich die Frage, ob Aufwendungsersatz geltend gemacht werden kann, nur, wenn der Gläubiger Schadensersatz wegen Nichterfüllung nach §§ 325, 326 verlangen kann.
332 Willingsmann/Hirse, *Kompaktkommentar,* § 284 Rn. 5.
333 Regierungsbegründung, BT-Drucks. 14/6040, S. 144.
334 Bei der Feststellung des Verschuldens geht es generell um die Frage, ob dem „Verantwortlichen" sein rechtswidriges und schädliches Verhalten vorzuwerfen ist, weil er sich bei gehöriger Willensanstrengung hätte rechtmäßig verhalten können.
335 Canaris in FS für BGH, S. 129 (178).

des § 284 unerheblich ist, weil Anknüpfungspunkt für die Vertrauenshaftung die Erklärung des Schuldners, mit anderen Worten sein Versprechen, ist. Für die Erfüllung des gegebenen Wortes hat er einzustehen.

dd) Schaden

Ohne Schaden ist ein Schadensersatzanspruch statt der Leistung gemäß §§ 280, 281-283 schon begriffsnotwendig ausgeschlossen und in Konsequenz dessen eigentlich auch der Aufwendungsersatzanspruch. Dieser Gedanke kann allerdings nicht mehr als eine strenge Orientierung am Gesetzeswortlaut für sich in Anspruch nehmen. Denn tatsächlich spricht mehr dagegen als dafür, einen Nichterfüllungsschaden gemäß §§ 280 I, 281 zu den Voraussetzungen des Aufwendungsersatzanspruches zu zählen: So findet sich in der Gesetzesbegründung, wenn auch an versteckter Stelle, nämlich im Rahmen der Rechtfertigung eines Verzichts auf das positive Interesses als Haftungsgrenze, der **Hinweis auf den „*exemplarischen Fall* BGHZ 99, 182“**[336], also auf den Stadthallen-Fall. Wie zuvor dargestellt, ist der Stadthallen-Fall der Paradefall immaterieller Zielsetzung des Gläubigers.[337] Die Klägerin machte – abgesehen von dem unbedeutenden entgangenen Gewinn aus den Verkäufen des Programms – keinen einzigen Schadensposten, sondern nur frustrierte Aufwendungen geltend. Die Bemerkung vom geistigen Vaters des § 284, Canaris, dass die neue Norm als gesetzgeberische Reaktion auf den Stadthallen-Fall entstand[338], unterstreicht den Sinn und Zweck des § 284, in Fällen bloßer immaterieller Zielsetzung des Gläubigers Aufwendungsersatz unabhängig vom Vorliegen eines Schaden zu gewähren. Auch in den USA, an deren Rechtslage § 284 angelehnt ist, ist anerkannt, dass Ersatz vergeblicher Aufwendungen unabhängig vom Vorliegen eines materiellen Schadens zu gewähren ist. So machte der Supreme Court in Security Stove & Mfg Company v. American Railway Express Company seine Auffassung deutlich, als er anführte, dass dem Kläger, der nicht vom Streben nach Profit geleitet war, mangels entgangenem Gewinn ansonsten jegliche Ersatzansprüche versagt blieben - was von Rechts wegen nicht sein könne.[339]
Jedenfalls hinsichtlich Aufwendungen, die mit einem immateriellen Hintergrund getätigt wurden, steht damit fest, dass es verfehlt wäre, auf dem Erfordernis eines Schadensersatzanspruchs statt der Leistung zu bestehen.

Dies gilt auch für andere Konstellationen. Sofern man dem Gesetzeswortlaut des § 284 verhaftet bleiben will, ergibt sich nämlich folgende Unstimmigkeit: Da es

---

336 Regierungsbegründung, BT-Drucks. 14/6040, S. 143.
337 Siehe oben S. 9.
338 Canaris, DB 2001, S. 1815 (1820); ders. in FS für Wiedemann, S. 3 (33).
339 Security Stove & Mfg Company v. American Railway Express Company, 51 S.W.2nd 572 (577).

stark von den **Zufälligkeiten des einzelnen Falls** abhängt, ob eine Pflichtverletzung überhaupt zu einem Schaden führt, wäre es für den Gläubiger gleichsam ein Glücksspiel, ob er seine frustrierten Aufwendungen ersetzt erhält. Der Haftungsgrund des § 284, das Hervorrufen und Brechen des Vertrauens, liegt in dem einen wie in dem anderen Fall vor, daher sollten die durch die Pflichtverletzung frustrierten Aufwendungen des Gläubigers in jedem Fall ersetzt werden.[340]

Die Richtigkeit dieser Auffassung wird durch folgende Überlegungen unterstrichen: Hielte man sich an den Wortlaut des § 284, bestünde die Gefahr, dass derjenige Gläubiger leer ausgeht, der nur aus dem Grunde keinen materiellen Schaden infolge der Pflichtverletzung seines Schuldners erlitt, dass er der ihm obliegenden Schadensabwendungspflicht nachkam beziehungsweise mehr als das tat und so den Schadenseintritt verhinderte. Wenn nun bereits durch die Pflichtverletzung des Schuldners Aufwendungen vergeblich wurden, ändert sich an der Schutzbedürftigkeit des Gläubigers hinsichtlich des eingetretenen Frustrationsschadens nichts. Denn in diesem Fall ist dem anerkennenswerten gesetzgeberischen Motiv, welches hinter der Fristsetzungsregel des § 281 steht, nämlich dem Prinzip der Sicherung des Erfüllungsanspruchs, schon genüge getan, da der Schuldner nicht durch eine Schadensersatzpflicht belastet wird. Es bedarf daher keiner Freistellung von Ansprüchen auf Aufwendungsersatz. Denkbar ist, dass der Gläubiger einer Holschuld einen Dienstleister zur Erlangung der Sache verpflichtet, dieser aber wegen Leistungsverweigerung des Schuldners unverrichteter Dinge zurückkehren muss. Gelingt dem Gläubiger in diesem Fall ein günstiger Deckungskauf, ist ihm kein Schaden im Sinne des § 280 I entstanden, er bliebe aber auf den frustrierten Aufwendungen sitzen. Ähnlich schlecht stünde der Gläubiger, dessen Schuldner zwar eine schuldhafte Pflichtverletzung im Sinne der §§ 280 I, 281 begangen hat, die bereits zur Frustration der Aufwendungen geführt hatte, als der Schuldner schließlich der Aufforderung zur Leistung beziehungsweise Nacherfüllung nachkam.[341] Solchen Zufälligkeiten ist entgegenzuwirken.

---

340 Gegen Voraussetzung eines Schadens: Gsell, *Aufwendungersatz nach § 284*, S. 321 (334 Fn. 39); Ernst-MüKo, § 284 Rn. 13; Ehmann/Sutschet, *Modernisiertes Schuldrecht*, S. 121; Dauner-Lieb-AnwKom, § 284 Rn. 6; Looschelders, *Schuldrecht AT*, Rn. 678. Canaris möchte prinzipiell an dem Erfordernis eines Schadens festhalten, zugleich aber eine teleologische Reduktion der Alternativitätsanordnung des § 284 in den Fällen anerkennen, in denen die kumulative Anerkennung beider Ansprüche schadensersatzrechtlich korrekt ist, weil der Gläubiger nicht gleichzeitig als Sanktion für dieselbe Pflichtverletzung sein positives und negatives Interesse ersetzt sucht, JZ 2001, 499 (517).

341 Ein weiteres Beispiel, in dem die Pflichtverletzung des Schuldners keinen Schaden auf Seiten des Gläubigers bewirkte, dieser aber Aufwendungen mit einem kommerziellem Hintergrund getätigt hatte, lag RG JW 1913, 595 zugrunde, siehe eingehender zur Fallkonstellation oben Seite 120.

Dies gilt umso mehr, als sich ein Festhaltenwollen am Erfordernis des Schadens im Sinne der Differenzhyothese auch nicht aus einer etwaigen Funktion dieses Merkmals rechtfertigt. Ob ein Schaden vorliegt, hat keine Aussagekraft hinsichtlich des Haftungsgrundes von § 284. Dass in den Fällen, in denen der BGH unter der Rentabilitätstheorie Ersatz frustrierter Aufwendungen zusprach, grundsätzlich ein Schaden vorlag, ist dadurch zu erklären, dass diese Theorie nur in Fällen mit einem kommerziellen Hintergrund Anwendung fand. Hier entspricht es dem typischen Lauf der Dinge, dass eine Pflichtverletzung der einen Seite zu einem Schaden bei der anderen Seite führt. Gleichwohl war der Schaden auch nach früherer Rechtspraxis keine Voraussetzung des Aufwendungsersatzes: Die Rentabilitätstheorie setzte diesen gerade nicht voraus. Nach ihrem Dafürhalten war der Verlust der Kompensationsmöglichkeit der zu ersetzende Schaden. Auch aus dem Grunde, dass ohne einen Hinweis in den Gesetzgebungsmaterialien zur Schuldrechtsreform nicht von einer faktischen Schlechterstellung des Gläubigers gegenüber der früheren Rechtslage ausgegangen werden kann, verbietet es sich auf dem Erfordernis eines Schadens zu verharren.

Der einzige Umstand, der gegen einen umfassenden Verzicht auf das Schadenserfordernis herangezogen werden könnte, beruht denn auch nicht etwa auf systematischen oder materiellen Argumenten. Er liegt darin begründet, dass ein Verzicht auf die Feststellung des Schadens insofern zu Problemen führen kann, als die Abgrenzung zwischen § 280 und § 281 anhand der Art des festgestellten Schadens erfolgt[342] und eine Pflichtverletzung, die zu einem so genannten einfa-

342 Dies gilt sowohl unter Zugrundelegung einer teleologischen Sichtweise wie einer auf das Integritäts- beziehungsweise Äquivalenzinteresse abstellenden Sicht des Verhältnisses von § 280 zu § 281. Erstgenannte orientiert sich an Sinn und Zweck der im Vergleich zum „einfachen“ Schadensersatz nach § 280 aufgestellten zusätzlichen Voraussetzung der erfolglosen Fristsetzung beim Schadensersatz statt der Leistung nach § 281. Geleitet wird sie von der Überzeugung, dass das gesamte „Baukastensystem“ der §§ 280ff auf dem Prinzip der Sicherung des Erfüllungsanspruchs, basiert. Demnach gebührt dem Schuldner fairerweise eine letzte Chance, die geschuldete Leistung zu bewirken und so seinen Anspruch auf die Gegenleistung zu retten, bevor der Leistungsanspruch des Gläubigers in einen Schadensersatzanspruch gegen ihn übergeht und § 281 IV greift. Da das Recht des Schuldners zur zweiten Andienung keine Rolle spielt in Fallkonstellationen, in denen eine Fristsetzung von vornherein verfehlt ist, weil die schon eingetretenen Schäden auch durch erfolgreiche Nacherfüllung nicht mehr behoben werden können (so insbesondere bei Mangelfolgeschäden), greifen in einer solchen Situation die den zusätzlichen Voraussetzungen des § 281 zugrunde liegenden Erwägungen des Gesetzgebers nicht, und Schadensersatz statt der Leistung ist demnach nicht geboten; so insbesondere: Dauner-Lieb-AnwKom, § 280 Rn. 49ff; dieselbe in *Das neue Schuldrecht - Ein Lehrbuch,* § 2 Rn. 48ff, S. 94f; Dauner-Lieb/Dötsch, DB 2001, 2535 (2537); Schubel, JuS 2002, 313 (319).

Andernorts wählt man die begriffliche Neuschöpfung des Schuldrechtsmodernisierungsgesetzes *Schadensersatz statt der Leistung* als Ausgangspunkt: Von der Bedeutung des Ausdrucks "Schadensersatz statt der *Leistung*" wird darauf geschlossen, dass § 281 auf die Schadensersatzposten zugeschnitten ist, die vom spezifischen Leistungsinteresse des Gläubigers erfasst

chen Schaden im Sinne des § 280 führt, nicht zum Aufwendungsersatz nach § 284 berechtigt. Dies kann jedoch kaum ausschlaggebend sein, insbesondere wenn beachtet wird, dass Aufwendungsersatz *nach Maßgabe* der §§ 280, 281-283 zu gewähren ist.[343] Auf diese Weise wird zwar auf das Bestehen eines Schadens als tatbestandliche Voraussetzung im Zusammenhang mit § 284 verzichtet, gleichzeitig aber sichergestellt, dass Aufwendungsersatz nach § 284 nur gewährt wird, wenn die Pflichtverletzung zu einem nach § 281 ersetzbaren Schaden geführt hätte.

Letztlich ist es ein sinnvoller Nebeneffekt des § 284, dass die Sanktionslosigkeit eines Vertragsbruchs, der keinen beziehungsweise lediglich einen zu vernachlässigenden materiellen Schaden bewirkt, verhindert wird.[344] Das Versagen der Rentabilitätstheorie in dieser Hinsicht wäre überwunden.

b) zusätzliche Voraussetzungen der §§ 281-283 und § 311 a

Im Folgenden soll kurz auf die speziellen, über die Anforderungen von § 280 I hinausgehenden Voraussetzungen der einzelnen Schadensersatz statt der Leistung gewährenden Anspruchsgrundlagen des allgemeinen Schuldrechts eingegangen werden. Dies verspricht einen weiteren Überblick darüber, in welchen Situationen Ersatz frustrierter Aufwendungen in Betracht kommt. Außerdem kann dabei der Frage nachgegangen werden, ob die gesetzliche Möglichkeit des alternativen Aufwendungsersatzes nach § 284 jeweils sinnvoll ist.

---

werden. Von dem allgemeinen Interesse am vertragsgemäßen Verhalten des Schuldners wird also das spezifische Interesse an einer Unterlassung der Störung der eigenen Herrschaftssphäre ausgeklammert und § 281 auf den Ersatz des Erfüllungsinteresses beschieden. Gemeint ist das Interesse an der Erweiterung des eigenen Vermögens um den geschuldeten Gegenstand, das Haben-Wollen in Verbindung mit der Realisierung derjenigen Vermögensvorteile, mit denen der Gläubiger aufgrund des Leistungsversprechens rechnen konnte. Für einen Ersatz nach § 280 verbleiben damit diejenigen Schadensposten, die aus der Verletzung sonstiger absoluter Rechtsgüter beziehungsweise des Vermögens des Gläubigers resultieren, sprich Mangelfolgeschäden. So: Faust/Huber, *Schuldrechtsmodernisierung*, 13. Kapitel Rn. 105, S. 351; Hirsch, *Allgemeines Schuldrecht*, 10. Kap. D II 1. b), Rn. 814 f; Grunsky, *Schuldrecht BT*, 1. Teil, 1. Abschnitt, C. II 4.c), S. 31; Palandt-Heinrichs, § 280 Rn. 18; Brambring in *Vertragspraxis nach dem neuen Schuldrecht*, S. 63; Teichmann, JuS 2002, 417 (421); Boerner, ZIP 2001, 2264 (2272); Jorden/Lehmann, JZ 2001, 952 (961); Schwab, JuS 2002, 1 (8); Otto, Jura 2002, 1 (6).

343 Ernst-MüKo, § 284 Rn. 13: „...., *es genügt, dass der Gläubiger, wenn er ein positives Interesse beziffern könnte, hierfür Ersatz nach § 281... verlangen könnte*".

344 Canaris, DB 2001, 1815 (1820).

aa) Verletzung von Neben- oder Schutzpflicht, § 282

In Ausnahmefällen kann eine Nebenpflichtverletzung dazu führen, dass dem Interesse des Gläubigers mit Ersatz des durch die Pflichtverletzung entstandenen Schadens nach § 280 I nicht Rechnung getragen wird. Auf den einfachen Schadensersatz nach § 280 I ist der Gläubiger aber in der Regel beschränkt, wenn der Schuldner eine Pflicht nach § 241 II verletzt, denn die Schutzpflichten des § 241 II sind als solche nicht leistungsbezogen. Geht das Gläubigerinteresse dahin, von der weiteren Erbringung der Hauptleistung durch den Schuldner bewahrt zu werden, trägt § 282 dem Rechnung: der Gläubiger kann Schadensersatz statt der Leistung bei einer Verletzung einer Pflicht nach § 241 II unter den Voraussetzungen des § 280 und der Unzumutbarkeit der Leistung durch den Schuldner verlangen.

Hinsichtlich einer Möglichkeit des Gläubigers, in dieser Situation alternativ nach § 284 Aufwendungsersatz zu verlangen, regt sich insofern Unbehagen, als das Ausbleiben der Leistung zumindest auch auf der Entscheidung des Gläubigers beruht. Hierzu könnte sein Verlangen nach Ersatz der Aufwendungen, die er im Vertrauen auf den Erhalt der Leistung machte, widersprüchlich sein. Da aber das Erfordernis der Unzumutbarkeit der Leistung durch den Schuldner für den Gläubiger ein extremes Urteil über das Verhalten des Schuldners ist,[345] ist diese Widersprüchlichkeit hinzunehmen. Wollte der Schuldner sich hierauf berufen, gerät er zumindest in die Nähe des venire-contra-factum-proprium Vorwurfs, denn er war es ja, der den Gläubiger hierzu quasi nötigte. Im Übrigen könnte einer tatsächlichen Widersprüchlichkeit über § 254 beziehungsweise dem Billigkeitskriterium Rechnung getragen werden.

---

345 Das Urteil der Unzumutbarkeit ergibt sich aus einer wertenden Gesamtschau der Umstände des Einzelfalls, wobei insbesondere die Schwere, die Häufigkeit und der zeitliche Rahmen der Nebenpflichtverletzung(en) sowie die Frage, ob dem Schuldner ermöglicht wurde, sein Verhalten zu verbessern, von Bedeutung sind, vgl. Huber/Faust, *Schuldrechtsmodernisierung,* 3. Kap. Rn. 172ff, S. 135ff. Dies entspricht der bisherigen Rechtsprechung, derzufolge ausnahmsweise auch bei Verletzung von bloßen Nebenpflichten aus § 326 BGB a.F., vorgegangen werden konnte, vgl. zum Beispiel BGH NJW-RR 1996, 949 (950).

bb) Ausschluss der Leistungspflicht nach §§ 275, 283 S. 1

Nach § 283 S.1 in Verbindung mit § 275 I-III kann der Gläubiger Schadensersatz statt der Leistung verlangen, wenn seinem Schuldner die Leistung nachträglich unmöglich geworden ist.[346]

Für Unmöglichkeit bloß eines Teils[347] der Leistung oder der Nacherfüllungspflicht bei einer Schlechtleistung finden § 281 I S.2, 3 entsprechende Anwendung. Dies ergibt sich für die nachträgliche Teilunmöglichkeit aus § 283 S.2 und für die anfängliche aus § 311 a II S.3. Der Gläubiger hat bei Teilunmöglichkeit die Wahl, vom ganzen Vertrag zurückzutreten, soweit sein Interesse an der weiteren Durchführung fortgefallen ist, oder den Vertrag partiell durchzuführen. Letzteres sieht folgendermaßen aus: Der noch erbringbare Teil des Vertrages wird geleistet und hinsichtlich des restlichen Teils erwächst dem Gläubiger ein Schadensersatzanspruch statt der Leistung. Damit stellt sich die Frage, inwiefern der Gläubiger in dieser Situation nach § 284 vorgehen, sprich auf die Geltendmachung von Aufwendungsersatz umschwenken kann. In der bisherigen Judikatur ist ein entsprechender Fall nicht ersichtlich. Aufgeworfene Frage ist leichter zu beantworten, wenn sie weniger abstrakt formuliert wird - richten wir daher das Augenmerk auf jene Fallkonstellationen, in denen sich die Problematik stellt. Hierbei handelt es sich um Sonderfälle wie der vorübergehenden Unmöglichkeit bei Dauerschuldverhältnissen mit Fixcharakter (zum Beispiel Verzögerung der Übergabe der Räume bei der Raummiete; Dienstverweigerung bei Dienst- beziehungsweise Arbeitsverträgen) oder dem Ausfall einzelner Leistungen bei einem Vertrag, der mehrere Leistungspflichten beinhaltete (zum Beispiel Ausfall von Raten bei Sukzessivlieferungsverträgen).[348] Um hier eine übergebührliche Entschädigung des Gläubigers zu vermeiden, gilt es, darauf zu achten,

---

346 Die Beschränkung auf die nachträgliche Unmöglichkeit ist dem Wortlaut der Norm nicht ohne weiteres zu entnehmen, ergibt sich aber aus der Gesetzessystematik, denn § 311 a II enthält eine gesonderte Regelung für die anfängliche Unmöglichkeit.

347 Eine „im juristischen Sinne" teilbare Leistung liegt vor, wenn ein Ausschnitt aus dem Leistungsprogramm wesens- und wertmäßig der Gesamtleistung entspricht, das heißt sich nur in der Größe, nicht aber in der Qualität von dieser abhebt, so dass der Leistungsgegenstand „als solcher" durch das Ausbleiben einzelner Teile keine Veränderung erfährt. Vgl. RGZ 168, 121 (128); OGH, NJW 1949, 943 (944); BGHZ 116, 334 (337); Emmerich *Recht der Leistungsstörungen,* § 5, IV., S. 65ff.

348 Emmerich, *Recht der Leistungsstörungen,* S. 191. Teilunmöglichkeit lag zum Beispiel in dem der Entscheidung RGZ 92, 14 (17) zugrunde liegenden Sachverhalt vor: Unmöglichkeit der Verschiffung der verkauften Waren, zu welcher sich der Verkäufer zusätzlich verpflichtet hatte. Ebenso bei Teilversagung einer Genehmigung, sofern der genehmigte Teil auch selbständig sinnvoll ist, RGZ 170, 257 (259). Und bei der Zerstörung der verpachteten Gebäude oder eines Teils dieser Gebäude, wenn das verpachtete Gebäude auch einen selbständigen Wert als Pachtobjekt besitzt, BGHZ 116, 334 (337f) = NJW 1992, 1036; BGH, WM 1977, 1400.

dass über § 284 Ersatz nur solcher Frustrationsschäden gewährt wird, die tatsächlich auf dem nicht ausgeführten Teil des Vertrages beruhen. Da der andere Teil des Vertrages durchgeführt wird, kann dies nicht zur Frustration im Sinne des § 284 führen. Diese Problematik ist also über die konsequente Kausalitätsprüfung lösbar.

cc) Leistungshindernis bei Vertragschluss, § 311 a II

Schließlich befindet sich eine eigenständige Anspruchsgrundlage für Schadensersatz statt der Leistung beziehungsweise Aufwendungsersatz nach § 284 in § 311 a II. Dem Gläubiger steht danach ein Anspruch auf Ersatz seiner Aufwendungen zu, wenn der Schuldner nach § 275 I-III nicht zu leisten braucht und es sich um einen Fall der anfänglichen Unmöglichkeit handelt. Gemäß § 311 a II S. 2 scheiden jegliche Ansprüche aus, wenn der Schuldner das Leistungshindernis bei Vertragsschluss nicht kannte und seine Unkenntnis von der Unmöglichkeit nicht zu vertreten hat. Dogmatisch resultieren genannte Sekundäransprüche aus der Nichterfüllung des nach § 311 a I trotz anfänglicher Unmöglichkeit wirksamen Leistungsversprechens. Anders ausgedrückt: Die Sekundäransprüche wurzeln nicht in der Verletzung einer Leistungspflicht, welche gemäß § 275 gar nicht besteht, sondern in der Verletzung eines Vertrages ohne primäre Leistungspflichten.[349] Insofern besteht ein Unterschied zu den herkömmlichen Anwendungsfällen des § 284: Der über §§ 280, 281 zu § 284 führende Weg wäre dem Kläger eigentlich verwehrt. Dennoch ist der Verweis in § 311 a II auf § 284 deklaratorisch: ausreichend wäre gewesen, in § 311 a I die Gewähr des Schadensersatzes statt der Leistung zu normieren – wie es auch im Zusammenhang mit den Schadensersatz statt der Leistung gewährenden Normen des besonderen Schuldrechts geschieht.

(1) verkürzter Rechtsbehelf im Vergleich zum BGB a.F.

Da der Aufwendungsersatz nach § 284 keinen Ersatz der Opportunitätskosten[350] beinhaltet, erhält der Gläubiger nach der Schuldrechtsreform bei anfänglicher Unmöglichkeit über §§ 311 a, 284 einen im Vergleich zur früheren Rechtslage verkürzten Rechtsbehelf. Denn nach §§ 306, 307 BGB a.F. konnte der Gläubiger bei anfänglicher Unmöglichkeit sein gesamtes negatives Interesse ersetzt verlangen. Dieser Ersatzanspruch umfasste die Opportunitätskosten, gleichzeitig war er von Gesetzes wegen auf das positive Interesse des Gläubigers beschränkt,

---

349 Regierungsbegründung, BT-Drucks. 14/6040, S. 165; Canaris, JZ 2001, 499 (507); kritisch: Medicus, *Schuldrecht I*, Rn. 496.

350 Zum Verhältnis des Aufwendungsersatzes nach § 284 und Opportunitätskosten, siehen unten, Seite 115.

§ 307 I S.1 a.E BGB a.F. Damit steht der Gläubiger nunmehr dem Prinzip nach sogar schlechter als nach den Regeln der c.i.c: Er kann seine Opportunitätskosten über die culpa in contrahendo aus §§ 311, 280 ersetzt verlangen, ohne dass es zum (wirksamen) Vertragsschluss gekommen war, nicht aber über § 284, wenn ein Vertrag geschlossen worden war.[351] Canaris hat die von Ernst an ihn herangetragenen Zweifel angesprochen, ob diese Entwicklung sachgerecht und durch das gesetzgeberische Bestreben nach Gleichstellung der anfänglichen mit der nachträglichen Unmöglichkeit zu legitimieren ist. Da der Gläubiger nach § 307 BGB a.F. das Vertrauensinteresse ohnehin nur bis zur Grenze des positiven Interesses verlangen konnte, argumentiert Canaris, stehe er heute letztlich genauso wie nach alter Rechtslage. Auch weil es sich um einen jener Fälle handeln dürfte, in denen der Ersatz des negativen Interesses als Rechtsfolge der culpa in contrahendo analog §§ 122, 179 II durch das positive Interesse zu begrenzen ist, sucht Canaris die angesprochenen Zweifel zu zerstreuen.[352]

Nur einmal unterstellt, der Gläubiger stehe faktisch gleich, ob er nun als Sanktion für anfängliche Unmöglichkeit das negative begrenzt auf das positive Interesse über die culpa in contrahendo ersetzt erhält oder ob ihm ein auf den Aufwendungsersatz beschränkter Teil des negativen Interesses gewährt wird,[353] so bleibt doch unter rechtlicher Betrachtung ein unangenehmer Beigeschmack. Denn auf diese Weise wird dem Gläubiger, dem mit einem Vertrag beziehungsweise einem nicht-vertraglichen Schuldverhältnis oder auch mit einem vertraglichen Leistungsversprechen im Sinne des § 311 a ein Vertrauenstatbestand mit größerer Signalwirkung gegeben war als demjenigen, der sich noch in den Vertragsverhandlungen befindet, ein rechtliches Weniger zugestanden. Nur Letztgenannter soll Ersatz der Opportunitätskosten verlangen können.

---

351 Zu denken ist hierbei insbesondere an die Rechtsprechung, nach der Vertragsverhandlungen nicht ohne triftigen Grund abgebrochen werden dürfen, wenn beim Gegenüber der Eindruck erweckt worden war, dass der Vertrag mit Sicherheit beziehungsweise unter gewissen Voraussetzungen geschlossen werden würde, vgl. BGH 71, 393 (395); ähnlich: BGH 76, 343 (349); BGH NJW 1967, 2199; 1975, 1774; 1984, 866 (867).

352 Canaris, JZ 2001, S. 499 (507); bisher hatte Canaris nur dafür plädiert, § 122 entsprechend für Fälle nicht zu vertretender Unkenntnis eines Leistungshindernisses bei Vertragsschluss anzuwenden, um Wertungswidersprüche zu der Regelung der §§ 119, 120 zu vermeiden, nach der man sich von einem Vertrag wegen eines relevanten Eigenschaftsirrtums nur mit der Konsequenz lösen kann, dem anderen sein negatives Interesse zu ersetzen. Der Gedanke des § 122, dem gutgläubigen Gläubiger, dessen Vertrauen in einen vollgültigen Vertrag erst geweckt und dann enttäuscht wurde, verlange dies. Vgl. Canaris in Schulze/Schulte-Nölke, S. 43 (65f).

353 Es spricht einiges dafür, dass diese Aussage zutrifft, denn Opportunitätskosten entsprechen letztlich dem entgangenen Gewinn (aus dem entgangenem Alternativgeschäft). Hiervon geht auch der Gesetzgeber aus, vgl. Regierungsbegründung 14/6040, S. 144; vgl. Müller, *Ersatz entwerteter Aufwendungen*, S. 62.

Diese Ungereimtheit wird zwar nicht dadurch beseitigt, dass man, wie Faust[354] vorschlägt, § 311 a II als gegenüber §§ 311 II, 280 speziellere Norm ansieht, sofern die Schadensersatzansprüche darauf gründen, dass der Schuldner einen Vertrag geschlossen hat, obwohl er wusste oder in zu vertretender Weise nicht wusste, dass ihm gemäß § 275 keine Leistungspflicht oblag. Doch ist dies ein möglicher Weg, dem Willen des Gesetzgebers, der sich bezüglich frustrierter Aufwendungen ausdrücklich gegen Ersatz der Opportunitätskosten aussprach[355], zu entsprechen. Das eingangs angesprochene, grundsätzlich bestehende Missverhältnis in der Behandlung der verschieden stark ausgeprägten Vertrauenstatbestände „vorvertragliche Verhandlungen" und „Vertragsschluss" kann nicht anders aufgelöst werden.

(2) der Verweis des § 311 a II auf § 284 2.HS

In der Literatur[356] empfindet man es als zweifelhaft, ob von dem Verweis des § 311 a II auch der letzte Halbsatz von § 284 erfasst ist. Dies sei angesichts einer Ungleichbehandlung der Gläubiger inkonsequent: Einerseits kann der Schuldner gegenüber dem Gläubiger, der sich für Schadensersatz statt der Leistung entscheidet, aufgrund des gesetzgeberischen Verzichts auf das Kausalitätserfordernis innerhalb des § 311 a[357] nicht einwenden, er hätte keinen Schaden erlitten. Andererseits stünde ihm über § 284 letzter HS gegenüber dem Gläubiger, der sich für Aufwendungsersatz entscheidet, die Möglichkeit zu, zu widerlegen, dass seine Pflichtverletzung kausal für die Frustration ist.

Dieser Vergleich hinkt. Während nach allgemeinen beweisrechtlichen Grundsätzen der Gläubiger, der Schadensersatz statt der Leistung geltend macht, den Schaden ebenso belegen muss wie den Kausalitätszusammenhang, besteht beim Aufwendungsersatz nach § 284 eine gesetzliche Vermutung für den Kausalitätszusammenhang[358]. Dem Gläubiger obliegt aber der Nachweis der Frustration, also des Schadens. Entsprechend hat der Gläubiger, der Schadensersatz statt der Leistung aus § 311 a II verlangt, nachzuweisen, dass er einen Schaden erlit-

---

354 Huber/Faust, *Schuldrechtsmodernisierung,* 7. Kap. Rn. 17, S. 212: *„§ 311 a II stellt zwar keine Haftung für vorvertragliches Fehlverhalten dar, setzt ein solches aber voraus. Es lässt sich kaum ein Fall denken, in dem dieses vorvertragliche Fehlverhalten nicht zugleich die Voraussetzungen der Haftung aus culpa in contrahendo erfüllen würde*".

355 BT-Drucks. 14/6040, S.144.

356 Schultz in *Das Schuldrecht 2002,* S. 17 (78).

357 Nach allgemeinen Grundsätzen hätte der Schuldner, der eine objektiv unmögliche Leistung verspricht und es unterlässt, seinen Gläubiger über das Leistungshindernis aufzuklären, diesen (nur) so zu stellen, wie er stände, wenn er nie vom Vertrag gehört hätte. Denn der Schuldner begünstigt so allenfalls das Zustandekommen des Vertrages. Indem § 311 a Schadensersatz statt der Leistung gewährt, wird also das Kausalitätserfordernis übergangen. Der Gesetzgeber entschied sich bewusst für diesen Weg, vgl. BT-Drucks. 14/6040, S. 165.

358 Siehe hierzu unten Seite 198f.

ten hat. Ohne diesen Nachweis wäre die Bemessung des Schadensersatzanspruchs unmöglich. Das einzige, was ihm erlassen bleibt, ist der Nachweis der Kausalität. Ohne den Verzicht auf das Kausalitätserfordernis wäre dem Gläubiger in den Fällen des § 311 a der Ersatz seines positiven Interesses von vornherein verwehrt geblieben. Dies galt es zu überwinden. Hinter der Widerlegungsmöglichkeit des § 284 a.E., steht dagegen die Erwägung, die Gefahr des Missbrauchs der Regelung durch den Gläubiger einzudämmen. Da es sich bei der Rechtsfolge des § 284 ohnehin um Ersatz des negativen Interesses handelt, war eine Konstruktion zur Überwindung des Kausalitätserfordernisses nicht von Nöten.[359]

Anstatt von einer Ungleichbehandlung zu sprechen und gar den Verweis des § 311 a II auf § 284 zu ignorieren, sollte man die von § 311 a angeordnete Rechtsfolge als Ganzes sehen: dem Gläubiger steht auf jeden Fall Ersatz seines positiven Interesses zu, alternativ kann er Ersatz seiner frustrierten Aufwendungen verlangen, wenn dem Schuldner nicht der Nachweis fehlender Kausalität gelingt.

2. Anspruchsgrundlagen des Besonderen Teils des Schuldrechts

Im Zuge der Schuldrechtsreform sollte nach dem Willen des Gesetzgebers der Begriff *Schadensersatz wegen Nichterfüllung* in allen Büchern des BGB in *Schadensersatz statt der Leistung* umbenannt werden. Damit war keine inhaltliche Neuerung sondern eine Verbesserung der Ausdrucksweise bezweckt.[360] Fakt ist aber, dass es nicht überall zu einer terminologischen Angleichung kam: Unter anderem in §§ 523 II S.1, 524 II S.2 und 651 f findet sich immer noch der „*Schadensersatz wegen Nichterfüllung*“. Und in § 536a I wurde der „*Schadens-*

---

359 **Beispiel**: Buchhändler V verkauft dem K einen bestimmten limitierten Band, den er glaubt auf Lager zu haben. Tatsächlich war dieser schon am Vortage veräußert und übereignet worden, was V nicht wissen konnte. K war somit umsonst mit der Bahn zu V gefahren, um das Buch abzuholen. Bei Durchführung des für K günstigen Geschäfts hätte er einen Gewinn von 50 € gemacht.
K stehen zwei Möglichkeiten offen: Er kann zum einen gem. §§ 311 a II, 284 Ersatz seiner frustrierten Aufwendungen für die Fahrkarte verlangen. Zum anderen kann er gem. § 311 a II Schadensersatz statt der Leistung geltend machen. Im ersten Fall könnte der V dem K sehr wohl entgegnen, dass seine Aufwendungen gar nicht frustriert waren (z.B. weil er ohnehin die Fahrt angetreten hätte). Und auch im zweiten Fall kann der V versuchen darzulegen, dass K gar keinen Schaden erlitten hat, z.B. weil das Geschäft für ihn ohnehin ungünstig gewesen wäre.

360 Gsell, *Der Schadensersatz statt der Leistung nach dem neuen Schuldrecht*, S. 105 (106, 129); vgl. Regierungsbegründungündung, BT-Drucks. 14/6040, S. 137 - hier wird ausgeführt, dass der Schadensersatzanspruch nicht an die Stelle der Erfüllung, sondern an die Stelle der primär geschuldeten Leistung, die nicht mehr erfüllt werden kann, tritt. Daher sei die Schadensersatzleistung die Erfüllung der nunmehr auf Schadensersatz zielenden Verbindlichkeit.

ersatz wegen Nichterfüllung" im Rahmen der Schuldrechtsmodernisierung zum bloßen „*Schadensersatz*".
Dass aus diesen Begrifflichkeiten keine Konsequenzen für den Anwendungsbereich des § 284 gezogen werden dürfen, ergeben für das Mietrecht folgende Überlegungen: Sein jetziges Gesicht hat das Mietrecht nicht der Schuldrechtsmodernisierung, sondern dem MietRG vom 19.06. 2001[361] zu verdanken. Wie erwähnt, wurde aber durch das SchRG der Begriff des *Schadensersatzes wegen Nichterfüllung* in § 536a zum bloßen *Schadensersatz*. Die Streichung der Wörter „*wegen Nichterfüllung*" in § 536 a I ist auf eine Gegenäußerung der Bundesregierung[362] zu Nr. 21 der Stellungnahme des Bundesrates[363] zum Regierungsentwurf zurückzuführen. Die Regierung erklärte, eine Anpassung des Mietrechts sei dort sinnvoll und erforderlich, wo es im Zuge der Schuldrechtsreform um geänderte oder neue Begrifflichkeiten geht. Daher sei „*der bisherige ‚Schadensersatz wegen Nichterfüllung' im Sinne der neuen Terminologie als ‚Schadensersatz' zu bezeichnen.*" Wie bereits angedeutet, darf dieser falschen Begrifflichkeit aufgrund des offensichtlichen Missverständnisses keine Bedeutung beigemessen werden.
Ab Übergabe der Mietsache verdrängt § 536 a im Rahmen seines Anwendungsbereiches die allgemeinen Vorschriften der §§ 241 II, 280ff. § 536 a differenziert zwischen drei Tatbeständen[364], deren Erfüllung jeweils zum Schadensersatz statt der Leistung nach den Regeln der §§ 249ff berechtigt. Da das Mietrecht keine spezielle Anspruchsgrundlage für den Ersatz frustrierter Aufwendungen vorsieht und gleichzeitig nichts darauf hindeutet, dass diese ohne Ersatz bleiben sollten, ist insofern auf § 284 zurückzugreifen.[365]
Auch die Normen, in denen sich immer noch der alte „*Schadensersatz wegen Nichterfüllung*" findet, können alternativ zum Aufwendungsersatz aus § 284 führen. Denn einzig logische Erklärung für die Beibehaltung der alten Begrifflichkeit ist ein Redaktionsversehen, eine Nachlässigkeit des unter Zeitdruck stehenden Gesetzgebers, so dass keine Konsequenzen für § 284 gezogen werden dürfen, obwohl dieser einen „*Schadensersatz statt der Leistung*" verlangt.[366] Es sollte ausreichen, dass der Gläubiger einen auf Ersatz des positiven Interesses

---

361 BGBl. 2001 I S. 1149.
362 BT- Drucks. 14/6857, S. 66 ff.
363 BT-Drucks. 14/6857, S. 35.
364 Es handelt sich um die Garantiehaftung des Vermieters bei anfänglichem Mangel gemäß § 536; nachträglich entstehende Mängel und der Verzug des Vermieters mit der Mängelbeseitigung.
365 Stadler-Jauernig, § 284 Rn. 2; Huber/Faust, *Schuldrechtsmodernisierung*, 4. Kap. Rn. 9, S. 160. Wer die Rentabilitätsvermutung innerhalb des Anspruchs auf Schadensersatz statt der Leistung weiterhin anwendet, braucht auf das allgemeine Leistungsstörungsrecht und § 284 nur zurückzugreifen, sofern immaterielle Ziele des Gläubigers im Hintergrund standen.
366 Ernst-MüKo, § 284 Rn. 12; Huber/Faust, *Schuldrechtsmodernisierung*, 4. Kap. Rn. 9, S. 160 f.

gerichteten Schadensersatzanspruch hat.[367] Zu hoffen bleibt, dass der Gesetzgeber seine Versäumnisse bei nächster Gelegenheit ausmerzt.

III. Voraussetzungen des Aufwendungsersatzanspruchs gem. § 284

Steht dem Gläubiger ein Anspruch auf Schadensersatz statt der Leistung aus dem allgemeinen oder besonderen Schuldrecht zu, beziehungsweise ist ein beschriebener Ausnahmefall einschlägig, hängt das Gegebensein eines Aufwendungserstattungsanspruchs von den weiteren in § 284 genannten Voraussetzungen ab.

1. Aufwendungen

§ 284 setzt Aufwendungen des Gläubigers, also freiwillige Vermögensopfer im eigenen Interesse,[368] voraus. Dieses Erfordernis kommt dem Grundsatz der Vertrauenshaftung entgegen, dass ein Vertrauen erst dann relevant wird, wenn es Grundlage des Verhaltens des Vertrauenden ist und sich dieser eigentlich innere Vorgang nach außen hin manifestiert hat.[369]

Obwohl der Begriff der Aufwendungen eine häufige Verwendung im BGB gefunden hat,[370] ist dem Gesetz selbst nicht zu entnehmen, was unter Aufwendungen zu verstehen ist. Bei der Kodifikation des BGB wurde die Begriffsbestimmung bewusst Rechtsprechung und Literatur überlassen.[371] Wenngleich sich die Adressierten bemühten, dieser Aufgabe gerecht zu werden, ist der häufig geweckte Eindruck, es bestehe nunmehr weitreichende Einigkeit bezüglich des Inhalts des Begriffs der Aufwendungen,[372] trügerisch.

Mit der Frage, wie der gesetzliche Aufwendungsbegriff im Einzelnen inhaltlich auszugestalten ist, ist das Verständnis vom Problemkreis der frustrierten Aufwendungen verwoben.

---

367 Huber/Faust, *Schuldrechtsmodernisierung*, 4. Kap. Rn. 9, S. 160 f.
368 Siehe oben Seite Seite 110.
369 Canaris, *Vertrauenshaftung*, § 40 III, S. 510.
370 Vgl. §§ 256, 257, 304, 439 II, 478 II, 526, 536a II, 634, 652, 670, 683, 693, 970, 1648, 1835, 2022, 2050, 2124, 2381.
371 Motive zu dem Entwurfe eines Bürgerlichen Gesetzbuches, S. 541 (jedenfalls hinsichtlich der Frage, ob zufällig erlittene Schäden Aufwendungen sind); a.A. Seiler in FS für Hübner, S. 239 (240).
372 So zum Beispiel Köhler, JZ 1985, 359 (359); Müller, JZ 1968, 769 (769); Krüger-MüKo, § 256 Rn. 2.

a) allgemeiner Aufwendungsbegriff

Zurzeit bestehen nicht weniger als drei Auffassungen vom Aufwendungsbegriff. Teilweise werden als Aufwendungen alle freiwilligen Aufopferungen von Vermögenswerten im Interesse eines anderen verstanden[373]. Unter Hinweis darauf, dass die Vertreter einer solchen Sichtweise zwar - richtigerweise - auch Verwendungen eines unrechtmäßigen aber redlichen Eigenbesitzers als Aufwendungen ansehen, dies aber mit ihrer das Fremdinteresse einbeziehenden These nicht zu begründen vermögen, wird andernorts eine modifizierte Variante vertreten. Danach soll das Kriterium des Fremdinteresses wegfallen und jede freiwillige Aufopferung von Vermögenswerten mit einer Aufwendung gleichgesetzt werden.[374] Wieder andernorts wird kritisiert, ein Abstellen auf Vermögenswerte vereitele von vornherein eine Einordnung von Nicht-Vermögenswerten wie Arbeitseinsatz oder Riskieren von Leib und Leben als Aufwendung.[375] Wenn auch zugegeben wird, dass streitig ist, ob es sich bei der Arbeitskraft um einen Vermögensbestandteil handelt, so sei doch eine beiden Auffassungen offenstehende Begriffsdefinition der Aufwendungen angebracht. [376] Dem trage nur Rechnung, wer Aufwendungen generell als freiwillige, zweckgerichtete Opfer begreift.

---

373 Krüger-MüKo, § 256 Rn. 2; Faust in Huber/Faust, *Schuldrechtsmodernisierung*, 4. Kap. Rn. 10, S. 161.

374 RG JW 1909, 311; BGH NJW 1960, 1568 (1569); RGZ 75, 208 (211); 122, 298 (303); Larenz *SchuldR AT,* § 13 I, S. 185; Medicus, *Bürgerliches Recht*, Rn. 874f; Müller, JZ 1968, 769 (769); Otto, JuS 1984, 684 (684).

375 Dass persönliche Opfer wie Beschädigungen an Gesundheit, Leib und Leben als Aufwendungen gemäß § 284 in Betracht kommen könnten, wurde bisher nur von Oechsler, *Schuldrecht*, Rn. 257 angedacht. Vgl. allgemein: BGH 38, 270 (279); Gernhuber, *Das Schuldverhältnis,* § 25 I 4, S. 598 ff. Lehrreich ist ein Fall aus den USA: Sullivan v. O'Connor (nach Macaulay, Wisconsin L. Rev. 1991, 248 (276; 278)): Mrs. Sullivan war im Unterhaltungsbusiness tätig und wollte sich von einem Schönheitschirurgen die Nase nach dem Vorbild einer Schauspielerin richten lassen, um ihren Erfolg zu sichern. Nach drei schmerzhaften Operationen musste sie feststellen, dass die Bemühungen eher ins Gegenteil geschlagen waren. Macauly wirft die Frage auf, ob der Einsatz von psychischen und physiologischen Belastungen der Patientin eine Art von Investition sei. Insofern ist bereits zweifelhaft, ob die Schmerzen, die Mrs. Sullivan auf sich nahm, tatsächlich „Opfer" sind, schließlich hat sie nichts gegeben, sondern eine Prozedur über sich ergehen lassen. Dem korrespondiert die Sachlage im Vergleich zum Beispiel zu den typischen Investitionen im Wirtschaftsleben nur bedingt. Davon abgesehen fehlt es in Fällen wie diesem an einem Maßstab, die Frustration in Geld aufzuwiegen. Schließlich ist § 284 keine Anspruchsgrundlage für Schmerzensgeld.

376 Gernhuber, *Das Schuldverhältnis*, § 25 I 1 b, S. 595; Dorn, JZ 1964, 93 (93); für Einordnung der Arbeitskraft beziehungsweise -leistung als Vermögensposition: Lange/Schiemann, *Schadensersatz,* § 6 XIV 1., S. 380f; Grunsky, *Aktuelle Probleme,* S. 76ff; dagegen die h.M.: BGHZ 54, 45 (50); 67, 119 (128); 90, 334 (336); Kuckuk-Erman, § 249 Rn. 53; Heinrichs-Palandt, vor § 249 Rn. 36; Beuthien-Soergel, § 670 Rn. 4.

b) Aufwendungsbegriff des § 284

Die allgemeine Aufwendungsdefinition ist im Rahmen des § 284 von nur nachgeordneter Bedeutung. Es gilt zu berücksichtigen, dass Aufwendungen Gegenstand der unterschiedlichsten Regelungskomplexe des BGB sind. Dem korrespondiert die methodische Erkenntnis, dass für die Bildung eines abstrakten Begriffs die in seine Definition aufzunehmenden Merkmale maßgeblich von dem spezifischen Zweck bestimmt werden, dem der Begriff dienen soll.[377] So ist es kein Kuriosum, dass ein und derselbe Rechtsbegriff je nach Kontext eine unterschiedliche Bedeutung hat.[378] Es gilt, den speziellen Bereich von Aufwendungen, für die der Anwendungsbereich des § 284 eröffnet ist, durch eine abwägende Betrachtung der einzelnen Merkmale des allgemeinen Aufwendungsbegriffs unter Berücksichtigung des Regelungszwecks der neuen Norm zu konkretisieren.

aa) Aufwendungen im eigenen Interesse

Grundsätzlich lassen sich Aufwendungen danach unterscheiden, ob sie im Fremd- oder im Eigeninteresse erfolgen. In erstgenannte Kategorie fallen unter anderem die Aufwendungen im Sinne der §§ 670, 683 des Auftragnehmers beziehungsweise Geschäftsführers ohne Auftrag für den jeweiligen Herren, die Aufwendungen des Vormunds für sein Mündel nach § 1835 oder die Aufwendungen des Mieters zur Mängelbeseitigung für seinen Vermieter gemäß § 536 II. Erbringt der Gläubiger dagegen freiwillige Vermögensopfer, um auf gewisse Situationen angemessen reagieren zu können (Vorbehaltskosten) oder macht er Investitionsausgaben, handelt er im eigenen Interesse. Regelungen bezüglich Aufwendungen, die im Eigeninteresse vorgenommen wurden, waren dem BGB bisher fremd.[379] Aus dem Wortlaut, der einen anderen Begünstigten vermissen lässt, und dem Regelungszweck des § 284 folgt allerdings, dass es sich hier um im eigenen Interesse vorgenommene Aufwendungen handelt.[380] Sinn und Zweck dieser Norm ist schließlich, dem Gläubiger Kosten zu ersetzen, die er im Zusammenhang mit der Abwicklung eines Vertrages aus eigennützigen Gründen auf sich genommen hat. Beispielhaft wurden in der Entwurfsbegründung anfallende Darlehenszinsen zur Finanzierung des Kaufs eines

---

377 Larenz, *Methodenlehre*, II. Teil, Kap. 6, 1.b), S. 440.

378 Köhler, JZ 1985, 359.

379 Beuthien sieht den Grund hierfür darin, dass „... *sich die Frage des Aufwendungsersatzes freilich nur (stellt), wenn das willentliche Vermögensopfer für einen anderen erbracht wird. Denn sich selbst kann man nichts erstatten*“, JuS 1987, 841 (842 in Fn. 6).

380 A.A. Reim, NJW 2003, 3662 (3663): es sei egal, in wessen Interesse das Vermögensopfer erbracht werde; auch Däubler, *BGB Kompakt*, Kap. 16, Rn. 70a, S. 583 bezieht das Eigeninteresse nicht in den Aufwendungsbegriff mit ein.

Kunstobjekts genannt.[381] Daher wäre eine auf ein Fremdinteresse beim Aufwendungsbegriff abstellende Sichtweise bei § 284 verfehlt.[382]

bb) Freiwilligkeit der Aufwendungen

Unter Hinweis auf die Handhabung des Aufwendungsersatzes im Rahmen des § 670 wollen verschiedene Literaturstimmen auch unfreiwillige Nachteile des Gläubigers, die bei der Vorbereitung der Vertragsdurchführung entstehen, erfasst wissen.[383] Mit anderen Worten: Es soll über § 284 Ersatz von bestimmten Schadensposten gewährt werden. Bekanntlich wird dem Beauftragten nach § 670 auch Ersatz für Zufallsschäden gewährt, die er bei der Auftragserledigung erleidet. Hintergrund aller nur vordergründig im Ergebnis geeinten, über den konstruktiven Weg[384] dagegen entzweiten Sichtweisen des § 670 ist jedoch der

---

381 Regierungsbegründung BT Drucks. 14/6040, S. 143.

382 Faust in Huber/Faust, *Schuldrechtsmodernisierung*, 4. Kapitel Rn. 10, S. 161; Dauner-Lieb in *Das Neue Schuldrecht - ein Lehrbuch*, § 2 Rn. 55, S. 99; Dauner-Lieb-AnwKom, § 284 Rn. 9; Willingmann/Hirse, *Kompaktkommentar*, § 284 Rn. 8; Münch, Jura 2002, 361 (372); entsprechend zur alten Rechtslage: Müller, *Ersatz entwerteter Aufwendungen*, S. 23. Die Formulierung Stoppels, *Der Ersatz frustrierter Aufwendungen*, S. 62: *„Nicht erforderlich ist ... die Fremdnützigkeit der Vermögenseinbuße“* bringt dies nicht richtig zum Ausdruck. Seine Erörterungen lassen überhaupt eine Differenzierung nach den verschiedenen Aufwendungsbegriffen im BGB vermissen. Bezeichnend ist insofern, dass Stoppel behauptet, auf die Fremdnützigkeit sei *„entgegen der bisherigen Rechtsprechung zum Aufwendungsbegriff* ... “ zu verzichten.

383 Otto, Jura 2002, 1 (9); Oechsler, *Schuldrecht*, Rn. 257, der als Beispiel die gescheiterte Durchführung des Kaufs einer Giftschlange anführt: Noch vor Übergabe der Schlange ließ sich der Käufer impfen. Durch die Unachtsamkeit des Arztes erlitt er eine allergische Reaktion, die behandelt werden musste. Es entstanden 400 € Behandlungskosten. Nunmehr trat der Käufer wegen eines Mangels der Schlange vom Vertrag zurück. Oechsler bejaht die grundsätzliche Anwendbarkeit des § 284, lässt den Anspruch auf Aufwendungsersatz aber schließlich an einer fehlenden Zurechenbarkeit des Schadens beziehungsweise an § 284 2.HS scheitern.

Tatsächlich hat dieser Fall nichts mit den Fällen gemein, die der Gesetzgeber mit § 284 zu regeln suchte. Schon dies spricht gegen seine Subsumtion unter den Anwendungsbereich des § 284. Ferner erfasst der hinter § 284 stehende Haftungsgrund – das Wecken und Enttäuschen von Vertrauen durch den Schuldner (siehe hierzu unten Seite 50) vorliegende Konstellation nicht, denn dies erfordert eine bewusste Disposition auf Seiten des Gläubigers – ein unfreiwillig erlittener Schaden kann keine solche Disposition begründen. Für vorliegenden Fall heißt dies, dass der Käufer auf deliktische Ansprüche gegen den Arzt beschränkt bleibt.

384 Garantiehaftung in Verbindung mit Vertragsauslegung (RG JW 1914, 676 (677); RGZ 94, 169 (170); JW 1927, 441 (441); RG JW 1931, 3441 (3442)); Grundsätze der Risikozurechnung (Sprau-Palandt, § 670 Rn. 12; Larenz, *Schuldrecht BT 1*, § 56 III, S. 418; Oechsler, *Schuldrecht*, Rn. 785); Analogie zu § 670 (Fikentscher, *Schuldrecht*, § 86 I. 7. dd), Rn. 1250); teleologische Extension des § 670 (Martinek-Staudinger, § 670 Rn. 29); allgemeine Grundsätze des Vertrags- beziehungsweise Deliktsrechts (Ehmann-Erman, § 670 Rn. 12).

Gedanke, dass der Beauftragte nicht im eigenen, sondern im fremden Interesse tätig wird, dass mithin billigerweise der Auftraggeber und nicht der -nehmer für die Konsequenzen aufzukommen habe. An dieser allein die Einbeziehung von Schäden in den Aufwendungsersatz rechtfertigenden Interessenslage fehlt es indessen im Rahmen des § 284, was die Befürworter eines insofern weiteren Aufwendungsbegriffs unbedacht lassen.
Als entscheidendes Abgrenzungskriterium zum Schaden bleibt also die Freiwilligkeit ebenso im Aufwendungsbegriff des § 284 enthalten[385] wie das quasi begriffsimmanente Opfer.

cc) immaterieller oder materieller Zweck der Aufwendung

Im bisherigen Recht war die Unterscheidung, ob eine Aufwendung einen materiellen oder immateriellen Hintergrund hatte, richtungweisend. Ersatz frustrierter Aufwendungen konnte nur gewährt werden, wenn der Gläubiger die Aufwendung tätigte, um Gewinn zu erwirtschaften. Das Erstattungsbegehren wurde dagegen negativ beschieden, wenn der Gläubiger über die Aufwendung private, sprich immaterielle, Zwecke zu erreichen suchte. Sei es, dass es sich um Aufwendungen handelte, die der Gläubiger zur Steigerung seines immateriellen Erfüllungsinteresses tätigte. Sei es, dass der Vertrag mit dem später säumigen Schuldner zur Befriedigung affektiver oder konsumtiver, also nicht-kommerzieller Ziele eingegangen worden war, wie zum Beispiel bei dem Kauf eines Hauses zu Wohnzwecken.

In diesem Zusammenhang sei auf eine vereinzelt gebliebene Literaturstimme[386] eingegangen, die fordert, unter § 284 nur Aufwendungen mit immaterieller Zweckbestimmung zu fassen. Dies geschieht unter Berufung auf die Funktion des § 284, dem Gläubiger in Fallkonstellationen, wie sie der Stadthallen-Entscheidung zugrunde lagen, die also durch nicht in Geld ausdrückbares Leistungsinteresse gekennzeichnet sind, zu einem Ersatzanspruch zu verhelfen.[387]

---

385 Dedek in *Praxis der Schuldrechtsreform*, § 284 Rn. 7; Grüneberg in Bamberger-Roth, § 284 Rn. 7; kritisch: Otto-Staudinger, § 284 Rn. 20.

386 Es ist eine Fehleinschätzung von Stoppel, hier liege ein „*Streit*" vor. Dieser Irrtum wird von Falschzitaten gestützt. So wird Kropholler (*Studienkommentar*, § 284 Rn. 2) fälschlicherweise von Stoppel als zweite Stimme neben Palandt genannt, die unter § 284 nur Aufwendungen mit immateriellem Hintergrund erfassen will. Tatsächlich sagt Kropholler an besagter Stelle: „*Ferner macht es keinen Unterschied, ob durch die Leistung ein wirtschaftlicher oder ideeller Zweck nicht erreicht wurde*".

387 Heinrichs-Palandt, § 284 Rn. 4; dagegen: Ernst-MüKo, § 284 Rn. 10; Dedek in *Praxis der Schuldrechtsreform*, § 284 Rn. 4; Gsell, *Aufwendungsersatz nach § 284*, S. 321 (324); Otto-Staudinger, § 284 Rn.10 - allgemein wird davon ausgegangen, dass § 284 Aufwendungen sowohl mit immateriellem als auch mit kommerziellem Hintergrund erfasst, vgl. Wolff -SKK, A Rn. 502;

Diese Vorgehensweise ignoriert nicht nur die verschiedenen weiteren Funktionen des § 284. Denn abgesehen davon, dass der Gesetzgeber die angesprochene Gesetzeslücke hinsichtlich Aufwendungen mit einem immateriellen Hintergrund schließen wollte, ging es ihm darum „*Unsicherheiten und Zufälligkeiten in der Rentabilitätsberechnung* ...(zu) *vermeiden*",[388] also die als willkürlich empfundene Rentabilitätstheorie zu entthronen. Ihm war nicht verborgen geblieben, dass „*...die Rentabilitätsvermutung der Gefahr ausgesetzt ist, zu methodenunehrlichen Fiktionen Zuflucht nehmen zu müssen.*"[389] Insbesondere lag es dem Gesetzgeber am Herzen, eine einheitliche Lösung des Poblembereichs zu finden.[390] Hiermit verträgt es sich nicht, wie Heinrichs vorschlägt, den Gläubiger bei Verträgen im immateriellen Bereich auf § 284 und ansonsten auf § 281 in Verbindung mit der Rentabilitätsvermutung verweisen zu wollen.[391]
Abgesehen davon würde eine derartige Beschränkung des Anwendungsbereichs von § 284 zu dem merkwürdigen Ergebnis führen, dass nur Gläubiger innerhalb von Schuldverhältnissen ohne kommerziellen Hintergrund in den Genuss der Beweislastumkehr des § 284 a.E. kommen würden. Angesprochene Beweislastumkehr liegt darin begründet, dass § 284 a.E. seinem Wortlaut nach (widerleglich) vermutet, dass die Pflichtverletzung des Schuldners für die Frustration der Gläubigeraufwendungen ursächlich war. Demgegenüber hat der Gläubiger, der seinen Sekundäranspruch auf die Rentabilitätstheorie in Verbindung mit § 281stützt, entsprechend allgemeiner beweisrechtlicher Grundsätze nachzuweisen, dass die Pflichtverletzung durch den Schuldner zur Frustration seiner Aufwendungen geführt hätte. Dies wäre eine willkürliche Ungleichbehandlung der Gläubiger und erscheint zudem aus dem Grunde, dass hiervon ausgerechnet der Gläubiger profitieren soll, der die Verfehlung eines immateriellen Zwecks geltend macht, als verfehlt. Denn in allen sonstigen Zusammenhängen, in denen das BGB Ausgleich für immaterielle Schäden gewährt, sind diese an vergleichsweise höhere Anforderungen geknüpft. Auch nach der Reform des Schadensrechts bleibt es bei dem Grundsatz, dass ein Ausgleich für Nichtvermögensschäden nur in den durch das Gesetz bestimmten Fällen gefordert werden kann, § 253 I.
Schließlich ist auch der Gesetzesbegründung zu entnehmen, dass der Gesetzgeber in einer für ihn selbstverständlichen Art von der Erstreckung des Anwendungsbereichs des § 284 auch auf Aufwendungen mit kommerziellem Hintergrund ausging. So heißt es hier, man könne dem Gläubiger bei „ .... *spekulativer, marktstrategischer Zielsetzung und in ähnlichen Fällen nicht mehr entge-*

388 Regierungsbegründung, BT-Drucks. 14/6040, S. 143.
389 Regierungsbegründung, BT-Drucks. 14/6040, S. 143; deutlich auch auf S. 144, „... *die bisherige Rechtsprechung zur Rentabilitätsvermutung, auf die es künftig nicht mehr ankommt*".
390 Vgl. Regierungsbegründung, BT-Drucks. 14/6040, S. 144.
391 Heinrichs-Palandt, § 284 Rn. 4.

genhalten, sein Geschäft sei ‚unrentabel' gewesen."[392] Da der Fokus in der Begründung richtigerweise auf Fallgestaltungen gerichtet wurde, in denen unter früherer Rechtslage kein Aufwendungsersatzanspruch zu begründen war – wie dem Stadthallen-Fall, Liebhaber-Fälle und im Zusammenhang mit erbrechtlichen Ansprüchen - ist nachvollziehbar, dass sich die Ausführungen zu Aufwendungen mit materieller Zielsetzung in Grenzen halten[393]. Falsch wäre es, den Schluss zu ziehen, der Gesetzgeber wollte diese Kategorie von Aufwendungen aus dem Anwendungsbereich des § 284 ausschließen.

dd) Vermögensqualität des Opfers

Bereits eingangs wurden Stimmen zitiert, denen zufolgte es verfehlt ist, schon im Rahmen der einzelnen Merkmale des Aufwendungsbegriffs festzulegen, ob das vom Gläubiger im Vertrauen auf den Erhalt der Leistung erbrachte Opfer einen Vermögenswert darstellen muss. Dies ist überzeugend, da nur eine insofern neutrale Sicht verhindert, dass voreilig Position hinsichtlich der Frage bezogen wird, ob eigene Arbeitsleistungen über § 284 mit Recht ersetzt verlangt werden können.[394] Daher sollte auch im Rahmen des Aufwendungsbegriffs des § 284 nicht auf den Vermögenswert des Opfers[395] rekurriert, sondern eine offene Betrachtungsweise bevorzugt werden.

ee) Zwischenergebnis

An dieser Stelle bleibt festzuhalten, dass Aufwendungen im Sinne des § 284 freiwillig eingegangene beziehungsweise erbrachte Opfer im eigenen Interesse sind. Unerheblich ist, ob sie materiellen oder immateriellen Zwecken des Aufwendenden dienen sollten. Ob eigene Arbeitsleistungen ebenfalls als Aufwendung im Sinne dieser Norm gelten, ist an gegebener Stelle, nach Vertiefung des Sinns und Zwecks des § 284, zu erörtern.

---

392 Regierungsbegründung, BT-Drucks. 14/6040, S. 144.

393 Die Gesetzesbegründung hält ein Beispiel aus diesem Bereich parat, was keine Zweifel mehr an der Anwendbarkeit des § 284 erlaubt: „*Wer etwa zum Verkauf letztlich unverkäuflicher Kunstwerke ein Ladenlokal anmietet, macht in jedem Fall einen Verlust. Solche auch bei ordnungsgemäßer Erfüllung vergeblichen Aufwendungen können nicht ersatzfähig sein. Deshalb schließt der letzte Halbsatz der Vorschrift den Ersatz ... aus...*", BT-Drucks. 14/6040, S. 144.

394 Siehe dazu unten Seite 121.

395 Vgl. Gernhuber, *Das Schuldverhältnis*, § 25 I 1 b, S. 595; so aber: Emmerich, *Recht der Leistungsstörungen*, § 13 3.a), S. 217; Lorenz/Riehm, *Lehrbuch zum neuen Schuldrecht*, Rn. 227; Heinrichs-Palandt, § 284 Rn. 6; Dedek in Praxis der Schuldrechtsreform, § 284 Rn.7.

c) Fallgruppen

Fraglich ist, ob sich in bestimmten Fallkonstellationen der Ersatz von Aufwendungen nach § 284 verbietet, obwohl der Gläubiger Kosten hatte, die unter die Aufwendungsdefinition fallen:

aa) Opportunitätskosten

Verzichtet der Gläubiger im Vertrauen auf den Bestand des mit dem später vertragsbrüchigen Schuldner geschlossenen Geschäfts auf einen anderen, gewinnbringenden Vertragsabschluss, bedeutet dies ein freiwilliges Opfer im eigenen Interesse für ihn. Beruft sich der Gläubiger darauf, dass er die Möglichkeit verstreichen lassen hat, sein Geld anderweitig ertragreich einzusetzen, macht er Opportunitätskosten geltend.[396]
Wie gesehen, ist der Ersatz dieser Aufwendungen in den USA umstritten.[397] Wohl im Wissen um die Situation in Amerika hat der Gesetzgeber hier Vorsorge getroffen: Bereits ein Blick in die Gesetzesbegründung ergibt, dass der Verzicht auf ein lukratives Alternativgeschäft keine Aufwendung im Sinne des § 284 ist, obwohl er eigentlich alle Charakteristika aufweist.[398] Hier wurde die in § 327 KE vorgesehene Lösung des Problemkreises vergeblicher Aufwendungen über Ersatz des (gesamten) Vertrauensschadens mit dem Hinweis, es wäre unvertretbar, den Schuldner für entgangenen Gewinn aus anderweitigen Geschäften haften zu lassen, abgelehnt. Dies wäre eine zu weitreichende Haftung.[399]
Ein solcher Einwand mag im Kern zutreffend sein, doch bringt er den Gesetzgeber in die Verlegenheit, sich den Vorwurf gefallen lassen zu müssen, die Grenze willkürlich gezogen zu haben. Schließlich kann sich im Einzelfall eine Einstandspflicht für Opportunitätseinbußen des Gläubigers als genauso belastend und unkalkulierbar wie das Aufkommenmüssen für jede noch so extravagante beziehungsweise unvorhersehbare Aufwendung des Gläubigers darstellen. Und letztlich kann jeweils das Schlimmste über das Billigkeitskriterium vom Schuldner abgehalten werden.

---

396 Die Kosten eines wirtschaftlichen Gutes entsprechen dem entgangenen Ertrag, den dieses Gut in der bestmöglichen alternativen Verwendung schaffen könnte (Opportunitätskosten), Schäfer/Ott, *Lehrbuch der ökonomischen Analyse,* S. 77; bedenklich: Nach Lorenz/Riehm, *Lehrbuch zum neuen Schuldrecht,* Rn. 227 sollen die Opportunitätskosten keine Aufwendungen, *„das heißt echte Vermögensopfer, sondern lediglich die Nicht-Wahrnehmung einer Gelegenheit"* sein.

397 Siehe oben S.41.

398 A.A: Ernst-MüKo, § 284 Rn. 17.

399 Regierungsbegründung, BT-Drucks. 14/6040, S. 144.

Dennoch ist § 284 so auszulegen, dass Opportunitätskosten keine erstattungsfähigen Aufwendungen sind.[400] Die wegweisende Entscheidung des Gesetzgebers verdient Zustimmung. Allerdings aus anderen Gründen, als sie in den Gesetzesmaterialien anklingen. Ausschlaggebend sollte sein, dass die Argumentation des Gläubigers, er hätte einen ähnlichen Vertrag abgeschlossen, wenn er nicht mit dem Schuldner kontraktiert hätte, und so seien ihm Gewinne entgangen, auf eine ähnlich methodenunehrliche Vermengung des positiven und negativen Interesses innerhalb eines Ersatzanspruchs hinausläuft, wie sie vor der Schuldrechtsreform nach der Rentabilitätstheorie in § 325 BGB a.F. stattfand. Dies hätte zur Folge, dass der Gläubiger über § 284 sowohl reine Posten des negativen Interesses als auch einen solch' zweideutigen - da auch dem positiven Interesse zuordbaren[401]- Posten wie Opportunitätskosten, geltend machen könnte und so letztlich besser als bei Erfüllung des Schuldners stünde. Will man die Konsequenzen eines Verzichts auf einen anderen Vertragsschluss unter § 284 subsumieren, würde dies darüber hinaus die Regelung des § 252 untergraben. Hiernach gilt der Gewinn als entgangen, der nach dem gewöhnlichen Lauf der Dinge beziehungsweise nach den speziellen Umständen erwartet werden konnte. Dem Gläubiger kommt somit zwar eine gewisse Beweiserleichterung, nicht aber eine Beweislastumkehr, wie von § 284 vorgesehen, zugute. Ein Vorgehen nach § 284 verlangt vom Gläubiger nur die Darlegung einer verpassten Chance – dass diese rentabel gewesen wäre, wird gesetzlich vermutet[402]. So weit ging nicht einmal die Rentabilitätstheorie, jedenfalls nicht in der Ausprägung, die sie durch den BGH in der Diskotheken-Fall-Entscheidung erlangt hatte.

Eng mit dem Problemkreis der Opportunitätskosten verwoben ist der Verzicht auf normalerweise erwirtschafteten Gewinn im Vertrauen auf den ordnungsgemäßen Erhalt einer Leistung.

> **Beispiel**: *Ein Selbständiger bucht eine Pauschalreise und entschließt sich, sein Geschäft nicht von einer Vertretung leiten zu lassen, sondern während seiner Abwesenheit zu schließen. Da die Mitarbeiter zweckmä-*

---

400 Reim, NJW 2003, 3662 (3664); Dauner-Lieb-AnwKom, § 284 Rn. 11; dies. in *Das Neue Schuldrecht - Ein Lehrbuch*, § 2 Rn. 56, S. 100; Grüneberg in Bamberger/Roth, § 284 Rn. 13; Gehrlein in Bamberger/Roth, § 311 a Rn. 7; Huber/Faust, *Schuldrechtsmodernisierung*, 4. Kap. Rn. 11, S. 161; Oechsler, *Schuldrecht*, Rn. 264.

401 Cooter/Eisenberg gehen der Frage nach, bei welchen ökonomischen Rahmenbedingungen sich Opportunitätseinbuße und positives Interesse entsprechen. Ausschlaggebend ist demnach, ob der Vertrag innerhalb eines perfekten Marktes (vollständige Information, gleiche Bedingungen, Beständigkeit) geschlossen wurde. In diesem Falle wäre es dem Gläubiger gleichgültig, mit wem er kontraktiert. Nur zu dem Ausmaß, wie er Veranlassung hatte, einen bestimmten Vertragspartner zu wählen, wird der Verlust nach dem positiven Interesse schwerer wiegen als nach dem negativen Interesse, 73 Calif. L. Rev. 1432 (1445f).

402 Zur Einordnung des § 284 2.HS als gesetzliche Vermutung siehe unten Seite 198.

ßigerweise ebenfalls zu dieser Zeit in den Urlaub geschickt werden, kann der Laden nicht spontan geöffnet werden, wenn der Reiseveranstalter die gebuchte Reise schuldhaft ausfallen lässt.

Hierin liegt ein Verzicht auf den normalerweise erwirtschafteten unternehmerischen Gewinn.[403] Ebenso wie bei den Opportunitätskosten stellt dies ein Vermögensopfer im eigenen Interesse dar. Macht man sich die in den Gesetzgebungsmaterialien für den Ausschluss der Opportunitätskosten gegebenen Gründe zu eigen, gerät man hier in schwieriges Fahrtwasser. Denn oftmals wird dieser Verlust für den Schuldner voraussehbar gewesen sein. Jedenfalls ist er seiner Art und Höhe nach deutlich weniger vage als der Verlust aus irgendeinem entgangenen Geschäft, welches im Einzelfall besonders hoch oder niedrig sein kann. Auch dies belegt die Überlegenheit hier vorgebrachter Argumentation, welche keine Erklärungsschwierigkeiten hat, auch bezüglich des normalerweise erwirtschafteten entgangenen Gewinns den Anspruch aus § 284 zu sperren.

bb) bereits erbrachte Gegenleistung

Gibt der Gläubiger in Erwartung der geschuldeten Leistung die vereinbarte Gegenleistung hin, während der Schuldner nicht leistet, stellt dies ein freiwilliges[404] (Vermögens-) Opfer im eigenen Interesse, mithin eine Aufwendung im Sinne des § 284 dar. Unter Berücksichtigung des die synallagmatischen Schuldverhältnisse prägenden do-ut-des Prinzips erweist sich die erbrachte Gegenleistung als vergeblich, wenn die geschuldete Leistung ausbleibt.[405] Bei einer formalistischen Vorgehensweise, die sich mit bloßer Subsumtion begnügt, entstehen keine Zweifel, dass in diesem Fall Aufwendungsersatz nach § 284 verlangt werden könne.[406]

In die Überlegungen mit einzubeziehen ist aber der Umstand, dass der heutige Schadensersatz statt der Leistung dem früheren Schadensersatz wegen Nichterfüllung entspricht und dass bezüglich dieses Rechtsbehelfs allgemein anerkannt war, dass der Gläubiger eine bereits erbrachte Anzahlung als „**Mindestschaden**"

---

403 Beispiel nach Tolk, *Frustrierungsgedanke*, S. 58.

404 Die Freiwilligkeit darf nicht mit Hinweis auf die schuldrechtliche Verpflichtung des Gläubigers angezweifelt werden. Da die Eingehung dieser Verpflichtung freiwillig war, ist es geboten, auch von der Freiwilligkeit der erfolgten (Gegen-) Leistung auszugehen.

405 Besonderheit im Vergleich mit anderen, typischen Aufwendungen nach § 284: Es kommt auf den Primär-Zweck an.

406 So Emmerich, *Recht der Leistungsstörungen*, § 13 IV 1 a.E., S. 207, der gleichzeitig ein Vorgehen des Gläubigers über § 281 für möglich erachtet; Ebenso Schobel, *Ersatz frustrierter Aufwendungen*, S. 150 Fn. 184, unter Hinweis darauf, dass § 284 eigentlich auf Vertrags*neben*aufwendungen abstellt.

über die Rentabilitätstheorie zurückverlangen konnte.[407] Diese Regel kennzeichnet sogar den Anfang der Rechtsprechung des Reichsgerichts zum Ersatz vergeblicher Aufwendungen, bevor erstmals auf Vertragskosten oder Folgeinvestitionen als Aufwendungen Bezug genommen wurde. Ob der alten Praxis des Aufwendungsersatzes konkretisiert in der Lehre vom Mindestschaden Auswirkungen auf das aktuelle Recht zuzugestehen sind, insbesondere, ob die bereits erbrachte Gegenleistung über § 281 oder über § 284 beziehungsweise über beide Normen[408] in Anspruchskonkurrenz erstattungsfähig ist, soll eine Betrachtung des alten Rechts ergeben. Der Vorteil dieser Vorgehensweise liegt unter anderem darin, dass sich auf diese Weise am ehesten verhindern lässt, dass sich der Streit über das Fortbestehen der Rentabilitätstheorie im Rahmen des Schadensersatzes statt der Leistung an dieser Stelle auswirkt. Auch können Befürworter des Fortbestehens der Rentabilitätstheorie die Konsequenzen ihrer Sicht, die zu einer Erstattungsfähigkeit über § 281 führt, aus einem anderen Blickwinkel überdenken.

Unter Anerkennung der Berechnung des Schadensersatzes wegen Nichterfüllung nach § 326 entsprechend der Differenztheorie[409] führte das RG aus, es sei *„bei der Schadensersatzrechnung davon auszugehen, dass sich die beiderseitigen Leistungen nach dem Parteiwillen als gleichwertig einander gegenüberstehen. Der Käufer hat den vereinbarten Preis bewilligt, um die Gegenleistung zu erhalten. Erhält er diese Gegenleistung nicht, so muss ihm das vergütet werden, was er vergeblich hingegeben und aufgewendet hat, um die Gegenleistung zu erhalten.“*[410] Auch in späteren Entscheidungen wird zur Begründung der Lehre vom Mindestschaden auf die Gleichwertigkeit von Leistung und Gegenleistung abgestellt, das Ergebnis vor allem aber durch die Vermutung gestützt, dass der vorleistende Gläubiger seine Aufwendung durch den *„Vorteil der erwarteten Lieferung der Kaufsache wieder eingebracht haben würde. . . Nur unter diesem Gesichtspunkt kann aber der Schadensersatzberechtigte, um eine genauere Schadensberechnung zu vermeiden, als Mindestschaden Aufwendungen geltend ma-*

407 Vgl. Emmerich, *Recht der Leistungsstörungen*, § 13 IV 1. und 2., S. 205ff.

408 Ausdrücklich: Heinrichs-Palandt, § 281 Rn. 23; Emmerich, *Recht der Leistungsstörungen*, § 13 IV 1., 2., S. 205ff; ders. MüKo, vor § 281 Rn. 31. Dies müsste auch die Konsequenz der Sicht all derjenigen sein, die in Zukunft nicht auf die Rentabilitätsvermutung innerhalb des § 281 verzichten wollen – mangels expliziter Stellungnahmen innerhalb dieser Meinungsrichtung erscheint es mir aber unrichtig, diese hier ausdrücklich als Befürworter zu zitieren (anders als Emmerich vorgeht). A.A: Dauner-Lieb-AnwKom, § 284 Rn. 5; v. Willmowsky, JuS 2002, Beilage 1 zu Heft 1, 10 (14); andeutungsweise: Schellhammer, MDR 2002, 301 (305).

409 Bis RGZ 50, 255 (262) galt die Surrogationstheorie; vgl. RGZ 57, 105 (106); 58, 173 (177); 61, (87) 89.

410 RG JW 1913, 595 (596).

chen, die sich auf den Vertrag beziehen."[411] Damit war die Vermutung, die später der Rentabilitätstheorie ihren Namen geben sollte, erstmals angesprochen. Hervorzuheben ist, dass in den Fällen, in denen das Reichsgericht auf die synallagmatisch bedingte Gleichwertigkeit von Leistung- und Gegenleistung Bezug nahm, die Vorleistung stets in einer Geldzahlung und nicht in einer Sachleistung bestand.

Müller-Laube sieht hinter der betragsmäßigen Einbeziehung der Gegenleistung in den Schadensersatz wegen Nichterfüllung den Versuch, die Konsequenzen der h.M., welche in Vorleistungsfällen ausnahmsweise nicht den Schadensersatz nach der Differenzmethode, sondern nach der Surrogationstheorie ermittelt,[412] zu umgehen.[413] Der Surrogationstheorie zufolge besteht das Vertragsverhältnis trotz der Leistungsstörung und des Schadensersatzbegehrens des enttäuschten Gläubigers fort. Sie lässt lediglich an die Stelle der nicht mehr „möglichen" Leistung als „Surrogat" ihren in Geld ausgedrückten Betrag rücken. Auf Vorleistungsfälle angewandt, heißt das, dass der Gläubiger gegen den säumigen Schuldner (nur) einen Anspruch auf den Wert der Gegenleistung sowie auf Ersatz weiteren Schadens hat. Die von ihm bereits erbrachte Leistung erhält er nicht zurück, was unter Umständen – wie bei Insolvenz des Schuldners oder einem Affektionsinteresse des Gläubigers – ein unbilliges Ergebnis für ihn ist.
Der Erklärungsversuch von Müller-Laube gerät insofern zu kurz, als zu der Zeit, da das Reichsgericht die später so genannte Rentabilitätsvermutung zu entwickeln begann, die Surrogationstheorie in der Rechtsprechung noch gar nicht für Vorleistungsfälle etabliert war: Die ersten detaillierteren Ausführungen zu bereits erbrachten Gegenleistungen als vergebliche Aufwendungen sind in RG JW 1913, S.595 und in RGZ 127, 245 enthalten. Erst in der der Entscheidung vom 31. Jan. 1931 zugrunde liegenden Konstellation stieß das Reichsgericht auf einen Fall, da die Vorleistung eine Sachleistung war, und hielt selbst jetzt noch nach außen hin an der Differenztheorie fest. In diesem Fall begehrte der Verkäufer eines Grundstücks samt zugehörigem „Weinhaus" Schadensersatz wegen Nichterfüllung in der Form, dass der Beklagte das bereits übergebene Grundstück wieder räumen sollte. Ein starres Festhalten an der Differenztheorie hätte zur Berechnung des Schadensersatzes nach der Werte-Differenz der geschuldeten Leistungen unter Rückgabe der Vorleistung führen müssen.[414] Dem Grunde

411 RGZ 127, 245 (248, 250)
412 Vgl. Ballhaus-RGRK, § 325 Rn. 15 - Begründung: Schadensersatzanspruch ist nur auf Geld gerichtet, außerdem habe der Gläubiger sein Desinteresse an der Naturalrestitution zum Ausdruck gebracht; Blomeyer, DB 1969, 2117 (2117); KG DB 1983, 1354 (1354); a.A. Wiedemann-Soergel, § 325 Rn. 35; Huber, *Leistungsstörungen*, § 37 III 3., S. 207f.
413 Müller-Laube, JZ 1995, 538 (539).
414 Vgl. Ballhaus-RGRK, § 325 Rn. 15: "*Was aber dem der Differenztheorie zugrunde liegenden Gedanken, eine endgültige Abwicklung des Vertragsverhältnisses herbeizuführen, widerspricht.*"

nach erwies sich der Einwand von Müller-Laube also als berechtigt, da das Reichsgericht in dieser Entscheidung an die Grenzen der Differenztheorie, welche in ihrer Nähe zum Rücktritt bei Vorleistungsfällen liegen, stieß. Unter ablehnender Bescheidung des begehrten Schadensersatzanspruchs auf Räumung und Herausgabe des geleisteten Grundstücks, mithin Annäherung an die Surrogationstheorie im Tatsächlichen, bestätigte es in derselben Entscheidung in Bezug auf Fälle, in denen die Vorleistung in Geld erfolgte, dass diese einen ersatzfähigen Schadensposten darstellen.[415] Unausgesprochen liegt dieser Differenzierung die Überlegung zugrunde, dass in dem einen Fall nicht der Kaufpreis oder Werklohn als solcher zurückgefordert wird, sondern nur ein entsprechender Geldbetrag, mithin Rücktritt und Schadensersatz nicht systemwidrig vermengt würden. Bei Sach-Vorleistungen lässt sich diese „Schutzbehauptung" dagegen nicht aufrecht halten. Im Wege eines Begehrens auf Schadensersatz wird der Gegenstand zurückgefordert, der essentialii negotii war, zu offensichtlich wäre hier, dass das Ergebnis letztlich aus einer Kombination von Schadensersatz und Rücktritt besteht, was der Gesetzgeber so nicht vorgesehen hatte. Damit ist die angeführte Entscheidung eine erste Abkehr von der Differenztheorie in ihrer strengen Form bezüglich Fallgestaltungen mit nicht in Geldzahlung bestehenden Vorleistungen. Folglich kann die "Konstruktion" des RG schon zeitmäßig nicht als Reaktion auf das Vordringen der Surrogationstheorie in den Vorleistungsfällen gewertet werden.

Ausschlaggebend scheint vielmehr, dass sich das Reichsgericht mit der Tatsache konfrontiert sah, dass weder Surrogations- noch Differenztheorie angemessen auf Fälle zu reagieren vermochten, in denen dem Gläubiger weder allein durch Rücktritt noch allein durch Schadensersatz genüge getan werden konnte. Dies verleitete das Gericht zur Einordnung pekuniärer beziehungsweise sachlicher Vorleistungen als Mindestschaden. Diese Erkenntnis lässt sich auf Fallgestaltungen wie bei RG JW 1913, 595 stützen:

> *Der später Schadensersatz wegen Nichterfüllung verlangende Kläger hatte mit dem Beklagten einen Kaufvertrag über ein Grundstück zu 12 Mark pro m² geschlossen, obwohl der m² nur 8 Mark wert war. Eine Anzahlung war bereits geleistet und Aufwendungen in Form von Abgaben getätigt worden. Bei Durchführung des Geschäfts hätte der Kläger einen Verlust von 53 000 Mark gehabt.*

Nach der Surrogationstheorie hätte er zwar einen Anspruch auf einen dem Wert des Grundstücks entsprechenden Betrag als Surrogat gehabt, wäre aber im Gegenzug zu einer höheren Gegenleistung verpflichtet geblieben, so dass der Verkäufer zu einem Teil hätte aufrechnen und im Übrigen noch eigene Forderungen

415 RG JW 1931, 1183 (1184).

hätte geltend machen können. Der Käufer hätte daher letztlich keinen Ersatz erhalten. Dasselbe gilt aufgrund der negativen Werte-Differenz zu seinen Ungunsten auch nach der Differenztheorie. Dennoch gewährte das Reichsgericht Schadensersatz wegen Nichterfüllung in Höhe der dem Kläger entstandenen Auslagen. Die Annahme liegt nahe, dass das Reichsgericht die geleistete Anzahlung ergebnisorientiert als Schadensposten einordnete, um den Käufer als vertragstreuen Teil nicht über die Gebühr belasten und zugleich den säumigen Vertragspartner nahezu unbehelligt davonkommen lassen zu müssen. Erst auf diese Weise wurde dem Kläger ermöglicht, Ersatz für die vergeblichen Aufwendungen **neben** einem Ersatz für die geleistete Anzahlung zu erhalten. Hätte er Gebrauch von seinem Rücktrittsrecht gemacht, hätte er nur die Anzahlung zurückerhalten.

Hintergrund der Praxis des Reichsgerichts, Anzahlungen als erstattungswürdige frustrierte Aufwendungen einzuordnen, war damit die unter alter Rechtslage fehlende Möglichkeit, Schadensersatz und Rücktritt kombinieren zu können. Nach der Schuldrechtsreform ist aber genau dies möglich, vgl. § 325. Damit sind die hinter der vom BGH übernommenen Lehre vom Mindestschaden des Reichsgerichts stehenden Billigkeitserwägungen weggefallen. Darüber hinaus ist zu bedenken, dass das Rücktrittsrecht sachnähere Normen zum Rückerhalt einer Vorleistung zur Verfügung stellt. Auf diese sollte daher zurückgegriffen werden.[416] Es ist also hinfällig, bereits geleistete Anzahlungen als vergebliche Aufwendungen getarnt über § 284 zu erstatten. Genauso wenig kommt deren Einbeziehung in den Schadensersatz statt der Leistung in Betracht. Will der Gläubiger seine Leistung nach einer Leistungsstörung der anderen Seite gegenständlich zurück haben, kann er zurücktreten, ohne auf Ersatz darüber hinausgehenden Schadens verzichten zu müssen.

cc) Arbeitsleistungen des Gläubigers selbst

Oftmals wird der enttäuschte Gläubiger in Erwartung und Vorbereitung des Erhalts der geschuldeten Leistung Arbeiten eigenhändig durchführen, anstatt sie gegen Entgelt an einen Dritten zu delegieren. Ihm sind dann weder Ausgaben noch Verbindlichkeiten entstanden. Damit stellt sich die Frage, ob ihm ein Ersatzanspruch nach § 284 gegen den säumigen Schuldner gebührt. Hieran schließt sich bejahendenfalls die Frage an, wonach sich die Höhe des Aufwendungsersatzes richtet. Im US-Amerikanischen Recht bestehen jedenfalls keine Bedenken, diese Art von Aufwendungen zu erstatten.[417]

---

416 Huber/Faust, *Schuldrechtsmodernisierung*, 4. Kap. Rn. 17, S. 163; Reim, NJW 2003, 3662 (3665); Westermann-Erman, § 284 Rn. 10; Otto-Staudinger, § 284 Rn.22.

417 Vgl. die Rechtsprechung in United States v. Behan, 4 S.Ct. 81 (84); 110 U.S. 338 (345) *„It does not lie in the mouth of the party, who has voluntarily and wrongfully put an end to the contract, to say that the injured party has not been damaged at least to the amount of*

(1) Erstattungsfähigkeit

Da Arbeitsleistungen streng genommen nur dann Aufwendungen sind, wenn ihr anderweitiger Einsatz für den Leistenden einen Vermögenszuwachs bedeutet hätte, könnte man dazu neigen, ihre Erstattbarkeit als Aufwendung von vornherein zu verneinen. Genauso überzeugend lässt sich jedoch in die andere Richtung argumentieren, bei der Arbeitskraft handele es sich um ein marktfähiges Gut und darüber hinaus um den Sockel der wirtschaftlichen Existenz eines jeden, so dass diese als Vermögensbestandteil einzuordnen sei.[418] Andernorts kommt man unter Zugrundelegung eines in dieser Hinsicht neutralen Aufwendungsbegriffs, der nur auf die Erbringung eines Opfers abstellt, zu demselben Schluss.
Wenn auch fraglich ist, ob Arbeitsleistungen beziehungsweise die eigene Arbeitskraft Bestandteile des Vermögens sind, ist unstreitige Prämisse, dass Arbeitsleistungen grundsätzlich Aufwendungen sein können.[419] Die allgemeine Diskussion zu diesem Problemkreis kann also dahinstehen. Dagegen bestehen auch aus dem Grunde keine Bedenken, dass das Gesetz mit der Regelung des § 1835 III zeigt, dass Dienst- und Arbeitsleistungen als erstattungsfähige Aufwendungen zumindest nicht von vornherein ausgeschlossen sind. Auch innerhalb weiterer, Aufwendungsersatz gewährender Normen des BGB wird diese Frage diskutiert. Ob dem Gläubiger Eigenarbeiten nach § 284 zu ersetzen sind, kann ein Vergleich mit der Handhabung innerhalb dieser anderen gesetzlichen Aufwendungsersatzansprüche klären.

(aa) Verwendungsersatz

Verwendungen im Sinne der §§ 994ff sind ein Unterfall der Aufwendungen[420] - oder anders ausgedrückt: Aufwendungen mit einer spezifischen Finalität[421]. Man spricht mit Verwendungen jene Aufwendungen an, die einer Sache zugute kommen, indem sie ihrer Wiederherstellung, Erhaltung oder Verbesserung dienen – beispielhaft genannt seien dafür erforderliche Reparaturkosten eines

---

what he has been induced fairly and in good faith to lay out and expend, (including his own services)". Auch in der Entscheidung Security Stove & Mfg Company v. American Railway Express Company (51 S.W.2nd, 572) wurden die Arbeitszeit des Firmenvorstands sowie eines Angestellten als erstattungsfähig eingeordnet, vgl. oben Seite 32.

418 Esser/Weyers, *Schuldrecht I*, S. 22; Esser/Schmidt, *Schuldrecht II*, § 31 II 2 d., S. 190; Hagen, JuS 1969, 61 (67); im Ergebnis ebenso: Lieb in FS für Steindorff, S. 705 (710); a.A.: Mertens, *Der Begriff des Vermögensschadens*, S. 152: Die Arbeitskraft des einzelnen stelle eine Eigenschaft von diesem dar, sei somit unlösbar von ihm und gehöre folglich dem personalen Bereich nicht jedoch der Gegenstandssphäre an.

419 Köhler, JZ 1985, 359 (359); Selbst die Autoren, die auf den Verlust eines Vermögensopfers abstellen, machen die Ersatzfähigkeit von Eigenarbeit nicht an diesem Punkt fest.

420 Vgl. Kropholler, *Studienkommentar*, § 994 Rn. 2f; Gernhuber, *Das Schuldverhältnis*, § 25 I 2., S. 596; Baur/Stürner, *Sachenrecht*, § 11 C IV 2., S. 115; Mühl-Soergel, § 994 Rn. 2.

421 So Gernhuber, *Das Schuldverhältnis*, § 25 I 2, S. 596.

Werkunternehmers[422]. Vindiziert der Eigentümer die Sache, profitiert er regelmäßig von den Verwendungen des Besitzers. Dieser ist daher gemäß §§ 994ff ersatzberechtigt. Für den Besitzer besteht die Möglichkeit, auch Arbeitsleistungen ersetzt zu verlangen,[423] entscheidend ist dem BGH zufolge, ob die Arbeitsleistungen einen Vermögenswert darstellen, der "*geopfert*" wurde. Dies sei mit Blick auf die Handhabung im Schadensersatzrecht dann zu bejahen, wenn die Arbeitsleistung einen Geld- beziehungsweise Marktwert hat.[424] Das ist eine Weiterentwicklung in der Rechtsprechung gegenüber jenen Stimmen, die den Ersatz davon abhängig machen wollten, ob der Verwendende ein entsprechendes Gewerbe betreibt[425], einen entgangenen Verdienst nachweist[426] oder eine fremde Arbeitskraft einspart[427].

(bb) Aufwendungsersatz des Bestellers

Im Bereich des Werkvertragsrechts konnte der Besteller gemäß § 633 III BGB a.F. Ersatz seiner zur Mängelbeseitigung erforderlichen Aufwendungen unter der Voraussetzung, dass der Unternehmer hiermit im Verzug war, ersetzt verlangen. Auch in diesem Zusammenhang stellte sich die Frage, ob eine Entschädigung für Eigenarbeiten des Bestellers zu leisten war.

Die Vergleichbarkeit mit den Aufwendungen im Sinne des § 284 und damit die Zulässigkeit von Ableitungen für die Erstattbarkeit nach dieser Vorschrift erscheint allerdings insofern fraglich, als es sich im Werkvertragsrecht um Aufwendungen zur Schadensbeseitigung handelte. Sie wiesen also eine andere Zielrichtung auf als die § 284 unterfallenden Aufwendungen, für welche der Investitionscharakter typisch ist. Dies kann jedoch nicht ausschlaggebend sein, denn im Kern geht es jeweils um die identische Frage, ob dem Gläubiger Geldersatz nur aus dem Grunde verweigert werden kann, weil keine Kosten von einem Dritten

---

422 BGH 34, 122 (127f).

423 BGH 34, 122 (127f); 131, 220 (224ff); Bassenge-Palandt, § 994 Rn. 2; Wolf, *Sachenrecht*, Rn. 209; Wieling, *Sachenrecht*, § 12 V 2 b, S. 185.

424 BGH 131, 220 (224f) – gemeint ist die Rechtsprechung, die sowohl für den Ausfall der Arbeitsleistung, die ohne ein schädigendes Ereignis erbracht worden wäre, als auch für den verletzungsbedingt erbrachten Einsatz der Arbeitskraft danach differenziert, ob sich der Arbeitsaufwand pekuniär ausdrücken, sprich ob sich ein „Marktwert“ ermitteln lässt. Vgl. die Rechtsprechung zur Haushaltsführung der Ehefrau und Mutter BGH 50, 304 (305); 77, 116 (124); 86, 372 (376)] und für Pflegeleistungen an verletzten Kindern [BGH 106, 28 (31)] einerseits.

425 Medicus-MüKo, § 994 Rn. 12 (aber nicht als einzig ausschlaggebendes Kriterium vorgesehen).

426 Rostock OLGE 29, 353 (354); KG FamRZ 1974, 386, 3. Leitsatz; Gursky-Staudinger vor §§ 994-1003 Rn. 12; Medicus-MüKo, § 994 Rn. 12; Hefermehl-Erman, Vor § 994 Rn. 3; Mühl-Soergel, § 994 Rn. 2.

427 Herfermehl-Erman, vor §§ 994- 1003 Rn. 3; Baur/Stürner, *Sachenrecht*, § 11 C IV 2, S. 116, wenn eine andere bezahlte Arbeitskraft eingespart wurde.

in Rechnung gestellt wurden. Übereinstimmendes Charakteristikum ist daneben das freiwillige „Opfer". Da die Mängelbeseitigung in das Aufgabenfeld des Unternehmers fällt und es gegen den Grundsatz von Treu und Glauben verstoßen würde, wenn der Unternehmer den Erstattungsanspruch des Bestellers mit dem Einwand abwehren könnte, er sei nur ersatzpflichtig, wenn dieser den Mangel durch einen Dritten, nicht aber, wenn er ihm durch Eigenarbeit abgeholfen hat, wurde dies in Rechtsprechung[428] und Literatur[429] bejaht.

Schwierigkeiten der Taxierung erbrachter Arbeitsleistungen sollten mit Hilfe des § 287 ZPO gemeistert werden. Dementsprechend will der BGH eine *„angemessene Vergütung"* zusprechen. Dies präzisiert er dahin, dass die Höhe sich nicht nach dem Werklohn, den ein gewerblicher Unternehmer fordern würde, orientieren dürfe, da Gewinn und Gemeinkosten eines Unternehmers außer Betracht zu bleiben haben. Maßgeblich sei vielmehr der Lohn, der einem in beruflich abhängiger Stellung Tätigen zustehe.[430]

(cc) Auftrag

Nach § 670 kann der Beauftragte vom Auftraggeber Aufwendungsersatz verlangen.[431] Da es sich beim Auftrag um einen unentgeltlichen Vertrag handelt, sollen die in Erfüllung des Auftrags erbrachten Arbeitsleistungen des Beauftragten nach weit verbreiteter Sicht nicht hierunter fallen. Es heißt, alles andere liefe auf eine Vergütung der Besorgung hinaus, die nach dem Vertrag gerade nicht geschuldet sein soll.[432] Allerdings finden sich in der Literatur unterschiedlichste Ansatzpunkte für Ausnahmen zu diesem Grundsatz, die letztlich alle in dem Empfinden wurzeln, dass selbst bei grundsätzlicher Bereitschaft zur unentgeltlichen Vornahme Situationen eintreten können, in denen eine Vergütung angemessen ist. So wird vertreten, dass Aufwendungsersatz verlangt werden kann, wenn es sich um eine Tätigkeit handelt, deren Erforderlichkeit sich erst im Zuge

---

428 BGHZ 59, 328 (330).

429 Sprau-Palandt, § 633 Rn. 8 (58. Aufl., 1999); Kropholler, *Studienkommentar*, § 633 Rn. 1 (4. Aufl. 2000).

430 BGHZ 59, 328 (331f); zustimmend: Soergel-MüKo, § 633 Rn. 153; Thomas-Palandt, § 633 Rn. 8 (58. Aufl. 1999); Glanzmann- RGRK, § 633 Rn. 31; Seiler-Erman, § 633 Rn. 34 (10. Aufl., 2000).

431 Wie im Werkvertragsrecht ist die Vergleichbarkeit dieser Aufwendungen mit den § 284 unterfallenden aufgrund des Fremdinteresses des Aufwendenden zwar beschränkt aber noch als stark genug zu werten, um Ableitungen für die Ersetzbarkeit von Eigenleistungen zu erzielen. Ohne Problembewusstsein hinsichtlich verschiedener Aufwendungsbegriffe rekurriert Faust auf Auftrag und GoA, Huber/Faust, *Schuldrechtsmodernisierung*, 4. Kap. Rn. 12, S. 161.

432 BGH 59, 328 (331); Sprau-Palandt, § 670 Rn. 3; Seiler in FS für Hübner, S. 239, (240); Köhler, JZ 1985, 359 (360).

der Auftragsausführung ergibt und die in das Berufsfeld des Beauftragten fällt,[433] beziehungsweise jedenfalls nach der Verkehrsübung nicht unentgeltlich erbracht wird[434]. Andernorts will man eine Ausnahme gestatten, wenn der Beauftragte einen Verdienstentgang erleidet,[435] oder über Ermittlung des wirklichen oder mutmaßlichen Parteiwillens durch eine ergänzende Vertragsauslegung darauf abstellen, was für eine Regelung im Sinne der Parteien ist.[436]
Ohne weiter in die Materie einzudringen, kann festgehalten werden, dass beim Auftrag die Frage der Erstattbarkeit der Eigenarbeit von dem das Auftragsverhältnis prägenden Charakteristikum der Unentgeltlichkeit beherrscht wird.

(dd) GoA

Kraft Verweises des § 683 richtet sich der Aufwendungsersatzanspruch eines Geschäftsführers ohne Auftrag nach § 670. Mit Rücksicht auf den Wortlaut des § 670 liegt es daher zunächst nahe, dem Geschäftsführer selbst dann keinen Vergütungsanspruch zuzugestehen, wenn er ähnliche Arbeiten sonst nur gegen Bezahlung leistet oder wenn er ebenso gut einen anderen mit der Vornahme hätte beauftragen und dies als Aufwendungsersatz geltend machen können.[437] Ein Blick auf die Entstehungsgeschichte des § 683 lässt daran allerdings Zweifel aufkommen. So sah § 238 des Vorentwurfs vor, dass der Geschäftsherr dem Geschäftsführer verpflichtet ist, für Handlungen, für die dieser sonst bezahlt zu werden pflegt, eine Vergütung zu leisten. Auch die Begründung[438] zum Vorentwurf sah eine Vergütungspflicht vor. Während der Beratungen der ersten Kommission wurden bzgl. dieser Thematik keine Änderungsbeschlüsse gefasst. Man

---

433 Martinek-Staudinger, § 670 Rn. 10; Sprau-Palandt, § 670 Rn. 3; Kropholler, *Studienkommentar,* § 670 Rn. 2; Steffen-RGRK, § 683 Rn. 7; Medicus, *Bürgerliches Recht,* Rn. 430; Huber/Faust, *Schuldrechtsmodernisierung*, 4. Kap. Rn. 12, S. 161.

434 Steffen-RGRK, § 670 Rn. 11; Dorn, JZ 1964, 93 (94f).

435 Oertmann, § 670 Nr. 2.

436 Köhler, JZ 1985, 359 (360).

437 In diesem Sinne: Martinek-Staudinger, § 670, Rn. 10; Mansel-Jauernig, § 670 Rn. 2; die Geschäftsführung scheint demnach wie der Auftrag dem Grundsatz der Unentgeltlichkeit zu unterliegen. Diese Aussage lässt sich allerdings nur mit der Einschränkung aufrecht halten, dass der unberechtigte Geschäftsführer, dem der Geschäftsherr nach § 684 S. 1 in Verbindung mit dem Bereicherungsrecht zur Herausgabe von allem, was er durch die Geschäftsführung erlangt hat, verpflichtet ist, einen Anspruch auf Wertersatz nach § 818 II für Arbeitsleistungen hat. Als Orientierungsmaßstab wird hier auf die übliche und hilfsweise auf die angemessene Vergütung zurückgegriffen.

438 Dies ergibt sich aus den Erläuterungen des Verfassers, von Kübel "*... wenn demjenigen, welcher Dienste gegen Lohn zu leisten pflegt, der Anspruch auf Ersatz abgesprochen werden wollte, wenn er dergleichen als Gestor geleistet hat, so würde ihm damit in dem Verzicht auf den ihm sonst zukommenden Lohn eine Freigebigkeit zugemutet, welche mit seinem Willen, als Gestor zu handeln, in direktem Widerspruch stände*" in *Die Vorentwürfe der Redaktoren,* S. 978 f.

entschloss sich, die Ersatzfrage im Gesetzeswerk durch Verweis auf das – zu diesem Zeitpunkt von der ersten Kommission noch gar nicht behandelte Auftragsrecht – zu lösen. Dies geschah in der Überzeugung, es werde im BGB letztlich im Wesentlichen eine auf Entgeltlichkeit angelegte Regelung kodifiziert. Dies war aber nur bedingt korrekt, wie sich im Nachhinein herausstellte. Zwar galt zu diesem Zeitpunkt das Dogma der Unentgeltlichkeit des Auftrags noch als aufgehoben, in Art. 689 und 705 des maßgeblichen Dresdener Entwurfs war die Vergütungspflicht des Auftraggebers geregelt, aber der Verweis in § 753 des ersten Entwurfs erfasste gerade nicht die die Vergütung betreffenden Normen des Auftragsrechts. § 753 des Entwurfs zielte nur auf die den Aufwendungsersatz und die Befreiung von Verbindlichkeiten regelnden Paragraphen des Auftragsrechts. Den Motiven zufolge sollten zwar unter Aufwendungen gegebenenfalls Vergütungen für Dienstleistungen zu verstehen sein,[439] indes ist dies schwerlich allein aus der Systematik und dem Wortlaut zu schließen (es wurden ja gerade die die Vergütung betreffenden Normen ausgelassen). Nach den Beratungen der zweiten Kommission kehrte man zu dem romanischen Prinzip der Unentgeltlichkeit des Auftrags zurück. Gleichzeitig verlautbaren die Protokolle keinerlei Hinweise auf Änderungsabsichten in Richtung Unentgeltlichkeit der Geschäftsbesorgung. Dieses Schweigen belegt, dass es bei der Entgeltlichkeit bleiben sollte. Damit ist der Verweis des § 683 auf das Auftragsrecht als missraten anzusehen. Es handelt sich um ein verdecktes Redaktionsversehen,[440] was eine korrigierende Interpretation des § 683 dahingehend anzeigt, dass dem Geschäftsführer eine angemessene Vergütung zusteht, wenn die Geschäftsbesorgung nach den Umständen nur gegen ein Entgelt zu erwarten war.[441] Entsprechende Umstände liegen regelmäßig vor, wenn es sich um eine Tätigkeit handelt, die in das Gewerbe oder das Berufsfeld des Geschäftsherrn fällt.[442] Wenn es sich um nicht-professionelle Tätigkeiten handelt, muss eine Bewertung des Einzelfalls entscheiden. Zu berücksichtigen sind Überlegungen, wie dass insbesondere bei der berechtigten GoA, wenn es um Leib und Leben geht, häufig Sozialnormen hinter dem Tätigwerden des Geschäftsführers stehen, mit denen eine Vergütung unvereinbar wäre, oder die Frage, ob es sich um eine für den Geschäftsherrn wertvolle oder mangelhafte Tätigkeit handelte.[443]

---

439 Motive zu dem Entwurfe eines Bürgerlichen Gesetzbuches Band II, S. 863.

440 Seiler in FS für Hübner, S. 239 (253); kritisch: Köhler, JZ 1985, 359 (362).

441 Seiler-MüKo, § 683 Rn. 25; Ehmann-Erman, § 683 Rn. 8 (10.Aufl., 2000); Seiler in FS für Hübner, S. 239 (253); ebenfalls gegen den Grundsatz der Unentgeltlichkeit der Geschäftsbesorgung aber mit Rekurs auf den Rechtsgedanken des § 1835 III: Sprau-Palandt, § 683 Rn. 8; Kropholler, *Studienkommentar*, § 683 Rn. 7; beziehungsweise unter Berücksichtigung des mutmaßlichen Parteiwillens: Köhler, JZ 1985, 359 (362f).

442 Köhler, JZ 1985, 359 (363).

443 Köhler, JZ 1985, 359 (363 f).

(ee) Schlussfolgerung

Zusammengefasst hat dieser Überblick über die Möglichkeiten der Erstattung von Eigenarbeit ergeben, dass die Eigenarten und Wesensmerkmale des jeweiligen Schuldverhältnisses ausschlaggebend sind: im Eigentümer-Besitzer-Verhältnis der Vorteil, den die Verwendungen für den Eigentümer begründen; die Unentgeltlichkeit des Auftrags; der Anreiz zu einer GoA beziehungsweise das spezifische Aufgabenfeld des Werkunternehmers. Ob Eigenarbeit im konkreten Fall als Aufwendung eingeordnet wird, richtet sich jeweils nach Sinn und Zweck der maßgeblichen Normen.[444]

Richtungweisend sollte daher auch der Sinn und Zweck des § 284 sein. Wie gesehen, liegt dieser in der Schaffung einer einheitlichen Anspruchsgrundlage für nach bisherigem Recht nur bedingt erstattungsfähige vergebliche Aufwendungen, die im Vertrauen auf den Erhalt der Leistung gemacht und durch eine Pflichtverletzung des Schuldners entwertet wurden. Im Vordergrund der Gesetzgebung, stand die erstmalige Schaffung einer Grundlage für einen Erstattungsanspruch bezüglich Aufwendungen, welche der Gläubiger zur Erreichung eines ideellen Ziels getätigt hatte. § 284 ist als Reaktion auf die Kritik an der früheren Rechtslage zu verstehen, vgl. die Gesetzesbegründung[445]. Ausschlaggebend ist die darin zum Ausdruck kommende Überzeugung, dass das Aufkommen für solche frustrierten Aufwendungen eher dem säumigen Schuldner als dem vertragstreuen Gläubiger aufzubürden ist. Nur dies ist im Einklang mit dem Gedanken des Vertrauensschutzes und damit letztlich dem allgemeinen Gerechtigkeitsempfinden. Eine Sichtweise, die Arbeitsleistungen des Gläubigers vom Aufwendungsersatz nicht umfasst sieht,[446] setzt sich über aufgeführte, auch auf Arbeitsleistungen zutreffende Überlegungen[447] hinweg, ohne selbst einleuchtende Gründe dafür hervorbringen zu können, und ist mithin abzulehnen.

Auch Arbeitsleistungen des Gläubigers sind demnach über § 284 erstattungsfähige Aufwendungen.[448]

---

444 BGHZ 59, 328 (330).

445 BT-Drucks. 14/6040, S. 143.

446 Palandt-Heinrichs, § 284 Rn. 6; ebenso mit Blick auf § 1298: OLG Stuttgart FamRZ 1977, 545 (546).

447 Dafür spricht auch die Zusatzerwägung, dass der Gläubiger alle erbrachten Arbeitsleistungen ebenso gut entgeltlich von einem Dritten hätte ausführen lassen und dann ersetzt verlangen können.

448 Dauner-Lieb-AnwKom, § 284 Rn. 9; Willingmann/Hirse, *Kompaktkommentar*, § 284 Rn. 9; Reim, NJW 2003, 3662 (3664); Vollkommer-Jauernig, § 284 Rn. 4; Grüneberg in Bamberger/Roth, § 284 Rn. 9; Otto-Staudinger, § 284 Rn.28; Walker, *Allgemeines Schuldrecht*, S.246.

(2) Höhe der Erstattungsfähigkeit

Es bleibt die Frage, woran die Höhe des geschuldeten Aufwendungsersatzes zu orientieren ist, wenn der vergebliche Einsatz der eigenen Arbeitskraft entschädigt werden soll. Insofern vermag ein Blick auf die bewährte Handhabung dieser Frage im Rahmen der anderen angesprochenen Normen keine Abhilfe zu verheißen.[449] Dem steht ein schwerwiegender Unterschied im Verhältnis vom Aufwendendem zum Schuldner des Aufwendungsersatzes im Rahmen der angesprochenen Regelungen gegenüber der für § 284 typischen Sachlage entgegen: Bei § 284 kommt die Aufwendung weder unmittelbar noch mittelbar dem Schuldner des Aufwendungsersatzes zu. Es handelt sich hier um Investitionen im engeren wie im weiteren Sinne, die im *eigenen* Interesse des Aufwendenden erfolgten. Der Schuldner aus § 284 hat dagegen keinen derartig vergleichbaren Nutzen aus den Aufwendungen.
Da der Gläubiger, wenn er einen anderen zur Vornahme der fraglichen Tätigkeit beauftragt hätte, die entstandene Verbindlichkeit ohne weiteres über § 284 erstattet hätte verlangen können, erscheint es gerechtfertigt, ihm einen entsprechenden Betrag über § 284 zuzugestehen.[450] Alles andere, insbesondere eine Orientierung an seinem persönlichen beruflichen Stundensatz, würde zu Zufälligkeiten in der Anspruchshöhe führen.

dd) Vertragsstrafe

Nicht unbedingt auf den ersten Blick rechtfertigt sich die Überlegung, ob der Gläubiger, der sich im Vertrauen auf die ordnungsgemäße Leistung seines Schuldners einer Vertragsstrafe gegenüber seinen Abnehmern aussetzt, diese bei ihrem Anfallen ggf. über § 284 von seinem Schuldner erstattet verlangen kann.[451]
Die Vereinbarung einer Vertragsstrafe im Sinne der §§ 339 ff ist ein unselbständiges, an eine Hauptverbindlichkeit angelehntes Strafversprechen.[452] Durch ihre Vereinbarung erhält der Vertragspartner ein zusätzliches Druckmittel zur Sicherung der Erfüllung der Hauptverbindlichkeit gegenüber seinem Schuldner zur

---

449 Anders: Reim, NJW 2003, 3662 (3665), der auf die Handhabung bzgl. §§ 536a beziehungsweise 637 I verweist; ähnlich Dauner-Lieb-AnwKom, § 284 Rn. 9 unter Verweis auf § 633 BGB a.F.; Huber/Faust, *Schuldrechtsmodernisierung*, 4. Kap. Rn. 12, S. 161.
450 So auch Reim, NJW 2003, 3662 (3665); Grüneberg in Bamberger/Roth, § 284 Rn. 9; a.A.: Huber/Faust, *Schuldrechtsmodernisierung*, 4. Kap. Rn. 12, S. 161; Vollkommer-Jauernig, § 284 Rn. 4 (für eine Orientierung an § 1835 III).
451 Noch in der 2. Aufl. 1985 von Emmerich- MüKo, § 325 Rn. 63 ohne Problembewusstsein als Posten des Schadensersatzes wegen Nichterfüllung bejaht.
452 Heinrichs-Palandt, vor § 339 Rn. 2.

Hand. Darüber hinaus kommt sie ihm im Falle einer Leistungsstörung bei der Schadensbeweisführung zu Gute.
Schon die Vergleichbarkeit einer Vertragsstrafenvereinbarung mit den unstreitig von § 284 erfassten Aufwendungen wie zum Beispiel den persönlichen Nutzen steigernden oder betriebswirtschaftlichen Investitionen, erscheint zweifelhaft. Denn während der später enttäuschte Gläubiger bei Tätigen dieser Aufwendungen ein Äquivalent erhält, ist ein solches bei Vereinbarung einer Vertragsstrafe nicht unmittelbar ersichtlich. Damit ist die Frage aufgeworfen, ob eine Vertragsstrafe den Charakterzug einer Investition aufweist. Wie sich im Folgenden zeigen wird, ist problematischer, ob die Vereinbarung einer Vertragsstrafe überhaupt „vergeblich" werden kann.
Bereits unter der vor der Schuldrechtsmodernisierung geltenden Rechtslage ist die Fragestellung, ob dem säumigen Schuldner eine fällig gewordene Vertragsstrafe überbürdet werden kann, zutage getreten. Sie ist aber kaum Gegenstand wissenschaftlicher Diskussion geworden. Auseinandergesetzt mit der Problematik haben sich insbesondere Köndgen und Randow.[453] Diese sprechen der Vertragsstrafenvereinbarung zunächst den Charakter einer Aufwendung im dogmatischen Sinne ab (ohne ihr juristisches Aufwendungs-Verständnis zu offenbaren), bejahen ihn aber unter ökonomischer Betrachtung. Hintergrund ist die Erkenntnis, dass es sich um das freiwillige Eingehen eines Profit maximierenden Risikos und damit um eine Chance für den Gläubiger handele. Abgesehen davon, dass dies eigentlich Argumente sind, die für die Bejahung einer Aufwendung auch im rechtlichen Sinne sprechen, ist Folgendes zu berücksichtigen: Das Strafversprechen ist eine vertragliche Abrede, welche für den Versprechensempfänger einen Leistungsanspruch gegen den Versprechenden begründet, der unter der aufschiebenden Bedingung der im Einzelnen erfassten Leistungsstörung steht. Mit der Vereinbarung der Vertragsstrafe wird also das Vermögen des Strafbelegten mit dem bedingten Anspruch des Begünstigten belastet. Er erbringt ein Vermögensopfer. Da dies aber seine Chance auf einen Vertragsabschluss vergrößert, daneben den „good will" des anderen fördert sowie die Durchsetzung besserer Preise erleichtert, handelt der Versprechende hierbei im eigenen Interesse. Es liegt damit doch eine Investition im weitesten Sinne vor. Die Annahme einer Aufwendung im Sinne des § 284 ist demzufolge angezeigt. Die Einordnung als Posten eines Schadensersatzanspruchs scheidet angesichts der Freiwilligkeit der Belastung des eigenen Vermögens durch den Gläubiger aus.

Vor allem aus ergebnisorientierten Überlegungen widerstrebt es einem dennoch, dem Gläubiger hier den Weg zum Aufwendungsersatz über § 284 zu ebnen. Eine grundsätzliche Möglichkeit der Abwälzung der fällig gewordenen Strafe vom enttäuschten Gläubiger auf den Schuldner würde eine Art „Versicherungs-

---

453 Köndgen/Randow, *Sanktionen bei Vertragsverletzungen*, S. 122 (135f).

schutz" für den Gläubiger bewirken. Er bräuchte fortan mit der Aufsichnahme von Vertragsstrafen nicht zimperlich sein, hätte er doch die wohltuende Gewissheit, diese notfalls auf den vertragsbrüchigen Vorlieferanten abwälzen zu können. Gleichzeitig ist zu hinterfragen, ob diese Überlegungen tatsächlich so schwer wiegen, als dass hier ein Vorgehen nach § 284 grundsätzlich zu untersagen ist. Fraglich ist, ob es nicht ausreicht, dass die Ersatzfähigkeit auf Fälle eingeschränkt wird, in denen der Gläubiger seinen Schuldner über Vertragsstrafenvereinbarungen vor Vertagsschluß in Kenntnis gesetzt hat.[454] Dies würde einen Mittelweg darstellen. Auf diese Weise würde das drohende ausufernde Vertrauen kalkulierbar bleiben und der Vorlieferant hätte die Chance, mögliche Folgen einer Vertragsverletzung einschätzen zu können und gegebenenfalls Maßnahmen zu ergreifen. Schließlich sei noch darauf hingewiesen, dass es ebenso gut vertretbar wäre, immer dann, wenn Vertragsstrafen branchenüblich sind, und der Vorlieferant davon ausgehen musste, dass sein Abnehmer sich einer Vertragsstrafe aussetzt, diese bei ihrem Anfallen über § 284 dem Schuldner zu überantworten[455]. Denn hier ergibt sich ein ähnliches Bild wie bei der tatsächlichen Inkenntnissetzung. Damit wäre aber der Bereich der § 284 unterfallenden Vertragsstrafen erheblich ausgeweitet.
Diese Erwägungen können letzten Endes in ihrer Gesamtheit aus folgenden Gründen dahinstehen: Angenommen, man gesteht der Vereinbarung einer Vertragsstrafe den Status einer Aufwendung im Sinne des § 284 zu – wie sollte diese bei ihrem Anfallen durch die vom Schuldner zu vertretende Leistungsstörung vergeblich werden? Dies ist undenkbar. Der Zweck der Vertragsstrafe kommt gerade erst in diesem Fall zu tragen. Deutlich wird, dass die Fähigkeit, frustriert werden zu können, das Bild einer Aufwendung im Sinne des § 284 abrundet. Diese Norm wurde extra im Hinblick auf derartige Investitionen im engeren oder weiteren Sinne geschaffen, daher gehört diese Veranlagung einer Investition zum richtigen Aufwendungsverständnis.[456]

Festzuhalten ist zum einen, dass der Gläubiger eine fällig gewordene Vertragsstrafe nicht mit Erfolg über § 284 von seinem Schuldner erstattet verlangen kann, und zum anderen, dass die Frustrationsmöglichkeit per se ein Charakteris-

---

454 In diese Richtung zum BGB a.F.: Köndgen/Randow, *Sanktionen bei Vertragsverletzungen*, S. 122 (136).

455 In diese Richtung Koller-Staub, vor § 373 zu Art. 82 EKG Rn. 574.

456 Aus vergleichbaren Erwägungen verbietet es sich daher entgegen Oechsler, *Schuldrecht*, Rn. 263, Untersuchungskosten des Gläubigers, die zur Aufdeckung des Mangels führen, als erstattungsfähige Aufwendung anzusehen. Ausdrücklich dagegen: Grüneberg in Bamberger/Roth, § 284 Rn. 8; Dauner-Lieb-AnwKom, § 284 Rn. 10; dies. in *Das neue Schuldrecht - Ein Lehrbuch*, § 2 Rn. 55, S. 100. Daneben wäre auch die Zweckgebung, die Oechsler dieser Art von Kosten gibt, sehr fraglich. Es soll sich um die *„Bestätigung der Vertragsgemäßheit der Ware"* handeln. Tatsächlich wird dies eher der Wunsch der Vertragsparteien sein – der Zweck dagegen die Feststellung der Beschaffenheit der Ware.

tikum der Aufwendungen im Sinne des § 284 ist. Im Einzelfall ist dieses Ergebnis durchaus sachgerecht, da es der Gläubiger in der Hand hat, mit seinem Vertragspartner eine Vertragsstrafe zu vereinbaren, und da er es ist, der hiervon profitiert. Ihm bleibt es unbenommen, Vorsorge zu treffen, indem er mit seinem Lieferanten vereinbart, dass dieser für Vertragsstrafen einsteht, die infolge seiner (verschuldeten) Pflichtverletzung fällig werden.

ee) Aufwendungen zum Zwecke der Verwendung der Leistung

Im Diskothekenurteil wurde die Rentabilitätsvermutung dahingehend präzisiert, dass Aufwendungen für weitere Geschäfte des Gläubigers, die im Vertrauen auf den Erhalt der Leistung abgeschlossen wurden, nicht von ihr erfasst und damit unter keinen Umständen erstattungsfähig waren.[457] Dahinter steckte die Überzeugung, bei einem dem Vertragspartner unbekannt gebliebenen Verwendungszweck der Leistung bilde der Vertrag keine ausreichende Grundlage zur Annahme, die in Verfolgung des Verwendungszwecks getätigte Aufwendung würde sich lohnen. Mit anderen Worten: Es fehlt die Rechtfertigung einer Rentabilitätsvermutung. Dort, wo dieser Werdegang der Rentabilitätstheorie in der Literatur beachtet wurde, fand er Zustimmung.[458]

Mit dem Argument, die Gründe für diese Beschränkung der Reichweite der Rentabilitätsvermutung hätten sich nicht geändert, wird angezweifelt, dass § 284 Aufwendungen zum Zwecke der Verwendung der Leistung erfasst.[459] Untermauert wird dieser Standpunkt mit einem Hinweis auf eine ansonsten drohende Erstreckung der Ersatzpflicht für frustrierte Aufwendungen *„ins Uferlose"*.[460] Gleichzeitig will man aber nicht soweit gehen, Aufwendungen zum Zwecke der Verwendung der Leistung ganz aus dem Anwendungsbereich des § 284 zu verbannen. Davor stünden eine anderweitig erheblich eingeschränkte Bedeutung des § 284 sowie die Schutzbedürftigkeit derjenigen Gläubiger, die immaterielle Zwecke verfolgten.[461] Die Lösung liege in einem Kompromiss dergestalt, dass der Vertragsinhalt über die Ersatzfähigkeit dieser Art von Aufwendungen entscheiden soll. Wenn demnach eine bestimmte Verwendung der Leistung des Schuldners im Vertrag vereinbart oder als selbstverständlich vorausgesetzt werde, müsse der Schuldner das Risiko tragen, dass diese Aufwendungen ihren

457 BGH NJW 1992, 2277 (2278) BGHZ 114, 193 (199f); siehe oben Seite 11 .

458 Stoll, *Haftungsfolgen im bürgerlichen Recht*, S. 323; Huber, *Leistungsstörungen*, § 39 II 3.a, S. 273.

459 So Huber/Faust, *Schuldrechtsmodernisierung*, 4. Kap. Rn. 21, S. 165; zustimmend Dötsch, ZGS 2002, 160 (163, Fn. 26); Stoll, JZ 2001, 589 (596); Vollkommer-Jauernig, § 284 Rn. 4.

460 Huber/ Faust, *Schuldrechtsmodernisierung*, 4. Kap. Rn. 22, S. 165.

461 Huber/Faust, *Schuldrechtsmodernisierung*, 4. Kap. Rn. 23, S. 166.

Zweck verfehlen.[462] Das Abstellen auf die selbstverständliche Verwendung – ja sogar auf die Zusicherung bestimmter Eigenschaften – soll allerdings ausgerechnet im Zusammenhang mit Veräußerungsgeschäften ausscheiden. Der Grund: Es gehe *„den Veräußerer in aller Regel nichts an, was der Erwerber mit der Sache anfangen will“.*[463]

Das Lösungsmodell von Faust bleibt zu sehr alten Denkstrukturen verhaftet: Unter § 284 geht es gerade nicht darum, ob Aufwendungen „vom Vertrag“ erfasst werden. Haftungsgrund ist die Enttäuschung geweckten Vertrauens. Die Rentabilitätstheorie gehört nach der Schuldrechtsmodernisierung zur Rechtsgeschichte (siehe oben Seite 77). Außerdem gelten die den BGH im Diskotheken-Fall leitenden Motive nicht mehr. Der Gesetzgeber hat mit der Regelung des § 284 seine Vorstellung von der Risikoverteilung in Bezug auf frustrierte Aufwendungen zum Ausdruck gebracht. Im Gegensatz zu der Zeit, als der Diskotheken-Fall entschieden wurde, existiert heute also eine gesetzliche Regelung. Es verbietet sich schon aus diesem, von dem prinzipiellen Streit um das Fortbestehen der Rentabilitätstheorie losgelösten Punkt an die frühere Rechtsprechung anzuknüpfen, die gerade auf der Suche nach der Schaffung einer Regelung zur Risikoverteilung entstanden war.

Ferner stützen die in der Gesetzesbegründung verwendeten Beispielsfälle eine Erfassung der im Zusammenhang mit Folgegeschäften getätigten Aufwendungen nach § 284: Der Gesetzgeber gibt zu verstehen, dass einem Ersatz von Aufwendungen mit einem marktstrategischen oder spekulativen Hintergrund nichts im Wege stehen soll.[464] Dies sind aber stets Aufwendungen, die die Verwendung des Leistungsgegenstandes betreffen.

Daneben krankt dargestellte Meinung an den verschiedenen Mängeln: Zunächst einmal fehlt ihr ein Ansatz für die Behandlung von Aufwendungen für die geplante Verwendung einer aus einem nicht-vertraglichen Schuldverhältnis geschuldeten Leistung. Hier werden kaum vertragliche Extra-Abreden über die Verwendung der geschuldeten Leistung getroffen. Es bliebe also nur die Möglichkeit, auf die als selbstverständlich anzuerkennende Verwendung zu rekurrieren. Was aber wäre – bei einmal unterstellter Zugrundelegung des die Rentabilitätstheorie tragenden Denkgerüsts – hier die innere Rechtfertigung, den Schuldner für als selbstverständlich anzusehende Verwendungen einstehen zu lassen? Da die Rentabilitätstheorie auf nicht-vertragliche Schuldverhältnisse unanwendbar ist, könnte die von Faust vertretene Sicht in diesen Fällen keinen Ersatz zu-

---

462 Faust, *Schuldrechtsmodernisierung,* 4. Kap. Rn. 24 (S. 166f).

463 Gleichzeitig vermag diese Einschätzung Faust nicht davon abzuhalten, dem Verkäufer von Konzertkarten die Kosten für einen Babysitter seiner Kunden zu überantworten, wenn das Konzert ausfällt. Schließlich liege es auf der Hand, dass jemand Konzertkarten kauft, um das Konzert besuchen zu können, Huber/Faust, *Schuldrechtsmodernisierung,* 4. Kap. Rn. 26, S. 167.

464 Regierungsbegründung BT-Drucks. 16/6940, 143.

sprechen. Des Weiteren ist die Aussage, einen Veräußerer gehe nichts an, was der Erwerber mit der Sache anfangen will, wertungsmäßig nicht nachzuvollziehen, soweit geschlussfolgert wird, dass bei Veräußerungsgeschäften anders als sonst, der Schuldner regelmäßig nicht das Risiko von Aufwendungen, die der Erwerber in Hinblick auf die geplante Verwendung der Sache macht, übernehme. Zum einen ist nicht einsichtig, wo der diese Differenzierung rechtfertigende Unterschied im Veräußerungsgeschäft, zum Beispiel im Vergleich mit der Vermietung oder Verwahrung, begründet sein soll. Zum anderen ist diese Argumentation verfehlt, weil sie moralische Aspekte mit rechtlichen Konsequenzen zu verbinden sucht, die unangebracht sind. Und im Übrigen lässt sich diese Aussage schwerlich mit der Entscheidung des Gesetzgebers für den subjektiven Fehlerbegriff in § 434 vereinbaren, wonach die Mangelhaftigkeit einer Sache primär am Vertrag, sprich an der parteilichen Einigung zu messen ist[465]. Denn diese Einigung ist umso umfassender, je mehr Informationen der Veräußerer gerade hinsichtlich der geplanten Verwendung erhält.[466]

Schließlich spricht auch ein Vergleich mit der US-Amerikanischen Rechtslage dafür, dass diese Art von Aufwendungen ersetzt verlangt werden können. So heißt es im comment a zu § 349 des aktuellen Rest., dass auch Aufwendungen "*in preparation for collateral transactions that a party plans to carry out when the contract in question is performed*" ersetzbar seien. Von dieser Sicht der Dinge aus ist davon auszugehen, dass § 284 dem Grunde nach Aufwendungen für die geplante Verwendung des Leistungsgegenstandes erfasst.[467]

Der richtige Ausgangspunkt der anders lautenden Meinung, dass einer drohenden Ausuferung der Ersatzpflicht des Schuldners entgegenzusteuern ist, ist an geeigneter Stelle wieder aufzugreifen. Der Gesetzgeber hat in § 284 zwei Ein-

---

465 Haas in *Das neue Schuldrecht*, 5. Kap. Rn. 94, S. 186.

466 Ergänzend ist darauf hingewiesen worden, dass es für den enttäuschten Gläubiger keinen Unterschied macht, ob es sich um frustrierte Aufwendungen handelt, die zur Vertragsdurchführung oder zur Verwertung der Leistung angefallen waren, Müller, *Ersatz entwerteter Aufwendungen*, S. 193.

467 Canaris in FS für Wiedemann, S. 3 (31ff), der Faust vorwirft, an diesem einzig richtigen Ergebnis „*herumzumanipulieren*"; Emmerich, *Recht der Leistungsstörungen*, § 13 IV. 4c) aa), S. 211; Dedek, *Praxis der Schuldrechtsreform*, § 284 Rn. 9; Däubler, *BGB Kompakt*, 16. Kap. Rn. 70 a, S. 583; Gsell, *Aufwendungersatz nach § 284*, S. 321 (325); Dauner-Lieb-AnwKom, § 284 Rn. 10; dies. in *Das neue Schuldrecht - Ein Lehrbuch*, § 2 Rn. 55, S. 99; Huber/Faust, *Schuldrechtsmodernisierung*, 3. Kap. Rn. 203, S. 147; Otto-Staudinger, § 284 Rn. 27; widersprüchlich: Willingmann/Hirse zufolge sollen Folgeinvestitionen zur Verwertung des Leistungsgegenstandes Aufwendungen im Sinne des § 284 sein, gleichzeitig verweisen sie auf die Rechtsprechung im „*sehr anschaulichen*" Diskotheken-Fall zur Konkretisierung des letzten Halbsatzes von § 284, obwohl hier ausdrücklich der Ersatz von Folgeinvestitionen abgelehnt wurde, *Kompaktkommentar*, § 284 Rn. 9 einerseits und Rn. 11 in Verbindung mit Fn. 17 andererseits.

fallstore „Vertrauen“ und „ billigerweise“ für diese Notwendigkeit offen gelassen.

ff) Vertragskosten

Vor der Schuldrechtsreform konnte der zur Wandelung berechtigte Käufer Vertragskosten gemäß § 467 S. 2 BGB a.F. geltend machen. Es handelte sich hierbei um einen Anspruch, der ihm ohne Rücksicht auf ein Verschulden des Verkäufers einen Ausgleich für diese nutzlos gewordenen Aufwendungen zugestand.[468] Kraft Verweises galt diese Regelung auch für die Gläubiger im Tausch- und Werkvertragsrecht, vgl. §§ 515 und 634 I S. 3, II-IV BGB a.F.[469] Nach dem Willen des Gesetzgebers soll nunmehr § 284 Anspruchsgrundlage für Vertragskosten sein.[470]

Verallgemeinert ausgedrückt sind Vertragskosten Ausgaben, die der Gläubiger hinsichtlich der Vertragsdurchführung freiwillig auf sich nimmt und die aufgrund der Nicht- beziehungsweise Schlechterfüllung durch den Schuldner ihren Zweck verfehlen. Welche Posten noch als Vertragskosten einzuordnen sind und welche nicht, lässt sich schwerlich aus dem Wortlaut dieses Begriffs ableiten. Abgesehen von den unmittelbaren Vertragsabschlusskosten war dies unter dem alten Schuldrecht umstritten.[471] So hatten sich zwar gewisse Fallgruppen herausgebildet, deren Erstattungsfähigkeit über § 467 S. 2 allerdings uneinheitlich beurteilt wurde. Entsprechend dem chronologischen Zeitablauf unterschied man Vertragsabschlusskosten;[472] Kosten, die dem Käufer aus der Entgegennahme des Vertragsgegenstandes resultieren (zum Beispiel Transportkosten,[473] Rollgeld, Fracht oder Zollgebühren[474]) und Kosten, die dem Käufer dadurch entstehen, dass er die Sache dem bestimmungsgemäßen Gebrauch zuführt (zum Beispiel Montage-, Einbau- und Aufstellungskosten)[475]. Auch Kosten, die im Zusam-

468 Müller, *Ersatz entwerteter Aufwendungen,* S. 112; Otte, Jura 1988, 594 (595).

469 Ob diese Kostenverteilung analog für die Rückabwicklung bei Ausübung des gesetzlichen Rücktrittsrechts nach §§ 325, 326 BGB a.F. galt, war umstritten; dafür: Muscheler, NJW 1985, 2686 (2686).

470 Regierungsbegründung, BT-Drucks. 14/6040, S. 144.

471 Siehe nur Huber-Soergel, § 467 Rn. 104ff; Hattenhauer, VuR 1999, 179 (179).

472 Aufwendungen, die für den Abschluss des schuldrechtlichen Geschäfts getätigt wurden, zum Beispiel Kosten der Beurkundung, für Porto und Telefon, Reisekosten wegen Vertragsverhandlungen und Vertragsabschluss, Bevollmächtigungskosten, Notarkosten für Kauf und Auflassung und Kosten der Grundbucheintragung des Käufers und u.U. Maklergebühren.

473 BGHZ 87, 104 (108).

474 RG JW 1906, 202 – Zollgebühren wurden als Verwendungen angesehen.

475 Der BGH vertrat im Dachziegelfall (BGHZ 87, 104 (108) = NJW 1993, 1479) ein sehr weites Verständnis davon, was als Vertragskosten im Sinne des § 467 S. 2 BGB a.F. anzusehen ist, und wollte auch die Unkosten, die dem Käufer notwendigerweise – wie dem Ver-

menhang mit der Feststellung der Mangelhaftigkeit entstehen, (Untersuchungskosten, Kosten für Sachverständigengutachten) sowie Kosten, die im Rahmen der Rückabwicklung anfallen (zum Beispiel Kosten der Mängelanzeige selbst, Rechtsanwaltsgebühren), wurden im Zusammenhang mit den Vertragskosten im Sinne des § 467 BGB a.F. diskutiert.

Fraglich ist, inwiefern hierauf unter dem Regime des neuen § 284 zurückgegriffen werden kann.

(1) Regelungsvorschläge

Im Rahmen der Arbeiten zur Modernisierung des Schuldrechts hatte die erste Schuldrechtskommission zwei spezielle Vorschriften für den Ersatz von Vertragskosten im Kauf- und Werkvertragsrecht vorgesehen, §§ 439 III und 637 II KE, und war damit der Linie des BGB a.F. gefolgt[476]. Hätte sich dieser Vorschlag durchgesetzt, wären die Vertragskosten wie bis dato als verschuldensunabhängige Rückabwicklungsfolgen zu erstatten gewesen – ausweislich der vorgesehenen expliziten Anordnung allerdings nur im Kauf- und Werkvertragsrecht. Dies hätte zur Folge gehabt, dass Gläubiger innerhalb anderer Schuldverhältnisse mangels Anspruchsgrundlage benachteiligt gewesen wären. Zwar hätten sie sich auf § 327 I S. 2 KE berufen können - dann hätten sie sich aber zwischen der Geltendmachung ihres positiven und negativen Interesses entscheiden müssen. Außerdem hätte unter Beibehaltung dieser Regelung ein Gläubiger, der nach §§ 326 I S.1 in Verbindung mit § 275 wegen Unmöglichkeit der Leistung von der Gegenleistungspflicht frei wird, keinen Anspruch auf Ersatz der Vertragskosten gehabt. Im Bemühen um eine einheitliche Regelung im allgemeinen Schuldrecht nahm der Gesetzgeber im weiteren Verlauf der Modernisierungsarbeiten von der Regelung des KE Abstand und wollte nunmehr Vertragskosten als Aufwendungen einzig dem Regime des jetzigen § 284 unterworfen wissen.[477]

---

käufer geläufig sein müsse – zur Ermöglichung des nach dem Vertrag vorausgesetzten bestimmungsgemäßen Gebrauchs des Kaufgegenstandes entstehen, umfasst wissen.

476 Vgl. die Regelung des alten Rechts zur Wandelung, § 462 BGB a.F., und zur Durchführung der Wandelung: § 467 S. 2 BGB a.F.: „*Der Verkäufer hat dem Käufer auch die Vertragskosten zu ersetzen*". Qua Verweis konnte der Gläubiger auch im Tauschrecht, gemäß § 515, dem Werkvertragsrecht, gemäß § 634 I S. 3, II – IV, und dem Werklieferungsrecht, gemäß § 651, entsprechend der kaufrechtlichen Vorschriften wandeln und die Vertragskosten ersetzt verlangen. Der Rechtsbehelf der Wandelung stand den Sachleistungsgläubigern grundsätzlich bei Mangelhaftigkeit des Vertragsgegenstandes zu, ohne dass es auf ein Verschulden des Schuldners angekommen wäre. Insofern handelte es sich um eine garantieähnliche Haftung.

477 Regierungsbegründung, BT-Drucks. 14/6040, S. 144; befürwortet von: Canaris, JZ 2001, 499 (517f); Ernst-MüKo, § 284 Rn. 16; Ehman/Sutchet, *Modernisiertes Schuldrecht*, S. 157; Westermann-Erman, § 284 Rn. 6; Willingmann/Hirse, *Kompaktkommentar*, § 284 Rn. 9; Me-

Bezüglich dieser Einordnung regt sich in der Literatur Widerstand: Grunsky sieht die Entscheidung des Gesetzgebers als *„verfehlt“* an, weil Erstattung nicht verlangt werden kann, wenn der Veräußerer sein fehlendes Verschulden nachweist.[478] Brambring warnt vor *„kaum vertretbaren Ergebnissen“* und auch er wendet seinen Blick auf die Exculpationsmöglichkeit des Schuldners. Unterstreichend weist Brambring darauf hin, dass Schadensersatzansprüche qua Vertrag von vornherein ausgeschlossen werden könnten und dass gemäß § 309 Nr.7 b die Möglichkeit zu ihrer Beschränkung auf Fälle grob fahrlässiger Pflichtverletzungen des Schuldners bestehe.[479]

(2) Vertragskosten als Aufwendungen im Sinne des § 284

Ob angesprochene Einwände und Befürchtungen zutreffen, ist Gegenstand nun folgender Erörterungen. Die Problematik, eine in sich stimmige Entscheidung der Verteilung des Risikos der Vertragskosten auf Sekundärebene zu finden, lässt sich rückführen auf die simpel anmutende Wertungsfrage, ob eine Haftung des Gläubigers oder des Schuldners sinnvoller ist. Eine ergiebige Antwort bedarf der Ermittlung und rechten Gewichtung der einschlägigen Argumente.
Offensichtlich werden die § 284 kritisch beäugenden Literaturstimmen von der Überzeugung geleitet, der enttäuschte Gläubiger solle keinesfalls für die Vertragskosten aufkommen müssen – auch dann nicht, wenn dem Schuldner kein Verschuldensvorwurf zu machen ist. Wenn die Kritiker auch eine Erklärung für die Bevorzugung des Schuldners schuldig bleiben, so ist nahe liegend, dass sie das nach Ansicht vieler in der Regelung des § 467 BGB a.F. zum Ausdruck gebrachte Prinzip der weitestgehenden Begünstigung des Käufers im Rahmen der Rückabwicklung bedroht sehen. Dieses Prinzip wurde unter Rekurs auf historisch-teleologische Argumente abgeleitet. Als Beleg für das Prinzip der Begünstigung des Käufers wird in der Regel eine Stelle in den Motiven[480] angeführt, aus der sich ergebe, dass § 467 S.2 BGB a.F. dem Käufer ermöglichen solle, im Falle eines Sachmangels den Vertrag ohne Furcht vor pekuniären Einbußen rückgängig machen zu können.[481] Unterzieht man bewusste Stelle eingehender Betrachtung, so fällt auf, dass sie tatsächlich einen anderen Sinn hat. Un-

---

dicus in *Das neue Schuldrecht*, Kap. 3 Rn. 60, S. 95; Dauner-Lieb-AnwKom, § 284 Rn. 10; Oechsler, *Schuldrecht*, Rn. 261; Schellhammer, MDR 2002, 301 (305); Däubler, NJW 2001, 3729 (3731); Buck in *Das Schuldecht 2002*, S. 157; differenzierend nach ideellem/konsumtiven oder kommerziellem Zwecke des Vertrages: Heinrichs-Palandt, § 284 Rn. 6: § 284 nur im ersten Fall Anspruchsgrundlage, ansonsten auf Grundlage der Rentabilitätsvermutung im Rahmen des § 282.

478 Grunsky, *Schuldrecht BT*, S. 34; Dötsch, ZGS 2002, 160 (163); ähnlich: Ernst-MüKo, § 284 Rn. 3, 4.

479 Brambring in *Vertragspraxis nach dem neuen Schuldrecht*, S. 171.

480 Motive zu dem Entwurfe eines Bürgerlichen Gesetzbuches Band II, S. 230.

481 BGHZ 87, 104 (108), Dachziegelfall; Wolff, Gruchot 48, 503 (508ff).

ter dem Randstichwort *Nutzungen* wird hier in Bezug auf die Herausgabe von Nutzungen ausgeführt: „*Im preuss. Rechte ist der Redhibent*[482] *insofern günstiger gestellt, als er wegen der genossenen Früchte 'und auch sonst überall' als redlicher Besitzer angesehen werden soll (ALR 1, 5 §§ 337, 338). Dies widerspricht dem mit der sonstigen Gesetzgebung auch in dieser Richtung festzuhaltenden prinzipiellen Wesen und Zwecke der Wandelung, durch welche der Erwerber in die Lage gebracht werden soll, als hätte er sich auf den Vertrag nicht eingelassen.*" Es sollte vor allem zum Ausdruck gebracht werden, dass der wandelnde Käufer keine so weitgehende Begünstigung erfahren darf, dass er so gestellt wird, als wäre der Vertrag durchgeführt worden, sondern, dass maßgeblich der hypothetische Zustand ohne Vertragsschluss sei. Darüber hinaus belegen weitere Stellen der Motive, dass die Restitution zu Gunsten beider Parteien gilt[483] und sogar, dass eine verschuldensunabhängige Haftung als unbillig abgelehnt wurde[484]. Damit war die frühere h.M. zur Wandelung, die von dem Prinzip der Herstellung des früheren Zustandes unter Bevorzugung des Käufers ausging, schon unter altem Recht verfehlt.[485] Es verbietet sich aus diesem Grunde, die Kritik an der Ausdehnung des Anwendungsbereichs von § 284 auf Vertragkosten auf dieses Prinzip zu stützen.

Damit ist aber noch kein abschließendes Urteil über das Verhältnis von den Vertragskosten zu den frustrierten Aufwendungen im Sinne des § 284 gefallen. Es gilt zu bedenken, dass hinter der Begünstigung des Käufers in § 467 S.2 BGB a.F. einsichtige Gründe rechtspolitischer Art zur Rechtfertigung ihres Regelungsgehalts mit Ausnahmecharakter standen.[486] Diese Gründe werden nun aufgezeigt, um sie in einem weiteren Schritt auf ihre Geltungskraft unter dem neuen Schuldrecht hinsichtlich der Erfassung der Vertragskosten von § 284 zu durchleuchten. Es handelt sich insbesondere um drei Rechtfertigungsgründe, die jeweils auf Huber zurückgehen. Beginnen wir mit der Überlegung, dass die Verteilung der Vertragskosten in § 467 S.2 BGB a.F. als ausgleichende Regelung zu Gunsten des Käufers ausfallen musste, weil dieser unter dem alten Kaufrecht schon insofern einen schlechteren Stand im Vergleich zum Verkäufer hatte, als er Schadensersatzansprüche wegen Nichterfüllung (also auch Ansprüche auf Ersatz frustrierter Aufwendungen über die Rentabilitätstheorie) wegen Mangelhaf-

---

482 Redhibieren = eine Sache gegen Erstattung des Kaufpreises wegen eines verborgenen Fehlers zurückgeben.

483 *Unter dem Rand-Stichwort „Wandelung" findet sich die Aussage, dass: „... die Vertragsschließe den untereinander obligatorisch so berechtigt und verpflichtet werden, wie wenn der Vertrag nicht geschlossen worden wäre (§ 427 Entw.)".*

484 Motive zu dem Entwurfe eines Bürgerlichen Gesetzbuches, Band II, S. 232.

485 So auch von Einem, *Ersatz vom Vertragskosten,* S. 69.

486 So schon: OLG Celle OLGE 22, 230 (232) und OLG Hamm NJW 1982, 772 (772); zustimmend Muscheler, AcP 187, 343 (363); Otte, Jura 1988, 594 (595).

tigkeit der Kaufsache nur geltend machen konnte, wenn der Verkäufer arglistig gehandelt oder ihm eine Zusicherung gegeben hatte, vgl. § 463 BGB a.F.[487]
Huber ergänzte seine Verteidigung der Regelung um zwei weitere Wertungen: So sei die Verteilung der Vertragskosten entsprechend der Regelung des § 467 S.2 BGB a.F. angemessen, da die Vertragsverletzung vom Verkäufer ausging, wenn auch unter Umständen unverschuldet. Außerdem wäre es ein ungerechtfertigtes Zufallsergebnis, wenn ein Käufer, der auf der Ebene des Leistungsaustausches die Vertragskosten unmittelbar zu tragen hatte, auf diesen im Falle der Rückabwicklung des Schuldverhältnisses sitzen bleiben würde – er würde auf diese Weise schlechter stehen, als wenn eine Vereinbarung getroffen worden wäre, nach welcher der Verkäufer die Vertragskosten übernimmt und ihm indirekt aufbürdet. Die indirekte Belastung ergibt sich aus der unweigerlichen Einkalkulation in den Kaufpreis. Hier würde die Durchführung der Wandelung, das heißt Rückgewähr des Kaufpreises an den Käufer, also zugleich Erstattung der Vertragskosten bedeuten.[488] Der Käufer stände besser als bei Durchführung der Wandelung in dem Falle, dass er die Vertragskosten direkt übernahm.
Maßgeblich ist, ob die genannten Aspekte auch heute, nach Umgestaltung des Gesamtgefüges des Rechts der Leistungsstörungen und nach dem Verzicht auf eine spezifische Vertragskostenregelung, geltend gemacht werden können. Wenden wir uns zunächst dem Umstand der Schadensersatzpflicht nur bei Arglist beziehungsweise Zusicherung nach § 463 BGB a.F. zu. Diese für den Käufer harte Regelung findet sich im neuen Schuldrecht nicht wieder. Die Regelung der §§ 437 Nr.1, 439 geht sogar soweit, dem Käufer bei Mangelhaftigkeit der Sache primär einen verschuldensunabhängigen Anspruch auf Nacherfüllung zu gewähren. Sollte es zur Nacherfüllung kommen, stellt sich die Frage der Vertragskostenregelung nicht mehr – der Verkäufer hat die zum Zwecke der Nacherfüllung erforderlichen Aufwendungen, insbesondere Transport-, Wege-, Arbeits- und Materialkosten zu tragen, § 439 II. Insofern kommt es also zu keiner einen Ausgleich erforderlich machenden Belastung des Käufers.
Dem Anspruch auf Nacherfüllung nachgeordnet hat der Käufer ein ebenfalls vom Verschuldenserfordernis unabhängiges Recht auf Rücktritt beziehungsweise alternativ Minderung gemäß § 437 Nr. 2 in Verbindung mit der (verschuldensabhängigen) Möglichkeit, Schadensersatz nach §§ 440, 280, 281, und 311 a beziehungsweise alternativ Aufwendungsersatz nach § 284 geltend zu machen. Auf so hohe Anforderungen wie Arglist oder Zusicherung kommt es damit heute zur Begründung eines Schadensersatzanspruchs nicht mehr an. Insofern kann nicht mehr dargetan werden, es sei eine ausgleichende, den Gläubiger begünstigende Regelung von Nöten.

---

487 Huber-Soergel, § 467 Rn. 103ff.
488 Zustimmend: Deckers, NJW 1997, 158 (159f).

Es bleibt die oben offen gelassene Überprüfung des Einwandes zufälliger Ergebnisse je nach mittelbarer oder unmittelbarer Belastung des Käufers mit den Vertragskosten nach erfolgter Schuldrechtsmodernisierung. Auch unter dem neuem Schuldrecht erhält der Käufer in erstgenannter Situation die Vertragskosten im Rahmen der Rückgewähr des Kaufpreises beim Rücktritt verschuldensunabhängig[489]zurück. Hatte der Käufer die Vertragskosten dagegen im Rahmen der Vertragsdurchführung unmittelbar zu tragen, kann er sie nicht aus dem Rückgewährschuldverhältnis gemäß § 346 I über die Erstattung des Kaufpreises zurückverlangen.[490] Nach dem Willen des Gesetzgebers kann er sie aber nach § 284 geltend machen, sofern dessen Voraussetzungen gegeben sind.[491] Dies setzt indessen eine verschuldete Pflichtverletzung des Verkäufers voraus, § 280 I S.2. Damit könnte unter dem neuen Schuldrecht jedenfalls auch der Einwand zufälliger Ergebnisse greifen. Denn insofern hat sich die am Verschuldenserfordernis ansetzende Kritik hinsichtlich des § 284 im Zusammenhang mit den Vertragskosten zumindest der Sache nach als berechtigt erwiesen. Allerdings greift der Einwand der zufälligen Ergebnisse nur, wenn der Käufer dem Verkäufer ergebnislos eine Frist zur Nacherfüllung gemäß §§ 437 Nr.1, 439 gesetzt hat und nun nach §§ 437 Nr. 2 und 3 vorgeht. Zu berücksichtigen ist, dass er alternativ zum Rücktritt mindern kann, was eine eventuelle Härte abfedert. Der Einwand zufälliger Ergebnisse je nach direkter/indirekter Belastung mit den Vertragskosten wiegt damit alles in allem nicht so schwer, als dass er die Erstreckung des § 284 auch auf die Vertragskosten als unangemessen erscheinen lassen könnte. Es ist überzogen, in diesem Zusammenhang von "*kaum vertretbaren Ergebnissen*" des § 284 zu sprechen. Soweit sich die Kritik darauf stützt, dass Schadensersatzansprüche vertraglich ausgeschlossen beziehungsweise per AGBs beschränkt werden können, so ist dem entgegenzuhalten, dass diese Möglichkeiten Ausfluss der Privatautonomie sind und es der Gläubiger in der Hand

---

489 Ob der Schuldner für die Leistungsstörung nach § 276 einzustehen hat, ist für die Anwendbarkeit der §§ 323 ff irrelevant. Das Verschuldenserfordernis wäre sachfremd für die Entstehung eines Rücktrittsrechts, denn maßgeblich ist allein, ob jemand seine Vertragspflichten erfüllen konnte oder nicht. Gelingt dies nicht, wäre die Erwartung, der Vertragspartner müsse am Vertrag festhalten, verfehlt.

490 Wohl aber könnte der Gläubiger die Vertragskosten über die Rentabilitätsvermutung im Rahmen des Schadensersatzes statt der Leistung geltend machen, wenn man nicht der hier vertretenen Ansicht von der Unanwendbarkeit der Rentabilitätsvermutung unter dem neuen Schulrecht ausgeht und wenn die Voraussetzungen der Rentabilitätsvermutung gegeben sind. So stünde diese Möglichkeit wiederum nur einem Käufer, der kommerzielle Zwecke verfolgte, zu.

491 BT-Drucks. 14/6040, S. 144; so auch Ernst-MüKo, § 284 Rn. 16; Heinrichs-Palandt, § 284 Rn. 6 (differenzierend nach Aufwendungen mit kommerziellem und immateriellem Hintergrund – nur letztere seien von § 284 erfasst); Dauner-Lieb-AnwKom, § 284 Rn. 10; Reim, NJW 2003, 3662 (3663); Dedek in *Praxis der Schuldrechtsreform*, § 284 Rn. 5; Vollkommer-Jauernig, § 284 Rn. 4; Grüneberg in Bamberger/Roth, § 284 Rn. 8.

hat, unter diesen Bedingungen einen Vertrag abzuschließen oder von dieser Möglichkeit Abstand zu nehmen.

Es bleibt dabei, dass Vertragskosten nunmehr Bestandteil des Aufwendungsersatzes gemäß § 284 sind.[492]

gg) Verwendungen auf den Leistungsgegenstand

Verwendungen[493] auf einen Leistungsgegenstand, den der Gläubiger im Rahmen der Rückabwicklung des Schuldverhältnisses nach den §§ 346ff zurückzugewähren hat, entpuppen sich regelmäßig als frustrierte Aufwendungen: Hält der Gläubiger den Leistungsgegenstand nicht mehr in den Händen, kann er mit etwaigen, in Bezug auf diesen getätigten Investitionen oder sonstigen Anstrengungen nichts mehr anfangen. Auf diese Situation ist der Regelungsbereich des § 347 II zugeschnitten: Nach dieser Norm sind dem Rückgewährschuldner die notwendigen Verwendungen zu ersetzen, wenn er die Sache zurückgibt, Wertersatz leistet oder seine Wertersatzpflicht gemäß §§ 346 III Nr. 1 oder 2 ausgeschlossen ist. Nützliche Verwendungen sind ihm nur zu ersetzen, soweit der Rückgewährgläubiger durch sie bereichert ist. Da die Verwendungen Aufwendungen sind, die der Gläubiger im Vertrauen auf den ordnungsgemäßen Erhalt der Leistung gemacht hat und regelmäßig billigerweise machen durfte, und da jedenfalls im Fall eines dem Gläubiger zustehenden gesetzlichen Rücktrittsrechts die Frustration der Aufwendungen auch auf die Pflichtverletzung des Schuldners zurückzuführen ist, stellt sich die Frage nach dem Verhältnis dieser Normen.

Stünden § 284 und § 347 II in freier Anspruchskonkurrenz, würde dies dazu führen, dass die spezifischen, auf das Rückabwicklungsverhältnis zugeschnittenen Wertungen des § 347 II unterlaufen werden. Zu denken ist insbesondere an die Differenzierung nach notwendigen und nützlichen Verwendungen. Eine solche ist § 284 fremd. Damit ergibt sich ein Vorrang des Rücktrittsrechts und dies

---

492 Hoffmann, ZRP 2001, 347 (349f) äußert Zweifel an der Richtlinienkonformität des § 284, soweit es um Ersatz von Vertragskosten geht. Er stützt sich auf die Richtlinie 1999/44/EG zu verschiedenen Aspekten des Verbrauchsgüterkaufs und Garantien für Verbrauchsgüter, welche vom deutschen Gesetzgeber unter anderem eine Anpassung der Gewährleistungsrechte des Verbrauchers verlangte. Auch wenn die Richtlinie keine expliziten Regelungen hinsichtlich der Verteilung von Vertragskosten auf Sekundärebene trifft, will Hoffmann von der Formulierung des Art. III *„...Vertragsaufhebung in Bezug auf das betreffende Verbrauchsgut"* schließen, dass Vertragsaufhebung verschuldensunabhängige Ersetzung der Vertragskosten bedeute. Dies ist allerdings fern liegend.

493 Also Vermögensaufwendungen, die einer Sache zugute kommen. Notwendige sind solche, die zur Erhaltung oder ordnungsgemäßen Bewirtschaftung der Sache objektiv erforderlich sind. Andere als notwendige Verwendungen werden nützliche genannt; Kropholler, *Studienkommentar,* § 994 Rn. 2, 5, 6.

führt dazu, dass Verwendungen auf den Leistungsgegenstand nicht unter § 284 subsumierbar sind.[494]

hh) gesetzliche Verpflichtung zur Vornahme der Aufwendung

Problematisch könnten sich unter § 284 Sachverhaltskonstellationen erweisen, die sich von denjenigen, die wir bisher betrachtet haben, dadurch unterscheiden, dass die Entscheidung zur Vornahme der Aufwendung nicht beim Gläubiger liegt.[495] Zu denken ist insbesondere an eine gesetzliche oder behördliche Verpflichtung zur Vornahme der Aufwendung, zum Beispiel gemäß § 9 der hessischen HundeVO zur Anschaffung eines Maulkorbs für den erworbenen (Kampf-) Hund. Fraglich ist, ob nicht die Annahme einer Aufwendung im Sinne des § 284 mangels Freiwilligkeit der Ausgabe abzulehnen ist. Doch auch bei einer gesetzlichen Verpflichtung zur Vornahme der Aufwendung lässt sich ihre Freiwilligkeit unter folgenden Erwägungen bejahen: Der später enttäuschte Gläubiger stand anfangs vor der Wahl, ob er das Geschäft tätigt und damit bewusst den Tatbestand begründet, an den die gesetzliche Regelung anknüpft oder ob er dies unterlässt. Damit ist von einer freiwilligen Übernahme dieser Verpflichtung auszugehen. Im Übrigen unterscheidet sich diese Sachlage auf Wertungsebene kaum von derjenigen, in der sich der Gläubiger aufgrund dringender betriebswirtschaftlicher Erfordernisse zu einer bestimmten Aufwendung „gezwungen" sieht.
Aus den gleichen Erwägungen heraus sind etwaige Zweifel, ob der Gläubiger die Aufwendung, zu der er gesetzlich verpflichtet war, im *Vertrauen* auf den Erhalt der Leistung getätigt hat, zu zerstreuen: Denn auch die insofern maßgebliche Verwirklichung des gesetzlichen Tatbestandes geschah bewusst und zielgerichtet in dem Vertrauen auf den Erhalt der Leistung von dem Schuldner.

---

494 Vgl. BT-Drucks. 14/6040, S. 197; Huber/Faust, *Schuldrechtsmodernisierung*, 4. Kap. Rn. 18, S. 164; Gaier-MüKo, § 347 Rn. 14; a.A. Stoppel, *Ersatz frustrierter Aufwendungen*, S. 71.

495 Vgl. hierzu Leonhard, AcP 1999, 660 (674) – dessen Verweis auf BGHZ 65, 107 allerdings nicht passt.

2. Vergeblichkeit der Aufwendungen

Wie in der amtlichen Überschrift des § 284 anklingt, muss es sich um *„vergebliche"* Aufwendungen[496] handeln.

a) Tatbestandsmerkmal

Obwohl die Vergeblichkeit nur in der Überschrift, nicht im Tatbestand des § 284 erscheint, erlauben Gesetzgebungsgeschichte sowie Sinn und Zweck des § 284 insofern keine andere Einordnung als diejenige, dass es sich hierbei um ein eigenständiges, nach den allgemeinen Grundsätzen vom Anspruchsberechtigten zu beweisendes Tatbestandsmerkmal handelt. Nicht nur könnte anderenfalls der enttäuschte Gläubiger versucht sein, die Beweislastumkehr des § 284 2.HS auszunutzen, indem er sämtliche im Vertrauen auf den Leistungserhalt getätigte Aufwendungen geltend macht und darauf zählt, dass es dem Schuldner nicht gelingen wird, darzulegen, welche Aufwendung ihr Ziel erreicht hat. Außerdem gelangt der nicht mit den Kalkulationen seines Vertragspartners vertraute Schuldner überhaupt erst ansatzweise in die Lage, das Fundament der Frustrationsargumentation des Gläubigers überprüfen zu können, indem dem Gläubiger die Beweislast für die Vergeblichkeit der Aufwendungen auferlegt wird. Er erhält damit ein Instrument, um den Gegenbeweis nach § 284 a.E. führen zu können. Etwaige letzte Zweifel vermag der Wortlaut des letzten Halbsatzes der Norm zu zerstreuen. Demnach ist eine Ersatzpflicht ausgeschlossen, wenn „... *der Zweck* [der Aufwendungen] *auch ohne die Pflichtverletzung nicht erreicht worden wäre*". Dass es sich im Tatbestand um vergebliche Aufwendungen handelt, offenbart die Verwendung des kleinen Wörtchens *„auch"*. Es wäre redundant gewesen, die Vergeblichkeit der Aufwendungen neben dieser Andeutung und ihrer ausdrücklichen Erwähnung in der amtlichen Überschrift ein weiteres Mal aufzugreifen.

Wann aber ist von vergeblichen Aufwendungen auszugehen? Zumindest ein Anhaltspunkt ist erneut dem letzten Halbsatz des § 284 zu entnehmen: Nach dieser Legaldefinition ist von einer Vergeblichkeit der Aufwendungen bei Nicht-Erreichen des mit der Aufwendung verfolgten Zweckes auszugehen. Entscheidend wird sein, wann eine Zweckverfehlung in diesem Sinne vorliegt.
Diese Fragestellung ist aus dem Grunde nicht leicht zu beantworten, dass der Gläubiger in der Regel eine Vielzahl von Zwecken mit der Eingehung eines Schuldverhältnisses verbindet: Für ihn ist der Vertrag in rechtlicher Hinsicht die

---

496 Diese Voraussetzung dürfte unter Zugrundelegung der Sicht von Altmeppen schwierig werden. Diesem zufolge kann es gar keine vergeblichen Aufwendungen geben, wenn der Gläubiger durch den Schadensersatz statt der Leistung vermögensmäßig genauso gestellt wird, als hätte er die geschuldete Leistung erhalten (DB 2001, 1399 (1403).

Möglichkeit zur Befriedigung seiner Bedürfnisse, Wahrung seiner Interessen und Verwirklichung seiner wirtschaftlichen und sozialen Ziele. Dementsprechend gehört zum Wesen des Vertragsverhältnisses seine Ausrichtung auf bestimmte Ziele neben dem des unmittelbaren Leistungsaustauschs, welcher sich als Primärzweck charakterisieren lässt.[497] Aufwendungen im Vertrauen auf den ordnungsgemäßen Erhalt einer geschuldeten Leistung dienen zu einem Teil der Verwirklichung des Primärzwecks im Leistungsverhältnis – siehe Vertragskosten – letztendlich dienen sie aber der Verwirklichung des mit der Leistung verbundenen Sekundärzwecks.

Es lässt sich also der im Rahmen des § 284 maßgebliche Aufwendungszweck durch eine Gleichsetzung mit dem sekundären beziehungsweise primären Vertragszweck des Gläubigers näher charakterisieren.

b) die rechtserheblichen (Sekundär-)Zwecke des Gläubigers

Fraglich ist, ob bei der Vergeblichkeitsprüfung alle Sekundärzwecke des Gläubigers rechtserheblich sind, oder ob ihrem Kreis aus Gründen des Schuldnerschutzes Grenzen zu ziehen sind und bejahendenfalls, wo die Trennlinie verlaufen sollte. Denkbar wäre, dass sich der Gläubiger bei Darlegung der Vergeblichkeit auf "Nahziele" beschränken muss und nicht auf die Verfehlung erst durch weitere Handlungen realisierbare beziehungsweise von weiteren Faktoren abhängige "Fernziele" rekurrieren darf. Diesen Überlegungen liegt die Erkenntnis zugrunde, dass nach der Gesetzessystematik dem jeweiligen mit dem Vertragsschluss verfolgten Sekundärzweck der Parteien, der dem Bereich der individuellen Motivation gerade zu diesem Rechtsgeschäft entstammt, grundsätzlich keine Bedeutung beizumessen ist. Schließlich gehen gemeinhin zum Beispiel die weiteren Zwecke des Gläubigers in Bezug auf den Leistungsgegenstand den Schuldner nichts an.[498] Dieser Leitsatz ist angesichts der Funktion eines Schuldvertrages angezeigt, welche darin liegt, intersubjektiven Beziehungen durch die Schaf-

---

497 Der Vertrag ist nicht bloß ein geistiges oder sinnhaftes Gebilde (so Larenz, *Schuldrecht AT,* § 2 V, S. 27, sondern bezogen auf die Realität, welche sein Ausgangspunkt im rein Tatsächlichen war, vgl. Köhler, *Unmöglichkeit und Geschäftsgrundlage bei Zweckstörungen im Schuldverhältnis,* S. 1.

498 Larenz, *Geschäftsgrundlage und Vertragserfüllung,* S. 105. Anders verhält es sich nur bei bestimmten gesetzlichen Typen der Zweckstaffelung. Dies sind der Gesellschaftsvertrag gemäß § 705: Erreichung des Gesellschaftszwecks als an den Austauschzweck (gegenseitige Beiträge) angestaffelter Zweck; der Vergleich gemäß § 779: Austauschzweck durch gegenseitiges Nachgeben mit angestaffeltem Friedenszweck, der sich selbst als gemischter Abwicklungszweck aus den Elementen des Erfüllungs- und Sicherungszwecks zusammensetzt; § 1624: Der Großzügigkeit ist der Ausstattungszweck hinzugefügt – die Zuwendung gilt nur unter weiteren Voraussetzungen als Schenkung, vgl. von Nauen, *Leistungserschwerung und Zweckvereitelung,* S. 312; Liebs, JZ 1978, 697 (699f).

fung von Verbindlichkeiten maximale Verlässlichkeit zu verleihen.[499] Zum anderen ist die Unbeachtlichkeit der Motive der Parteien Ausfluss der zwischen ihnen herrschenden, originären Risikoverteilung, wonach insbesondere das Verwendungsrisiko den Gläubiger trifft.[500] Eine Auslegung des § 284, nach welcher jeder vom Gläubiger ins Auge gefasste sekundäre Vertragszweck maßgeblich ist, wäre diesen Grundsätzen gegenüber zu einem hohen Grade konträr. Dem Juristen, der als solcher eigentlich auf Distanz zum „bloßen Motiv“ bedacht ist,[501] wird dies nicht geheuer sein. Umso dringender ist es, den insofern suspekten Begriff der Zweckverfehlung innerhalb des Anwendungsbereichs des § 284 mit Substanz zu füllen.

Wie im Laufe der Arbeit deutlich geworden ist, kann ein solcher Zweck seiner Art nach entweder in der Erzielung einer materiellen Rendite oder in der Verwirklichung immaterieller Vorstellungen liegen. Prinzipiell hat diese Zweigleisigkeit nach dem von § 284 vorgegebenen Muster bei der Ermittlung der Vergeblichkeit der Aufwendung ohne Beachtung zu bleiben. Inwieweit sich dies durchhalten lässt oder ob nicht wegen der Verschiedenartigkeit der Fallkonstellationen verschiedene Lösungswege zur Ermittlung der Vergeblichkeit angezeigt sind, ist Gegenstand der folgenden Erörterungen. Einer Antwort harrt ferner die Frage, wie es sich bei einem Gläubiger verhält, der multiple, das heißt sowohl materielle als auch immaterielle Zwecke beziehungsweise eine Mehrzahl verschiedener materieller oder verschiedener immaterieller Ziele mit unterschiedlichem Erfolg mit dem Vertrag zu realisieren suchte.

aa) Rentabilitätstheorie

Ein Blick auf die alte Rechtslage könnte Abhilfe schaffen. Zwar definierte die Gerichtsbarkeit an keiner Stelle, was sie als „nutzlose“, entwertete beziehungsweise vergebliche Aufwendung ansah, doch gibt sich die Auffassung des Reichsgerichts „zwischen den Zeilen“ zu erkennen. Die Rentabilitätstheorie beruhte, wie ausgeführt, auf der Erkenntnis, dass die Aufwendungen auch bei ordnungsgemäßer Erfüllung angefallen wären, dass ihnen aber in diesem Fall die geschuldete Leistung des Schuldners gegenübergestanden hätte. Dabei wurde vermutet, dass der Betrag der eigenen, geschuldeten Leistung addiert mit den Aufwendungsunkosten einen zur ordnungsgemäßen Gegenleistung äquivalenten Wert darstellt. Daraus wurde gefolgert, dass die Aufwendungen ein Mittel zur Kompensation einer unmittelbar nach dem Leistungsaustausch zunächst negativen Vermögensbilanz des Gläubigers seien. Aufwendungen waren dem Reichsgericht zu Folge also frustriert, wenn sie die ihnen zugedachte Amortisations-

499 Willoweit, JuS 1988, 833 (833).
500 Siehe hierzu oben Seite 19.
501 Willoweit, JuS 1988, 833 (833).

funktion wegen der Säumigkeit des Schuldners nicht erfüllen konnten. Diese Schlussfolgerung wird untermauert durch die von der Rechtsprechung gewährte Widerlegungsmöglichkeit der Rentabilitätsvermutung mittels des Beweises, dass der Gläubiger ohnehin ein Verlustgeschäft abgeschlossen hatte. Denn in diesem Fall hätten sich die Aufwendungen nie amortisiert, da der Gläubiger – aus was für Gründen auch immer – den Bereich der roten Zahlen mit diesem Geschäft nicht verlassen hätte. Die Aufwendungen waren frustriert und zwar von vornherein.

Abgesehen von der zweifelhaften Berechtigung der der Rentabilitätstheorie zugrunde liegenden pauschalen Gleichsetzung der eigenen Leistungen plus Aufwendungen mit der erhaltenen Gegenleistung[502] verdient die alte Rechtsprechung insoweit Zustimmung, als sie im kommerziellen Bereich den letztlich allen anderen Zielen übergeordneten Zweck der Aufwendungen in ihrer Amortisation beziehungsweise der Erwirtschaftung von Profiten erblickt. Dies ist allerdings keine Wahrheit, die sich nur unter dem Blickwinkel der Rentabilitätstheorie erschließen würde. Sie ergibt sich vielmehr aus dem Erfahrungssatz rationalen Verhaltens[503] sowie den Grundprinzipien der Betriebswirtschaft. Demnach ist davon auszugehen, dass jede Person rationale wirtschaftliche Entscheidungen trifft, dass sie also den von ihr anvisierten Zweck mit dem geringsten Einsatz an Mitteln zu erreichen sucht. Hinsichtlich frustrierter Aufwendungen heißt das, dass die fragliche Aufwendung zur Erreichung des Gläubigerzwecks tatsächlich notwendig war, dass dasselbe Ergebnis nicht mit einer günstigeren Investition hätte erzielt werden können.

Eine haargenaue Übertragung der Erkenntnisse der Rentabilitätstheorie auf das Tatbestandsmerkmal der Vergeblichkeit in § 284 müsste dazu führen, dass die Aufwendungen vergeblich sind, wenn die Möglichkeit ihrer Kompensation im rechnerischen Sinne verloren ist. Da nunmehr nach § 284 von Rechts wegen Ersatz auch in Sachverhaltskonstellationen zu gewähren ist, in denen das Interesse an ordnungsgemäßer Vertragserfüllung nicht in Geld ausdrückbar ist, kann der Begriff der Zweckverfehlung also nicht pauschal durch einen Rückgriff auf den Begriff der materiellen „Rentabilität" im Sinne einer wirtschaftlichen Amortisation mit Inhalt gefüllt werden.

Man könnte allenfalls darüber nachdenken, von einem Verständnis der Zweckverfehlung auszugehen, das dem der Rentabilitätstheorie entspricht, sofern es sich um Schuldverhältnisse mit kommerziellem Hintergrund handelt. Aus dieser Sicht der Dinge heraus wird man zu unterschiedlichen Maßstäben hinsichtlich der Zweckverfehlung gelangen – je nachdem, ob materielle oder immaterielle Zwecke vorlagen beziehungsweise überwogen.

---

502 Kritik äußern insofern: Schobel/Verda y Beamonte, ERPL 2002, 453 (463); siehe oben Seite 13 f.

503 Vgl. Stoll, *Haftungsfolgen im bürgerlichen Recht*, S. 319ff; Schobel/Verda y Beamonte, ERPL 2002, 453 (464); Schobel, *Ersatz frustrierter Aufwendungen*, S. 225, 227f.

Schließlich sei klargestellt, dass es sich auch bei Zugrundelegung dieser Vorgehensweise verbietet, von einem „*Fortbestehen der Rentabilitätstheorie*"[504] zu sprechen. Denn abgesehen von der Ähnlichkeit des Vorgehens hinsichtlich eines Teilbereichs der Aufwendungen deutet auf diese Figur der Rechtsprechung nichts mehr hin. Schon die Begründung variiert.

Offen sind damit noch die Frage, unter Berücksichtigung welcher Faktoren von der Verfehlung der Amortisation ausgegangen werden kann, sowie die Problematik der Verfehlung immaterieller Zwecke. In der Literatur finden sich insofern zwei gehaltvolle Beiträge:

bb) Faust

Das von Faust vorgeschlagene Lösungsmodell ist eine Fortentwicklung seiner im Zusammenhang mit der Ersatzfähigkeit von Aufwendungen zum Zwecke der Verwendung der Leistung dargestellten These (siehe oben Seite 131). Es differenziert nach materiellen und immateriellen Gläubigerzwecken und beruht auf dem Fundament der Rentabilitätstheorie.[505] Da Faust aber auf die Rentabilitätstheorie abstellt, wie sie in dem Diskotheken-Fall[506] vom BGH konkretisiert wurde, sollen Aufwendungen des Gläubigers, die er für die geplante Verwendung des Leistungsgegenstandes tätigt oder die auf der ordnungsgemäßen Durchführung des Vertrages basieren, grundsätzlich auch bezüglich der Ermittlung der Zweckverfehlung ohne Gewichtung bleiben, das heißt keinen Frustrationsschaden im Sinne des § 284 begründen können.
Nur wenn eine bestimmte Verwendung des Leistungsgegenstandes vertraglich vereinbart oder vorausgesetzt wurde, sei der Weg zur Ableitung der Frustration im Sinne des § 284 aus der Verfehlung dieser (Sekundär-)Zwecke frei. Ansonsten könne nicht von vergeblichen Aufwendungen gesprochen werden, nur weil es nicht zur geplanten Verwendung dieser Leistung kommt. In all den Fällen, in denen der Verwendungszweck der Leistung dem Schuldner unbekannt blieb, sei zu differenzieren, ob es dem Gläubiger nur um den Erhalt der Leistung ging – wovon in der Regel in Fallkonstellationen mit immaterieller Zielsetzung auszugehen sei – oder ob der Gläubiger darüber hinaus Gewinn erwirtschaften wollte. Von Zweckverfehlung der Aufwendung sei in erstgenannter Fallgruppe auszugehen, wenn der Gläubiger die Leistung schlichtweg nicht erhält. In letztgenannter Gruppe dann, wenn der Gläubiger unmittelbar nach Tätigen der Auf-

---

504 So Schultz in *Das Schuldrecht 2002,* S. 17 (68); Gsell, *Aufwendungsersatz nach § 284,* S. 321 (322 ff, 340, 345).
505 Huber/Faust, *Schuldrechtsmodernisierung,* 4. Kap. Rn. 40f, S. 172 ff.
506 BGH in NJW 1991, 2277 (2279); siehe zum Diskothekenfall oben S. 11. Daher ist Fausts Lösungsmodell ähnlichen Kritikpunkten ausgesetzt wie die Rentabilitätstheorie.

wendungen und Abwicklung des Leistungsaustauschs ein Verlustgeschäft zu verbuchen hat.

Dass weder weder Wortlaut noch die Entstehungsgeschichte der Norm oder ihr Sinn und Zweck einen Anhaltspunkt für eine Einschränkung des Geltungsbereichs des § 284 wie Faust sie vorschlägt, ist bereits im Zusammenhang mit Aufwendungen für die geplante Verwendung der Leistung dargetan worden.[507]

cc) Gsell

Auch Gsell will sich, soweit es um die Frage der Zweckverfehlung der Aufwendungen geht, nicht von der Rentabilitätstheorie verabschieden. Zumindest soweit es um gewinnorientierte Aufwendungen geht, verkörpert § 284 ihr zufolge eine „*neue Rentabilitätsvermutung*".[508] Dementsprechend seien Aufwendungen dieser Kategorie vergeblich, wenn sie die anvisierte Rendite verfehlen – also wenn es für den Gläubiger zum Gewinnausfall kommt.[509] Ausgerechnet der neuralgische Punkt, ob dies unter Berücksichtigung der Rendite etwaiger Folgegeschäfte festgestellt werden oder ob, wie in der Entscheidung des Diskotheken-Falls, nur das Verhältnis des Leistungsaustauschs Bezugspunkt sein soll, bleibt ungeklärt.

Auch bezüglich der Zweckverfehlung nicht-gewinnorientierter Aufwendungen bleibt Gsell eine abstrahierende Lösung schuldig, zumal die von ihr erörterten Beispielsfälle wenig Abhilfe bieten: Als vergeblich im Sinne des § 284 wertet Gsell die Aufwendungen eines Konzertveranstalters, dem es unter anderem darum geht, dem Publikum die Darbietung näher zu bringen und sich bei den Kulturinteressierten ein gutes Image zu verschaffen, und der von dem Vermieter des Konzertsaals im Stich gelassen wird.[510] Ebenso erachtet sie die Aufwendungen der Initiatorin eines wissenschaftlichen Orchideenabends als vergeblich, wenn es infolge des Leistungsverzugs des Elektrikers mit der neuen Gastherme nicht zur Durchführung des Abends kommt.[511] Das hier zu Tage tretende Verständnis von dem Vergeblichwerden einer Aufwendung zu ideellen Zwecken ist denkbar weit, insbesondere im Vergleich mit der Sicht von Faust. Es basiert darauf, dass die Zweckverfehlung auch aus Faktoren abgeleitet werden kann, die keinen näheren Bezug zum Schuldverhältnis aufweisen. Leider werden weder Argumente noch sonstige für diese Sicht der Dinge sprechende Wertungsgesichtspunkte genannt. Allerdings ist Gsell sich der mit diesem weitem Verständnis einhergehenden Anreize für den Gläubiger bewusst: Um diesem die Flucht in die Be-

---

507 Ernst-MüKo, § 284 Rn. 22; siehe oben Seite 132.
508 Vgl. Gsell, *Aufwendungsersatz nach § 284* , S. 321 (322 ff, 340 und S. 345).
509 Vgl. Gsell, *Aufwendungsersatz nach § 284,* S. 321 (322).
510 Gsell, *Aufwendungsersatz nach § 284*, S. 321 (329).
511 Gsell, *Aufwendungsersatz nach § 284,* S. 321 (332f).

hauptung ideeller Zwecke und damit die Ausnützung der für ihn günstigen Beweislastverteilung in § 284 abzuschneiden, soll ihn die Darlegungslast hinsichtlich des Vorliegens nicht-kommerzieller Zwecke treffen.

Einen differenzierten Vorschlag unterbreitet Gsell zum Vorgehen in Fallkonstellationen mit einer Vielfalt von verfolgten Zwecken des Gläubigers. Sie nimmt einen schon unter dem BGB a.F. aufgeworfenen Gedankengang[512] auf und schlägt vor, bei feststehender Zweckvielfalt auf den Schwerpunkt der Zwecksetzung abzustellen. Wenn von mehreren parallel verfolgten Aufwendungszwecken nicht alle frustriert wurden, soll entscheidend sein, ob diejenigen Zwecke, *„um die es dem Gläubiger im wesentlichen ging"*, erreicht wurden. Ist dies zu bejahen, soll die Zweckverfehlung der anderen Aufwendungen nicht ins Gewicht fallen und Aufwendungsersatz für diese nach § 284 ausscheiden.[513] Für die besondere Fallgestaltung, dass sich mehrere verfolgte Zwecke des Gläubigers für diesen als gleichrangig erwiesen, sie aber (nur) teilweise infolge der Leistungsstörung ihren Zweck verfehlten, sieht Gsell, offensichtlich ohne selbst hiervon überzeugt zu sein, als einzigen Lösungsweg an, die Aufwendungssumme auf die einzelnen Zwecksetzungen zu verteilen. Dies könne über eine Schätzung nach § 287 ZPO geschehen.[514]

Die Sicht von Gsell vermag vom Ergebnis her, nicht aber in allen Punkten auf dem gewählten Weg überzeugen. Denn wie eingangs aufgezeigt, greift die Rechtsordnung über § 284 korrigierend in die originär zwischen den Parteien herrschende Risikoverteilung ein. Grundsätzlich kann und darf derartiges nur unter bestimmten engeren Voraussetzungen geschehen. Dies ignoriert Gsell ohne eine Erklärung für ihre Entscheidung, dem Gläubiger zumindest für frustrierte Aufwendungen mit immateriellem Hintergrund derartig weitreichende Ersatzmöglichkeiten zuzugestehen.

dd) gesetzliche Anhaltspunkte

Nachdem keiner der vorstehenden Lösungsvorschläge in seiner Gesamtheit zu überzeugen vermochte, soll nun untersucht werden, ob das Gesetz Hilfestellung leistet:

§ 284 ist eine Antwort auf einen Ausschnitt der Problematik, wie die Rechtsordnung auf die Situation reagieren sollte, wenn die inneren Vorstellungen des

512 Vgl. Müller, *Ersatz entwerteter Aufwendungen*, S. 100.
513 Gsell, *Aufwendungsersatz nach § 284*, S. 321 (328ff).
514 Gsell, *Aufwendungsersatz nach § 284*, S. 321 (330); dieser Gedanke ist nicht neu: Zum alten Recht erging ein Vorschlag von Müller in dieselbe Richtung, *Ersatz entwerteter Aufwendungen*, S. 184.

Gläubigers im Zusammenhang mit der Durchführung des Vertrages nicht (mehr) mit den äußeren Gegebenheiten übereinstimmen. Im Zusammenhang damit steht der Problemkreis der infolge der Veränderung der Wirklichkeit eingetretenen Vertragsstörung oder gar Frustration des Vertrages. Denn wenn auch der Grundsatz „pacta sunt servanda“ dem Vertrag bindenden Charakter verleiht und darauf abzielt, dem Einfluss einer späteren Änderung der Interessenlage auf die einmal festgelegten Rechtsfolgen entgegenzuwirken, so gewährt die Rechtsordnung in Ausnahmefällen eine Berücksichtigung der Zweckvorstellungen der Parteien, sei es, dass das Schuldverhältnis der neuen Lage angepasst wird, die Leistungspflichten erlöschen oder auf andere Weise.

Von einer eingehenden Betrachtung der anerkannten Ausnahmefälle könnten Anhaltspunkte für das richtige Verständnis der Zweckverfehlung im Rahmen des § 284 abgeleitet werden:

(1) Interessefortfall

Auf die vom Gläubiger mit der Leistung verfolgten Sekundärzwecke kommt es unter anderem beim Interessefortfall im Zusammenhang mit einer Teilleistung an. Die §§ 323 V, 281 I S.2 und §§ 326 V in Verbindung mit 323 V S.1 bestimmen in Übereinstimmung mit den §§ 280 II S.1 und 325 I S.2 BGB a.F., dass der Gläubiger vom Vertrag zurücktreten beziehungsweise Schadensersatz statt der ganzen Leistung verlangen kann, wenn er an einer Teilleistung kein Interesse hat.[515] Per definitionem ist Interessefortfall anzunehmen, wenn der Gläubiger den Zweck, für den die Leistung gedacht war, mit der Teilleistung nicht mehr verwirklichen kann.[516] Maßgeblich ist, ob der Gläubiger jedenfalls eine noch teilweise Verwirklichung des mit dem Vertrag verfolgten Interesses erreichen kann.[517] Nicht ausreichend ist es dementsprechend, wenn das Interesse des Gläubigers an der ihm geschuldeten Leistung nicht über die Entbehrung des vorenthaltenen Teils hinaus beeinträchtigt ist.[518]
Ausgangspunkt der Beurteilung, ob die sekundären Vertragszwecke des Gläubigers beeinträchtigt sind, sind seine individuellen Verhältnisse. Auf deren Grundlage wird gefragt, ob der Gläubiger objektiv gesehen noch ein Interesse an der geminderten Leistung haben kann. Da sich diese Fragestellung nach der Person des Gläubigers richtet und damit nach Umständen, die für den Schuldner nicht unbedingt offensichtlich sind, ist es unerheblich, ob der Schuldner diesen Zweck

515 Auf den Fortfall des Interesses kam es außerdem noch in § 236 II S. 1 und in dem praktisch wichtigeren § 326 II BGB a.F. an.
516 Ernst-MüKo, § 281 Rn. 137; Emmerich, *Recht der Leistungsstörungen*, § 12 VI. 2.d), S. 195.
517 Ernst- MüKo, § 323 Rn. 203.
518 Ernst- MüKo, § 323 Rn. 203.

kannte oder ob er erkennbar war.[519] Interessefortfall wurde zum Beispiel bejaht bei der unvollständigen Lieferung einer Spezialanlage mit der Folge, dass sie insgesamt unbrauchbar ist.[520]
Festzuhalten bleibt, dass bei der Ermittlung des Interessefortfalls auf die konkreten durch die Ziele der Partei bestimmten Vertragszwecke abzustellen ist, es erfolgt keine Einschränkung der zu berücksichtigenden Umstände.[521]

(2) Reisevertagsrecht:

Um frustrierte Aufwendungen anderer Art geht es im Reisevertragsrecht: Gemäß § 651 f II kann der Gläubiger wegen *„nutzlos aufgewendeter Urlaubszeit eine angemessene Entschädigung in Geld verlangen*". Die Urlaubszeit ist nutzlos aufgewendet, wenn der vertraglich festgelegte Reisezweck – zum Beispiel Abenteuerurlaub, Studien- oder Erholungsreise – nicht erreicht wird. Ob dies im Einzelfall zu bejahen ist, wird insbesondere anhand des geltend gemachten Zeitraums und des Erholungswertes der verbliebenen Restzeit ergründet.[522] Ausschlaggebend sind Überlegungen wie zum Beispiel der Resterholungswert eines so genannten „Balkonurlaubs" als Schadensminderungsposten[523] oder eine Ersatzreise.
Im Reiserecht findet sich also der Vorschlag von Faust, die vertragliche Abrede als Maßstab zu nehmen, wieder. Trotzdem ist dieser Gedanke nicht verallgemeinerungsfähig. Denn dies ist durch die Besonderheit des Reisevertrags gekennzeichnet, der als solcher grundsätzlich der Befriedigung eines bestimmten, inhaltlich zumindest umrissenen immateriellen Interesses zu dienen bestimmt ist, was der Schuldner sowohl weiß, als sich auch zu eigen macht. Dies kennzeichnet eine der Mehrzahl der von § 284 erfassten Fallkonstellationen nichtvergleichbare Sachlage.

(3) WGG: Störung des Zwecks der Leistung

Der auf Gläubigerseite für die erhaltene Leistung im Weiteren vorgesehene Zweck spielt auch eine Rolle im Zusammenhang mit dem nunmehr kodifizierten

---

519 Ernst-MüKo, § 323 Rn. 204f; Emmerich, *Recht der Leistungsstörungen,* § 12 VI. 2.d), S. 195.
520 BGH NJW 1983, 1320.
521 BGH NJW-RR 1990, 1462 (1464); NJW 1990, 3011 (3013).
522 Eckert-Staudinger, § 651 f Rn. 67; Vgl. AG HH NJW-RR 1989, 564 (565ff) für die Absage einer Studienreise durch den Veranstalter; OLG Karlsruhe ZMR 1988, 223 (225) Ersatz von Benzinkosten bei Miete eines mangelhaften Wohnmobils.
523 Dies hängt von den Gegebenheiten des Einzelfalles ab: BGH 77, 116 (122) = NJW 1980, 1947 (1948); JZ 1983, 203 (204); NJW 1983, 35 (36); 1983, 218 (219); Tonner, *Der Reisevertrag,* § 651f Rn. 29; contra: Führich, *Reiserecht,* § 11 Rn. 349.

Rechtsinstitut der Störung der Geschäftsgrundlage. Den übergeordneten Bezugsrahmen dieser Lehre bildet die Frage, unter welchen Voraussetzungen das von der Sinnlosigkeit der Sachleistung ausgehende Risiko entgegen den allgemeinen Grundsätzen vom Gläubiger auf den Schuldner abgewälzt werden kann. Diese Lehre weist damit einen § 284 vergleichbaren Ausgangspunkt auf.
So kann auch über § 313 die Verfehlung eines vom Gläubiger verfolgten Verwendungszweckes zu einer Verschiebung der eigentlichen Risikobereiche führen. Zwar sind mit der h.M. die mit den Schlagworten des Zweckfortfalls beziehungsweise Zweckerreichung[524] gekennzeichneten Fallgruppen nicht zum Anwendungsbereich der Störung der Geschäftsgrundlage, sondern zum Unmöglichkeitsrecht zu zählen.[525] Einschlägig ist aber die Fallkonstellation der Zweckvereitelung, das heißt die persönliche Unverwendbarkeit der Leistung für den Gläubiger. Charakteristisch für diese ist, dass der Leistungserfolg noch bewirkt werden kann, der Gläubiger aber wegen bestimmter, seine weiteren Zielvorstellungen durchkreuzender Umstandsänderungen kein Interesse mehr an der Durchführung des Vertrags hat.[526]

Das Gesetz gibt mit § 313 zwar einzelne tatbestandliche Kriterien vor, deren Konkretisierung kann beziehungsweise soll angesichts der offenen Wertungselemente im Tatbestand der neuen Norm aber durch einen Rückgriff auf die bereits vorhandene Rechtsprechung sowie Literatur erfolgen.[527] Die Norm will nur das *„ohnehin schon Anerkannte wiedergeben"*.[528] Die angesprochene Diskussion zeichnet sich allerdings gerade nicht durch ein einheitliches Bild hinsichtlich der rechtlichen Anerkennung sekundärer Vertragszwecke aus:

Größtenteils wurde früher in der Literatur für eine Lösung der Problematik über die Aufstellung des normativen Tatbestandsmerkmals der Unzumutbarkeit plädiert, welches sich im heutigen § 313 wieder findet. Sofern die Fälle der Zweckstörung dies im Einzelfall erlauben, solle dieses Merkmal anhand anerkannter Wertungsprinzipien, wie vor allem dem Grundsatz des venire contra factum proprium und dem der Risikozurechnung an den Nutznießer des Risikos konkre-

---

524 Zweckfortfall = technische Undurchführbarkeit der Leistungshandlung; Zweckerreichung = Sinnlosigkeit der Leistung. Hierunter fallen ohnehin gerade keine Störungen von Sekundärzwecken des Gläubigers, es handelt sich vielmehr um Fälle, da der Leistungserfolg entweder von selbst eintritt oder endgültig verhindert wird.

525 Dies geht zurück auf die Arbeiten von Beuthien, *Zweckerreichung und Zweckstörung*, S. 145ff, 155 und Köhler, *Unmöglichkeit und Geschäftsgrundlage*, S. 24ff, 70ff, 80; Löwisch-Staudinger, § 275 Rn. 12; Kropholler, *Studienkommentar*, § 313 Rn. 4.

526 Emmerich, *Recht der Leistungsstörungen*, § 24 II 5., S. 371 und § 28 II. 4.a), S. 440.

527 Roth-MüKo, § 313 Rn. 17; Teichmann, BB 2001, 1485 (1491); Emmerich, *Recht der Leistungsstörungen*, § 27 III, S. 412.

528 Vgl. Regierungsbegründung BT-Drucks. 14/6040, S. 175; Abschlussbericht, S. 151.

tisiert werden.[529] Sollte dies nicht möglich sein, müsse erwogen werden, ob im Einzelfall das Interesse des Gläubigers überwiege, hinter dem das Prinzip von Treu und Glauben stehe, oder das Interesse des Schuldners, welches Ausfluss des der Sicherheit des Rechtsverkehrs dienenden „Pacta-sunt-servanda-Grundsatzes" sei. Indem der Schwerpunkt auf die Unzumutbarkeitsprüfung gelegt und keine Aussonderung bestimmter Zwecke als irrelevant vorgenommen wird, liegt dieser Auffassung die Überzeugung zugrunde, dass alle Sekundärzwecke rechtserheblich sind.
Nach Larenz[530] liegt eine zu berücksichtigende Zweckvereitelung vor, wenn *„der im Vertragsinhalt irgendwie zum Ausdruck gelangte, von beiden Teilen anerkannte wesentliche Vertragszweck – auch ohne dass die Leistung als solche unmöglich geworden wäre – nicht nur zeitweilig unerreichbar geworden ist.*" Maßgeblich sei zum Beispiel, ob der Zweck den Inhalt der Leistung oder den Umfang der Berechtigung bestimmt; ob die Gegenleistung mit Rücksicht gerade auf diesen Zweck festgesetzt worden ist oder wenn, wie zum Beispiel bei Verträgen mit Gewinnbeteiligung, ein gemeinsames Interesse an seiner Erreichung bestehe. Der Zweck müsse darüber hinaus für das Geschäft in dem Sinne wesentlich sein, dass er nicht ohne Änderung des Charakters des Geschäfts durch einen anderen ersetzt werden kann.

Unter Berufung auf die dispositiven Regelungen des Besonderen Schuldrechts, welche vermeintlich bestätigen, dass ein rechtliches Anerkenntnis der Verfolgung von über das unmittelbare Erhalten des Leistungsgegenstandes hinausgehenden Zwecken stets vereinbarungsbedürftig sei, schlussfolgert von Nauen, dass das Risiko der Erreichung sekundärer Zwecke beim Verfolger bleibe, wenn nicht eine anderweitige Parteivereinbarung vorliege. Dies dürfe nicht über das Institut der WGG korrigiert werden.[531] Diese Sicht leidet aber unter dem Mangel, die Grenzen zwischen Geschäftsgrundlage und Vertragsinhalt zu verwischen.[532] Damit kann man sich ihr nicht anschließen.

Im Gegensatz zu dieser engen Sicht lässt sich die Praxis des BGH schwerlich auf einen Nenner bringen: Die Rechtsprechung legt seit Jahr und Tag der Prüfung des Wegfalls der Geschäftsgrundlage die Oertmannsche Formel zu Grunde, wonach die „... *Geschäftsgrundlage gebildet wird durch die nicht zum eigentlichen Vertragsinhalt erhobenen, aber bei Vertragsschluss zutage getretenen gemeinschaftlichen Vorstellungen beider Vertragsparteien oder die dem Ge-*

---

529 Köhler, *Unmöglichkeit und Geschäftsgrundlage bei Zweckstörungen*, S. 141ff.
530 Larenz, *Geschäftsgrundlage und Vertragserfüllung*, S. 104ff.
531 Von Nauen, *Leistungserschwerung und Zweckvereitelung*, S. 312ff; ebenfalls für eine vertragsrechtliche Lösung, wenn auch weit weniger strikt: Willoweit, JuS 1988, 833 (838ff).
532 Köhler, *Unmöglichkeit und Geschäftsgrundlage bei Zweckstörungen*, S. 122, 132; Beuthien, *Zweckerreichung und Zweckstörung*, S. 61.

schäftsgegner erkennbaren und von ihm nicht beanstandeten Vorstellungen der einen Vertragspartei von dem Vorhandensein oder dem künftigen Eintritt gewisser Umstände, auf denen der Geschäftswille der Parteien sich aufbaut.“[533] Das Vorliegen einer Geschäftsgrundlage in diesem Sinne führt nach der Rechtsprechung allerdings erst dann zu rechtlichen Konsequenzen, wenn dies nach der Gesamtlage notwendig erscheint, um untragbare, mit Recht und Gerechtigkeit schlechthin unvereinbare Ergebnisse zu vermeiden, wenn also dem Schuldner die Erfüllung des Vertrages schlechthin nicht zugemutet werden kann.[534] Da die Verwendungsplanung des Gläubigers dem Schuldner häufig erkennbar ist, wurde oftmals zur Entscheidung von Fällen der Störung der Verwendungsplanung auf den Wegfall der Geschäftsgrundlage rekurriert.[535] Auf diese Weise wurde in den verschiedenen Fällen unter anderem eine planwidrige Unwirtschaftlichkeit der Verwendung der Leistung für den Gläubiger,[536] der Wegfall jeder Verwendungsmöglichkeit oder sonstige Störungen vertragsbezogener Verwendungszwecke berücksichtigt. Für unsere Zwecke – das heißt für das Ausfindigmachen maßgeblicher Unterscheidungskriterien zur Differenzierung rechtlich relevanter von irrelevanten Sekundärzwecken – lässt sich aus dieser Rechtsprechungspraxis dennoch nichts herleiten. Denn die eigentliche Würdigung siedelte der BGH in dem Bereich der „Unzumutbarkeit“ an. Daher vermag eine derartige, durch Billigkeitsentscheidungen gekennzeichnete Rechtsprechung keine greifbare rechtliche Erklärung bieten, warum in anderen, ebenfalls die Störung der Verwendungsplanung betreffenden Fallkonstellationen nicht nach den Grundsätzen des Wegfalls der Geschäftsgrundlage entschieden wurde.[537] Den Ausschlag gibt letztlich immer eine Wertentscheidung, die abwägt, warum das Risiko der Umstandsänderung ausnahmsweise nicht bei derjenigen Partei verbleiben soll, die davon betroffen ist. Für diese Frage der Risikozurechnung können vielfältige Gesichtspunkte ins Gewicht fallen, die zu einem guten Teil streitig und kaum auf einen Nenner zu bringen sind.[538] Dies sind Umstände wie die Frage, ob der weitere Zweck des Gläubigers dem Schuldner bei Vertragsschluss bekannt oder zumindest erkennbar war.[539] Oder ob die Gewinnchancen beider Parteien glei-

---

533 St. Rspr. des RG, vgl. insbes. RGZ 168, 121 (126f); BGH NJW 1976, 565 (566); WM 1962, 625 (626); 1963, 594 (595); 1958, 297.

534 BGH LM Nr. 12 zu § 242 (Bb).

535 BGH LM § 242 (Bd) Nr. 15 a; LM § 242 (Bb) Nr. 51; LM § 242 (Bb) Nr. 83.

536 BGH LM § 242 (Bb) Nr. 12: Käufer erstand Geräte zur Lieferung in die DDR, die zuständigen Stellen lösten sich vom Vertrag, anderweitige Absatzmöglichkeiten ergaben sich nicht.

537 Willoweit, JuS 1988, 383 (387).

538 Roth-MüKo, § 313 Rn. 22.

539 Köhler, *Unmöglichkeit und Geschäftsgrundlage bei Zweckstörungen*, S. 141; Rögler in *Frankfurter Handbuch zum Neuen Schuldrecht*, S. 307; Dies deshalb, weil sonst der Schuldner bei Vertragsschluss nicht einmal die Möglichkeit gehabt hätte, etwaige Risiken in seine

chermaßen auf dem letzten Verwendungszweck beruhen, weshalb allein ihre Reihenfolge innerhalb der Veräußerungskette für den Verbleib des Risikos nicht maßgeblich sein dürfe. Demgemäß wäre im Einzelfall darauf abzustellen, inwieweit der Verkäufer, Vermieter etc. seine Geschäftschancen gerade dem Verwendungszweck des Käufers (Mieters etc.) verdankt und an dessen Gewinnerwartungen partizipiert.[540] Eine juristische Begründung wird nicht geboten.[541]

Demnach sind die Grundsätze zur Geschäftsgrundlage an sich außerstande, feste Orientierungshilfen zur Abgrenzung rechtserheblicher von unbeachtlichen Störungen der Sekundärzwecke zu bieten.
Ein Blick auf § 313 veranschaulicht, dass dies auch nicht die eigentliche Vorgehensweise der Lehre von der Störung der Geschäftsgrundlage ist. Die von dieser Norm festgelegte Prüfungsroute ist vielmehr insofern eine andere, als die möglichen, die Leistung für den Gläubiger sinnlos werden lassenden Zwecke nicht von vornherein eingegrenzt werden, sondern mittels weiterer offener, normativer Voraussetzungen der Weg für eine als angemessen empfundene Lösung geebnet wird.

Festzuhalten bleibt, dass nach der Lehre von der Störung der Geschäftsgrundlage prinzipiell jeder unter Umständen noch so weit entfernt liegende Zweck in Betracht zu ziehen ist. Für die Suche nach möglichen Unterscheidungskriterien zur Differenzierung erheblicher von unerheblichen Sekundärzwecken im Rahmen des § 284 ist uns damit nur bedingt weitergeholfen.[542]

Als Zwischenergebnis ergibt sich Folgendes: Sekundäre Gläubigerzwecke spielen im Leistungsstörungsrecht verschiedenenorts eine Rolle, im Rahmen des

---

Überlegungen einzubeziehen und auf Grund dessen den Vertrag nicht oder nicht zu diesen Bedingungen abzuschließen.

540 Roth-MüKo, § 313 Rn. 222.

541 Vgl. zu dem insofern inhaltsgleichen § 306 KE von Nauen, *Leistungserschwerung und Zweckvereitelung im Schuldverhältnis,* S. 109.

542 Keine Orientierungshilfe hält das Bereicherungsrecht mit der condictio ob rem (causa data causa non secuta) wegen Nichterreichens des mit der Leistung nach dem Inhalte des Rechtsgeschäfts bezweckten Erfolges parat. § 812 I S. 2, 2. Alt setzt voraus, dass neben dem mit der Leistung notwendigerweise intendierten Zweck ein besonderer Erfolg rechtlicher oder tatsächlicher Art eintreten sollte, aber nicht eingetreten ist. Die Vereinbarung dieses Zwecks erfolgt im Wege der tatsächlichen, nicht unbedingt der vertraglichen Parteien-Einigung, aus der sich ebenfalls entnehmen lässt, dass die Leistung unter der Prämisse der Erreichung des aufgezeigten Zwecks stattfindet. Einseitige Motivationen sind damit unbeachtlich. Die Vereinbarung ist als schuldrechtliche Abrede zu qualifizieren, die nicht auf die Begründung einer Verpflichtung, sondern nur auf die Schaffung eines Rechtsgrundes für das Behaltendürfen einer Leistung gerichtet ist. Der Erfolgseintritt ist demnach Inhalt des Rechtsgeschäfts geworden, was ein gewichtiger Unterschied zum Regelungsgehalt des § 284 ist. Letztlich ist die Vergleichbarkeit der beiden Normen also begrenzt.

Rechtsinstituts des Wegfalls der Geschäftsgrundlage sowie im Zusammenhang mit dem Interessefortfall wirken sie sich ähnlich wie über § 284 auf die originäre Risikoverteilung zwischen den Parteien aus. Dabei wird der Kreis der möglichen zu berücksichtigenden Sekundärzwecke nicht von vornherein beschränkt. Kriterien zur Abgrenzung rechtlich erheblicher von rechtlich irrelevanten Sekundärzwecken sind den gesetzlichen Regelungen nicht abzugewinnen.

ee) eigener Lösungsvorschlag

(1) Aufwendungen mit kommerziellem Hintergrund

Hinsichtlich Aufwendungen mit materieller Zwecksetzung bestehen wie gesehen keine Zweifel, dass sich das Vergeblichkeitsurteil danach richtet, ob eine Amortisationsmöglichkeit oder gar die Möglichkeit, Profite zu erwirtschaften, durch die Leistungsstörung frustriert wurde.[543] Dass Folgegeschäfte zu berücksichtigen sind, ergibt sich insbesondere aus dem Charakter des § 284 als Tatbestand der Vertrauenshaftung.[544] Denn es würde sich kaum um eine Vertrauenshaftung handeln, die diesen Namen verdient, wenn sie von vornherein derart verkürzt wäre.

Die Anwendung dieser auf die Amortisationsmöglichkeit abstellende Sichtweise wird erleichtert, berücksichtigt man die vom BGH in Verbindung mit der Rentabilitätstheorie bisher praktizierte Differenzierung nach erwerbs- und einsatzbezogenen Aufwendungen.
Essentiell wird diese zum Beispiel, wenn der Erwerb des Leistungsgegenstandes mit der vorgesehenen Aufwendung fehlschlägt, das Geschäft aber letztlich trotzdem für den Gläubiger rentabel ist. Stellt man allein auf die Amortisation als Fernziel ab, erscheint es zunächst schwierig, dem Gläubiger ein Vorgehen aus § 284 zu ermöglichen. Die Aufwendung wäre nicht vergeblich. Die tatsächliche Frustration der Aufwendung lässt sich folgendermaßen belegen: Unter Betonung der konkreten Zielsetzung des Gläubigers, nämlich eine Amortisation auf dem

543 Siehe oben Seite 145.

544 Wenig konsequent ist insofern die Vorgehensweise von Oechsler, *Schuldrecht*, Rn. 259 einerseits und Rn. 261 andererseits: Zunächst stellt er fest, dass der Käufer Fehldispositionen, die ihn in jedem Falle getroffen hätten, nicht auf den Schuldner überwälzen könne, und dass wirtschaftliche Zwecke als Zweck im Sinne des § 284 gelten. Sodann verwehrt Oechsler in seiner Lösung des Diskotheken-Falls dem Schuldner den Hinweis nach § 284 a.E., die Disko wäre ohnehin nicht rentabel gewesen, sprich sie hätte ihren Zweck verfehlt. Es fragt sich, was für wirtschaftliche Zwecke denn dann übrig blieben. Ferner ist fraglich, wieso die Rentabilität der Disko den Verkäufer *„nichts angehen"* soll, gleichzeitig aber *„alle persönlichen Zielsetzungen, die der Käufer mit der Kaufsache verfolgt"* als Zweck im Sinne des § 284 zu werten seien.

von ihm vorgesehenen Weg zu erwirtschaften, zu dem auch das gegenständliche Verbringen des Leistungsgegenstandes in den eigenen Herrschaftsbereich auf der geplanten Weise gehört (quasi als Nahziel), lässt sich die Verfehlung der Gläubigerzwecke und damit die Vergeblichkeit der Erwerbsaufwendung feststellen. Da der Gläubiger schließlich die Aufwendung erneut zu tätigen hat, mindert sich auch die von ihm angestrebte Rendite.

Geht andersherum das Nahziel, nämlich der Erwerbsvorgang unter Einsatz des Aufwendungsobjekts, wie geplant von statten und wird mit dem Leistungsgegenstand in der Folgezeit wie geplant verfahren, bis sich ein Mangel der Leistung zeigt und der Gläubiger keinerlei Gewinne erwirtschaften kann, darf nicht zweifelhaft sein, dass die Aufwendung vergeblich im Sinne des § 284 ist. Hinsichtlich dieser Fallkonstellation ist zu argumentieren, dass der übergeordnete Zweck der Aufwendung darin bestand, den Leistungsgegenstand zur Gewinnerzielung zu erlangen. Investitionen – sprich Aufwendungen mit einem kommerziellen Hintergrund – sind selbstredend auf Amortisation angelegt. Ob diese im Laufe einer gewissen Zeitspanne, die im Einzelfall kürzer oder länger bemessen sein mag, oder aber bereits mit Erhalt der Leistung erzielt werden soll, bestimmt sich nach der Kalkulation des aufwendenden Gläubigers in der konkreten Sachlage.

(2) Aufwendungen mit immateriellem Hintergrund

Der Blick auf die Gesetzeslage hat ergeben, dass in anderen Rechtsfiguren, die auf Sachverhaltskonstellationen mit vergleichbarer Interessenslage Anwendung finden, keine Einschränkung des Kreises der maßgeblichen Gläubigerzwecke erfolgt. Auch § 284 sind unmittelbar keine Anhaltspunkte für eine Beschneidung der im Rahmen der Vergeblichkeitsprüfung in Betracht kommenden Zwecke zu entnehmen.[545] Diese Gegebenheit fällt zusammen mit der Problematik, dass sich die private Nutzungsrentabilität als solche einem objektiven Bemessungsmaßstab entzieht.[546] Dies legt die Befürchtung nahe, dass dem Gläubiger Tür und Tor offen stehen, eine Frustration anzuführen, ohne dass diese auf ihre Wahrhaftigkeit überprüft werden könnte.

Bleibt die Leistung aus, bedarf es indes keines besonderen Bemessungsmaßstabs. Denn beruht die Verfehlung eines immateriellen Aufwendungszwecks darauf, dass der Schuldner gar nicht leistet, wurde das Vertrauen des Gläubigers in

---

545 Ernst-MüKo, § 284 Rn. 22. Gerade weil in Sachverhaltskonstellationen mit vergleichbarer Interessenskonstellation grundsätzlich alle Zwecke erheblich sind, hätte es eines solchen Hinweises, zumindest aber einer entsprechenden Bemerkung des Gesetzgebers bedurft.
546 Dies führte zur Nichtanwendbarkeit der Rentabilitätsvermutung hinsichtlich Aufwendungen mit einem immateriellen Hintergrund.

das Leistungsversprechen des Schuldners auf der Skala eines jeden Bewertungsmaßstabs vollkommen enttäuscht. In die Kategorie der Zweckverfehlung aufgrund ausgebliebener Leistung fällt die Stadthallen-Entscheidung.[547] Diese stützt das vorgefundene Ergebnis, denn hierbei handelte es sich gerade um die Entscheidung, die den Gesetzgeber motivierte, eine Anspruchsgrundlage für den Ersatz vergeblicher Aufwendungen zu schaffen.[548] In Fällen dieser Art bestehen daher keine Bedenken, stets von einer Zweckverfehlung im Sinne des § 284 auszugehen.

Anders sieht es aus, wenn sich der Gläubiger eines Vertrages mit immaterieller Zielsetzung darauf beruft, die Mangelhaftigkeit der Leistung hätte ihm den erhofften Genuss beziehungsweise Nutzen leidig gemacht, er wolle Ersatz seiner im Vertrauen auf die ordnungsgemäße Erfüllung getätigten Aufwendungen, diese seien für ihn vergeblich.

> **Beispiel - Abwandelung des Stadthallen-Falls:** *Die Partei erhielt die Stadthalle wie vereinbart zur Verfügung und konnte mit ihrer Veranstaltung wie geplant beginnen. Allerdings funktionierte am Tag der Tagung kein Licht in der Halle und konnte auch nicht wiederhergestellt werden.*
>
> *a) Aufgrund dieser widrigen Umstände musste die Veranstaltung abgebrochen werden.*
>
> *b) Die Veranstaltung wurde durchgeführt, allerdings von vielen Besuchern frühzeitig verlassen.*
>
> *Jetzt verlangt die Partei Aufwendungsersatz aus § 284.*

Hier hängt es von den weiteren Gegebenheiten des Einzelfalls ab, inwieweit der Richter von der Frustration der Aufwendungen zu überzeugen ist. In Konstellation a) etwa ist maßgeblich, ob die Veranstaltung frühzeitig oder ohnehin erst kurz vor dem geplanten Ende abgebrochen werden musste. Und in Konstellation b) ist das Verhältnis der Besucher, die blieben, zu denen, die gingen, maßgeblich. Eine Rolle spielt auch, ob die Veranstaltung wie geplant durchgeführt wurde oder ob auf bestimmte Programmpunkte verzichtet werden musste.
Eine allgemeingültige Aussage, wann bei solch immateriellen Zwecken von einer Vergeblichkeit im Sinne des § 284 auszugehen ist, verbietet sich angesichts der Vielzahl der von dem einzelnen Gläubiger mit der Durchführung des Geschäfts verbundenen Erwartungen beziehungsweise Vorstellungen. Aufgabe des

---

547 BGH NJW 1987, 381 = JZ 1987, 512, mit Anmerkung Stoll; Anmerkung Emmerich, JuS 1987, 489; vgl. hierzu oben Seite 9.
548 Noch einmal von Canaris in FS für Wiedemann, S. 3 (33) in Erinnerung gerufen.

Richters hat es zu sein, diese – sofern vorgebracht – zu berücksichtigen, insbesondere, inwiefern sie erreicht werden konnten.

Dagegen kann nicht eingewendet werden, es werde dem Richter eine zu weitgehende Kompetenz eingeräumt, schließlich räumt die ZPO selbst dem Richter über § 287 die Befugnis ein, über das Entstehen eines Schadens sowie seiner Höhe unter Würdigung aller Umstände des Einzelfalls zu entscheiden. Und im Zusammenhang mit frustrierten Aufwendungen liegt der Schaden gerade in der Verfehlung der Gläubigerzwecke.

c) Zweckverfehlung trotz Umwidmung der Aufwendung

Bemüht der Gläubiger sich nach Bekannt werden der Pflichtverletzung des Schuldners, die Aufwendungen anderweitig als ursprünglich vorgesehen zu nutzen, indem er ihnen einen neuen Zweck zuweist, fragt es sich, ob und ggf. wann sich diese „Umwidmung“ auf das schon gefällte Urteil der Zweckverfehlung auswirkt.[549]
Unter Berufung auf Bedarfs- und Flexibilitätsaspekte wird teilweise ein Frustrationsschaden, das heißt das Gegebensein von „vergeblichen“ Aufwendungen verneint, wenn die Investitionen sich zwar nicht hinsichtlich der von der Vertragsleistung versprochenen Vorteilhaftigkeit als zweckdienlich erweisen, so aber hinsichtlich alternativer Verwendungsmöglichkeiten.[550] Demnach wären die anspruchsbegründenden Voraussetzungen für Aufwendungsersatz nach § 284 in einer solchen Situation nicht gegeben.
Meines Erachtens ändert an der einmal festgestellten Verfehlung der sekundären Zwecke des Gläubigers nichts, dass die Aufwendungen für den Gläubiger einen wie auch immer gearteten Nutzen oder sonstigen Wert haben. Denn die Vergeblichkeitsprüfung ist an den jeweils konkret mit der erwarteten Leistung verfolgten Zwecken des Gläubigers in dem Zeitpunkt, als er die Aufwendung tätigte, auszurichten. Dies gebietet die Achtung seiner Entscheidungshoheit im privaten wie geschäftlichem Bereich, also der Grundsatz der Privatautonomie selbst. Das Urteil der Vergeblichkeit basiert nur auf der Frage, ob diese spezifischen Zwecke erreicht wurden. Eine andere, hiervon strikt zu trennende Frage ist es, inwie-

549 Die sich in diesem Zusammenhang stellenden Probleme sind aus der Schadensersatzhaftung im Reiserecht bekannt, vgl. OLG Köln, NJW 1975, 561: Die Klägerin musste am Urlaubsort feststellen, dass ihr nicht wie vereinbart ein Ferienhaus für die Zeit von vier Wochen zur Verfügung stand. Daher mietete sie sich sowie ihre beiden Kinder für die Dauer von 10 Tagen in einem Hotel ein. Sie erhielt 50% ihrer Reisekosten und die im Voraus geleistete Vergütung erstattet.
550 Roussos, *Schaden und Folgeschaden*, S. 337; Reim, NJW 2003, 3662 (3666).

fern der verbleibende sonstige Nutzen oder Wert zu berücksichtigen ist. Der rechte Ort für diese Problematik ist indessen die Rechtsfolgenseite.[551]
Nach der extremen Gegenposition sollen derartige Bemühungen des Gläubigers ungeachtet dessen, ob sie erfolgreich waren oder nicht, unweigerlich zu einem Ausschluss des Anspruchs auf Aufwendungsersatz des Gläubigers führen. Alles andere würde eine unerträgliche Rechtsunsicherheit bedeuten. Die ins Feld geführte Rechtsunsicherheit glaubt Stoppel in der Problematik, einen Maßstab zur Bezifferung des Frustrationsschadens zu finden, sowie in der Fallkonstellation, dass auch der Schuldner des Aufwendungsgegenstandes nicht ordnungsgemäß leistet, auszumachen.[552] Abgesehen davon, dass letzteres einen extremen Ausnahmefall darstellt, mithin schwerlich das harte Urteil der *„unerträglichen Rechtsunsicherheit“* zu rechtfertigen vermag, übersieht Stoppel, dass der Gläubiger schon aufgrund allgemeiner schadensrechtlicher Grundsätze, nämlich der ihm obliegenden Schadensgeringhaltungspflicht[553] unter anderem zu Anstrengungen in Richtung auf anderweitigen Einsatz der Aufwendungen – soweit es zumutbar erscheint – verpflichtet ist. Ableitungen hinsichtlich des Vergeblichkeitsurteils verbieten sich daher.[554]

3. Vertrauen

§ 284 verlangt Aufwendungen, die der Gläubiger *„im Vertrauen auf den Erhalt der Leistung gemacht hat und billigerweise machen konnte“*. Augenscheinlich handelt es sich bei dem Vertrauen um ein weiteres anspruchsbegründendes Merkmal des § 284, das in einem engen Zusammenhang mit dem Kriterium der Billigkeit steht.

Das Verständnis des Vertrauensmerkmals wird sich an Fällen wie den folgenden auf seine Plausibilität messen lassen müssen:

> **BGHZ 123, 96**[555]**:** *Die Gläubiger bezahlten einen Makler für die Vermittlung eines Mietvertrags, der dem Schuldner ein Rücktrittsrecht einräumte. Der Schuldner trat sodann vom Vertrag zurück.*
>
> *Der BGH lehnte den Ersatz der Aufwendungen (Maklercourtage) ab, weil der Gläubiger keine hinreichend gesicherte Aussicht hatte, dass sich die Aufwendungen rentieren würden, als er sie vornahm.*

---

551 Siehe unten Seite 219, zur Restwertproblematik.
552 Stoppel, *Der Ersatz frustrierter Aufwendungen,* S. 98.
553 Siehe unten Seite 221.
554 Huber/Faust, *Schuldrechtsmodernisierung,* 4. Kap. Rn. 36, S. 170f.
555 = BGH NJW 1993, 2527 = BGH EWiR § 249 BGB 4/93, 855 mit kritischer Anmerkung von Medicus; bestätigt in BGH, JZ 2000, 100 (100) mit zustimmender Anmerkung von Timme.

Fraglich ist, ob unter § 284 ähnlich zu entscheiden wäre, insbesondere, ob im Rahmen der Vertrauensprüfung Aspekte zu berücksichtigen sind wie die Wahrscheinlichkeit, dass vom Rücktrittsrecht Gebrauch gemacht wird.[556] Neuralgisch ist auch der folgende Fall:

> **BGH, JZ 2000, 100**[557]**:** *Der Kläger kaufte von der Beklagten ein Teilgrundstück. Für die Beklagte handelte ein vollmachtsloser Vertreter. Dieser hatte selbiges Grundstück drei Monate vorher, wiederum als vollmachtsloser Vertreter der Beklagten von einem Dritten gekauft. Es ist davon auszugehen, dass der Kläger von der fehlenden Vollmacht wusste. Die Beklagte genehmigte letzteres Geschäft, verweigerte später aber ihre Genehmigung bzgl. des ersten Kaufvertrages. Der Kläger erhielt das Grundstück nicht übereignet. Er verlangte unter anderem Ersatz seiner frustrierten Aufwendungen für Notar- und Gerichtskosten, die ihm im Zusammenhang mit dem Vertragsschluss und der zur Finanzierung erforderlichen Grundpfandrechtsbestellung entstanden waren.*
>
> *Der BGH gab dem Klägerbegehren statt und wies darauf hin, dass der ungesicherte Vertragszustand mit der Genehmigung rückwirkend beseitigt worden war.*

Rein tatsächlich betrachtet fehlte es im maßgeblichen Zeitpunkt an einem objektiven, das Vertrauen rechtfertigenden Tatbestand. Einen solchen Vertrauenstatbestand stellt zwar in der Regel ein Vertrag dar, vorliegend ist dies jedoch problematisch. Denn hier wird die Lage dadurch verkompliziert, dass sich der Käufer in dem Zeitpunkt, als er seine Aufwendungen tätigte, nicht sicher sein konnte, dass die Beklagte das Geschäft gemäß § 184 I genehmigen würde. In rechtlicher Hinsicht wirkte dagegen die erfolgte Genehmigung aufgrund der Fiktion des § 184 I ex tunc auf den Zeitpunkt des Vertragsschlusses zurück. Gleichzeitig erscheint der Gläubiger aus dem Grunde schutzwürdig, dass der spätere Vertragsbruch keinerlei Bezug zur ausstehenden und später erteilten Genehmigung im Verhältnis zum Kläger hatte. Timme spricht davon, dass hier die Grenzen der Vertrauenshaftung als Grundlage des Ersatzes frustrierter Aufwendungen erreicht seien.[558]

a) Sinndeutung des Vertrauens

Der amtlichen Begründung sind keine Anhaltspunkte zu entnehmen, was der Gesetzgeber unter dem Begriff des Vertrauens in § 284 verstand. Ausgerechnet

556 So Reim, NJW 2003, 3662 (3665).
557 = WuB IV A. § 249 BGB 3. 99 mit Anmerkung Fritzsche/Schmidt.
558 Timme, JZ 2000, 100 (101).

Canaris, der wohl vehementeste Verfechter einer "Vertrauenslehre" und maßgeblich an der Erschaffung des § 284 beteiligt, lässt sich zu der Behauptung hinreißen, die Einschränkung des § 284, dass die Aufwendung im Vertrauen auf den Erhalt der Leistung vorgenommen sein muss, bedürfe keiner Kommentierung.[559] Angesichts der Unbestimmtheit und dem großen Bedeutungsspielraum dieses Rechtsbegriffs ist dies unverständlich. Liegt doch gerade in der Problematisierung von Rechtstexten, das heißt in dem Ausloten verschiedener Deutungsmöglichkeiten eines der Hauptmerkmale der Jurisprudenz. Und wenn dies generell im Umgang mit neuen Normen zu beachten ist, so insbesondere, wenn sie wie § 284 eine dem Gesetz bisher fremde Regelungsmaterie bewältigen sollen. Denn es liegt in der Natur der Sache, dass die Reichweite solcher Neuschöpfungen noch nicht zur Gänze abgesteckt ist. Im nun folgenden Abschnitt soll daher versucht werden, dem unbestimmten Rechtsbegriff des Vertrauens innerhalb des Anwendungsbereichs des § 284 Konturen zu verleihen.

Das Schweigen des Gesetzgebers zum Vertrauens-Begriff wäre nebensächlich, wenn der Wortsinn, also die Bedeutung im allgemeinen oder im besonderen juristischen Sprachgebrauch eindeutig ist. Einleitend soll dargestellt werden, welch unterschiedliche Inhalte dem Vertrauensbegriff je nach Standpunkt beigemessen werden, es folgt der Schwerpunkt der Sinndeutung unter Berücksichtigung des Kontexts von § 284.

aa) im allgemeinen Sprachgebrauch

Der Brockhaus definiert Vertrauen als *„emotionale Sicherheit, einem anderen Menschen und dem eigenen Dasein offen gegenübertreten und sich hingeben zu können"* und *„als Grundlage jeglicher nahen zwischenmenschlichen Beziehung, aber auch der Begegnung mit Fremden sowie für jedes Gespräch."*[560] Demnach kennzeichnet Vertrauen die Gefühlswelt des einzelnen und ist eine zutiefst subjektive Empfindung. Da für das Entstehen von Vertrauen unterschiedliche, zum Teil in der Vergangenheit liegende innere und äußere Momente ausschlaggebend sind, wird ein Dritter nie mit Sicherheit sagen können, ob auf einen gewissen, typischen „Vertrauenstatbestand" tatsächlich vom Gegenüber mit Vertrauen reagiert wird.[561]

---

559 Canaris, JZ 2001, 499 (517).

560 Brockhaus, Stichwort Vertrauen.

561 Im Jahre 2002 hat das Deutsche Institut für Wirtschaftsforschung (DIW Berlin) begonnen, repräsentative Zahlen zum Vertrauen zu erheben. Demnach vertrauen mindestens 80 % der Befragten ihrer Familie sowie dem Freundeskreis. Dagegen wird Fremden gegenüber in 80% aller Fälle wenig bis kein Vertrauen geschenkt. Nach einer weltweiten Erhebung zur Frage, ob man „den meisten Menschen vertrauen kann", gaben dies in Deutschland etwa 35 % an. In Skandinavien und den Niederlanden waren es 60%. In wirtschaftlich schwächeren Län-

bb) in der Ethik

Der Wortsinn des Vertrauens im allgemeinen Sprachgebrauch ist nur entfernt verwandt mit dem in der Ethik verwendeten. Dieser kreist vor allem um die Wertigkeit des Vertrauens: Der dem Vertrauen zugestandene Wert speist sich aus der Größe der Belastungsprobe desjenigen, der sein Vertrauen *schenkt*. Das Verhalten des Vertrauenden wird als sittlich umso höher gewertet, je weniger konkreten Anlass er hatte, zu vertrauen. Während blinder Glaube als „*die in ihrer Art höchste Belastungsprobe moralischer Kraft, das wahre Kriterium der Echtheit in allen tieferen Gesinnungsbeziehungen von Mensch zu Mensch*" angesehen wird, wird das auf Fakten begründete Vertrauen als nicht echt abgeurteilt.[562]

cc) als Rechtswert

In der Rechtswissenschaft herrscht die Auffassung vor, dass es weniger Aufgabe der Jurisprudenz ist zu entscheiden, ob Vertrauen vorliegt, als festzustellen, ob es Rechtsfolgen auszulösen vermag.[563] Die Frage nach dem Vertrauen als Rechtswert ist daher eine Frage nach dem rechtlich anerkennenswerten Vertrauen. Im Mittelpunkt der allgemeinen Diskussion steht die Überlegung, unter welchen Voraussetzungen dies der Fall ist. Ausgangsprämisse ist, dass nicht jedes Vertrauen per se schutzwürdig ist und daher der im Privatrecht verwendete Begriff des Vertrauens von vornherein im Sinne von Vertrauen-Dürfen, schutzwürdigem oder berechtigtem Vertrauen zu verstehen ist.[564]

Dem in der Ethik herrschenden Verständnis vom Vertrauen in der Rechtswissenschaft Folge leisten zu wollen, hieße Prämien für Leichtgläubigkeit und Naivität auszusetzen.[565] Eine auf das ethische Vertrauensverständnis abstellende Sicht scheint schon deswegen wenig sinnvoll, weil sich die Rechtsdogmatik durch die Interpretation des Rechts aus einer internen Anwendungsperspektive heraus auszeichnet. Erst wenn die hier zur Verfügung stehenden Hilfsquellen versiegen, sollte auf rechts-externe Wertungen zurückgegriffen werden.[566]

---

dern wie der Türkei (7%) oder Polen und Ungarn (jeweils 20 %) wurde regelmäßig weniger vertraut; alle Angaben nach Wagner/ Schupp, SZ vom 11. 08. 2005, S. 2.

562 Hartmann, *Ethik*, S. 470 f; vgl. auch Schottlaender, *Theorie des Vertrauens*, S. 7, 11.

563 Dies folgt schon aus der Überlegung, dass nicht jedes Vertrauen, das eine Person aufgrund des Verhaltens einer anderen entwickelt, nur um den Preis einer Ersatzpflicht enttäuscht werden kann, vgl. Loges, *Begründung neuer Erklärungspflichten und der Gedanke des Vertrauensschutzes*, S. 57.

564 Köndgen, *Selbstbindung ohne Vertrag*, S. 131

565 Loges, *Begründung neuer Erklärungspflichten und der Gedanke des Vertrauensschutzes*, S. 55.

566 Dies ergibt sich aus dem Rechtsanwendungsgebot des Art. 20 III. Die einzelnen Normen unserer Rechtsordnung beinhalten Wertungen, denen an anderer, nicht aus sich heraus ver-

Die Zahl der Befürworter einer Übertragung des subjektiven Vertrauensverständnisses im Sinne des allgemeinen Sprachgebrauchs ist nicht gering.[567] Diesen Stimmen wird entgegenhalten, dass sich ein Großteil der menschlichen Beziehungen im rechtsfreien Raum abspielt, dass mithin zu überdenken ist, ob dieses Vertrauensverständnis ohne weiteres auf das rechtliche Verständnis übertragen werden kann. Erschwerend kommt hinzu, dass es für das Recht unmöglich ist, die innere Gefühlslage des einzelnen unmittelbar nachzuvollziehen.[568] Es benötigt stets dem Beweis zugängliche Tatsachen, um aus diesen auf das Vertrauen zu schließen. Schon aus diesem Grunde kann das Recht nicht ohne weiteres auf einen subjektiven Vertrauensbegriff abstellen. Das Verhältnis des Vertrauens in diesem allgemeinen Sinne zu dem Vertrauen im rechtlichen Sinne ist Gegenstand wissenschaftlicher Untersuchungen gewesen, auf die an dieser Stelle verwiesen sei.[569] Von der Hand zu weisen ist die Bedeutung des subjektiven Vertrauensbegriffs für das Recht nicht, steckt doch das allgemeine Sprachverständnis die Grenzen, innerhalb derer die gesuchte gesetzliche Bedeutung zu liegen hat.[570]

Als Pendant der subjektiven Sicht findet sich auch im Zusammenhang mit dem Vertrauensbegriff ein objektives Verständnis.[571] Tatsächlich spricht vieles für ein objektiv verstandenes Vertrauensprinzip, welches bloß mittelbar an die innere Einstellung des Betroffenen anknüpft, als ausschlaggebend aber einen typisierten, normativen Vertrauensbegriff erachtet. Auf dieser Linie liegt die höchstrichterliche Rechtsprechung in den Fällen der Prospekthaftung. Für diese ist kennzeichnend, dass der BGH den Verfassern von Kapitalanlageprospekten und ihren „*Hintermännern*" eine Art Garantenstellung kraft Amtes, Berufes oder besonderer Fachkunde bescheinigt. Maßgeblich soll sein, wem die Anleger „*ty-*

---

ständlicher Stelle vor allem durch die verschiedenen Auslegungsmethoden Beachtung geschenkt werden.

567 Baumert, *Tatbestand und Haftungsmaßstab bei der culpa in contrahendo,* S. 27f; Bickenbach, *Haftung für culpa in contrahendo,* S. 16.

568 Frost, *Schutzpflichten,* S. 96; gegen ein subjektives Vertrauensverständnis: Canaris, *Vertrauenshaftung,* S. 528, 549; Köndgen, *Selbstbindung ohne Vertrag,* S. 100; v. Craushaar, *Einfluss des Vertrauens auf die Privatrechtsbildung,* S. 20; Stoll in Freiburger Begegnung, S. 50 (63); Frost, *Schutzpflichten,* S. 102f.

569 Siehe *zum Beispiel Frost, Schutzpflichten,* S. 93ff.

570 Larenz, *Methodenlehre,* 4. Kap. 2a), S. 320ff.

571 In ähnlicher Weise stellt(e) sich die diese Problematik in der Diskussion über den Haftungsgrund der culpa in contrahendo, wo sich Vertreter „objektiver" Theorien, die den Haftungsgrund in einem von außen wahrnehmbaren Tatbestand sehen, und Anhänger einer subjektiven Sicht (zum Beispiel Ballerstedt JZ 1964, 325 (325f); Alf-RGRK, § 276 Rn. 96), die den Haftungsgrund in der Enttäuschung von Vertrauen erkennen wollen, gegenüberstehen. Letztere sehen sich mit der Aufgabe konfrontiert, zur Bestimmung des Haftungsgrundes rechtlich irrelevantes als nicht schutzwürdiges Vertrauen auszuscheiden.

pischerweise“[572] in derartigen Situationen vertrauen. Und das seien die dem Management zugehörigen Personen,[573] unabhängig davon, ob diese den Prospekt gestaltet haben.
Für die Vertreter eines typisierten Vertrauensbegriffs stellt sich die Problematik der Ermittlung des berechtigten Vertrauens unter einem leicht verschobenen Blickwinkel. Da nicht unmittelbar an den tatsächlichen, inneren – psychologischen – Vorgang des Vertrauens angeknüpft wird, geraten sie anders als Anhänger eines subjektiv geprägten Verständnisses nicht in die Verlegenheit, eine Lösung für die Extremfälle des hochgradig Naiven einerseits und des krankhaft Misstrauischen andererseits finden zu müssen. Dafür gilt es, überzeugende objektive Maßstäbe aufzustellen und eine tragbare Lösung für die Konstellation anzubieten, dass sich innere Einstellung und äußeres Verhalten widersprechen.

(1) Canaris

Canaris, der zu den Gegnern eines subjektiven Vertrauensverständnisses zählt, beschäftigt sich in seiner grundlegenden Untersuchung der Vertrauenshaftung mit der Sichtung der Schnittmenge des enttäuschten Vertrauens, das aufgrund spezieller juristischer Wertungen schutzwürdig ist und daher – im Extremfall-hinter dem tatsächlich erwiesenen Vertrauen zurückbleiben kann.[574] Genannt werden fünf Attribute: der gute Glaube; die Kenntnis des Vertrauenstatbestandes; die Vertrauensdisposition; der Kausalzusammenhang zwischen dieser und dem Vertrauen und das Vorliegen eines Verkehrsgeschäfts.
Canaris hebt hervor, dass das Vertrauen stets innerhalb eines spezifischen rechtlichen Zusammenhangs zum Tragen komme, so dass für das richtige Vertrauensverständnis nicht nur psychologische, sondern auch juristisch-normative Kategorien mitentscheidend seien. Deshalb sei es angebracht, dass die Rechtsordnung keine einzelfallbezogene Prüfung des Vertrauens vorsieht, sondern typisierend verfährt.[575]

---

572 BGHZ 71, 284 (287); 72, 382 (385, 387); 74, 103 (109); 79, 337 (341) = ZIP 1981, 517 (518f); BGHZ 83, 222 (227); 123, 107 (109); BGH WM 1984, 889 (889); 1995, 344 (345).
573 So zum Beispiel BGHZ 71, 284 (287); 72, 382 (385, 387); 79, 337 (340); 115, 213 (218); vgl. hierzu: Canaris in FS für BGH, S. 129 (187); ders. in FS für Schimansky, S. 43 (58).
574 Seine Untersuchung vollzieht sich in folgenden Schritten: Aus einer induktiven Analyse der einzelnen Tatbestände der (positiven) Vertrauenshaftung und anschließender Erörterung ihrer Stellung und Funktion in unserer Rechtsordnung leitet Canaris ein eigenes System der Vertrauenshaftung ab. Im Rahmen dessen zeichnet er allgemeingültige, das heißt auch die negative Vertrauenshaftung umfassende Merkmale nach. Canaris selbst vergleicht den Aufbau seiner Untersuchung mit den bekannten Einheiten eines *Besonderen* und eines *Allgemeinen Teils*, Canaris, Vertrauenshaftung, S. 490. Im Rahmen des bündelnden *Allgemeinen Teils* kommt er auf die Punkte zu sprechen, die ein Vertrauen rechtlich schutzwürdig erscheinen lassen.
575 Canaris, Vertrauenshaftung, S. 504.

(2) v. Craushaar

Ein von v. Craushaar[576] erarbeitetes Lösungsmodell beruht auf den drei Pfeilern: Vertrauensgrundlage, Vertrauenszwang und Vertrauensgestattung. Diese seien durch den sie tragenden Gedanken des Selbstschutzes verknüpft. Sofern ein Element gegeben ist, könne von berechtigtem Vertrauen ausgegangen werden. Damit erkennt v. Craushaar an, dass es bestimmte Tatbestände gibt, die jeweils einen spezifischen Aussagegehalt aufweisen. Er spricht von so genannten Bedeutungsträgern. Als zu weitgehend empfindet er es, schon beim bloßen Vorliegen eines solchen Bedeutungsträgers von berechtigtem Vertrauen auszugehen. Denn selbst unter Heranziehung aller Umstände ließen diese noch nicht mit absoluter Sicherheit den Schluss auf eine bestimmte Bedeutung zu. Um den eigenen trotzdem als richtig empfundenen Ausgangspunkt nicht zu verlieren, will v. Craushaar es daher ausreichen lassen, wenn entweder eine *„normale Vertrauensgrundlage"* vorliegt, also wenn es sich um einen Regelvorgang oder -zustand handelt, oder aber eine *„ausreichend gesicherte Vertrauensgrundlage"* gegeben ist. Mit letzterem sind jene Fälle gemeint, die sich dadurch auszeichnen, dass dem Vertrauenden nicht der Vorwurf mangelnden Selbstschutzes zu machen ist. Die Übertragbarkeit dieses Modells auf § 284 kommt allerdings von vornherein nicht in Betracht, da § 284 selbst die Vertrauensgrundlage vorgibt – *„Erhalt der Leistung"*. Es kommt folglich nicht darauf an, ob eine ausreichend qualifizierte Vertrauensgrundlage vorliegt.

dd) Vorschläge bzgl. Verständnis des Vertrauens in § 284

(1) objektiver Maßstab: Kenntnis der Anspruchsentstehung

Gsell ist eine der wenigen Autoren, die sich nach der Schuldrechtsreform eingehend mit der Vertrauensvoraussetzung im Rahmen des § 284 beschäftigt hat. Sie bietet als Lösung einen einfach zu handhabenden Indikator an, der für oder gegen die Anerkennung des Gläubiger-Vertrauens sprechen soll. Maßgeblich sei die mit dem Vertragsschluss zu ziehende zeitliche Grenze.[577] Da ihr zufolge der Gläubiger nur auf die versprochene Leistung zählen dürfe, liege hier die grundsätzlich ausschlaggebende Zäsur. Aufwendungen, die vor Vertragsschluss getä-

---

576 Aus der umfassenden Zielsetzung seiner Untersuchung resultiert eine gewisse Generalisierung. So stellt v. Craushaar bei Entwicklung seines Lösungsmodells auf Vertrauen in so unterschiedlichen Bereichen wie im Straßenverkehr, bzgl. rechtsgeschäftlicher Willenserklärungen, der Mitfahrt in einem defekten PKW und Erklärungen, Eigentümer zu sein, ab. Kritik an der Theorie von v. Craushaar übt Loges, *Begründung neuer Erklärungspflichten und der Gedanke des Vertrauensschutzes*, S. 61ff.

577 Auf diese stellen auch ab: Ernst-MüKo, § 284 Rn. 19f; Huber/Faust, *Schuldrechtsmodernisierung*, 4. Kap. Rn. 14, S. 164; Heinrichs-Palandt, § 284 Rn. 7.

tigt wurden, seien nicht im Vertrauen auf Erhalt der Leistung erfolgt. Bezüglich Aufwendungen, die nach Vertragsschluss getätigt wurden, sei dagegen vom Vertrauen des Gläubigers auszugehen.[578] Ohne dies auszusprechen, wertet Gsell den Vertragsschluss als hinreichenden objektiven Vertrauenstatbestand und erkennt Aufwendungen, die nach Vertragsschluss erfolgten, ohne weiteres als im Vertrauen erfolgt an. Dies findet in dem Regelungsgehalt des § 284 sowie dem gesetzlich vorgegebenen Bezugspunkt des Vertrauens, welcher in dem Erhalt der *Leistung* auszumachen ist (vgl. hierzu unten, Seite 171), seine Legitimation.[579]

(2) objektiver Maßstab: Vertrauensdisposition

Ebenfalls einen nur mittelbar an der inneren Einstellung des Gläubigers orientierten Maßstab legt Köhler an, der das Vertrauen aus dem Tätigen der nun ersetzt verlangten Aufwendung herleitet.[580] Dies geschieht allerdings intuitiv, ohne eine weitergehende Auseinandersetzung mit dem Vertrauensbegriff. Auch wenn dieses Vorgehen für sich genommen nachvollziehbar ist, hilft es auf der Suche nach dem richtigen Vertrauensverständnis nicht weiter. Dem steht entgegen, dass § 284 ohnehin Gläubigeraufwendungen voraussetzt, mithin das bloße Anknüpfen hieran keinen eigenen Erkenntniswert hat. Letztlich negiert diese Sicht die Daseinsberechtigung des Vertrauens als eigenständiges anspruchsbegründendes Merkmal.

Einleitend wurde erwähnt, dass es sich bei dem Vertrauenserfordernis im Rahmen des § 284 augenscheinlich um ein Tatbestandsmerkmal handelt. Dies wird denn auch ausnahmslos in der bisher zu dieser neuen Norm erschienenen Literatur ohne jegliches Problembewusstsein so gesehen. Tatsächlich ist es aber eine Überlegung wert dies zu hinterfragen. Eine Einordnung des Vertrauens als Tatbestandsmerkmal wäre verfehlt, wenn ein derartig verstandener Vertrauensbegriff keinen Eigenwert enthält – wenn es sich als bloßes sprachliches Bindeglied zwischen den Aufwendungen und dem Leistungsversprechen darstellt. Dass diese Befürchtung nicht weit hergeholt ist, zeigt die Bedeutung der Bejahung einer Aufwendung. Da es ein allgemeines Phänomen ist, dass das Recht

---

578 Gsell, *Aufwendungsersatz nach § 284,* S. 321 (331).

579 Gsell geht nicht auf die Fälle ein, in denen kein Vertragsschluss vorliegt, der Leistungsanspruch des Gläubigers vielmehr auf einem gesetzlichen Tatbestand oder auf einem einseitigen Schuldverhältnis beruht. Da die hinter dem vorgestellten Lösungsweg stehenden Überlegungen aber bekannt sind, lässt sich dieses Model insoweit fortentwickeln. Die Kenntnis vom Vertrauenstatbestand erlangt der Gläubiger hier mit der Benachrichtigung, zum Beispiel Vermächtnisnehmer etc. geworden zu sein. Dementsprechend ist die maßgebliche Zäsur in diesem Moment anzulegen.

580 Köhler, *Fälle zum neuen Schuldrecht,* Fall 7 Rn. 24, S. 68.

die innere Tatsache, vertraut zu haben, nur dort schützen kann, wo es sich durch eine bestimmte Verhaltensweise in der Außenwelt manifestiert, wo also der Schluss auf das Vorhandensein des Vertrauens gerechtfertigt ist, könnte man vertreten, auf die Feststellung des Vertrauens nach Bejahung einer Aufwendung sei zu verzichten. Die Aufnahme des Vertrauensbegriffs in § 284 wäre diesem Verständnis zufolge nur ein Hinweis auf die Rechtsfolgenseite, nämlich auf die Berechnung des Schadensersatzes nach dem negativen Interesse. Der Ausgangspunkt jener Argumentation ist zwar einsichtig, der eingeschlagene Weg aber letztlich nicht gangbar. Ihm steht entgegen, dass er sich zu weit von dem eigentlichen Haftungsgrund des § 284, dem Hervorrufen und Brechen von Vertrauen durch den Schuldner, entfernt und dass er die Berücksichtigung einer Bösgläubigkeit des Gläubigers an bestgeeigneter Stelle unterbinden würde.

(3) subjektiver Maßstab

Soweit ersichtlich wurde bisher von keiner Seite ein fundierter Vorschlag unterbreitet, das Vertrauen im Rahmen des § 284 entsprechend dem subjektiven allgemeinen Sprachgebrauch auszulegen. In diese Richtung tendiert allenfalls Hirsch, der angibt, das Vertrauen müsse die Motivation des Gläubigers zur Tätigung der Aufwendung gewesen sein.[581] Vor allem aber weist Hirsch damit auf das Kausalitätserfordernis zwischen Disposition und Vertrauen hin.

(4) eigene Sicht

Es ist keine neue Erkenntnis, dass Vertrauen per se nicht schutzwürdig ist. An versteckter Stelle findet sich auch in der Gesetzesbegründung zu § 284 der Hinweis, dass nur berechtigtes Vertrauen zum Aufwendungsersatz führen soll: Im Rahmen der Begründung eines ausgedehnten Anwendungsbereichs des § 284 über gegenseitige Verträge hinaus auf einseitige Schuldverhältnisse wird argumentiert: „ *...hat der Vermächtnisnehmer in berechtigtem Vertrauen auf die Erfüllung Aufwendungen vorgenommen, ..., so hat er das gleiche Bedürfnis nach Ersatz ....*“[582]. Wie die Berechtigung des Gläubigervertrauens in die Prüfung integriert werden soll, bleibt unausgesprochen. Wenn Gsell insoweit den Vertragsschluss als Zäsur ansieht, macht das aus dem Grunde Sinn, dass der Gläubiger vor diesem Zeitpunkt keine Kenntnis des Vertrauenstatbestandes – dem Anspruch auf die Leistung – hatte, und mithin zuvor ein starkes Indiz gegen

581 Hirsch, *Allgemeines Schuldrecht*, Rn. 827; für subjektives Verständnis ebenfalls ohne weitergehende Begründung Stoppel, *Ersatz frustrierter Aufwendungen*, S. 61; ders. AcP 2004, 81 (90).
582 BT-Drucks. 14/6040, S. 143.

Vertrauen als psychisches Moment spricht.[583] Allerdings ist dies tatsächlich weniger eine Frage des Vertraut-Habens als des rechtlich anerkannten Bezugspunktes des Vertrauens und gehört damit zur Sonderthematik, ob auch im Vorfelde des Schuldverhältnis getätigte Aufwendungen aus § 284 ersetzt verlangt werden können.[584] Außerdem ist es nicht überzeugend, allein vom Zeitpunkt der Vornahme der Aufwendung auf die Tatsache des Vertrauens schließen zu wollen. Dieser Vorgehensweise fehlt der Kausalitätsaspekt.

Ein subjektives Verständnis des Vertrauens könnte die Bedeutung nach dem allgemeinen Sprachgebrauch ebenso wie den **Gesetzeswortlaut** für sich in Anspruch nehmen. Denn das Gesetz spricht von Aufwendungen, die der Gläubiger im Vertrauen auf den Erhalt der Leistung tätigte und billigerweise tätigen durfte. Damit gibt die Fassung des § 284 die Unterscheidung des Vertrauens und des billigerweise Vertrauen-Dürfens vor. Inhalt sowie Sinn und Zweck des Billigkeitskriteriums sind umstritten, worauf im weiteren Verlauf der Arbeit noch einzugehen sein wird.[585] Ohne Einzelheiten vorwegzunehmen, kann schon an dieser Stelle festgehalten werden, dass eine Auslegung des Zusammenspiels von Billigkeit und Vertrauen am sinnvollsten ist, die der Billigkeit als normativem Kriterium die Funktion zuschreibt, das festgestellte Vertrauen hinsichtlich seiner anspruchsbegründenden Funktion wieder einzugrenzen. Wenn damit eine Eingrenzung des zum Ersatzanspruch führenden Vertrauens von Gesetzes wegen vorgegeben ist, ist es überflüssig und zum Teil widersinnig, dasselbe über eine Objektivierung des Vertrauensbegriffs erreichen zu wollen. Dies spricht für ein weites, subjektives Verständnis des Vertrauensbegriffs.

Für ein subjektiv gefärbtes Verständnis spricht weiterhin die Selbstverständlichkeit, dass Vertrauensschutz das tatsächlich entgegengebrachte Vertrauen als psychisches Moment nicht aus den Augen verlieren darf. Auf jeden Fall zieht der **Sprachgebrauch** die Grenzen, innerhalb derer die gesuchte gesetzliche Bedeutung liegt. Demnach kann dann, wenn die emotionale Sicherheit fehlt und niemand mehr von Vertrauen im allgemeinen Sinne sprechen würde, kaum ein Vertrauen im Sinne des § 284 angenommen werden. Abgesehen davon ermöglicht dies eine Berücksichtigung von Bösgläubigkeit innerhalb des Vertrauenskriteriums des § 284, was sachnäher ist als etwa eine auch denkbare Berücksichtigung über § 254. Ansonsten könnte man zu dem Zwischenergebnis des Vertrauens auf Gläubigerseite gelangen, nur um sodann im Rahmen des § 254 feststellen zu müssen, dass ein Erstattungsanspruch an Bösgläubigkeit scheitert. Gleichzeitig steht einem subjektiv geprägten Verständnis eingangs wiedergegebene Äußerung des Gesetzgebers, die auf ein berechtigtes Vertrauen abstellen will, nicht entgegen. Denn im Rahmen des § 284 besteht die Besonderheit, dass

583 Vgl. auch die Argumentation bei der Frage des Ersatzes vorvertraglicher Aufwendungen, oben Seite 43.

584 Siehe zu vorvertraglichen Aufwendungen oben Seite 172.

585 Siehe zum Billigkeitsbegriff unten Seite 179.

das Vertrauen eine Einheit mit dem Billigkeitskriterium bildet und im Rahmen dieses Billigkeitskriteriums auf die Berechtigung des Vertrauens eingegangen werden kann.

Ausgehend von einem subjektiven Vertrauensverständnis muss außer Betracht bleiben, ob sich das Vertrauen in der Außenwelt auf eine bestimmte Art manifestiert hat. Unerheblich ist auch, ob der Gläubiger etwa nach dem Urteil eines vernünftigen Dritten Anlass zum Vertrauen hatte. Gleichzeitig darf der Erstattungsanspruch eines ängstlichen und pessimistischen Gläubigers, der die Aufwendung eigentlich wider besseres Wissen oder höchstens in vager Hoffnung gemacht hat, nicht ausscheiden. Schon vom Ergebnis her wäre dies unbefriedigend. Zwar mag derjenige, der im Zeitpunkt der Tätigung der Aufwendung die Möglichkeit einer Leistungsstörung erkannt hatte, weniger schutzwürdig sein als der, der fest mit der Leistung rechnete, schließlich hat er es eher in der Hand, Schutzmaßnahmen zu ergreifen. Doch ist dies nicht Grund genug, ihn tatsächlich schutzlos zu stellen und auf diese Weise dem vertragsbrüchigen Schuldner entgegenzukommen. Schließlich belegen die getätigten Aufwendungen das Überwiegen der Zuversicht auf eine ordnungsgemäße Leistung auch bei dem kritischen Gläubiger.[586] Dies wird deutlich, wenn man sich vor Augen führt, was für Ausgaben und Anstrengungen unter dem Begriff der Aufwendungen zusammengefasst werden. Es sind dies (Vermögens-) Opfer im eigenen Interesse – im kommerziellen Bereich wird insoweit von Investitionen gesprochen. Zur Wahrnehmung des eigenen Interesses handelt schon begriffslogisch nur, wer in der Erwartung handelt, seine Investitionen werden sich rentieren beziehungsweise allgemeiner ausgedrückt: sein Tun werde sich für ihn lohnen. Mit Vornahme der Aufwendung wird also regelmäßig das innere Moment des Vertrauens nach außen hin kundgetan.[587] Bezeichnenderweise werden die Aufwendungen selbst oft und treffend als *Vertrauensdispositionen* bezeichnet. Als solche stellen sie ein Kriterium des Katalogs von Canaris dar. Insofern verdient die Vorgehensweise von Köhler Zustimmung, wenn auch aus den oben genannten Gründen ein allein auf die Vornahme der Aufwendung abstellendes Vorgehen

---

586 Vgl. die aus dem Strafrecht im Rahmen des Betrugstatbestandes (§ 263 StGB) bekannte Frage, ob der vom Gesetz vorausgesetzte Irrtum vorliegt, wenn die Täuschungshandlung des Täters (bloß) Zweifel und keinen vollkommenen Irrtum bei dem Opfer weckten, es sich aber letztlich zur der vom Täter angestrebten Vermögensverfügung veranlassen lässt; der Leitlinie des BGH zufolge ist hier ein Irrtum im Sinne des § 263 StGB zu bejahen, vgl. BGH wistra 1990, 305 – nicht amtlicher Leistsatz; 1992, 95 (97).

587 Auf diesen Überlegungen beruht auch die Regelung des § 48 II VwVfG, wonach ein rechtswidriger begünstigender Verwaltungsakt nicht zurückgenommen werden darf, *„soweit der Begünstigte auf den Bestand des Verwaltungsaktes vertraut hat und sein Vertrauen ... schutzwürdig ist. Das Vertrauen ist in der Regel schutzwürdig, wenn der Begünstigte ... eine Vermögensdisposition getroffen hat, die er nicht mehr oder nur unter unzumutbaren Nachteilen rückgängig machen kann* “.

nicht überzeugen kann. Angesichts der immensen Indizwirkung der getätigten Aufwendungen ist es angezeigt, von einem subjektiven Vertrauensverständnis auszugehen und in einem Gerichtsverfahren den Beweis für das Vertrauen des Gläubigers in den ersetzt gesuchten Aufwendungen zu sehen. Sollte eine weitere Sachverhaltbegutachtung gegen ein Vertrauen sprechende Umstände tatsächlicher Art ergeben, darf dies angesichts der großen Bedeutung erwähnter Indizwirkung der Vertrauensdisposition sowie angesichts der Notwendigkeit, den Vertrauensbegriff nicht mit normativen Überlegungen zu belasten, erst dann zur Verneinung des Vertrauens führen, wenn der Gläubiger positive Kenntnis von bevorstehender nicht ordnungsgemäßer Leistung hatte. Damit wird der subjektive Charakter des Vertrauensbegriffs gewahrt. Auch weil der Kausalzusammenhang als „innere Tatsache" zwischen dem Vertrauen auf die ordnungsgemäße Leistung und Tätigen der Aufwendung schwer nachzuprüfen sein wird, sollte zu Gunsten des Gläubigers zumindest eine Beweiserleichterung zugestanden werden.[588]

An dieser Stelle werden die Weichen für die Lösung eingangs skizzierter BGH-Fälle gestellt: Auch wenn sich dem Gläubiger jeweils ein Vertrauenstatbestand minderer Intensität bot, besteht wertungsmäßig bezüglich der Situation, dass positiv mit Nichtleistung zu rechnen wäre, ein beachtliches Gefälle. Aus diesem Grunde kann man nicht umhin, hier jeweils ein Vertrauen des Gläubigers im Sinne des § 284 zu bejahen. Was nicht heißt, dass eine Erstattungspflicht des Schuldners nicht noch aus anderen Gründen scheitern könnte – im Rahmen der Erörterung des Billigkeitsbegriffs wird hierauf zurückzukommen sein.[589]

b) Tatbestandsmerkmal des § 284

Vertrauen des Gläubigers ist Voraussetzung des Aufwendungserstattungsanspruches und damit eigentlich im Prozess vom Anspruchsteller zu beweisen, was ein schwieriges Unterfangen ist.[590] Denn die Tatsache, vertraut zu haben, ist ein innerer Vorgang. Insbesondere dann, wenn sich diese subjektive Seite nicht nach außen hin manifestiert hat, so vor allem in Fällen, wo sich das Vertrauen ohnehin nur in Passivität äußert und nicht in der Aufnahme von Aktionen, sieht

---

588 Vgl. Canaris in FS für Schimansky, S. 43 (56).

589 Siehe unten S. 194.

590 Nicht ohne Grund begnügt sich die Rechtsprechung tendenziell in Fällen, da Vertrauen eine maßgebliche Rolle spielt, mit der Feststellung bestimmter objektiver Kriterien wie der Aufnahme von Vertragsverhandlungen, der Stellung des Vertrauensmannes als „Sachwalter", „Fachmann" oder Emittent von Anlageprospekten vgl. BGHZ 71, 284 (287); 72, 382 (385, 387); 74, 103 (109); 79, 337 (341) = ZIP 1981, 517 (518f); 123, 107 (109); BGH WM 1984, 889 (889); 1995, 344 (345).

der Gläubiger sich mit einer schwierigen Aufgabe konfrontiert.[591] Dieses Argument trifft vor allem auf Opportunitätskosten zu, welche ohnehin nicht unter § 284 fallen, aber auch bezüglich der von § 284 erfassten Aufwendungen stellt sich diese Problematik. Dem ist durch die hier vorgeschlagene Vermutung des Vertrauens zugunsten des Gläubigers bis zum Beweis des Gegenteils durch den Schuldner entgegenzuwirken.

c) Bezugspunkt des Vertrauens

aa) in sachlicher Hinsicht

Der Wortlaut des § 284 selbst gibt den Bezugspunkt des Vertrauens vor: *„im Vertrauen auf den Erhalt der Leistung"*. Dies bedeutet, dass der Zusammenhang mit der Pflichtverletzung nicht nur rein temporärer oder zufälliger Art sein darf. Auch kann nicht jede sachliche Verknüpfung zwischen Aufwendung und erwarteter Leistung ausreichen. Das Gesetz geht vielmehr davon aus, dass der Vertragsschluss selbst den Gläubiger motiviert, Aufwendungen zu tätigen. Danach scheiden solche Aufwendungen aus, die nur aus Anlass des Vertragsschlusses oder eines Anspruchs aus einem anderen Schuldverhältnis vorgenommen wurden.[592]

> **Party-Service Beispiel:** *Nach langwierigen Verhandlungen gelingt es der Geschäftsführung eines mittelständischen Unternehmens, einen wichtigen Auftrag von einem neuen Großkunden zu erhalten. Zur Feier dieses Geschäfts wird für den nächsten Tag ein Umtrunk in der Firma für die Belegschaft organisiert und ein Party-Service bestellt.*
> *Als die Gegenseite pflichtwidrig den Vertrag unmittelbar vor dem Umtrunk aufsagt, wird das Fest abgesagt. Die Beauftragung des Party-Services erweist sich als „frustriert".*

Ein Vorgehen nach § 284 kommt hier nicht in Betracht, da die Aufwendungen nur anlässlich des Vertragsschlusses getätigt wurden und eine konkrete Verbindung zur erwarteten Leistung der anderen Seite vermissen lassen. Eine solche Verbindung liegt hinsichtlich Aufwendungen mit einem immateriellen Charakter zum Beispiel dann vor, wenn sie dazu gedacht sind, den Nutzen an dem Leistungsgegenstand zu ermöglichen beziehungsweise zu optimieren oder die Freude im Umgang mit diesem zu steigern. Die Richtigkeit dieses Ergebnisses wird aus der insbesondere auf Aufwendungen mit einem kommerziellen Hintergrund

---

591 Cooter/Eisenberg, 73 Calif. L.Rev., 1432 (1461).
592 Vgl. Müller, *Ersatz entwerteter Aufwendungen*, S. 186.

zutreffenden Überlegung heraus gestützt, dass bei bloß *anlässlichen* Aufwendungen der typische Investitionscharakter fehlt.

bb) in zeitlicher Hinsicht

(1) vorvertragliche Aufwendungen

Nicht selten kommt es vor, dass der Gläubiger schon in bloßer Erwartung eines baldigen Vertragsschlusses Aufwendungen vornimmt. Das Spektrum möglicher vorvertraglicher Aufwendungen ist groß: In den Wirtschaftswissenschaften differenziert man zwischen Informations- und Transaktionskosten. Während letztere durch die konkrete Abwicklung von Geschäften entstehen, also die Kosten für Vertragsabschlüsse, den Transport sowie für die Übertragung der Aktiva beinhalten, liegt der Zweck der Informationskosten in der Ermittlung von Transaktionsmöglichkeiten.[593] Von diesen Such- und Entscheidungskosten umfasst werden unter anderem die Auslagen für Zeitungsannoncen, oder – zum Beispiel beim Unternehmenskauf oder Erwerb eines Grundstücks – der Reise- und Besichtigungsaufwand, der durch die Begleitung eines Sachverständigen noch in die Höhe steigen kann. Denkbar sind auch Kosten für eine fachliche oder rechtliche Beratung beziehungsweise Planung hinsichtlich des ins Auge gefassten Vertragsgegenstandes.[594] Letztere sind bifunktionale Aufwendungen. Hierunter sind solche Ausgaben zu verstehen, die ein Interessent auf sich nimmt, um zunächst einen Überblick als Basis für seine Entscheidung, den Vertrag zu schließen, zu erhalten, und die er darüber hinaus zur Grundlage seiner späteren Nutzung des Vertragsgegenstandes machen will (zum Beispiel Gutachten zu Chancen einer Unternehmensentwicklung).

Die Krux vorvertraglicher Aufwendungen liegt darin, dass sich nicht mit Sicherheit sagen lässt, ob diese auch dann vergeblich gewesen wären, wenn sich der später säumig gewordene Schuldner nicht auf den Vertrag eingelassen hätte. Kausalität wäre nur in den Fällen zu bejahen, in denen der Gläubiger nachweislich mit einem anderen Partner kontraktiert und dieser ordnungsgemäß geleistet hätte.

Die Problematik lässt sich nicht allein auf Wertungsebene mit dem Hinweise klären, es dürfe keinen Unterschied machen, ob die Aufwendungen vor oder nach Vertragsschluss getätigt wurden, da Vertrauen in tatsächlicher Hinsicht schon vor Vertragsschluss gegeben sein könne. In diese Richtung wird zum Teil

---

593 *Vahlens Großes Wirtschaftslexikon*, Stichwort Transaktionskosten; Messer/Schmitt in FS für Hagen, S. 425 (443).

594 Messer/Schmitt in FS für Hagen, S. 425 (443).

in den USA argumentiert.[595] Der Wortlaut des § 284, der voraussetzt, dass der Gläubiger die Aufwendungen „*im Vertrauen auf den Erhalt der Leistung gemacht hat*", sowie die Konstruktion des § 284 als Tatbestand der Vertrauenshaftung gibt eine eindeutige Wegweisung in Richtung nach Vertragsschluss vor,[596] für deren Überwindung es durchschlagender Argumente bedürfte.

In Anknüpfung an das Wortlautargument wendet Faust sich entschieden dagegen, vorvertragliche Aufwendungen zu ersetzen. Als tragenden Grund seiner Auffassung gibt er den Sinn des § 284 an, der darin liege, dass der Gläubiger nur in seinem Vertrauen auf den ordnungsgemäßen Erhalt der Leistung geschützt werde, nicht aber in einer bloßen Hoffnung darauf, es werde ihm gelingen, einen Anspruch gegen den Schuldner zu erwerben.[597]

Differenzierter ist der Vorschlag, den Gsell unterbreitet: Sie stimmt zwar insoweit mit Faust überein, als sie anerkennt, dass sich eine generelle Erstattbarkeit vorvertraglicher Aufwendungen aufgrund ihrer Vornahme zu einem Zeitpunkt, da der Gläubiger noch gar nicht weiß, ob der Vertrag zustande kommt, verbietet. Allerdings nimmt sie eine Abstufung vor, um der Besonderheit Rechnung tragen zu können, dass ein Gläubiger seine vorvertragliche Aufwendung zwar nicht im Vertrauen auf die ordnungsgemäße Leistung des konkreten Schuldners veranlasst – dass er sie aber im Vertrauen auf den Erhalt der Leistung nach Vertragsschluss aufrecht hält, das heißt diese nicht storniert. Gsell empfindet es als sachgerecht, dass – je nach Stornierungsmöglichkeit – ein Ersatz der vorvertraglichen Aufwendungen nach § 284 in Betracht kommt.[598]
Gsell ist zuzugestehen, dass sich die Situation, in der der Gläubiger bewusst eine Möglichkeit zur Stornierung verstreichen lässt – ggf. die Aufwendung sogar noch bestätigt – wertungsmäßig von derjenigen Situation abhebt, da eine solche Möglichkeit nicht existiert. Immerhin fällt der Gläubiger hier die Entscheidung, von Stornierung Abstand zu nehmen, im Vertrauen auf den ordnungsgemäßen

---

595 Kelly, Wis. L. Rev. 1992, 1755 (1781); Hudec, 67 Corn.L.Rev. (1982), 704 (721 f) weist darauf hin, dass vorvertragliche Verhandlungen auf dieselbe Weise zu vorvertraglichen Aufwendungen führen können wie der Vertragsschluss Basis für Aufwendungen wird.
596 Vgl. die Argumentation des BGH in NJW 1991, 2707 (2708): „*Die Klägerin hat die Anlage ... bereits im April 1982... und damit keinesfalls im Vertrauen auf die Erfüllung der von der Beklagten in der Vereinbarung vom November 1984/Februar 1985 übernommenen Verpflichtungen angeschafft.*"
597 Huber/Faust, *Schuldrechtsmodernisierung,* 4. Kap. Rn. 14, S. 162; ebenso: Emmerich, *Leistungsstörungen*, § 13 4.c) aa), S. 211f; Grüneberg in Bamberger/Roth, § 284 Rn. 10; Heinrichs-Palandt, § 284 Rn. 6. Auch Kelly hebt hervor, dass diese Art der Aufwendungen nicht im Vertrauen auf den Vertrag erfolgten, Wis. L. Rev. 1992, 1755 (1815); gegen Erstattungsfähigkeit auch: Vollkommer-Jauernig, § 284 Rn. 5.
598 Gsell, *Aufwendungsersatz nach § 284,* S. 321 (331f); es schließen sich an: Ernst-MüKo, § 284 Rn. 19; Westermann-Erman, § 284 Rn. 7.

Erhalt der Leistung von dem Vertragspartner. Ohne Stornierungsmöglichkeit bietet sich ihm diese Entscheidung gar nicht. Diese Umstände dürfen aber über zweierlei nicht hinwegtäuschen: Zunächst einmal, dass sich diese Differenzierung kaum mit dem Wortlaut des § 284 verträgt, denn dieser spricht unmissverständlich davon, dass die Aufwendungen im Vertrauen auf den ordnungsgemäßen Erhalt der Leistung *„gemacht“*, sprich getätigt beziehungsweise vorgenommen sein müssen. Die Entscheidung, eine einmal getätigte Aufwendung nicht wieder rückgängig zu machen, ist qualitativ etwas anderes. Außerdem vermag die Begründung der unterlassenen Stornierung als Entscheidung im Vertrauen auf die ordnungsgemäße Leistung durch den Schuldner nicht die Belastung des Schuldners mit den frustrierten Aufwendungen des Gläubigers rechtfertigen. In dieser Situation wäre eher von dem Gläubiger zu erwarten, dass er den Schuldner über die getätigte Aufwendung aufklärt. Denn im Gegensatz zu den typischerweise § 284 unterfallenden Konstellationen liegt hier eine vorgenommene Aufwendung vor, die dem Schuldner gegenüber ohne weiteres bezeichnet werden kann. Dies gilt insbesondere auch aus dem Grunde, dass im Zusammenhang mit vorvertraglichen Aufwendungen von tatsächlich stattfindenden Vertragsverhandlungen zwischen den Parteien ausgegangen werden kann, im Rahmen derer der Schuldner in Kenntnis gesetzt werden könnte. Denn vorvertragliche Aufwendungen nehmen in der Regel betragsmäßig und von der Frequenz her betrachtet zu, je seltener oder komplexer der Vertragsgegenstand und je größer die wirtschaftliche Dimension des Zustandekommens des Vertrages ist. Sie sind aus diesem Grunde bei den Geschäften des täglichen Lebens ohnehin kaum anzutreffen.

Des Weiteren stellt Gsell den Fall heraus, in dem keine Stornierungsmöglichkeit existiert, der Gläubiger aber ohne weiteres mit einem Wettbewerber des nun säumigen Schuldners einen inhaltsgleichen Vertrag hätte abschließen können.[599] Bei genauerer Betrachtung dieser Situation fällt auf, dass der Gläubiger im Zeitpunkt, als er die Aufwendung tätigte, letztlich nur auf die allgemeine Erhältlichkeit der Leistung am Markt[600] vertraute. Damit wurde nicht das prinzipiell erst ab Vertragsschluss berechtigte Vertrauen kausal für die Aufwendung. Schon aus diesem Grunde ist mehr als zweifelhaft, ob es gerechtfertigt wäre, gerade den Schuldner, mit dem es (zufällig) zum Vertragsschluss kam, nach § 284 haften zu

---

599 Gsell, *Aufwendungsersatz nach § 284,* S. 321 (332) – ohne eine Entscheidung zu fällen. Der dem Lösungsmodell von Gsell zugrunde liegende Gedanke findet sich auch in der amerikanischen Diskussion: *„The expenditure mesure limits overhead to expenses that could have been avoided at the time of contract formation“* (avoidable consequences doctrine*),* Kelly, 1992 Wis.L.Rev, 1755 (1830).

600 Vgl. den ähnlichen Gedanken in der amerikanischen Diskussion, der hier Beachtung fand: Security Stove & Manufacturing Co. v. American Railway Express Co., 51 S.W.2nd, 572 (577) – siehe oben Seite 32; Hudec, 67 Corn.L.Rev. (1982), 704 (721): Der Kläger könne sich auf die „Pflicht“ der Schuldnerin verlassen, Aufträge anzunehmen.

lassen. Das einzige, was dafür spricht, ist, dass dieses vorvertragliche Vertrauen des Gläubigers conditio sine qua non für die Zweckvereitelung seiner Aufwendung wurde. Denn hätte der Gläubiger geahnt, dass sein Schuldner nicht ordnungsgemäß leistet, hätte er sich einen anderen Vertragspartner gesucht. Voraussichtlich hätte dieser ordnungsgemäß geleistet und die Aufwendungen hätten ihren Zweck erreicht.

Eine Rechtfertigung einer Haftung des Schuldners aus § 284 vermag indes auch diese Überlegung nicht bieten. Denn zum einen lässt sich nie mit absoluter Gewissheit sagen, ob ein anderer Schuldner ordnungsgemäß geleistet hätte. Und – schwerwiegender noch – der Gläubiger musste im Zeitpunkt der Tätigung der Aufwendung damit rechnen, dass zu einer gewissen, je nach Branche und Besonderheiten des Einzelfalls schwankenden Wahrscheinlichkeit der von ihm noch zu wählende Schuldner nicht ordnungsgemäß erfüllen würde.[601] Wenn diese Wahrscheinlichkeit auch statistisch gesehen niedrig war, so hat sie doch ein jeder verinnerlicht und müsste sich gerade in einer Situation, da er sich durch die bereits vorgenommene Aufwendung in eine gewisse Abhängigkeit von der ordnungsgemäßen Leistung begibt, der damit einhergehenden Gefahren gewahr werden. Eine Frustration dieser Aufwendungen ist damit der Risikosphäre des Gläubigers zuzurechnen, selbst wenn sie auf der Pflichtverletzung des Schuldners beruht.

Dagegen kann nicht mit Erfolg eingewendet werden, dass auch in den typischen Fallkonstellationen des § 284 dieselbe Sachlage gegeben ist, sprich, dass der Gläubiger auch nach Abschluss eines Vertrages mit nicht ordnungsgemäßer Leistung zu einem bestimmten Wahrscheinlichkeitssatz zu rechnen hat. Schließlich kann hier über das Billigkeits-Kriterium noch eine Haftung des Schuldners nach § 284 abgewendet werden, zum Beispiel wenn der Gläubiger Anzeichen hatte, dass die Leistung nicht ordnungsgemäß erfolgen würde, er aber unbeirrt noch Aufwendungen vornahm. Ferner wäre eine Ersetzbarkeit dieser Art von Aufwendungen unvereinbar mit der hier vertretenen Position, dass es sich bei dem Anspruch aus § 284 um die Befriedigung des negativen Interesses handelt.[602]

Es bleibt also dabei, dass § 284 keinen Ersatz vorvertraglicher beziehungsweise sonstiger vor der Leistungsverpflichtung getätigter Aufwendungen gewährt.[603]

---

601 Vgl. die Erkenntnisse des aus der ökonomischen Analyse des Rechts bekannte statistical-planning model of business conduct in perfectley competitive markets, siehe dazu Seite 177.

602 Auch hinsichtlich Aufwendungen in nicht-vertraglichen Schuldverhältnissen wäre eine andere Sicht verfehlt. Alles andere als eine Verneinung würde sich so weit von dem § 284 zugrunde liegenden Haftungsgrund der Vertrauenshaftung entfernen, das es nicht in Betracht kommt.

603 Zur Rechtslage unter dem BGB a.F.: beiläufig von Wiedemann/Müller JZ 1992, 467 (468) für ersatzfähig gehalten; ebenso: Müller-Laube, JZ 1995, 538 (544); Leonhard, *Ersatz des Vertrauensschadens,* AcP 199, 660 (686) wendete sich gegen eine strikte, am Vertrags-

Nur diese Sicht stimmt im Übrigen mit der h.M. zur US-Amerikanischen Rechtslage überein.[604]

(2) Fixkosten

Eine Sonderrolle innerhalb der vorvertraglichen Aufwendungen kommt den Aufwendungen zu, deren Vornahme bereits vor Vertragsschluss unabänderlich feststand und die aus diesem Grunde einen Kausalzusammenhang zur Inanspruchnahme des Vertrauens vermissen lassen. Diese Fixkosten zeichnen sich dadurch aus, dass sie nicht speziell der Durchführung eines Vertrages, sondern einer Vielzahl von Verträgen und damit der Betriebsführung an sich zu dienen bestimmt sind. Beispielhaft seien die laufenden Ausgaben eines Betriebs für Elektrizität, Personal, Heizung oder Miete aber auch die Abnutzung von Maschinen erwähnt.

Allein aufgrund dieser Eigenart erscheint jedoch eine andere Behandlung der Fixkosten im Vergleich zu den übrigen vorvertraglichen Kosten nicht angezeigt.[605] Gegen einen Eingriff in die vorgegebene Risikoverteilung zwischen den Verhandlungspartnern über § 284 spricht auch die Erwägung, dass nur der die Fixkosten tragende Verhandlungspartner im Gegensatz zu seinem Gegenüber die Möglichkeit zur Schadensgeringhaltung hat: Er kann seinen Betrieb nach dem aus der ökonomischen Analyse des Rechts bekannten statistical planing

---

schluss orientierte Sicht – maßgeblich sollte sein, dass die Aufwendungen *„vom Vertragspartner veranlasst worden sind und positiv festgestellt wird, dass der Schuldner für ihre Ersatzfähigkeit garantiert hat"*; auch Müller, *Ersatz entwerteter Aufwendungen,* S. 182 wollte eine Ausnahme durch einen Rückgriff auf die Grundsätze der culpa in contrahendo zum Abbruch der Vertragsverhandlungen für den Fall zulassen, dass sich Vertragsverhandlungen über eine längere Zeitspanne erstrecken; ähnlich: Stoppel, *Ersatz frustrierter Aufwendungen*, S. 81 für § 284; solange Stoll noch der Auffassung war, die erkennbar nötigen Aufwendungen seien nur ein Maßstab der Interessenbewertung, sah er keinen Anlass, weiter zu differenzieren, ob die Aufwendungen vor oder nach Vertragsschluss getätigt worden waren, Stoll in FS für Duden, S. 641 (654); a.A. zum BGB a.F.: Küppers, *Verdorbene Genüsse und vereitelte Aufwendungen,* S. 65.

604 Kelly, 1992 Wis. L. Rev. 1755 (1815) hält den Ersatz als Ausfluss des positiven Interesses des Gläubigers für geboten. Aus praktischen Erwägungen spricht sich Pettit, 1987 Hastings Law Journal, 417 (425) dafür aus.

605 Entsprechend möchten diejenigen, die eine Ersetzbarkeit vorvertraglicher Aufwendungen unter gewissen, vorgenannten Voraussetzungen befürworten, diese Kriterien auf die Fixkosten anwenden. Es soll ebenfalls entscheidend sein, ob der Gläubiger die Vertragsleistung auch von anderen Anbietern hätte erhalten beziehungsweise ob er seine Fixaufwendungen noch hätte stornieren können; vgl. Ernst-Müko, § 284 Rn. 19.

Aus dem US-Amerikanischen Rechtskreis: Hudec, *Phantom Reliance Interest in Contract Damages,* 1992 Wis. L.Rev, 1755 (1837) verneint die Möglichkeit der Erstattung, wenn man sich der „expenditure-measure" anschließt und kritisiert dieses Ergebnis mit einem Hinweis auf die Wesensart des Vertrauensinteresses.

model of business conduct in perfectley competitive markets ausrichten. Dieses macht sich die Erkenntnis zunutze, dass beim Eingehen einer großen Anzahl von Verträgen erfahrungsgemäß eine durchschnittliche Anzahl von zur Verfügung gestellten Leistungen vom Berechtigten nicht in Anspruch genommen beziehungsweise Verträge gebrochen werden.[606] Hierauf reagieren die Anbieter, indem sie weniger produzieren beziehungsweise sonst bereithalten als sie eigentlich nach der Summe all ihrer Verpflichtungen zu leisten hätten. So ist einem jeden das Verfahren der Fluglinien, ihre Flüge zu überbuchen, bekannt.[607]
Abgesehen von diesen Überlegungen sprechen Schwierigkeiten praktischer Art, nämlich dem gestörten Leistungsverhältnis Fixkosten in einer bestimmten Höhe zuzuordnen, gegen die Einordnung von Fixkosten als Aufwendungen im Sinne des § 284[608].

Auch für die Fixkosten als besondere vorvertragliche Aufwendungen gilt daher, dass der Gläubiger keinen Ersatz aus § 284 verlangen kann.

(3) Sonderfall: Maklerkosten

Innerhalb der vorvertraglichen Aufwendungen nehmen die Maklerkosten – so man sie zu diesen zählt – eine weitere Sonderrolle ein[609]: Nach dem im BGB verankerten Leitbild des Mäklervertrages verpflichtet sich der Auftraggeber unter der aufschiebenden Bedingung (im Sinne des § 158 I) des Zustandekommens eines Vertrages mit einem Dritten gegenüber dem Makler, für den Nachweis der Abschlussgelegenheit beziehungsweise für die Vermittlung des Vertrages eine Vergütung zu zahlen.[610] Die Vergütung schuldet er damit erst ab dem Zeitpunkt, da er den Vertrag mit dem Dritten abgeschlossen hat. Damit liegt der Vergütungspflicht ein zweigliedriger Entstehungstatbestand zugrunde. Diesen könnte man zum Anlass nehmen, unter Bezugnahme auf die zeitliche Priorität des Maklervertrages die Verpflichtung zur Entrichtung der Maklercourtage als vorvertragliche Aufwendung einstufen.[611]

---

606 Cooter/Eisenberg, 73 Calif. L.Rev., 1432 (1449).

607 Eine Überbuchung eines Flugzeugs war Gegenstand der Entscheidung: BGHZ 97, 255.

608Auf diese weist auch Hudec, 1992 Wis.L.Rev, 1755 (1828) hin. Hudec befürchtet sogar, dass die hierbei entstehenden Kosten die verlangten Fixaufwendungen übersteigen.

609 Früher waren sie über § 467 S. 2 ersetzbar: Honsell-Staudinger, § 467 Rn. 34 (Dreizehnte Bearbeitung); Huber-Soergel, § 467 Rn. 104; beziehungsweise im Rahmen desSchadensersatzes wegen Nichterfüllung über die Rentabilitätsvermutung: So ordnete der BGH im Diskotheken-Fall die Maklerkosten der ersten, grundsätzlich erstattungsfähigen Gruppe von Aufwendungen zu, vgl. BGH JZ 1991, 464 (465) = NJW 1991, 2277 (2278); BGH NJW 1985, 2697 (2698); BGH, EWiR, § 249 BGB 4/93 mit Anmerkung Medicus; WM 1969, 835 (836); LG Köln, NJW-RR 1993, 524 (525).

610 Sprau-Palandt, v. § 652 Rn. 1; Oechsler, *Schuldrecht,* Rn. 760.

611 So Huber/Faust, *Schuldrechtsmodernisierung,* 4. Kap. Rn. 14, S. 162.

Genauso gut denkbar ist es, unter Rekurs auf die Fälligkeit und die tatsächliche Leistung des Maklerlohns von einer herkömmlichen Aufwendung auszugehen. Dieser Weg erweist sich insofern als schwierig, als man bezweifeln könnte, dass in dem Moment, da der Lohnanspruch des Mäklers entsteht, seine Erfüllung durch den Gläubiger noch als „freiwillig“ einzustufen ist. Damit würde ein nach der Aufwendungsdefinition konstitutives Element fehlen. Die Freiwilligkeit könnte aus der Betonung der Freiwilligkeit der Verpflichtung zur Zahlung des Lohnanspruchs – sprich dem Abschluss des Mäklervertrages – abgeleitet werden. Dies wäre allerdings ein aus dem Vorfelde des Vertragsverhältnisses stammender Umstand. Derartiger Verrenkungen bedarf es tatsächlich gar nicht. Ruft man sich die Funktion der Freiwilligkeit innerhalb des Aufwendungsbegriffs in Erinnerung, diese liegt in der Abgrenzung zum Schaden, so erkennt man, dass ihr auch genüge getan wird, wenn Zahlungen zur Tilgung einer schuldrechtlichen Verpflichtung erfolgen.[612]
Aber auch erstgenannter Weg erweist sich im weiteren Verlauf als steinig: Denn unter Zugrundelegung der hier vertretenen Sichtweise, wonach grundsätzlich vorvertragliche Aufwendungen nicht ersetzbar sind, kann der Ersatz der Maklerkosten über § 284 nur mit einer eine Ausnahme rechtfertigenden Besonderheit begründet werden. Als solche wird teilweise darauf rekurriert, dass der Maklerlohn nur zu zahlen ist, wenn ein Vertrag zustande kommt und der Gläubiger infolgedessen einen Anspruch auf die Leistung erwirbt (§ 652 I). Denn dann habe der Gläubiger die Verpflichtung gegenüber dem Makler im Vertrauen auf den Erhalt der Leistung des Schuldners übernommen.[613] Dies wirkt zwar etwas gekünstelt, berücksichtigt aber die besonderen Gegebenheiten bei der Zahlung einer Maklercourtage im Vergleich zu sonstigen vorvertraglichen Aufwendungen.

Es bleibt daher dabei, dass Maklergebühren über § 284 geltend gemacht werden können.[614]

d) Exkurs: Dauerschuldverhältnisse

Wie der Name anklingen lässt, ist die Leistung bei Dauerschuldverhältnissen über eine Zeitspanne zu erbringen. Dies kann in der Natur der Sache begründet sein, wie zum Beispiel bei Mietverträgen. Es kann aber auch ein einmaliger Leistungsaustausch vorliegen, bei dem die Leistungshandlungen über einen längeren Zeitraum wiederkehrend geschuldet werden, so genannter Sukzessivlieferungsvertrag. Insofern liegt eine vom Standardfall, dem auf einmaligen Leistungsaustausch angelegten Schuldverhältnis, abweichende Interessens-

---

612 Vgl. Bittner-Staudinger, § 256 Rn. 5.
613 Huber/Faust, *Schuldrechtsmodernisierung,* 4. Kap. Rn. 14, S. 162.
614 So auch Vollkommer-Jauernig, § 284 Rn. 4.

lage vor. Dies erklärt, warum die Regelungen des Schuldrechts in Bezug auf Dauerschuldverhältnisse oft nur modifiziert anwendbar sind.
Da bei Dauerschuldverhältnissen der Gläubiger gleichartige Leistungen über längere Zeit hinweg oder in massenhafter Abfolge erhält, festigt sich sein Vertrauen in eine ungestörte Geschäftsabwicklung im Laufe der Zeit. Dies kann sich darin äußern, dass er trotz deutlicher Hinweise auf eine Leistungsstörung auf Seiten des Schuldners weniger schnell Abstand von Investitionen nimmt, die die ungestörte Abwicklung des Dauerschuldverhältnisses zur Voraussetzung haben. Damit schlägt sich auch im Zusammenhang mit § 284 diese besondere Interessenslage nieder.
Richtiger Ansatzpunkt für ihre Berücksichtigung kann hier zum Beispiel die Frage des Mitverschuldens sein. Es sollte dem Naturell des Dauerschuldverhältnisses dadurch Rechnung getragen werden, dass die Schwelle, wann aufgrund der Kenntnis bestimmter Tatsachen, die auf eine Leistungsstörung der anderen Seite hindeuten, von seinem Mitverschulden des Gläubigers bei Entstehung des Frustrationsschadens auszugehen ist, weniger streng gehandhabt wird. Sie ist höher anzusetzen als in Sachverhaltskonstellationen, die auf einmaligen Leistungsaustausch ausgerichtet sind. Auf diese Weise wird dem Umstand Rechnung getragen, dass das über die Zeit gefestigte Vertrauen des Gläubigers weniger leicht erschüttert wird.

4. billigerweise

Einschränkend setzt § 284 neben dem *„Vertrauen auf den Erhalt der Leistung"* voraus, dass der Gläubiger die Aufwendungen *„billigerweise machen durfte"*. Schon unter dem BGB a.F. wurden von Autoren, die einen Ersatz frustrierter Aufwendungen im Vertragsrecht befürworteten, ähnlich vage Kriterien als Schranke des Aufwendungsersatzes vorgeschlagen. Man forderte zum Beispiel, die Aufwendungen müssten *„angemessen"* gewesen sein.[615]
Während der Beratungen zu § 284 konnte kein Fall aus der Praxis genannt oder auch nur ersonnen werden, für den entscheidungsrelevant wäre, ob die Aufwendungen *„billigerweise"* getätigt wurden. § 254 erwies sich stets als taugliches Korrektiv.[616] Leider sind der Gesetzesbegründung die in diesem Zusammenhang erörterten Fälle nicht zu entnehmen. Dass der Gesetzgeber sich trotzdem für eine Aufnahme dieses unbestimmten Rechtsbegriffs in die neue Regelung entschied, ist beachtlich.
Während Canaris die Aufnahme des Billigkeits-Kriteriums als *„überflüssig, wenngleich als letztlich unschädlich"* ansieht und der Formulierung nur die Bedeutung eines Anhaltspunktes für *„eine besonders strikte Handhabung"* des

---

615 Stoll, *Haftungsfolgen im bürgerlichen Recht*, S. 322; ähnlich: Timme, JZ 2000, 100 (101).
616 Canaris, JZ 2001, 499 (517).

§ 254 entnehmen will,[617] florieren mannigfache andere Interpretationen: So will Hirsch erkannt haben, dass das Gesetz sicherstellen will, dass nur solche Aufwendungen erstattet werden, die ein wirtschaftlich denkender Mensch in der Lage des Gläubigers auch gemacht hätte.[618] In eine ähnliche Richtung tendieren Lorenz und Riehm, wenn sie darlegen, es komme nicht auf die Angemessenheit der Aufwendungsunkosten im Verhältnis zum Leistungswert an, sondern darauf, ob die Aufwendungen *„objektiv vernünftig sind und der Schuldner daher mit ihnen rechnen musste“*.[619] Grigoleit dagegen deutet an, man *„könnte“* daran denken, unter dem Gesichtspunkt der Billigkeit die Aufwendungen als Luxusaufwendungen in Frage zu stellen, wenn eine gewisse Höhe gegeben ist.[620]
Wie bereits angesprochen leitet sich die allgemeine Konfusion auch daraus ab, dass der amtlichen Begründung zu § 284 keine Informationen zu diesem Tatbestandsmerkmal zu entnehmen sind. Dies ist ein Indiz dafür, dass der Gesetzgeber sich nicht festlegen, sondern Rechtsprechung und Lehre mit der Ausfüllung dieses Begriffs betrauen wollte, wie es allgemein Usus im Umgang mit weiten und unbestimmten Begrifflichkeiten ist. Bereits jetzt häufen sich Stimmen, die angesichts der Weitläufigkeit dieses Begriffs Schwierigkeiten im Umgang mit § 284 aufziehen[621] oder den Sinn dieser Einschränkung gar im Dunkel liegen sehen.[622] Geargwöhnt wird auch, es werde ein Ansatz geschaffen, *„nur Aufwendungen, die der Richter für angemessen hält, für ersatzfähig zu erklären.“*[623] Teilweise befürchtet man, dass über das Kriterium der Billigkeit die Entscheidungsfreiheit des Gläubigers, Investitionen und andere Aufwendungen zu täti-

---

617 Canaris, JZ 2001, 499 (517); ausdrücklich schließen sich an: Lorenz/Riehm, *Lehrbuch zum neuen Schuldrecht*, Rn. 228 (vgl. aber auch Rn. 542); so auch Grigoleit, ZGS 2002, 122 (123); ablehnend: Emmerich, *Recht der Leistungsstörungen*, § 13 4d) bb), S. 212; Ernst-MüKo, § 284 Rn. 20.

618 Hirsch, *Allgemeines Schuldrecht*, Rn. 829.

619 Lorenz/Riehm, *Lehrbuch zum neuen Schuldrecht*, Rn. 542, behaupten zunächst, Maßstab für die Billigkeit sei unter anderem die Rentabilität der Aufwendungen. Nur um im nächstfolgenden Satz zu betonen, „... *auch nachweisbar unrentable Aufwendungen sind zu ersetzen, sofern sie der Käufer nur „billigerweise“ machen durfte. Der Verkäufer kann dagegen nicht die mangelnde wirtschaftliche Rentabilität einwenden...* “.

620 Grigoleit, ZGS 2002, S. 122 (123) mit einer paradoxen Argumentationsführung: Der Ersatz ungewöhnlich hoher Aufwendungen soll einerseits wegen des mit § 284 bezweckten Dispositionsschutzes zugunsten des Gläubigers nicht über den Begriff der Billigkeit in Betracht kommen, wohl aber über eine Orientierung des Billigkeits-Verständnisses an den Regeln des Mitverschuldens nach § 254 II S. 1, 1.Alt.

621 Roth in *Schuldrechtsmodernisierungsgesetz 2002*, S. 45 (Fn. 46 auf S. 54).

622 Emmerich, *Recht der Leistungsstörungen*, S. 212; Ehman/Sutschet, *Modernisiertes Schuldrecht*, S. 121 (Fn. 189): *„welche Aufwendungen mit dieser Einschränkung ausgeschlossen werden sollten, bleibt unklar.“*

623 Roth in *Schuldrechtsmodernisierungsgesetz 2002*, S. 45 (Fn. 46, S. 54) – allerdings ein Argument, dessen Tragfähigkeit angesichts der Überprüfbarkeit auch der richterlichen Überzeugungsbildung schwach ist.

gen, beschnitten werden könnte.[624] Dieser Einwand wird von anderer Seite mit der Begründung abgetan, nicht die Freiheit, beliebige Aufwendungen zu tätigen werde beschnitten, sondern nur die Möglichkeit, der Höhe nach unbeschränkten Aufwendungsersatz zu verlangen.[625] Erstgenannte Sicht verkenne nämlich, dass dem Gläubiger nicht etwa verboten werden soll, „*unbillige Aufwendungen*" zu tätigen, sondern dass das Risiko derartiger Aufwendungen schlichtweg bei ihm belassen wird, indem in diesem Falle kein Ersatz über § 284 gewährt wird.
Die Weite des Begriffs birgt in praktischer Hinsicht die Gefahr, dass nur derjenige die Rechtslage richtig deuten vermag, der genaue Kenntnis der sich hierzu entwickelnden Kasuistik hat. Durch die weitere unbestimmte tatbestandliche Voraussetzung des Vertrauens, welche im engen Zusammenhang mit der Billigkeit steht, werden die Unsicherheiten noch verschärft. Diese Sachlage verdeutlicht die Dringlichkeit einer klaren Auslegungsrichtschnur.
Im Folgenden soll zunächst ein Überblick über die Deutungsversuche des Billigkeitskriteriums gewährt werden, um sodann auf dieser Basis dann einen eigenen Lösungsvorschlag zu unterbreiten.

a) Hinweis auf § 254

Canaris, dem die Mehrheit in der Literatur fast schon blind folgt,[626] versucht, die Bedeutung des Billigkeits-Kriteriums herunterzuspielen: Hierbei handele es sich um nichts weiter als einen Hinweis darauf, „*dass § 254 ... besonders strikt zu handhaben*" sei.[627] Der „Vater" des § 284 versäumt nicht, einen Einblick zu geben, wann demnach Unbilligkeit im Sinne des § 284 vorläge: etwa bei voreiligen Aufwendungen, die noch hätten aufgeschoben werden können, oder bei Tätigung von Aufwendungen zu einem Zeitpunkt, da erste Anzeichen für ein Scheitern des Vertrages ersichtlich waren. Irrelevant sei dagegen, ob die getätigten Aufwendungen bei objektiver Sicht als überflüssig, überteuert, luxuriös oder

---

624 Canaris, JZ 2001, 499 (517).
625 Ernst-Müko, § 284 Rn. 20; Faust in Huber/Faust, *Schuldrechtsmodernisierung*, 4. Kap. Rn. 30, S. 168.
626 Heinrichs-Palandt, § 284 Rn. 7; Lorenz/Riehm, *Lehrbuch zum neuen Schuldrecht*, Rn. 228; Dauner-Lieb-AnwKom, § 284 Rn. 11; Dötsch, ZGS 2002, 160 (163); Grigoleit, ZGS 2002, 122 (124); Oechsler, *Schuldrecht*, Rn. 258. Wobei durch verfälschte Wiedergabe die Lage zum Teil noch unübersichtlicher wird: Vgl. Willigmann/Hirse, *Kompaktkommentar*, § 284 Rn. 10 - hier heißt es, das Erfordernis der Billigkeit sei „*streng zu handhaben*", wobei auf Canaris verwiesen wird, der aber nur davon spricht, dass die Anordnung der Billigkeit als ein Hinweis auf eine besonders strikte Handhabung des § 254 zu verstehen sei. Gegen die Sicht von Canaris sprechen sich insbesondere Gsell, *Aufwendungsersatz nach § 284*, S. 321 (344) und Reim, NJW 2003, 3662 (3665) aus. Ebenfalls kritisch ist Otto-Staudinger, § 284 Rn.30.
627 Canaris, JZ 2001, S. 499 (517); ablehnend: Ernst-MüKo, § 284 Rn. 20.

dergleichen einzustufen wären.[628] Genauso wenig dürfe es darauf ankommen, ob der Schuldner die Aufwendungen des Gläubigers vorhersehen könne.[629] Deutlich wird, dass Canaris nicht wirklich nur von einem Hinweis auf besonders strikte Handhabung des § 254 auf der Rechtsfolgenseite des § 284 ausgeht, sondern vielmehr die Billigkeit mit den Grundsätzen des § 254 ausfüllt.

Dass zumindest eine Verwandtschaft zwischen dem in § 254 verankerten Prinzip des Mitverschuldens und dem Billigkeitskriterium des § 284 besteht, kann nicht geleugnet werden: Beiden ist der Gedanke von Treu und Glauben übergeordnet. Während sich dies an der gewählten Billigkeitsterminologie im Rahmen des § 284 zeigt, folgt dasselbe für das Prinzip des Mitverschuldens aus seiner Ableitung aus dem Grundsatz des venire contra factum proprium.[630] So ist allgemein anerkannt, dass § 254 ein grundlegendes Prinzip der Gerechtigkeit beinhaltet, welches denn auch analog außerhalb von Schadensersatzansprüchen angewandt wird.[631] Der Vorschlag von Canaris muss sich daran messen lassen, inwiefern sich die Mitverschuldensprinzipien sinnvoll mit der Vorgabe des § 284 vereinbaren lassen. Bisher wurde nicht dargetan, auf welches Prinzip des Mitverschuldens rekurriert wird – Rückschlüsse können allenfalls aus den aufgeführten Beispielsfällen gezogen werden. § 254 erfasst vier[632] Fallkonstellationen: das Mitwirken des Geschädigten beim Entstehen des Schadens (§ 254 I); die Verletzung einer ihm obliegenden Schadensabwendungs- beziehungsweise Schadensminderungspflicht (§ 254 II S.1, 2. und 3.Var.) oder seiner Warnobliegenheit (§ 254 II S.1, 1.Var.).

Auszuscheiden ist eine inhaltliche Konkretisierung des Billigkeitsbegriffs mit Hilfe von allgemeinen Schadensabwendungs- beziehungsweise Schadensminde-

---

628 In letzterem Punkt versagen angesprochene, folgsame Literaturstimmen ihre Zustimmung: vgl. Heinrichs-Palandt, § 284 Rn. 7. Entschieden gegen eine Orientierung an der „Verhältnismäßigkeit" der Aufwendungen ist Emmerich, *Leistungsstörungen*, § 13 IV, IV 4.c) bb), S. 212.: „*... weil dafür jeder Maßstab fehlt. Der Gläubiger, dem die Leistung zusteht, darf, solange er mit der Leistung rechnen kann, grundsätzliche jede Aufwendung tätigen, die er in seinem Interesse für angemessen hält*".

629 Canaris, JZ 2001, S. 499 (517) – bzgl. der Vorhersehbarkeitsregel ist Canaris allerdings ein Flüchtigkeitsfehler unterlaufen, so spricht er wörtlich von der Vorhersehbarkeit der Aufwendungen für den *Gläubiger*. Dass dies nicht gemeint sein kann, ergibt sich aus seinem Verweis auf den US-amerikanischen Ursprung der Regel.

630 BGHZ 34, 355 (363f); 63, 140 (144); 135, 235 (240); Deutsch, *Haftungsrecht*, F. XXII 1., Rn. 563; Vgl. auch BGH NJW 1970, 756; 78, 2024 (2025); 2000, 217 (219); Alff-RGRK, § 254 Rn. 1; Henke, JuS 1988, 753 (753); ders. JuS 1991, 265 (269); Heinrichs-Palandt, § 254 Rn. 1; Kuckuk-Erman, § 254 Rn. 4; a.A. Medicus-Staudinger, § 254 Rn. 4 (12.Aufl.); Mertens-Soergel, § 254 Rn. 4; Lange/ Schiemann, *Schadensersatz*, § 10 V 2, S. 548.

631 Z.B. bei Beseitigungsansprüchen, vgl. BGH NJW 1997, 2234; 1995, 395.

632 Teilweise werden die 2. und 3. Alt. des § 254 II 1 zusammengefasst und deshalb nur 3 Fällen angenommen, vgl. Teichmann-Jauernig, § 254 Rn. 2.

rungsgspflichten[633] des Gläubigers. Dem stehen Systematik und Wortlaut des § 284 entgegen, wonach ein Maßstab anzulegen ist, der auf den Zeitpunkt der Vornahme der Aufwendung abstellt. Zur Verdeutlichung: Hier geht es um *„Aufwendungen"*, die der Gläubiger *„im Vertrauen... gemacht hat und billigerweise machen durfte"*, die Verwendung der Vergangenheitsform indiziert, dass sich die Billigkeit im Zeitpunkt der Vornahme der Aufwendungen feststellen lassen muss. Dagegen ist Bezugsrahmen einer Schadensminderungspflicht nach § 254 die Entwicklung und Ausweitung des Schadens. Diese Obliegenheit entsteht erst *nach* Schadenseintritt.[634] Im Zusammenhang mit § 284 kann der Schaden, also die Zweckverfehlung, denknotwendig frühestens *im Zeitpunkt* der Tätigung der Aufwendung eintreten (nämlich in dem Fall, dass die Pflichtverletzung schon vorher erfolgt war).[635]

Es könnte der Billigkeitsbegriff als Rückgriff auf § 254 I zu verstehen sein. Wie gesehen, liegt bei § 284 der Schaden in der Frustration des Aufwendungszweckes. Um von einem mitwirkenden Verschulden des Gläubigers beim Entstehen des Frustrationsschadens reden zu können, muss ihm mehr vorzuwerfen sein als das bloße Tätigen der Aufwendungen. Sein Verhalten muss eine übermäßige Gefahr für die eigenen Rechte und Rechtsgüter geschaffen haben.[636] Grundsätzlich liegt ein Mitverschulden bei der Schadensentstehung vor, wenn der Geschädigte für seine Rechtsgüter eine vermeidbare Gefahrenquelle geschaffen, eine bestehende Gefahrenquelle nicht abgestellt beziehungsweise daraufhin überprüft hat, ob sie sich verwirklicht, oder wenn er Hinweise auf das Vorhandensein einer Gefahr unbeachtet ließ.[637] Maßgeblich ist des Weiteren, ob die vom Geschädigten übertretene Sorgfaltsanforderung darauf ausgerichtet war, einen Schaden wie den eingetretenen zu verhindern.[638] Nach Canaris wären die Aufwendungen daher unbillig, wenn der Gläubiger sie tätigte, ohne vorgenannten Obliegenheiten zur Vermeidung einer drohenden Frustration entsprochen zu haben, wobei ein strenger Maßstab anzusetzen sei. Die Sinnhaftigkeit dieses Verständnis der Billigkeit im Rahmen des § 284 bliebe allerdings fraglich. So vermag

---

633 Dies übersieht Grigoleit, ZGS 2002, 122 (123 f), wenn er die Billigkeit mit dem Hinweis verneinen möchte, dass der Gläubiger nach Eintritt der Leistungsstörung nicht von Möglichkeiten einer Reduzierung seiner Belastung Gebrauch gemacht hat.

634 Vgl. Looschelders, *Mitverantwortlichkeit des Geschädigten*, S. 458ff; Henke, JuS 1991, 265 (266); Hirsch, *Allgemeines Schuldrecht*, Rn. 789ff, S. 300f; Oetker-MüKo, § 254 Rn. 68.

635 Wenn eine Aufwendung nach Vertragsschluss getätigt wird, wird sie infolge der sodann ausbleibenden oder nicht ordnungsgemäß erfolgenden Leistung vergeblich. Die Frustration – sprich der Schaden – liegt also zeitlich gesehen nach der Vornahme der Aufwendung. Bezugspunkt der Billigkeitsprüfung ist in sachlicher und vor allem zeitlicher Hinsicht aber der Moment der Vornahme der Aufwendung.

636 Looschelders, *Mitverantwortlichkeit des Geschädigten*, S. 235.

637 Vgl. Looschelders, *Mitverantwortlichkeit des Geschädigten*, S. 235f; Oetker-MüKo, § 254 Rn. 29.

638 Oetker-MüKo, § 254 Rn. 29.

nicht einzuleuchten, warum derartige Aspekte nicht besser auf der Ebene des Mitverschuldens abzuhandeln sind.
Es bleibt die Ausfüllung des Billigkeitsbegriffs mit Hilfe einer Warnobliegenheit als spezieller Form einer Schadensabwendungsobliegenheit. Diese Obliegenheit ist durch den Gedanken gerechtfertigt, dass von dem Gläubiger, der außergewöhnlich hohe Aufwendungen im Vertrauen auf den Erhalt der Leistung getätigt hat, erwartet werden kann, dass er den Schuldner hierüber informiert. Denn nur auf diese Weise kann der Schuldner die Konsequenzen einer von ihm verschuldeten Leistungsstörung überblicken. Die Überzeugungskraft dieses Gedankens schwindet da, wo von dem Gläubiger eine Offenlegung besonders prekärer Informationen verlangt würde, sei es weil es sich um betriebliche Interna oder ganz private Angelegenheiten handelt. Zwar wäre es noch mit Wortlaut und Systematik des § 284 vereinbar, von unbillig getätigten Aufwendungen auszugehen, wenn der Gläubiger es unterließ, den Schuldner zu warnen. Zu berücksichtigen ist aber, dass die Warnobliegenheit erst entsteht, wenn die Gefahr des Schadenseintritts erkennbar ist.[639] Entsprechende Erkenntnismöglichkeiten werden dem Gläubiger in der Regel erst nach Vornahme der Aufwendung offen stehen. Da aber zeitlicher Anknüpfungspunkt der Beurteilung der Billigkeit einer Aufwendung der Moment ihrer Vornahme ist, wären letztgenannte Konstellationen nicht erfassbar. Die Tatsache, dass es sich hierbei um den Großteil der Fälle handelt, verdeutlicht die Verfehltheit von Canaris' Vorschlag.
Die Billigkeit als Hinweis auf eine besonders strikte Handhabung des Mitverschuldensgrundsatzes in seiner Ausprägung nach § 254 II S.1, 1.Var zu verstehen, harmoniert ferner nicht mit dem von Canaris genannten Beispiel der *„voreiligen“* Aufwendung. Warum sollen Aufwendungen „voreilig“ das heißt unbillig getätigt worden sein, wenn der Gläubiger sie noch hätte aufschieben können, gleichzeitig aber gänzlich überflüssige Aufwendungen das Unbilligkeitsurteil nicht begründen können? Ein Unterschied auf Wertungsebene kann nicht ausgemacht werden. Wenn der Gläubiger, ohne auf etwaige Konsequenzen bedacht sein zu müssen, entscheiden kann, überflüssige Aufwendungen vorzunehmen, hat ihm die gleiche Entscheidungsfreiheit auch für den Zeitpunkt ihrer Vornahme zuzustehen.
Damit überzeugt die Vorgehensweise von Canaris nicht.[640]

Weil die pauschale Behauptung, der Gläubiger würde seine Obliegenheiten verletzen, wenn er eine Aufwendung zu einem Zeitpunkt tätigt, da sie noch hätte aufgeschoben werden können, in der allgemeinen Diskussion stets wieder-

---

639 Vgl. Oetker-MüKo, § 254 Rn. 70.
640 Dies findet seine Bestätigung in der Zusatzerwägung, dass § 254 zur Kürzung eines dem Grunde nach gegebenen Anspruchs führt, ein Verständnis der Billigkeit im Sinne des Mitverschuldens nach § 254 dagegen dazu führt, dass der Aufwendungsanspruch gar nicht entsteht, mithin eine Inkongruenz gegeben ist.

kehrt,[641] soll hierauf noch kurz eingegangen werden. Insbesondere in dieser Allgemeinheit kann diese Aussage nicht aufrechterhalten werden. Dem steht entgegen, dass das Urteil der Obliegenheitsverletzung am Ende eines Abwägungsprozesses steht. In die Waagschale sind zu werfen: auf Seiten des Gläubigers das prinzipielle Vertrauen-Dürfen auf die ordnungsgemäße Leistung[642] sowie seine auf der Privatautonomie basierende Entscheidungs- und Planungshoheit in eigenen Angelegenheiten. Benannte Waagschale neigt sich damit nicht unbeträchtlich zu Gunsten des Gläubigers. Es müssten schwergewichtige Aspekte sein, die sie bewegen könnten, doch noch zu Gunsten des Schuldners auszuschlagen. Die Tatsache allein, dass der Gläubiger seine Aufwendung „*besonders früh*" tätigte, fällt kaum ins Gewicht. Denkbar ist nur die Berücksichtigung dieses Umstandes in Verbindung mit anderen, zum Beispiel Anzeichen einer Leistungsschwäche des Schuldners oder die Tatsache, dass es sich ohnehin um ein riskantes Geschäft handelte. Wobei zu berücksichtigen ist, dass den Gläubiger weder eine Informations- noch Nachforschungspflicht hinsichtlich der Vertragstreue seines Schuldners trifft, es sei denn er ist Kaufmann und unterliegt den Untersuchungs- und Rügepflichten nach § 377 HGB.[643] Gleichzeitig können diese Anzeichen nie besonders schwerwiegend sein, weil sie dann bereits vertrauenszerstörend gewirkt hätten. Es wird daher der absolute Ausnahmefall sein, hier ein Mitverschulden des Gläubigers annehmen zu können.

b) Vernünftigkeitskriterium

Faust ist bemüht zu betonen, dass es bei der Feststellung der Billigkeit nicht darum gehe, dem Gläubiger vorzuwerfen, seine Aufwendungen seien unvernünftig beziehungsweise nicht angemessen, sondern um die Risikoverteilung bezüglich dieser Art von Aufwendungen. Er schlägt vor, die Billigkeit der Aufwendungen davon abhängig zu machen, ob der Gläubiger Anlass hatte, zu zweifeln, dass der Schuldner ordnungsgemäß leisten wird.[644] In die gleiche Richtung weist das Verständnis von Hirsch, der - wie erwähnt- darauf abstellt, ob die Aufwendungen wirtschaftlich vernünftig waren.[645] Denn Aufwendungen vorzunehmen, obwohl Anlass zu Zweifeln an der Leistung geboten ist, wäre nicht

641 So zum Beispiel Canaris, JZ 2001, 500 (517); Stoppel, *Ersatz frustrierter Aufwendungen*, S. 113.

642 Müller, *Entwertete Aufwendungen*, S. 69.

643 Müller, *Ersatz entwerteter Aufwendungen*, S. 69.

644 Huber/Faust, *Schuldrechtsmodernisierung*, 4. Kap. Rn. 31, S. 169; sich anschließend Emmerich, *Leistungsstörungen*, § 13 IV, 4.c) bb), S. 212. Inhaltlich entspricht dies der Sicht von Canaris, soweit dieser die Billigkeit verneinen will, wenn der Gläubiger erste Anzeichen für ein Scheitern des Vertrages hat, siehe oben Seite 181.

645 Hirsch, *Allgemeines Schuldrecht*, 10. Kap. D V 2, Rn. 829; ähnlich Altmeppen: „... *immer vorausgesetzt, der Rücktrittsgegner wusste von diesen Aufwendungen oder er musste nach dem Vertragszweck vernünftigerweise mit ihnen rechnen*", DB 2001, 1399 (1405).

wirtschaftlich vernünftig. Dasselbe Kriterium der Vernünftigkeit ist auch Gegenstand der amerikanischen Diskussion. So vertreten insbesondere Cooter und Eisenberg, die Auffassung, hierbei handele es sich um ein objektives Kriterium, das ein taugliches Instrument darstelle, "*overreliance*" auf Gläubigerseite zu begegnen. Sie unterbreiten folgenden Vorschlag zur inhaltlichen Bestimmung der Vernünftigkeit: Ausgehend von der ökonomischen Erkenntnis, dass es nicht effizient ist, "*surplus-enhancing*" Aufwendungen[646] ohne Berücksichtigung der Wahrscheinlichkeit eines Vertragsbruchs vorzunehmen, sei dieser Umstand in das Vernunftskriterium hinein zu interpretieren. Demzufolge wäre nur effizientes Vertrauen vernünftig und schützenswert.[647] Zwar sei es dem Schuldner bei ordnungsgemäßer Vertragsabwicklung gleich, ob sein Gläubiger vernünftige Aufwendungen tätigt. Die Situation sei aber eine andere, wenn nach Vertragsbruch Sekundäransprüche geltend gemacht werden. Z.B. sei es sachgerecht, wenn der Gläubiger, der schon nicht beweisen kann, wie er bei Vertragsdurchführung gestanden hätte (darauf kommt es unter dem BGB nicht unbedingt an), jedenfalls eine gewisse Wahrscheinlichkeit gewährleistet, dass der Schuldner nicht übergebührlich belastet wird. Und bei vernünftigerweise erfolgten Aufwendungen sei ein Verlust weniger wahrscheinlich.

Wenn dies auch kaum ausschlaggebend sein mag, so ist doch bedenklich, dass das Vernunftskriterium bewusst aus der den Aufwendungsersatz betreffenden Regelung des amerikanischen Restatements in seiner zweiten Fassung ausgeschieden wurde. Vor allem verbietet sich eine Übertragung dieser Überlegungen auf § 284 aus dem Grunde, dass inhaltlich die Schadensvermeidungspflichten des Gläubigers angesprochen werden. Diese sollten daher prinzipiell im Zusammenhang mit § 254, nicht aber innerhalb des § 284 diskutiert werden. Die vorgebrachte Sicht krankt daneben vor allem daran, dass sie nicht allen in Betracht kommenden Fallkonstellationen gerecht wird, da sich ein Maßstab für das Vernünftigkeitskriterium hinsichtlich Aufwendungen mit einem immateriellen Hintergrund nicht finden lassen wird. Außerdem muss sich das Ansinnen die Frage gefallen lassen, warum der Gesetzgeber bei der Formulierung des § 284 das Billigkeits- und nicht das Vernünftigkeitskriterium verwendete. Letztlich würden so die Möglichkeiten, die in der Weite der Billigkeit begründet liegen, nicht genutzt.

c) Verhältnismäßigkeit der Ersatzpflicht

Gsell möchte den Billigkeitsbegriff nicht auf eine Weise verstehen, die ihm letztlich jeder eigenständigen Bedeutung beraubt, was sie Canaris zum Vorwurf macht. Ihr zufolge kann dies bewerkstelligt werden, indem man darauf abstellt,

---

646 Surplus-enhancing = Aufwendungen zur Steigerung immaterieller Erfüllungsinteressen im Verhältnis zu dem immateriellen Nutzen, den der Gläubiger bei bloßer Erfüllung seiner Leistungspflichten aus dem Geschäft gewonnen hätte.

647 Cooter/Eisenberg, 73 Calif. L.Rev., 1432 (1467).

ob die Ersatzpflicht des Schuldners in concreto unbillig wäre.[648] Dies sei bei vertraglichen Leistungspflichten der Fall, wenn die Aufwendung im Zeitpunkt des Leistungsversprechens für den Schuldner nicht *vorhersehbar*[649] war. Auf diese Weise werden übertrieben luxuriöse, überflüssige oder sonstige atypische Ausgaben aus der Erstattungspflicht des Schuldners ausgeschlossen. Dahinter steht die Überlegung, dass der Schuldner mit der Belastung eines diese Ausgaben umfassenden Haftungsrisikos nicht zu rechnen bräuchte. Eventuell hätte er bei Kenntnis dieser Aufwendungen auch Abstand vom Vertrag genommen.[650] Wenn Gsell sich auch nicht darauf beruft, so entspricht ihrem Vorgehen jedenfalls im Ergebnis auch die amerikanische Rechtslage – vgl. § 351 (3) 2.Alt. Rest.[651]
Vor allem Wortlaut und Systematik des § 284 werden von Gsells Vorschlag nicht beachtet. Bezugspunkt der Prüfung hat demnach zu sein, ob der Gläubiger die Aufwendungen billigerweise im Vertrauen auf den Leistungserhalt machen durfte. Wenn maßgeblich gewesen wäre, ob dem Schuldner die Haftung „*billigerweise*“ zuzumuten ist, hätte der Gesetzgeber dem § 284 ein anderes Gesicht gegeben. In § 284 heißt es „*... Aufwendungen, die er im Vertrauen auf den Erhalt der Leistung gemacht hat und billigerweise machen durfte ...*“ Subjekt ist der Gläubiger. Der Schuldner ist demnach außer Betracht zu lassen. Ob die Aufwendungen für ihn vorhersehbar waren oder nicht, darf nicht mal als Indiz gewertet werden.

---

648 Ähnlich Vollkommer-Jauernig, § 284 Rn. 4; Westermann-Erman, § 284 Rn. 7; Medicus in *Das neue Schuldrecht*, Kap. 3 Rn. 61, S. 95; Otto-Staudinger, § 284 Rn.31; ohne weitergehende Begründung: Stoppel, *Ersatz frustrierter Aufwendungen*, S. 74; ders. AcP 2004, 81 (95). So auch Reim, NJW 2003, 3662 (3665f), abgestellt wird darauf, ob die Aufwendungen im konkreten Einzelfall angemessen und vernünftig erscheinen, was zu verneinen sei, wenn ihr Wert ein krasses Missverhältnis zu dem der erwarteten Leistung aufweise.
649 Gsell, *Aufwendungsersatz nach § 284*, S. 321 (344). Vorausschauend verteidigt Gsell den Rekurs auf das Vorhersehbarkeitskriterium (welches regelmäßig zur Begrenzung des Ersatzanspruchs bei frustrierten Aufwendungen zur Sprache gebracht und stets mit ähnlichen Argumenten verworfen wird) mit dem Hinweis, dass auch die Kompensation der Verfehlung immaterieller Aufwendungszwecke dem Schuldrecht bisher unbekannt war. Da es um den ausnahmsweisen Ersatz immaterieller Interessen gehe, sei außerdem eine stärkere Haftungsbeschränkung zu verantworten. Nach Grüneberg in Bamberger/Roth, § 284 Rn. 10 soll die Vorhersehbarkeit der Aufwendung eins von mehreren Kriterien innerhalb der Billigkeitsprüfung sein. Ohne die Vorhersehbarkeitsregel beim Namen zu nennen, stimmen in der Sache mit Gsell überein: Lorenz/Riehm, *Lehrbuch zum neuen Schuldrecht*, Rn. 228.
650 Vgl. Gsell, *Aufwendungsersatz nach § 284*, S. 321 (344); zum alten Recht: Leonhard, AcP 199, 660 (680f) – zumindest im immateriellen Bereich; Stoll, *Haftungsfolgen im bürgerlichen Recht*, S. 322 „*... wenn der Schuldner mit ihnen rechnen musste*“.
651 Vgl. § 351 (3) Rest.: “*A court may limit damages for foreseeable loss ... if it concludes that in the circumstances justice so requires in order to avoid disproportionate compensation*” und die Entscheidung United States v. Behan 4 S.Ct. 81 (84), 110 U.S. 338 (345) “*... unless he can show that the expenses of the party injured have been extravagant, and unnecessary for the purpose of carrying out the contract*”.

Davon abgesehen ist die Vorgehensweise von Gsell wenig hilfreich in Bezug auf Leistungsstörungen in nicht-vertraglichen Schuldverhältnissen, die sich dadurch auszeichnen, dass Gläubiger und Schuldner gar nicht miteinander kommunizieren. Hier versagt der rechtfertigende Gedanke, dass der Schuldner gegebenenfalls Abstand von der Übernahme der Leistungspflicht genommen hätte. Gsell bleibt denn auch die Antwort auf die Frage, wie hier die Auslegung des Billigkeitskriteriums, erfolgen soll, schuldig. Weiterhin verträgt sich vorgenannte Sichtweise nicht mit Schuldverhältnissen, innerhalb derer der Gläubiger von immateriellen Zielen geleitet wird – denn wie sollte hier die Sicht eines wirtschaftlich Denkenden zugrunde gelegt werden können? Es wäre unmöglich, in diesem subjektiv geprägten Bereich einen Maßstab für „übertrieben luxuriös" aufzustellen.[652]

Auf ihrem Lösungsweg gerät Gsell zumindest in die Nähe des von ihr kritisierten Vorschlags von Faust, den Ersatz kommerzieller Aufwendungen einzudämmen, indem man im Hinblick auf eine bestimmte Verwendung getätigte Aufwendungen nur dann ersetzt, wenn diese Verwendung vertraglich vereinbart oder als selbstverständlich erachtet wurde.[653] Denn ob man im Rahmen der Billigkeitsprüfung auf die Vorhersehbarkeit der ersetzt verlangten Aufwendung für den Schuldner abstellt oder im Rahmen der Vergeblichkeitsprüfung auf die Vereinbarung einer bestimmten Verwendung der Leistung beziehungsweise ihre Selbstverständlichkeit, liegt nicht weit auseinander. Eine selbstverständliche Verwendung des Leistungsgegenstands ist gleichzeitig die vorhersehbare. Auch über Fausts Weg wird dem Schuldner nur der Ersatz der Aufwendungen überantwortet, die für ihn vorhersehbar waren.

d) Schobel

In Anknüpfung an seine Kritik des Gesetzgebers, sich trotz Kodifikation des § 284 letztlich um die Entscheidung, was als erstattungsfähige Aufwendung anzusehen sei, mit der Wahl des unklaren Begriffs der „Billigkeit" gedrückt zu haben, weist Schobel als Lösungsweg ein bewegliches Haftungssystem auf. Besagtes System beruht auf den für die verschiedenen Frustrationsfälle eruierten charakteristischen Haftungselementen und will die Frage der Aufwendungserstattung im konkreten Fall durch Bestimmung des Gesamtgewichts sämtlicher Zurechnungselemente lösen.[654] Ursprünglich hatte Schobel das bewegliche Haftungssystem zur Bewältigung der Frustrationsproblematik in ihrer

---

652 Schließlich sehen sich die Vertreter dieser Sicht mit einem Folgeproblem konfrontiert: Wäre dem Gläubiger nicht jedenfalls ein Betrag zu ersetzen gewesen, der noch im Bereich des „Vorhersehbaren" lag?

653 Faust in Huber/Faust, *Schuldrechtsmodernisierung*, 4. Kap. Rn. 21ff, S. 165; siehe auch oben Seite 146.

654 Siehe zu Schobels Verständnis auch oben Seite 57.

das Schuldrecht übergreifenden Gesamtheit vorgesehen, er wird sich trotz zwischenzeitlich erfolgter Schuldrechtsmodernisierung und Erlass des § 284 keines Hinderungsgrundes gewahr, hierauf zur Lösung auch der von § 284 erfassten Aufwendungen zurückzugreifen.[655] Erfolgen soll dies im Rahmen der tatbestandlichen Voraussetzung der *„Billigkeit"*. Demnach könne die Haftung dem Schuldner billigerweise zugemutet werden, wenn *„eine umfassende Berücksichtigung und Abwägung sämtlicher ... Zurechnungsmomente (insb. des Unrechtsgehaltes, des Verschuldens, der Adäquität und des Rechtswidrigkeitszusammenhanges)"* dafür spricht.[656] Sofern im konkreten Fall der Frustrationsschaden als Vermögensschaden eingeordnet werden kann, soll sich diese Abwägung und die Prüfung der Billigkeit erübrigen, denn in diesem Falle sei es im Gegensatz zu Fällen von immateriellen Schäden nicht gerechtfertigt, den Sekundäranspruch von weiteren Voraussetzungen abhängig zu machen.[657]
Schobel ignoriert, dass das BGB die Höhe eines zu leistenden Schadensersatzanspruchs bewusst nicht proportional an den Verschuldensgrad knüpft. Schon der historische Gesetzgeber hat sich gegen eine *„Heranziehung moralisierender oder strafrechtlicher Gesichtspunkte"* ausgesprochen.[658] So differenzieren die §§ 249-253 nicht nach Schwere des Verschuldens. Alles andere würde bedeuten, dem zivilrechtlichen Schadensersatzrecht eine Straffunktion beizumessen, die es nicht hat und nicht haben sollte.[659] Ist doch auf Rechtsfolgenseite gerade der Straf- und Sühnegedanke einer der prägnantesten Unterschiede zwischen Straf- und Zivilrecht.[660] Der Vorschlag von Schobel vermag somit nicht zu überzeugen.

655 Die im Jahre 2003 erschienene Monographie zum Ersatz frustrierter Aufwendungen von Schobel beruht auf seiner im März 2000 eingereichten Dissertation. Zu diesem Zeitpunkt war der Entwurf des Schuldrechtsmodernisierungsgesetzes noch nicht bekannt. Zwar hat Schobel im Vorfeld der Veröffentlichung der Monographie noch darauf hingearbeitet, die durch das Schuldrechtsmodernisierungsgesetz bedingten Neuerungen zu berücksichtigen. Doch da sein Lösungsmodell zu diesem Zeitpunkt bereits feststand, sind diese Bemühungen durch sein ergebnisorientiertes Bestreben, eine Vereinbarkeit des neuen § 284 mit seinem beweglichen Haftungssystem zu schaffen, gekennzeichnet.

656 Schobel, *Ersatz frustrierter Aufwendungen*, S. 119 Fn. 64 und S. 16f; vgl. S. 254 Fn. 155 und S. 303 Fn. 97.

657 Schobel, *Ersatz frustrierter Aufwendungen*, S. 169 *„Der Zweck der Geltendmachung von frustrierten Aufwendungen kann aber nur darin erblick werden, den mangelnden Vermögenscharakter eines Schadens zu relativieren, indem dieser mit den vermögenswerten Aufwendungen in Verbindung gebracht wird; nur in solchen Fällen kann eine Berufung auf frustrierte Aufwendungen allenfalls Sinn machen"* – Diese Vorgehensweise ignoriert den Haftungsgrund des § 284.

658 Motive zu dem Entwurfe eines Bürgerlichen Gesetzbuches Band II, S. 17f.

659 Lange/Schliemann, *Schadensersatz*, Einleitung III 2. d), S. 12f.

660 Thüsing, VersR 2001, 285 (297).

e) vertragsteleologische Sicht des Leistungspflichtumfangs

Wenn es gelingen sollte, methodische und sachliche Kriterien, die der genauen Bezeichnung des geschuldeten Leistungsgegenstandes dienlich sind, herauszuarbeiten, so argumentiert eine weitere Meinung, könnte im Einzelfall im Rahmen der Billigkeits-Prüfung festgestellt werden, ob nicht die Verwendungsinteressen des Gläubigers Gegenstand der Leistungspflicht selbst sind. Es wäre dann *unbillig* vom Gläubiger, bestimmte Aufwendungen im Vertrauen auf den Leistungserhalt vorzunehmen, wenn der Zweck dieser Aufwendungen mit einer bestimmten Verwendung des Leistungsgegenstandes zusammenhängt, die unter einer vertragsteleologischen Sicht nicht vom Umfang der Leistungspflicht erfasst wird. Dementsprechend möchte Emmerich[661] „billigerweise" nur Ersatz zusprechen, soweit der fragliche Verwendungszweck Gegenstand des Vertrages geworden war, so dass der Schuldner die damit verbundenen Risiken einkalkulieren konnte. Die Risiken, die mit anderen dem Schuldner unbekannten Verwendungszwecken des Gläubigers verbunden sind, müsse er nicht tragen. Inhaltlich gleicht diese Sicht damit sowohl der von Gsell vertretenen, die darauf abstellt, ob die Aufwendungen für den Schuldner vorhersehbar waren (siehe Seite 186), als auch der von Faust zur Feststellung der Vergeblichkeit vorgeschlagenen Lösung (siehe Seite 146), welches ebenfalls auf eine vertragliche Vereinbarung abstellt. Dementsprechend unterliegt die eingangs vorgestellte, vertragsteleologische Sicht des Leistungspflichtumfangs denselben Einwendungen wie die Ansätze von Faust und Gsell: Auch diese Sichtweise verkennt den Bezugspunkt der Billigkeitsprüfung, wenn sie fragt, ob der Gläubiger die Aufwendungen billigerweise machen konnte. Da die Vornahme einer Aufwendung grundsätzlich in den eigenen Verantwortungsbereich fällt, ist es geradezu widersinnig, hier den Billigkeitsmaßstab anwenden zu wollen. Daran ändert sich auch nichts dadurch, dass im Nachhinein in den Fällen einer von dem Schuldner zu verantwortenden Leistungsstörung in die vorgegebenen Risikobereiche über § 284 eingegriffen wird. Außerdem ist gegen eine vertragsteleologische Sicht das kaum zu entkräftende Argument zu erheben, dass die Regelung des § 284 überflüssig wäre, wenn das Erreichen der Verwendungszwecke des Gläubigers ohnehin Bestandteil seines Leistungsanspruchs wäre.

Als Zwischenergebnis ist damit festzuhalten, dass keiner der vorgestellten Klärungsversuche zu überzeugen vermochte.

f) gesetzliche Anlehnungspunkte

Auch gesetzliche Anlehnungspunkte vermögen nicht weiterzuhelfen. Zwar hält die andere gesetzliche Regelung frustrierter Aufwendungen, die sich in Form

---

661 Emmerich, *Recht der Leistungsstörungen,* § 13 VIII 3.c), S. 218.

des § 1298 im Verlöbnisrecht findet,[662] ebenfalls eine Einschränkung der Ersatzpflicht bereit, welche in ihrer Funktion dem Billigkeitskriterium des § 284 entsprechen mag. So sind ausweislich § 1298 II nur Aufwendungen zu ersetzen, die *„den Umständen nach angemessen waren"*. In diesem Zusammenhang wird auf die Höhe der Unkosten sowie auf den Zeitpunkt ihrer Vornahme abgestellt. Es spielen eine Rolle: die Vermögensverhältnisse des Aufwendenden unter Berücksichtigung der Lebensstils des künftigen Paares, sowie die Nähe oder Ferne des Hochzeitstermins[663]. Außerdem ist anerkannt, dass, wenn die Aufwendung mit Einverständnis des anderen geschah, es sich selten um eine unangemessene Aufwendung handelt.[664]

Haftungsgrund des § 1298 ist die *„Erwartung der Ehe"*, also das Setzen eines Vertrauenstatbestandes – vergleichbar mit § 284.[665] Allerdings ist der gesetzliche Ansatzpunkt der Billigkeit eines Vertrauens gemäß § 284 ein anderer als der der Angemessenheit einer Aufwendung gemäß § 1298 II. Dies wird daraus ersichtlich, dass er sich im Rahmen des § 284 im anspruchsbegründenden Tatbestand findet, bei § 1298 dagegen im Bereich des Schadensumfangs. Für die Auslegung des § 284 könnten daher nur bedingt Rückschlüsse gezogen werden.

Auch ansonsten greift das BGB auf den Begriff der Billigkeit zur näheren Ausgestaltung einer Rechtsfolge zurück: So in den Fällen der einseitigen Bestimmung der Leistung durch eine Vertragspartei (§ 315), durch einen Dritten (§ 317) oder durch Urteil (§ 319). Ebenso bei einer Ersatzpflicht aus Billigkeitsgründen nach § 829. Auch kann jeder Teilhaber einer Rechtsgemeinschaft nach Bruchteilen eine *„dem Interesse aller Teilhaber nach billigem Ermessen entsprechende Verwaltung und Benutzung"* verlangen, § 745 II.[666] Die Funktion des Billigkeits-Kriteriums liegt hier darin, einen beiden Seiten gerecht werdenden

---

662 Hier ist insbesondere daran zu denken, dass Aufwendungen wie der Verzicht auf eine Verdienstmöglichkeit (um in Zukunft den ehelichen Haushalt führen zu können) und die Kosten der Hochzeitsvorbereitung (Einladungskarten, Hochzeitskleid, bestelltes Festessen...) durch den Rücktritt nutzlos, sprich frustriert werden. Auch hier besteht ein Kausalitätsmanko, da die Aufwendungen nach der Differenzhypothese nicht als Schaden erfassbar sind, zur Vergleichbarkeit des Regelungsbereichs des § 1298 mit dem Ersatz frustrierter Aufwendungen durch Vertragsbruch: Stoll, JZ 1986, 517 (518).

663 RG WarnR 1918, Nr. 76, S. 111; OLG Stuttgart, FamRZ 1977, 545 (546); Wacke-MüKo, § 1298 Rn. 6.

664 Wacke-MüKo, § 1298 Rn. 6; hierbei handelt es sich wieder um einen Fall der Vertrauensgestattung nach v. Craushaar, siehe oben S.165.

665 Allerdings ist der Vertrauenstatbestand, auf den § 284 abstellt, von höherer Intensität, da der Gläubiger einen durchsetzbaren Anspruch auf das Verhalten des Schuldners hat (vgl. § 241), während gemäß § 1297 aus einem Verlöbnis auf Eingehung der Ehe nicht geklagt werden kann. Weil das BGB das Verlöbnis mit nur sehr beschränkten Rechtsfolgen versehen hat, gibt es *„... keine sichere Gewähr für spätere Heirat"*, Schwab, *Familienrecht*, Rn. 44.

666 Vor dem Inkrafttreten des Zweiten Gesetzes zur Änderung schadensersatzrechtlicher Vorschriften am 1. 8. 2002 zählte auch § 847 BGB a.F. zur Festlegung der Höhe des Schmerzensgeldes in bestimmten Fällen zu dem Kreis dieser Regelungen.

Ausgleich zu ermöglichen. Bei ersterem geht es um den Ausgleich von Chancen und Risiken der Teilnehmer am rechtsgeschäftlichen Verkehr, das heißt dem Bestreben, jeweils schutzwürdigen aber kollidierenden Interessen gleichermaßen gerecht zu werden. Erst im Laufe der stetig wachsenden Anzahl von Entscheidungen werden diese abstrakten Ziele durch Einzelfallentscheidungen konkretisiert.[667]

g) eigener Lösungsvorschlag

Eine Sicht, die der Erkenntnis Rechnung trägt, dass Bezugspunkt des normativen Billigkeitsurteils das Vertrauen des Gläubigers auf den Erhalt der Leistung ist, führt angesichts der originären Wortbedeutung zu dem Ergebnis, dass die Billigkeit Ausdruck der **Berechtigung, das heißt der Schutzwürdigkeit des entgegengebrachten Vertrauens** des Gläubigers ist.[668] Die Höhe der Aufwendungen kann sich damit an diesem Punkt nicht auswirken. Insofern ist dem Schuldner im Übrigen auch durch die dem Gläubiger nach § 254 obliegende Warnpflicht genüge getan.

Für die Prüfung ergibt sich Folgendes: In einem ersten, nicht zur eigentlichen Billigkeitsprüfung gehörenden Schritt ist festzustellen, ob vertraut wurde. Dies sollte – wie gesehen – im Regelfall aus dem Vorliegen der Aufwendungen geschlussfolgert werden.[669]

In einem zweiten Schritt, der eigentlichen Billigkeitsprüfung, ist darauf einzugehen, ob das entgegengebrachte Vertrauen im Einzelfall berechtigt war, wobei keine starren Grenzen gezogen werden können. Mögliche Gesichtspunkte sind im Rahmen der Arbeit bereits angesprochen worden: Es kann eine Rolle spielen, dass es sich bei dem Gläubiger um einen naiven Mitmenschen handelte, der sein Vertrauen leichtfertig verschenkte, also in einer Situation auf die Leistung vertraute, da jeder andere misstrauisch gewesen wäre.

---

667 Larenz, *Methodenlehre,* Kap. 3, 3.d), S. 292.

668 Im Ergebnis ähnlich: Stoppel, *Ersatz frustrierter Aufwendungen*, S. 78ff; ders. AcP 2004, 81 (95ff) - der allerdings de facto die Billigkeitsprüfung auf die Frage konzentriert, ob *„ein auf objektive Umstände gestützter und damit leicht zu verifizierender Vertrauenstatbestand"* gegeben war. Ohne dies gesondert klarzustellen, wertet Stoppel sodann das Entstehen des Leistungsanspruchs als insofern maßgeblichen Umstand und beschränkt die Frage der Schutzwürdigkeit des Vertrauens auf die Frage, ob vorvertragliche Aufwendungen ersetzt verlangt werden können. Stoppel selbst spricht vom *„Zeitfenster der Schutzwürdigkeit"*. Abgesehen davon, dass sich die Billigkeits-Problematik nicht hierauf beschränkt, leidet der Ansatzpunkt dieser Vorgehensweise an dem Mangel, einschränkend Berechtigung des Vertrauens voraussetzen zu wollen - tatsächlich aber nur ein von Gesetzes wegen über § 284 vorausgesetztes Kriterium - den Erhalt der Leistung - hierunter zu verstehen.

669 Siehe oben Seite 170.

Eine etwa gegebene **Leistungsgarantie** oder Zusicherung als stärkste Beziehung des Schuldners zu dem vom Gläubiger verfolgten Sekundärzweck[670] lässt dagegen die Waagschale fast unumkehrbar zugunsten des Gläubigers ausschlagen,[671] ähnlich kann eine Abrede zwischen Gläubiger und Schuldner über den Verwendungszweck wirken. Im Rahmen des Billigkeitskriteriums ist ebenso zu berücksichtigen, ob das zugrunde liegende Geschäft wegen verbotener oder sittenwidriger Zwecksetzung nichtig ist, und die Motivation des Gläubigers zu vertrauen daher keines Schutzes bedarf.[672]
Im Zusammenspiel mit anderen Aspekten kann es sich auch auswirken, ob sich dem Gläubiger zum Zeitpunkt der Vornahme der Aufwendungen Anzeichen dafür boten, dass der Schuldner nicht ordnungsgemäß leisten würde und wie stark diese **Indizien** waren. Die äußerste Grenze – vor einer Verneinung des Vertrauens an sich – liegt im bewussten Verschließen der Augen, im Nicht-Wahr-Habenwollen des bevorstehenden Scheiterns des Geschäfts.

Weiterhin ist hier die richtige Stelle, den oben angesprochenen **Besonderheiten verschiedener Schuldverhältnisse** Rechnung zu tragen. So ist im Verhältnis von Schenker und Beschenktem zu berücksichtigen, dass der Beschenkte im Verhältnis zu Gläubigern innerhalb anderer Schuldverhältnisse mit seinen Aufwendungen besonders umsichtig zu sein hat, wenn Anhaltspunkte für eine nicht-ordnungsgemäße Leistung des Schenkers vorliegen. Hier ist also eine niedrigere Schwelle zum Urteil der Unbilligkeit der Aufwendungen anzulegen.
Auch dem Beauftragten als Schuldner im Rahmen eines Gefälligkeitsvertrages, der sich mit einem auf § 284 gestützten Aufwendungserstattungsbegehren seines Auftraggebers wegen nicht ordnungsgemäßer Ausführung konfrontiert sieht, ist über das Billigkeitskriterium entgegenzukommen. Dies ergibt sich ebenfalls aus

---

670 Köhler, *Unmöglichkeit und Zweckstörungen,* S. 11.

671 V. Craushaar, *Einfluss des Vertrauens auf die Privatrechtsbildung,* S. 27f spricht treffend von „*Vertrauensgestattung*" und ordnet diese als Regelfall berechtigten Vertrauens ein. Auch im Verlöbnisrecht wird der Vertrauensgestattung ähnliche Bedeutung zugemessen: Hier ist anerkannt, dass eine Aufwendung, die mit Einverständnis des anderen geschah, selten eine unangemessene und damit nicht über § 1298 erstattungsfähige Aufwendung ist, vgl. Wacke-MüKo, § 1298 Rn. 6.

672 Nach Stoppel, *Frustrierte Aufwendungen,* S. 101, spielen Überlegungen zum Schutzzweck der Norm in der Billigkeitsprüfung eine Rolle. Abgesehen von der verschwindend geringen Bedeutung dieser Lehre im Zusammenhang mit § 284, (siehe unten Seite 204), stellt dies eine unnötige Vermischung unterschiedlicher Kategorien dar. Außerdem sind die Ausführungen von Stoppel unverständlich: Gerechtigkeit werde durch das Billigkeitskriterium gewahrt, „*...dabei werden Aufwendungen, die gerade nicht durch die Leistungsverpflichtung ersatzfähig sein sollen, ausgeschlossen. Im Umkehrschluss ergibt eine für den Gläubiger positive Billigkeitskontrolle, dass die mit der Zweckverfehlung eingetretene Frustration gerade vermieden werden sollte. Dies bedeutet, dass Überlegungen zum Schutzzweck der Norm bereits innerhalb der Billigkeitskontrolle vorgenommen werden und damit auf der Ebene der Kausalitätsbetrachtung keine Rolle mehr spielen könnten*".

den Besonderheiten im Rahmen dieses Schuldverhältnisses.[673] Ausschlaggebend ist insofern, dass dem Auftraggeber angesichts der Unentgeltlichkeit des Tätigwerdens des Beauftragten ein Vertrauenstatbestand von geringerer Intensität gegeben ist. Hiermit kann es unvereinbar, sprich unbillig, sein, frustrierte Aufwendungen, die im Vertrauen auf die ordnungsgemäße Durchführung des Auftrags getätigt worden waren, auf den Beauftragten abwälzen zu wollen. Als ausschlaggebendes Kriterium kann die Frage gewertet werden, ob angesichts der Relevanz des Tätigwerdens des Beauftragten für den Auftraggeber für einen objektiven Dritten nachvollziehbar ist, dass dieser nur einen Auftrag gem. §§ 662 ff und nicht etwa ein Dienstvertrag mit einem kommerziellen Anbieter abgeschlossen hat.

> **Beispiel:** *Die Bekannte eines Ehepaares hat bereits mehrmals unentgeltlich auf deren Kleinkind aufgepasst, um den Eltern einen Abend zum Ausgehen zu ermöglichen. Als die Eltern sie baten, am kommenden Wochenende das Kind zu hüten, sagte sie zunächst zu. Das Ehepaar buchte daraufhin ein Erholungs-Wochenende in einem Hotel mit speziellen Wellness-Anwendungen. Unmittelbar vor der Abfahrt überlegte es sich die Bekannte jedoch ohne besonderen Grund anders und sagte ab. Daraufhin nahmen die Eltern ihr Kind mit und konnten daher die gebuchten Anwendungen weder wahrnehmen noch stornieren.*
> *Sie möchten das Geld für die Wellness-Anwendungen erstattet haben.*

Da kein wichtiger Grund gemäß § 671 II für eine Kündigung des Auftragsverhältnisses durch die Bekannte vorlag, hat sie schuldhaft nicht geleistet. Auch die weiteren Voraussetzungen des § 284 liegen vor. Entscheidend ist, ob das Ehepaar billigerweise auf die Leistung der Bekannten vertraute. Meines Erachtens ist dies zu bejahen. Denn zum einen hat die Bekannte sich in der Vergangenheit als verlässlich erwiesen und zum anderen handelt es sich bei dem geschuldeten Babysitten übers Wochenende für die Auftraggeber nicht um eine hochgradig wichtige Angelegenheit. Die Beauftragung sollte lediglich ein privates Wellness-Wochenende ermöglichen.

Wie bereits dargelegt, besteht bei Preisausschreiben die Besonderheit, dass der Gläubiger mit Eingehung des Schuldverhältnisses nur die Chance, nicht aber einen Anspruch auf einen den Aufwand rentierenden Gewinn erhält. Im Rahmen der Billigkeit kann hier überprüft werden, ob die Aufwendungen insofern verhältnismäßig waren.

Abschließend soll noch auf die eingangs des Abschnitts zur Vertrauensprüfung angesprochenen BGH-Entscheidungen eingegangen werden, siehe oben Seite

673 Siehe hierzu auch oben Seite 91.

159. Hinsichtlich beider Entscheidungen wäre – angesichts der Indiz-Wirkung der getätigten Investitionen – unter der Geltung des neuen § 284 zwar von einer Bejahung des Vertrauens, aber einer Verneinung der Billigkeit auszugehen. Der Grund für die Verneinung der Billigkeit liegt darin begründet, dass jeweils im Zeitpunkt der Tätigung der Aufwendung für den Gläubiger ein nur schwach ausgeprägter Vertrauenstatbestand bestand. Der Erhalt der versprochenen Leistung stand auf rechtlich gesehen wackeligen Füßen, es war ein auch für den jeweiligen Schuldner offenkundiges Wertungsgefälle zu Fällen einer unumstößlichen Leistungspflicht gegeben. Sie konnten sich daher nicht *billigerweise* auf die Leistung verlassen.
Im Gegensatz zur früheren BGH-Rechtsprechung führt § 284 damit zu einer einheitlichen Entscheidung beider Fälle, was einen weiteren Vorteil der neuen Rechtslage begründet. Denn die Begründung des BGHs, dass die beiden Konstellationen nicht vergleichbar seien, weil es sich einmal um ein im Belieben des Schuldner stehendes Rücktrittsrechts handele und im anderen Fall um einen außerhalb des Vertragsverhältnisses stehenden Umstand, vermag nicht zu überzeugen. Bei dem angesprochenen Umstand handelte es sich nämlich um die Genehmigung des vorausgegangenen Geschäfts, deren Erteilung ebenfalls im Belieben der Schuldnerin stand.

5. Kausalität der Pflichtverletzung und der „es sei denn"-Einwand

In Ergänzung der haftungsrechtlichen Grundsätze, die einen Kausalitätszusammenhang zwischen der Pflichtverletzung des Schuldners als haftungsauslösendem Moment und dem Vergeblichwerden der Gläubigeraufwendungen als Schaden verlangen (vgl. § 249), signalisiert der „*es sei denn*"-Einwand in § 284 a.E. das Erfordernis haftungsbegründender Kausalität.[674] Dem Begehren des Gläubigers ist nur stattzugeben, wenn die dem Schuldner vorgeworfene Pflichtverletzung kausal für die Frustration seiner sekundären Zwecke geworden ist. Ansonsten kann nicht von einem Brechen des in Anspruch genommenen Vertrauens ausgegangen werden.

Problematisch erwies sich die Frage des Kausalzusammenhangs in einem Fall, den das OLG Hamburg[675] zu entscheiden hatte:

---

674 Stoppel will das Kausalitätserfordernis aus der Überschrift des § 284 ableiten, *Ersatz frustrierter Aufwendungen,* S. 93; dabei verwechselt er die Kategorien der haftungsausfüllenden und –begründenden Kausalität (a.a.O., S. 99 „*der ... haftungsausfüllenden Kausalität, als des ursächlichen Zusammenhangs zwischen haftungsbegründendem Ereignis und Schadenseintritt*").
675 Vgl. OLG Hamburg, VersR 1984, 1048 (dahin abgeändert, dass es sich nicht um den Ersatz vorvertraglicher Aufwendungen handelt).

Beispiel: *Der beklagte Bauunternehmer war verpflichtet, auf der Grundlage ihm vorgegebener Architekten- und Statikerpläne ein Haus zu errichten. Als er in Verzug geriet, verzichteten die Bauherren darauf, das Projekt fertig zu stellen und kauften ein bereits fertig gestelltes Haus. Die Kläger verlangten Schadensersatz wegen Nichterfüllung in Form ihrer frustrierten Aufwendungen, der Architekten- und Statikerhonorare. Die Klage wurde negativ beschieden.*

In seiner Urteilsbegründung führte das OLG aus, dass es an der Kausalität der Pflichtverletzung für die Frustration mangelte, da erst der Entschluss der Kläger, von dem Projekt Abstand zu nehmen, die Aufwendungen nutzlos gemacht habe. Die Überlegungen des OLG Hamburg vermögen nicht zu überzeugen, denn sie ignorieren die dem Gläubiger von Gesetzes wegen zustehenden Sekundärrechte, hier auf Schadensersatz wegen Nichterfüllung gemäß § 326 BGB a.F in Verbindung mit der unter dem BGB a.F. anerkannten Rentabilitätstheorie. Die Frage, ob die Bauherren dieses Projekt zu Ende zu führen hatten, gehört in den Bereich der Obliegenheiten nach § 254 und ist kein Aspekt der haftungsbegründenden Kausalität.

Ähnlich gestrickt ist das Hundehüttenbeispiel von Altmeppen[676]: Der Käufer eines Hundes ersteht für diesen eine Hütte. Als der Hund nicht geleistet wird, stellt sich dieser Kauf als frustrierte Aufwendung dar. Nach Altmeppen soll eine Ersatzpflicht ausscheiden, weil die Frustration auf der Entscheidung des Gläubigers, keinen anderen Hund zu erwerben, beruhe.
Damit verkennt auch Altmeppen, dass es sich hierbei weniger um eine Kausalitätsfrage als um die Problematik handelt, was gemäß § 254 an Bemühungen des Gläubigers zur Schadensgeringhaltung verlangt werden kann.

Weiterhin muss Kausalität zwischen der Entscheidung, die Aufwendungen zu tätigen, und dem Verhalten, an welches § 284 die Einstandspflicht knüpft, nämlich sich entsprechend dem gegebenen Leistungsversprechen zu verhalten, bestehen (Hervorrufen von Vertrauen).[677] Dieses Erfordernis entspringt dem Charakter des § 284 als Tatbestand der Vertrauenshaftung, welche einen Kausalzusammenhang zwischen der Vertrauensdisposition und dem Vertrauen voraussetzt.

Die allgemein zur Eindämmung der Weite der rein naturwissenschaftlichen Äquivalenzlehre gedachte Adäquanzlehre ist auf den Problembereich frustrierter

---

676 Altmeppen, DB 2001, 1399 (1404).
677 Vgl. Küppers, *Verdorbene Genüsse und vereitelte Aufwendungen*, S. 62.

Aufwendungen nicht anwendbar.[678] Nach dieser Theorie ist der Zurechenbarkeitszusammenhang unterbrochen, wenn der Erfolg nur aufgrund besonders eigenartiger, unwahrscheinlicher und nach dem gewöhnlichen Lauf der Dinge außer Acht zu lassenden Umständen bewirkt wurde.[679] Dass die Verletzung einer vertraglichen oder sonstigen Leistungspflicht im Vertrauen auf die ordnungsgemäße Erfüllung getätigte Aufwendungen frustrieren kann, ist ein Gemeinplatz. Abgesehen davon ist die objektiv zu ermittelnde Wahrscheinlichkeit des Erfolgseintritts unvereinbar mit der dogmatischen Konstruktion des § 284, dem subjektiv geprägten Vertrauensgedanken. Die Adäquanzlehre ist daher im Rahmen des § 284 kein taugliches Kriterium zur Begrenzung der Ersatzpflicht für entwertete Aufwendungen.[680]

Mit dem „*es sei denn*"-Einwand ist ein schon vor der Schuldrechtsreform im Zusammenhang mit frustrierten Aufwendungen diskutierter Aspekt Gesetz geworden. Er stellt die Kodifikation des so genannten „*Glücksfallarguments*"[681] dar – welches der Gesetzgeber auch als Reaktion auf die Kritik der Regelung des § 327 I S.2 KE als berechtigten Gesichtspunkt ansah und in der endgültigen Regelung vergeblicher Aufwendungen aufgreifen wollte.[682] Das Glücksfallargument war anfänglich gegen die Rentabilitätsvermutung vorgebracht worden und trug zur Anerkennung ihrer Widerleglichkeit durch den Schuldner bei. Die Argumentation speist sich aus der Überlegung, dass eine auf Ersatz frustrierter Aufwendungen zielende Regelung für den Gläubiger zum Sprungbrett werden könnte, sich nach Abschluss eines ungünstigen Geschäfts die Pflichtverletzung seines Schuldners zu Eigen zu machen. Denn wenn dem Gläu-

678 So schon zur Rechtslage vor der Schuldrechtsreform: Müller, *Ersatz entwerteter Aufwendungen*, S. 185.
679 Vgl. RGZ 50, 219 (222); BGHZ 3, 261 (265ff); 7, 198 (204); 25, 86 (88); 57, 245 (255); 137, 11 (19); BGH NJW 1976, 1143 (1144); 1986, 1329 (1331); 1990, 2882 (2883); 1995, 126 (127); 2000, 947 (948). Aus der Literatur: Lange/Schiemann, § 3 VI 1., S. 82; Deutsch, *Haftungsrecht*, B VII. 6., Rn. 133ff; Mertens-Soergel, vor § 249 Rn. 120.
680 A.A. Stoppel, *Ersatz frustrierter Aufwendungen*, S. 100, das von ihm gewählte Beispiel ist allerdings nicht durchdacht: Ein Gläubiger bestellt ein Taxi, um zum Kino zu gelangen – die Kinokarte erwirbt er hiernach. Als das Taxi nicht kommt, entschließt der Gläubiger sich, zu Fuß zu gehen und wird von einem Blitz getroffen. Da dies auf einem atypischen Kausalverlauf beruhe, schlussfolgert Stoppel, sei dem Taxiunternehmer die Frustration der Kinokarte nicht zuzurechnen. Tatsächlich sind aber die Folgen des Misslingens der Abwehr des Schadens dem Schuldner zuzurechnen, da der Gläubiger nur seiner Obliegenheit zur Schadensabwehr nachkommen wollte. Abgesehen davon entspricht es bei isolierter Betrachtung des haftungsbegründenden Ereignisses (Pflichtverletzung) – nur auf dieses kommt es nach dem Sinn und Zweck der Adäquanzlehre an – der allgemeinen Lebenserfahrung, dass die hierauf aufbauende Aufwendung (Erwerb der Kinokarte) frustriert wird.
681 Hinweis auf Glücksfall bei Voß/Timme, JZ 1998, 304 (305) und bei Müller, *Ersatz entwerteter Aufwendungen*, S. 97.
682 Ausdrücklich Regierungsbegründung, BT-Drucks., 14/6040, S. 143.

biger Ersatz ohnehin verfehlter Aufwendungen zugesprochen würde, könnte er durch einen sein ursprüngliches Erfüllungsinteresse dem Betrage nach übertreffenden Aufwendungsersatzanspruch besser als bei planmäßiger Abwicklung gestellt aus dem Geschäft hervorgehen. Das Anliegen des § 284 2. HS ist also, zu verhindern, dass der Gläubiger ohnehin verfehlte Aufwendungen auf seinen Vertragspartner abwälzt.[683]

a) rechtliche Einordnung

Die rechtliche Bedeutung des *„es sei denn"*-Einwandes wird nicht einheitlich beurteilt: teilweise findet sich der Standpunkt, dem Schuldner werde der Einwand der hypothetischen Kausalität[684] beziehungsweise des rechtmäßigen Alternativverhaltens[685] gebilligt. Andernorts hat man eine Beweislastumkehr für die gesamte Kausalitätsfrage erkannt.[686] Übertrieben wäre es, hier von einem Streit zu sprechen, denn es findet kaum ein Austausch an Argumenten statt.

Die Verschiedenheit der Konsequenzen genannter Sichtweisen ist nicht unbeachtlich: Eine Gestattung des Einwandes der hypothetischen Kausalität ändert im Gegensatz zur Beweislastumkehr nichts an der klassischen Beweislastverteilung, nach der der Kläger das Vorliegen der anspruchsbegründenden Voraussetzungen zu beweisen hat. Hinsichtlich § 284 bliebe es also dabei, dass der Gläubiger die Kausalität der Pflichtverletzung für den Frustrationsschaden zunächst einmal zu beweisen hat. Dem Schuldner wäre daraufhin von Gesetzes wegen der Einwand hypothetischer Kausalität gestattet. Er müsste darlegen, dass der

683 Canaris, JZ 2001, 499 (516). In Anerkenntnis dieses Anliegens äußert Stoll Zweifel, ob hierzu der in § 284 letzter HS gemachte Vorbehalt ausreiche, JZ 2001, 589 (595). Diese Zweifel beruhen jedoch auf seinem Befürworten der Rentabilitätstheorie wie sie sich nach dem Diskothekenurteil präsentierte. Das heißt für Stoll ist nicht ausreichend gesichert, dass Folgegeschäfte außer Betracht zu bleiben haben.

684 Canaris, DB 2001, 1815 (1820) - es könne sowohl der Einwand hypothetischer Kausalität als rechtmäßigen Alternativverhaltens sein; Dedek in *Praxis der Schuldrechtsreform,* § 284 Rn. 11.

685 Dauner-Lieb in *Das neue Schuldrecht - Ein Lehrbuch,* § 2 Rn. 57, S. 100 und in AnwKom, § 284 Rn. 12 [allerdings zweifelnd: *„... handelt es sich wohl um den Einwand vom rechtmäßigen Alternativverhalten"*]; sich anschließend: Walker, *Allgemeines Schuldrecht,* S. 247; Lorenz/Riehm, *Lehrbuch zum neuen Schuldrecht,* Kap. 6, § 3 V. 1.c) cc), Rn. 229; Emmerich, *Recht der Leistungsstörungen,* § 13 IV. 4.d), S. 213; Huber/Faust, *Schuldrechtsmodernisierung,* 4. Kap. Rn. 38, S. 172; Heinrichs-Palandt, § 284 Rn. 8; Reim, NJW 2003, 3662 (3666). Die Erheblichkeit des rechtmäßigen Alternativverhaltens ist in der Literatur umstritten: für die Berücksichtigung: Oetker-MüKo, § 249 Rn. 215; Heinrichs-Palandt, vor § 249 Rn. 105f; differenzierend: Medicus, *Bürgerliches Recht*, Rn. 852; Lange/Schiemann, *Schadensersatz*, § 4 XII 5, S. 205f; Schiemann-Staudinger, § 249 Rn. 106.

686 So Ernst-MüKo, § 284 Rn. 24; Gsell, *Aufwendungsersatz nach § 284,* S. 321 (323 Fn. 8); Mattheus in Schwab/Witt, *Examenswissen zum neuen Schuldrecht,* S. 50 (59).

Frustrations-Schaden auch bei rechtmäßigem Verhalten seinerseits eingetreten wäre.
Bei einer Umkehr der Beweislast wird eine nicht erwiesene Tatsache im Wege der Positivfiktion als gegeben angesehen, solange die andere Seite nicht das Gegenteil beweist.[687] Hier wird also die Beweislast dem Gegner der an sich beweispflichtigen Partei aufgebürdet. Auf § 284 bezogen, hieße dies, dass zu Gunsten des Anspruchsstellers von der Kausalität der schuldnerischen Pflichtverletzung für die Frustration der Aufwendungen von Gesetzes wegen auszugehen ist, bis der Schuldner dies widerlegt. Der Gläubiger bräuchte nur die Frustration und die Pflichtverletzung des Schuldners zu beweisen, nicht aber einen Kausalzusammenhang zwischen diesen Tatbestandsmerkmalen. Es wäre dann an dem Schuldner, den vollen Beweis des Gegenteils[688] erbringen, um einer Erstattungspflicht zu entgehen.
Es sind diese, aus den verschiedenen Sichtweisen erwachsenden Konsequenzen auf der Ebene der Beweislastverteilung, die den Ausschlag für die Sicht geben, derzufolge es sich um eine Beweislastumkehr handelt. Eine Umkehr der Beweislast kommt stets dann in Betracht, wenn die die herkömmliche Beweislastverteilung rechtfertigenden Überlegungen nicht greifen. Diese liegen in der Findung „gerechter", den Wertungen des materiellen Rechts entsprechender Entscheidungen für den Fall der Unaufklärbarkeit der tatsächlichen Gegebenheiten. Die beweisrechtlichen Grundsätze sollen den Schutz des Beklagten vor vorschneller, ungerechtfertigter Verurteilung sicherstellen. Wenn evident „ungerechte", sozial unerträgliche Ergebnisse mit der herkömmlichen Beweislastverteilung erzielt würden, ist ihre Umkehr angezeigt.[689] Genau dies ist im Zusammenhang mit § 284 der Fall. Abgesehen von einer gewissen Schwierigkeit, diese Kausalität im Zusammenhang mit der Frustration immaterieller Aufwendungen nachvollziehbar zu machen, wird von dem Gläubiger von vornherein die **Ausbreitung von unter Umständen sehr privaten Angelegenheiten** verlangt. Im Grunde dieselben Bedenken tauchen hinsichtlich Aufwendungen mit kommerziellem Hintergrund auf: Der Gläubiger muss seine Bücher offen legen und **Einblicke in seine wirtschaftliche Planung** und Lage geben, um den Beweis führen zu können, dass mit der fraglichen Aufwendung ein Gewinn erzielt worden wäre, der nur aufgrund der Pflichtverletzung des Schuldners vereitelt wurde. Hinsichtlich Geschäfte mit Spekulationscharakter oder marktstrategischer Ausrichtung wäre die Rechtsverfolgung quasi aufgrund der Natur der Sache von vornherein zur Aussichtslosigkeit verurteilt. Denn der Erfolg des Geschäfts hängt hier oftmals von Faktoren ab, die außerhalb der Reichweite der Parteien

---

687 Anders/ Gehle, Kapitel F VI 2, Rn. 369; Oberheim, § 27a 9, Rn. 57ff.
688 Es reicht hierzu nicht aus, dass die Überzeugung des Gerichts erschüttert wird, vielmehr gilt dieser Beweis erst dann als geführt, wenn das Gericht von der Unwahrheit der Hauptsache, hier also der Kausalität, überzeugt ist, vgl. Oberheim, § 7 1.b), Rn.12.
689Oberheim, § 27a 9, Rn. 57ff.

liegen. Bei Spekulationsgeschäften ist es außerdem zumindest auch eine Frage des Zufalls, ob der Gläubiger die Gewinnzone erreicht. Der Gläubiger würde also vor enorme Darlegungsschwierigkeiten gestellt, obwohl der Gesetzesbegründung der Hinweis zu entnehmen ist, dass man nunmehr auch dem Ersatz frustrierter Aufwendungen mit einem derartigen Hintergrund den Weg ebnen wolle.[690]

Weiterhin trägt nur eine Sicht, die hier eine Beweislastumteilung erkennt, dem Umstand Rechnung, dass sich hinter § 284 2. HS eine Kodifikation des **Glücksfallarguments**, also der Antwort der Rechtsprechung zum nicht modernisierten Schuldrecht auf die a priori aufgestellte Vermutung der Rentabilität der Aufwendungen, verbirgt. Denn diese war im Endeffekt ebenfalls eine Beweiserleichterung. Nur so macht die Bemerkung des Gesetzgebers Sinn, wonach sich der „*es sei denn*"-Einwand vom Ergebnis her in die bisherige Rechtsprechung zur Rentabilitätsvermutung einfügen solle – wenn man einmal von Schuldverhältnissen mit immaterieller Zweckverfolgung absehe. Dementsprechend heißt es in der betreffenden Stelle der amtlichen Begründung zu § 284, der Gläubiger könne Aufwendungsersatz nicht in Fallkonstellationen verlangen, in denen nach bisherigem Recht die Rentabilitätsvermutung als widerlegt anzusehen war.[691]

Schließlich hat diese Sichtweise den **Wortlaut** des Gesetzes hinter sich, denn die den zweiten Halbsatz des § 284 einleitende negative Formulierung „*es sei denn* ..." leitet generell eine Beweislastumkehr ein. Gegen diese Sicht kann auch nicht mit Erfolg eingewendet werden, der Schuldner hätte keine Kenntnis von der Planung und Kalkulation des Gläubigers, von ihm würde daher Unmögliches verlangt. Schließlich bleibt es dabei, dass der Gläubiger die Frustration als solche darlegen muss, dies wiederum gibt dem Schuldner einen ausreichenden Ansatzpunkt, zum Beispiel ein Verlustgeschäft des Gläubigers nachzuweisen.[692]

b) Inhalt der Darlegungslast des Schuldners

Nach § 284 letzter Halbsatz hat der Schuldner also die Möglichkeit zu beweisen, dass die Frustration der Aufwendung nicht Konsequenz seiner Pflichtverletzung ist. Damit ist noch nichts dazu gesagt, was von ihm zu verlangen ist, um diesen Beweis als geführt anzusehen.

Gsell[693] schlägt vor, bei kommerzieller Zielsetzung dem Schuldner zur Vermeidung des Problems eines drohenden Missbrauchs von § 284 durch den Gläu-

---

690 Regierungsbegründung, BT-DruckS. 14/1640, S. 143.

691 Regierungsbegründung, BT-DruckS 14/6040, S. 144. Befremdlich erscheint angesichts aufgezeigter Konsequenzen die Feststellung Stoppels, die verschiedenen Sichtweisen hätten allenfalls geringe praktische Auswirkungen, Stoppel, *Frustrierte Aufwendungen*, S. 104.

692 In diese Richtung unter dem BGB a.F.: Müller, *Ersatz entwerteter Aufwendungen*, S. 97.

693 Gsell, *Aufwendungsersatz nach § 284*, S. 321 (326).

biger bei der Beweislast durch eine Orientierung an der Beweiserleichterung des § 252 S.2 entgegenzukommen. Ausgangspunkt ihres Lösungsmodells in Bezug auf auf Gewinn angelegte Aufwendungen ist ein Vergleich zweier Vertragsparteien in Situationen, die auf den ersten Blick keinen Anlass zur Vergleichbarkeit zu gewähren scheinen: Dem Schuldner, der einer drohenden Ersatzpflicht durch die Widerlegung der gesetzlichen Vermutung gemäß § 284 2.HS entkommen will, wird der Gläubiger, der Schadensersatz für entgangenen Gewinn nach § 252 verlangt, gegenüber gestellt. Den Schwierigkeiten des Gläubigers, die Kausalität der Leistungsstörung für seinen entgangenen Gewinn zu beweisen, trägt das BGB recht großzügig mit der Beweiserleichterung des § 252 S.2 Rechnung. Von Gesetzes wegen gilt damit der Gewinn als entgangen, *„welcher nach dem gewöhnlichen Lauf der Dinge oder nach den besonderen Umständen, insbesondere nach den getroffenen Anstalten und Vorkehrungen, mit Wahrscheinlichkeit erwartet werden konnte.“* Eine exakte Kalkulation und Beweisführung sollte dem Gläubiger ob der generellen Schwierigkeiten eines solchen Unterfangens erspart bleiben. Da sich der Schuldner, der den rechtsvernichtenden Einwand nach § 284 2.HS erheben will, mit denselben Schwierigkeiten konfrontiert sieht, nur mit umgekehrten Vorzeichen – es handelt sich auch hier um das problematische Kausalitätsverhältnis zwischen Pflichtverletzung und entgangenem Gewinn – will Gsell ihm eine der Regelung des § 252 S.2 entsprechende Beweiserleichterung zukommen lassen. Demnach ist ein Kausalitätszusammenhang zwischen Pflichtverletzung und Frustration, insbesondere „*Gewinnausfall*“, zu verneinen, wenn es (ex post) als unwahrscheinlich zu bezeichnen ist, dass sich die Aufwendungen bei ordnungsgemäßer Leistung rentiert hätten. Sie erachtet damit die Gefahr eines Missbrauchs des § 284 durch den Gläubiger insoweit als gebannt.

Es bleibt die Gefahr, dass ein Gläubiger sich in die Behauptung immaterieller Zielsetzung flüchtet und auf diese Weise dem Schuldner das Aufkommen für seine Fehlinvestitionen aufbürdet. Diesem Risiko kann nicht durch eine Senkung des Beweismaßes begegnet werden, denn es handelt sich hier um zum Teil höchstpersönliche Zwecke des Gläubigers, die mit seinen privaten Ab- und Zuneigungen sowie Interessen verbunden sind, welche dem Vertragspartner grundsätzlich unbekannt bleiben. Kennt der Schuldner die Motivation des Gläubigers für die Aufwendungen noch nicht einmal, so ist er auch nicht imstande, ein etwaiges Wahrscheinlichkeitsurteil zu seinen Gunsten zu erwirken. Gsell schlägt daher vor, die Beweislast für das Vorliegen immaterieller Zwecke auf den Gläubiger zu verlagern.[694]

Dem Regelungsbereich des § 284 2.HS vergleichbar ist die Situation, wie sie sich beim Fortfall des Interesses wegen Teilleistung ergibt. Da der Fortfall des Interesses inhaltlich die nunmehr bestehende Sinnlosigkeit der Verfolgung sei-

694 Vgl. Gsell, *Aufwendungsersatz nach § 284*, S. 321 (328).

ner ursprünglichen Sekundärzwecke für den Gläubiger bedeutet, kommt es auch hier auf den Kausalzusammenhang zwischen der Pflichtverletzung des Schuldners in Form der Teilleistung und der Frustration dieser Zwecke an. Dass das Interesse des Gläubigers gerade infolge der Teilung des Vertrages weggefallen sein muss, ist allgemein anerkannt. Ein Interessewegfall aus anderen Gründen wird nicht berücksichtigt.[695] Die Beweislast für den Ursachenzusammenhang zwischen teilweiser Nichtleistung und Interessefortfall liegt – anders als bei § 284 – beim Gläubiger. Dies ist eine gewisse Wertung des Gesetzgebers, die das Vorgehen Gsells rechtfertigt. Es ist also Gsell zuzustimmen, dass es nicht zu viel verlangt ist, dem Gläubiger die Beweislast für das Gegebensein immaterieller Zwecke zu überbürden. Vom Schuldner, der daraufhin den Gegenbeweis nach § 284 a.E. führen will, ist entsprechend der Anforderungen an den Gegenbeweis im Zusammenhang mit Aufwendungen, die einen kommerziellen Hintergrund haben, zu verlangen, dass er darlegt, die Aufwendung hätte aufgrund bestimmter Umstände wahrscheinlich auch bei ordnungsgemäßer Leistung nicht ihr Ziel erreicht. Der Art der dafür angeführten Tatsachen sind keine Grenzen gesetzt.

c) zur Kritik Dauner-Liebs an § 284 2.HS

Dauner-Lieb sieht im letzten Halbsatz eine auffällige Privilegierung nicht-erwerbswirtschaftlicher Zwecke, die rechtspolitisch verfehlt sei. Gleichzeitig erfordere die Widerleglichkeitsprüfung „*feine Differenzierungen*", je nachdem, ob die ersetzt verlangten Aufwendungen kommerziellen oder ideellen Zielen dienten, welche kaum rechtssicher und praktikabel seien.[696] Damit spielt Dauner-Lieb auf den Umstand an, dass der Schuldner sich bei Aufwendungen mit kommerziellem Hintergrund auf die fehlende Rentabilität der Aufwendungen des Gläubigers berufen könne, während ihm dies bei einem nicht-erwerbswirtschaftlichen Zwecke versagt ist. Was die Qualifizierung als „*feine Differenzierung*" anbelangt, so ist dem zu entgegnen, dass verschiedene Sachverhalte im Interesse der Rechtssuchenden unterschiedliche Regelungen erfordern. Diese Notwendigkeit ergibt sich für frustrierte Aufwendungen schon aus einem Blick auf die Lage unter der ausschließlich auf Aufwendungen mit einem materiellen Hintergrund zugeschnittene Rentabilitätstheorie. Des Weiteren vernachlässigt Dauner-Lieb, dass dem Gläubiger der Beweis seiner immateriellen Zwecke obliegt –

---

695 BGH NJW 1990, 3011 (3013) = WM 1990, 987(992); Ernst-MüKo, § 323 Rn. 206.
696 Dauner-Lieb in *Das neue Schuldrecht – Ein Lehrbuch,* § 2 Rn. 57, S. 101; dieselbe in AnwKom, § 284 Rn. 12 – jeweils wird das Beispiel des Kaufs eines Einfamilienhauses gebracht, in dem der Käufer seine Finanzierungskosten ersetzt verlangt, obwohl es günstiger gewesen wäre, weiter zur Miete zu wohnen. Dauner-Lieb kritisiert, dass dem Schuldner verwehrt ist, den Einwand nach § 284 a.E. mittels Verweises auf die Mietmöglichkeit verwehrt ist, wenn der Gläubiger nicht vom Profitstreben geleitet war.

mithin kaum von einer „*auffälligen Privilegierung*“ seinerseits gesprochen werden kann.

6. Zurechenbarkeit

Man vertraut auf eigene Gefahr – dieser Grundsatz durchzieht das soziale Leben und dem folgend die Rechtsordnung. Er besagt nicht mehr und nicht weniger, als dass die Konsequenzen seines Vertrauens der Vertrauende zu tragen hat. Um eine ausnahmsweise Verlagerung der Folgen vom Vertrauenden auf einen anderen hin zu rechtfertigen, bedarf es daher besonderer Gründe. Ein solcher kann in dem Schutzzweck der betroffenen Norm liegen.
Diese Kategorie der Schadenszurechnung war ursprünglich auf das Deliktsrecht beschränkt.[697] Ihren Geltungsanspruch auch für das Vertragsrecht erkennen nunmehr der BGH[698] ebenso wie der überwiegende Teil der Literatur[699] an. Ausgehend von der Erkenntnis, dass nach dem Zweck der den konkreten Ersatzanspruch begründenden Norm nicht Schutz vor dem Eintritt jeglicher Schadensart, sondern nur Schutz vor einem typisierten Schaden im Speziellen gewährt werden soll, wird nach der Lehre vom Schutzzweck der Norm der eingetretene Schaden auf Übereinstimmung mit dem den Gesetzgeber vorschwebenden Schadenstyp untersucht. So werden tatbestandlich erfasste Schadensposten aus dem Haftungsumfang ausgeschieden. Letztlich entspricht dies einer teleologischen Auslegung der Norm. Ähnlich ist bei Vertragspflichtverletzungen vorzugehen. De facto geschieht dies durch eine am Vertragszweck orientierten Auslegung des Vertrags.[700] In diesem Kontext sollte tunlichst die Bezeichnung *Rechtswidrigkeitszusammenhang* vermieden werden. Denn die Frage, ob das anspruchsbegründende Verhalten gerade zur Abwendung des eingetretenen Erfolgs verboten wurde, ist auf Ersatzpflichten aus rechtswidrigem Verhalten zugeschnitten. Diese sind im Delikts-, nicht im Vertragsrecht angesiedelt, so dass treffender von der Schutzbereichslehre oder der Lehre vom Schutzzweck der

---

697 Wobei Rabel, *Das Recht des Warenkaufs*, S. 495ff, der diese Lehre ursprünglich entwickelt hat, vornehmlich Vertragsverletzungen im Auge hatte:: „*Der Vertrag gibt die Pflichten an, er zeigt, welche Interessen des Gläubigers befriedigt werden sollen und verdeutlichte dadurch, welche Folgen der Nichterfüllung der Schuldner gutzumachen hat*“ (S. 496).
698 BGH in NJW 2002, 2459 (2469); 2001, 2714 (2715); 1990, 2057 (2057f).
699 Grundlegend: Raiser, *Haftungsbegrenzung nach dem Vertragszweck;* Oetker-MüKo, § 249 Rn. 118; Larenz *SchRe I*, § 27 III b 2, S. 441 f; Lange/Schiemann, *Schadensersatz*, § 3 IX 1. und 5., S. 101, 104ff; Schiemann-Staudinger, § 249 Rn. 29; die Daseinsberechtigung dieser Lehre wird teilweise angezweifelt, so zum Beispiel von Schack, JZ 1987, 305 (310, 314), der allerdings von einem extrem weiten Verständnis vom Zweck individueller Vertragspflichten ausgeht – dieser liege darin, den Gläubiger vor allen (!) Schäden zu schützen, die bei pflichtgemäßem Verhalten des Schuldners nicht eingetreten wären.
700 Raiser, *Haftungsbegrenzung nach dem Vertragszweck*, S. 23; BGH NJW 1990, 2057 (2058); WM 1990, 808 (809).

Norm gesprochen wird. Wo es im Deliktsrecht um die verletzte Norm geht, geht es hier um die verletzte Verhaltenspflicht. Zunächst ist der Zweck der vom Betroffenen übertretenen Verhaltensnorm zu ermitteln. Konkret wird die Frage gestellt, ob nach dem Zweck der missachteten Verhaltensnorm für den eingetretenen Schaden gehaftet werden soll. Zugespitzt auf die Problematik der vergeblichen Aufwendungen eines Gläubigers heißt dies, zu hinterfragen, ob die verletzte Leistungspflicht den Gläubiger vor der Frustration seiner Aufwendungen schützen sollte.

Oft ist es nicht einfach, den Zweck einer Verhaltensnorm im Einzelnen zu ermitteln, insbesondere, wenn weder Gesetzesmaterialien noch systematische Erwägungen eine Hilfestellung geben. Insofern ist § 284 ein Ausnahmefall. Denn hier erschließt sich sowohl aus den Gesetzesmaterialien als auch aus dem Gesetzeswortlaut sowie aus der Gesetzessystematik, worum es dem Gesetzgeber ging: Dem Gläubiger, dessen Schuldner sich die Verletzung einer Leistungspflicht hat zu Schulden kommen lassen, soll Ersatz seiner im Vertrauen auf den ordnungsgemäßen Erhalt der Leistung getätigten und durch die Leistungsstörung entwerteten Aufwendungen zustehen. Damit soll erreicht werden, dass sich der Gläubiger auf die ihm gegebene Leistungszusage voll umfänglich verlassen kann.

Wurden diese Zusammenhänge in hinreichender Weise festgestellt, was Gegenstand der Prüfung der Voraussetzungen der Anspruchsgrundlage ist, verbleibt der Schutzzwecklehre keine weitergehende, eigenständige Aussagekraft.[701] Es besteht also angesichts dieser Begleitumstände des § 284 kein Bedarf mehr an einer weitergehenden teleologischen Auslegung dieser Norm - nichts anderes ist aber die Anwendung der Lehre vom Schutzzweck der Norm. Eine eigenständige Funktion kommt ihr mithin im Rahmen des § 284 nicht zu.[702]

---

701 So auch zur Lage unter dem BGB a.F.: Müller, *Ersatz entwerteter Aufwendungen*, S. 187.

702 Nach Veröffentlichung des *Entwurfs der Schuldrechtskommission* war der „Rechtswidrigkeitszusammenhang" Gegenstand der fundamentalen Kritik Altmeppens an der Konzeption des § 284 und geriet in das Fahrwasser einer heftig geführten Diskussion zwischen ihm und Canaris, DB 2001, 1815 (1820). Altmeppen wirft dem Gesetzgeber vor, mit § 284 eine Grundregel des Schadensersatzrechts verletzt zu haben. Aufgrund seiner durch ein falsches Schadensverständnis gekennzeichneten Subsumtion unter die falsch wiedergegebene Lehre vom Schutzzweck der Norm kommt Altmeppen zu dem Ergebnis, dass der Gläubiger seine frustrierten Aufwendungen nur verlangen dürfe, wenn diese in seinem Erfüllungsinteresse enthalten sind, und verweist auf den insofern *„richtig entschiedenen Diskotheken-Fall"* des BGH, DB 2001, 1399 (1403). Letztlich leitet sich die Ansicht von Altmeppen aus einem unzeitgemäßen Verständnis des Verhältnisses der Rechtsordnung zum Vertrauen ab. So stellt Altmeppen in Frage, wieso ein Gläubiger, der nach § 281 vorgehen könne, überhaupt Ersatz seines Vertrauensschadens verlangen können soll. Schließlich erleide er keinen Vertrauensschaden, da sein Vertrauen auf die Leistungszusage vermögensmäßig nicht enttäuscht werde, DB 2001, 1399 (1403).

7. kein Gewährleistungsausschluss

Nachdem das Gesetz mit § 284 erstmals einen Teilbereich der Aufwendungs-Problematik regelt, wird nunmehr die Frage nach dem Verhältnis dieses Anspruchs zur Möglichkeit der Freizeichnung per Individualvertrag oder durch AGBs virulent.[703] Eine gewisse Dringlichkeit dieser Problematik leitet sich ab aus der Befürchtung, dass der Rechtsverkehr angesichts der Unsicherheiten, die in der Praxis mit dieser neuen Norm noch bestehen, und von denen ungewiss ist, wie die Rechtsprechung sie handhaben wird, dahin tendieren wird, den Anspruch aus § 284 möglichst auszuschließen beziehungsweise in Voraussetzung und Folge festzulegen.
Die Problematik wird dadurch angereichert, dass mit der Schuldrechtsreform die Regelungen des 1. und 4. Abschnitts des AGBG, die das materielle AGB-Recht sowie dessen persönlichen und sachlichen Anwendungsbereich betreffen, als §§ 305ff in das BGB integriert wurden. Allerdings erfolgte dies mit nur geringen inhaltlichen Änderungen und Anpassungen der bisherigen materiell-rechtlichen Vorschriften des AGB-Gesetzes.[704]

a) Auswirkungen pauschaler Begrenzung

Unklar ist, wie sich eine undifferenzierte haftungsrechtliche Begrenzung eines „*Schadensersatzanspruchs*" in AGBs auf die Möglichkeit des Gläubigers auswirkt, jedenfalls über § 284 einen Sekundäranspruch gegenüber seinem säumigen Schuldner zu erlangen. Eine Klausel der angesprochenen Art könnte unter Geltung des allgemeinen Kaufrechts zwischen Unternehmern wie folgt lauten[705]:

> **Klausel-Beispiel**: „*Die Haftung des Verkäufers für Ansprüche auf Schadensersatz wegen Mängel wird ausgeschlossen.*"

Die Gewähr eines Schadensersatzanspruches wegen Mängel zu Gunsten des Käufers in einem Verbrauchsgüterkaufvertragsverhältnis im Sinne des § 474 ist nicht zwingendes Recht. Vielmehr ist der Ausschluss beziehungsweise die Beschränkung der Haftung gemäß § 475 III expressis verbis der allgemeinen Kontrolle von AGBs nach den Vorgaben der § 307ff vorbehalten. Dasselbe gilt über

---

703 Kurz angesprochen von: Vollkommer-Jauernig, § 284 Rn1; Grigoleit, ZGS 2002, 122 (124).

704 Basedow-MüKo, vor § 305 Rn. 17; Huber/Faust, *Schuldrechtsmodernisierung*, Kap. 19 Rn. 28., S. 464; Lorenz/Riehm, *Lehrbuch zum neuen Schuldrecht*, Rn. 89, S. 47; Börner/Arentz in *Frankfurter Handbuch zum Neuen Schuldrecht*, S. 344; Vollkommer-Jauernig, vor § 307 Rn. 1 .

705 Der Klausel-Verwender hat gegenüber Nicht-Unternehmern gem. §§ 475 III, 309 III zu beachten, dass ein Ausschluss oder eine Begrenzung eines Schadensersatzanspruchs bei Verletzung von Leben, Körper, Gesundheit und bei groben Verschulden unwirksam wäre.

§ 651 für Werklieferungsverträge. Ähnlich ist die Lage gegenüber einem Unternehmer. Allgemeine Geschäftsbedingungen, die gegenüber einem Unternehmer verwendet werden, sind auch nach der Schuldrechtsreform an dem Maßstab der nunmehr in § 307 verankerten Generalklausel zu messen.[706]

Rein konstruktiv sind zwei Wege denkbar, wie sich eine Haftungsbeschränkung, die pauschal „*Schadensersatzansprüche*" betrifft, auf den Aufwendungsersatzanspruch des Gläubigers auswirken kann:

Zum einen könnte man dem enttäuschten Gläubiger entgegenhalten, dass in Ermangelung eines durchsetzbaren Schadensersatzanspruchs nicht alle anspruchsbegründenden Voraussetzungen des § 284 gegeben sind. Allerdings hat diese Voraussetzung ohnehin schon Lockerungen erfahren,[707] so dass dieses Argument nicht zu überzeugen vermag.

Sofern man gewillt ist, sich über den infolge der Freizeichnung fehlenden Schadensersatzanspruch des Gläubigers hinwegzusetzen, ließe sich zum anderen argumentieren, die auf Freizeichnung angelegte Klausel erfasse auch auf den Ersatz vergeblicher Aufwendungen gerichtete Ansprüche. Die hier vertretene Sicht, wonach der Aufwendungsersatzanspruch nach § 284 ein Anspruch auf Ersatz von Schaden ist,[708] hat mit letztgenannter Alternative anders als eine Auffassung, es handele sich um „Aufwendungsersatz“ in einem schadensersatzrechtlich nicht erfassbaren Sinne,[709] keine Schwierigkeiten. Demnach ist unschädlich, dass der Wortlaut des § 284 selbst nicht den Terminus „Schadensersatz“ aufweist. Die Freizeichnungsklausel erstreckt sich auf Aufwendungsersatzansprüche.[710] Der Klausel-Verwender muss nicht explizit den Aufwendungsersatz ausschließen. Diesem Befund steht auch nicht die Regelung des § 305 c II entgegen, wonach Zweifel bei der Auslegung Allgemeiner Geschäftsbedingungen zu Lasten des Verwenders gehen. Diese Auslegungsregel kommt nur zum Zuge, wenn nach Ausschöpfung der in Betracht kommenden Auslegungsmethoden ein nicht behebbarer Zweifel bleibt, und mindestens zwei Auslegungen rechtlich vertretbar sind.[711] Zumindest letztgenannte Voraussetzung kann die Argumentation, § 284 sei kein Schadensersatzanspruch und mithin vom Haftungsausschluss nicht umfasst, nicht für sich in Anspruch nehmen.

---

706 Bei der Gesetzesanwendung ist der der Gesetzesbegründung ausdrücklich zu entnehmende Hinweis auf die Indizwirkung der Klauselverbote der §§ 308, 309 zu berücksichtigen, s. BT-DruckS. 14/1640, S. 157f.
707 Indem man das Vorliegen eines Schadens als entbehrlich erachtet, vgl. oben Seite 97
708 So auch von Westphalen, BB 2002, 209 (213).
709 Regierungsbegründung BT-DruckS. 14/1640, S. 144, siehe Zitat oben Seite 70.
710 Ebenso: Grigoleit, ZGS 2003, 122 (124).
711 BGH, NJW 1984, 1818 (1819); 1992, 1097 (1098); NJW1997, 3434 (3435); Palandt-Heinrichts, § 305 c Rn.18.

Bei ihr handelt es sich nur um eine beiläufige, in der Eile der Modernisierungsarbeiten gefallene Äußerung, die nicht untermauert wurde und bisher zumindest auch keine Anhänger gefunden hat.

Damit steht fest, dass der Anspruch auf Aufwendungsersatz auch von Klauseln, die pauschal den „Schadensersatz" betreffen, beschränkt werden kann. Im Erst-Recht-Schluss gilt dies daher auch für Klauseln, die explizit Bezug auf Aufwendungsersatzansprüche nehmen.

b) die maßgeblichen AGBrechtlichen Normen

Klärungsbedürftig ist des Weiteren die Tragweite von ausdrücklich auf den Aufwendungsersatzanspruch bezogenen AGBs beziehungsweise Individualvereinbarungen.

aa) Begrenzung des Haftungsmaßstabs gemäß § 309 Nr. 7b

In einem ersten Schritt soll erörtert werden, welche Grenzen der Beschränkbarkeit der Haftung nach § 284 durch AGBs bei fahrlässigen Pflichtverletzungen gezogen sind. Eine entsprechende Klausel könnte wie folgt lauten:

> **Klausel-Beispiel**: *„Die Haftung des Verkäufers für Schadensersatz und frustrierte Aufwendungen infolge grober Fahrlässigkeit ist ausgeschlossen."*

§ 309 Nr.7 b regelt die Zulässigkeit der Haftungsfreizeichnung durch AGBs im Hinblick auf den Haftungsmaßstab. Demnach ist der Haftungsausschluss für grobe Fahrlässigkeit verboten. Eine Haftungsfreizeichnung für normale, das heißt leichte, nicht grobe Fahrlässigkeit nach § 309 Nr.7 b ist im Umkehrschluss jedenfalls nicht prinzipiell ausgeschlossen.[712]
In der Literatur keimten Zweifel an der Anwendbarkeit des § 309 Nr.7 b hinsichtlich des Ersatzes von Aufwendungen mit kommerziellem Hintergrund auf. Diese Bedenken fußen auf der Argumentation, dass der Gläubiger in diesem Falle letztlich nichts anderes hinzunehmen habe als die Preisgabe eines Beweisvorteils.[713] Da § 309 Nr.7 b nur Begrenzungen von Schadensersatzansprüchen erfasse, falle diese Preisgabe nicht unter das Klauselverbot und der Schuldner könnte seine Haftung grundsätzlich selbst für grobes Verschulden ausschließen. Auch abgesehen von dem für den Gläubiger außerordentlich harten Ergebnis dieser Sicht vermag die Argumentationsweise nicht zu überzeugen. Man kann

---

712 A.A. von Westphalen, BB 2002, 209 (212f); ders., NJW 2002, 12, (22f).
713 Ernst-MüKo, § 284 Rn. 38.

sich der Erkenntnis nicht verweigern, dass § 284 rechtlich gesehen einen Schadensersatzanspruch in Gestalt des Aufwendungserstattungsanspruchs gewährt. Es heißt auf der Rechtsfolgenseite dieser Norm eben, es „*kann der Gläubiger Ersatz der Aufwendungen verlangen,...*" und nicht etwa: „*... wird ihm ein Beweisvorteil gewährt...*". Dass § 284 dem Gläubiger eine vorteilhafte Beweislastregelung einräumt, soll nicht bestritten werden. Wenn ihm aber ein Vorgehen nach dieser Norm abgeschnitten wird, verliert er mehr als diesen Vorteil. Ihm wird die Begründung seines Anspruchs nach § 284 abgeschnitten. Diesen Umstand gewichtet die gegenteilige Argumentation falsch beziehungsweise übergeht ihn zur Gänze, sie beruht im Übrigen auf der verfehlten Annahme, dass der Gläubiger Ersatz seiner frustrierten Aufwendungen im Rahmen der Rentabilitätstheorie über § 281 gelten machen könne.

Festzuhalten bleibt, dass § 309 Nr. 7 b auch auf Freizeichnungsklauseln hinsichtlich Aufwendungen mit kommerziellem Hintergrund anwendbar ist. Demnach kann die Haftung des Schuldners nach § 284 nicht ausgeschlossen werden, wenn er grob fahrlässig oder vorsätzlich gehandelt hat. Die eingangs dargestellte Beispiels-Klausel ist unwirksam.

bb) Schadenspauschale gemäß § 309 Nr. 5

Eine Pauschalierung von Schadensersatzansprüchen ist in den von § 309 Nr.5 gesteckten Grenzen zulässig. Klauseln, die über die AGB die Höhe des zu erstattenden Schaden pauschalieren, sind tendenziell auf eine Ausweitung der Haftung angelegt.[714] Sie liegen daher eher im Interesse des Gläubigers.
Ausgehend von den zuvor gewonnenen Erkenntnissen lässt sich ohne Mühe feststellen, dass über Schadenspauschalen auch der Ersatz für frustrierte Aufwendungen seiner Höhe nach festgelegt werden kann. Eine derartige Klausel kann wie folgt aussehen:

> **Klausel-Beispiel**: *Die Haftung des Verkäufers für Schadensersatz wird pauschal auf 1500,- € festgesetzt. Dem Verkäufer ist der Nachweis gestattet, dass kein Schaden oder keine Wertminderung entstanden ist beziehungsweise, dass diese wesentlich niedriger als die Pauschale ausgefallen sind.*

Da der Aufwendungsersatz nach § 284 auf der Berechtigung zum Schadensersatz statt der Leistung aufbaut, sprich dessen Voraussetzungen zur Bedingung hat, stellen beide Rechtsbehelfe Sanktionen für identische Sachverhalte dar. Somit spricht alles dafür, bei der Begrenzung der Haftung nach § 284 das Klau-

---

714 Heinrichs-Palandt, § 276 Rn.26.

selverbot des § 309 Nr.5 zu beachten.[715] Die Vereinbarung einer Schadenspauschale[716] erfasst daher prinzipiell auch Aufwendungsersatzansprüche.[717]
Für die Richtigkeit dieser Sicht spricht auch die Berücksichtigung der Interessen eines Schuldners als Verwenders entsprechender AGBs. Denn dieser hat grundsätzlich nur vage Anhaltspunkte, was für Aufwendungen sein Vertragspartner im Vertrauen auf den ordnungsgemäßen Erhalt der Leistung tätigen könnte, und ist nie gefeit vor der Erhebung von Ansprüchen, die er weder ihrer Art noch ihres Ausmaßes nach erahnen konnte. Um möglichen Ersatzpflichten nach § 284 entgegenzuwirken, bieten sich daher auch aus Schuldnersicht Schadenspauschalen an. Eine vermehrte Verwendung von Schadenspauschalen auf Schuldnerseite ist daher zu erwarten.

cc) Beschränkung auf Nacherfüllung gemäß § 309 Nr. 8b) bb)

Die Zulässigkeit sonstiger Ausschlüsse der Haftung richtet sich nach § 309 Nr.8. b) bb). Nach dieser Norm können – unter der Bedingung, dass dem Vertragspartner das Recht vorbehalten wird, bei Fehlschlagen der Nacherfüllung Minderung zu verlangen oder vom Vertrag zurückzutreten – die Mängelansprüche zunächst auf ein Recht auf Nacherfüllung beschränkt werden. Da bei Verbrauchsgüterverkäufen das Wahlrecht des Käufers zwischen Nachbesserung und Ersatzlieferung unabdingbar ist – dies sind die beiden von § 439 I vorgesehenen Möglichkeiten, den Anspruch auf Nacherfüllung zu konkretisieren – ist § 309 Nr.8 b) bb) unanwendbar. In allen anderen Fällen ist die Beschränkung auf eine Nacherfüllungsart denkbar, was einem Ausschluss des Anspruchs auf Aufwendungsersatz aus § 284 gleichkommt.

Wie zuvor gesehen[718], gibt es Sachverhaltskonstellationen, bei denen der Gläubiger trotz erfolgter Nacherfüllung eine Frustration seiner Aufwendungen zu verbuchen hat. Dies tut der Wirksamkeit der Klausel keinen Abbruch. Wenn hier die Haftung des Schuldners auf die Nacherfüllung beschränkt wurde, so wusste der Gläubiger von vornherein, dass es bei der originären Verteilung des Verwendungsrisikos bleibt und er im Zweifelsfall seine frustrierten Aufwendungen selbst zu tragen hat. Diese Verteilung der Gefahrlagen ist gut mit dem Haftungsgrund des § 284 vereinbar, da der Schuldner, der eine solche Haftungsbe-

---

715 Börner/Arentz im *Frankfurter Handbuch zum neuen Schuldrecht*, S. 350

716 Wirksame Schadenspauschalen: 15% im Kfz-Neuwagengeschäft, BGH NJW 1982, 2316 (2316); OLG Schleswig, NJW 1988, 2247 (2247); 25% bei Kauf fabrikneuer Möbel, BGH NJW 1985, 320 (322); 50% Restmiete bei Fernsprechnebenstellenanlage, OLG Düsseldorf, NJW-RR 1987, 1191 (1192).

717 Die Problematik wird kurz angesprochen von: Börner/Arentz im *Frankfurter Handbuch zum neuen Schuldrecht*, S. 350.

718 Siehe oben Seite 79.

schränkung wählt, von vornherein einen Vertrauenstatbestand von verminderter Reichweite setzt.

dd) Verletzung einer Kardinalpflicht, § 307 II Nr. 2

Ob eine Freizeichnung für durch nicht grobe Fahrlässigkeit verursachte Frustrationsschäden wirksam ist, ist an der Generalklausel des § 307 zu messen.

> **Klausel-Beispiel**: *Die Haftung des Verkäufers auf Schadensersatz und auf Ersatz frustrierter Aufwendungen infolge nicht grober Fahrlässigkeit ist ...*
> **a)** .... *ausgeschlossen.*
> **b)** ... *auf vorhersehbare Schäden begrenzt.*

In § 309, der aus dem alten § 11 AGBG hervorgegangen ist, fehlt eine dem früheren § 11 Nr. 8 b) AGBG entsprechende Regelung. Diese sah vor, dass der AGB-Verwender seine Haftung bei Verzug und Unmöglichkeit nicht, also auch nicht für Fälle nur leichter Fahrlässigkeit ausschließen konnte.[719] Noch im Regierungsentwurf fand sich eine Vorschrift, derzufolge ein Haftungsausschluss für Schadensersatzansprüche bei einfacher Fahrlässigkeit unwirksam sein sollte, wenn es sich um Schadensersatz statt der Leistung infolge der Verletzung einer vertraglichen Hauptleistungspflicht sowie der Schlechtleistung handelte.[720] Nachdem der Bundestag hieran Kritik geübt hatte, nahm man hiervon Abstand. Schließlich ginge im Kauf- und Werkvertragsrecht der Ausschluss doch zu weit, außerdem könne man im Rahmen der Generalklausel des § 307 auf die ständige Rechtsprechung des BGH[721] zu der alten Generalklausel des § 9 AGBG zurückgreifen, wonach der Ausschluss der Haftung für Schäden infolge Fahrlässigkeit nicht in Betracht kommt, wenn es sich um so genannte Kardinalpflichten, also „*wesentliche*" Vertragspflichten, handelt.[722] Gleiches galt dem BGH zufolge hinsichtlich Begrenzungen des Haftungsumfangs im Zusammenhang mit Kardinalpflichten, wenn infolge der Beschränkung vertragstypische und vorhersehbare Risiken von der Haftung des Schuldners ausgeschlossen wurden.[723]

---

719 Wolf-AGB-Kommentar, § 11 NR. 8 Rn. 7; a.A: Soergel-Stein, § 11 Rn. 76 „*... läßt Begrenzung von Schadensersatzansprüchen nur im Rahmen des nach § 11 Nr. 7 Statthaften, also bei leichter Fahrlässigkeit zu*".

720 BT-Drucks. 14/6040, S. 157.

721 Vgl.: BGH VersR 1983, 549 (551); ZIP 1985, 623 (624);1988, 515 (517); 2000, 1392 (1394); WM 1993, 649 (652); NJW-RR 1996, 783 (787); 1998, 1426 (1427).

722 BT-Drucks. 14/6857, S. 53; dem stimmte der Rechtsausschuss zu, BT-Drucks. 14/7052, S. 189.

723 Vgl. BGH NJW 2001, 292 (302); Wolf-AGBG-Kommentar, § 11 Nr. 7 Rn. 28ff; Basedow-MüKo, § 309 Nr. 7 Rn. 25ff; Heinrichs-Palandt (58. Aufl., 1999), § 9 AGBG Rn. 27ff, 45ff. Von Westphalen plädiert dafür, von einer Verletzung einer Kardinalpflicht stets dann

Eindeutige Regeln, wann eine Pflicht als Kardinalpflicht anzusehen ist und wann nicht, vermochte die Rechtsprechung nicht aufzustellen. Teils wurde als maßgeblich erachtet, ob eine Freizeichnung den Vertragszweck gefährdet oder die Leistungszusage des Verwenders aushöhlt, indem sie dem Kunden Rechtspositionen nimmt, die ihm der Vertrag nach Inhalt, Natur und Zweck zu gewähren hat. Andernorts wurde auf Pflichten abgestellt, auf deren Erfüllung der Vertragspartner aus dem Grunde vertrauen durfte, dass sie die ordnungsgemäße Durchführung des Vertrages erst ermöglichten. Zulässig war es, wenn der Verwender AGBs nutzte, um seine Haftung auf den vorhersehbaren, typischerweise eintretenden Schaden zu beschränken.[724] Hintergrund ist jeweils zu verhindern, dass der Verwender sein Leistungsversprechen durch die AGBs wieder entwertet beziehungsweise sogar teilweise zurücknimmt. Es steht also die Sicherung des Vorrangs der Inidividualvereinbarung im Vordergrund.[725]
Im Zusammenhang von § 307 II Nr. 2 und § 284 wird sich eine Rechtsprechung zur Freizeichnung bei normaler Fahrlässigkeit erst noch entwickeln müssen. Für die Ermöglichung einer Haftungsfreizeichnung spricht, dass der Gläubiger über § 284 einen – in Anbetracht sowohl des Wertes der geschuldeten Leistung als auch der Schwere der Sorgfaltspflichtverletzung – äußerst weitgehenden Anspruch erhalten kann. Und dies, ohne dass der Schuldner unbedingt erahnen kann, welche Auswirkungen seine Pflichtverletzung auf die Lage des Gläubigers haben wird. Da aber § 284 ein Tatbestand der Vertrauenshaftung ist, verbietet sich zugleich der vollständige Haftungsausschluss. Insofern kommen dieselben Erwägungen zum Tragen, die auch der Wirksamkeit eines AGB-rechtlichen Haftungsausschlusses nach gegebener Beschaffenheitsgarantie entgegenstehen, vgl. § 444. Gleichzeitig darf im Zusammenhang mit den Vertrauenstatbeständen im Sinne des § 284 allerdings keine vergleichbar strikte Richtung eingeschlagen werden, da die Garantie der Vertrauenstatbestand mit der denkbar größten Ausstrahlungskraft ist. Die Lösung liegt vielmehr in der Mitte. So scheint ein vollständiger Ausschluss des Aufwendungsersatzanspruchs bei nicht grober Fahrlässigkeit unangemessen,[726] die Beschränkung auf den Ersatz *„vorhersehbarer“* Schäden beziehungsweise Aufwendungen dagegen als gut vertretbar.

---

auszugehen, wenn der Gläubiger nach § 281 I vorgeht, weil dies gemäß § 281 I S. 3 voraussetzt, dass die Pflichtverletzung nicht unerheblich ist (BB 2002, 209 (212f)).

724 BGH NJW 1993, 335 (335); Heinrichs-Palandt (58.Aufl, 1999), § 9 AGBG Rn. 46; von Westphalen, BB 2002, 209 (212).

725 Basedow-MüKo, § 309 Nr. 7 Rn. 26.

726 Grigoleit, ZGS 2003, 122 (124). Im Ergebnis ebenso: von Westphalen, BB 2002, 209 (213); ders. NJW 2002, 12 (23). Seine Argumentation beruht allerdings auf folgenden Überlegungen: Geht der Gläubiger nach § 281 vor, stehe fest, dass die Pflichtverletzung des Schuldners nicht unerheblich war, und dass der Gläubiger seinen Erfüllungsanspruch aus § 281 IV einbüße. Daher sei im Rahmen des § 307 II Nr. 2 klar, dass *„die Erreichung des Vertragszwecks“* jedenfalls auf Erfüllungsebene ausgeschlossen ist. Konsequenz der Freizeichnungsklausel wäre eine Rechtlosstellung des Schuldners, der weder Schadens- noch

C) Rechtsfolgen

I. Umfang des Aufwendungsersatzes

Bei unbefangener Lesart des § 284 scheint es so, als wäre auf Rechtsfolgenseite uneingeschränkt Aufwendungsersatz zu gewähren. Unerheblich wäre beispielsweise, dass der Schuldner eine im Vergleich zu den entstandenen Aufwendungen nur geringwertige Leistung nicht erbracht hat. Angesichts der darauf gründenden Gefahr, an einen *„verschwenderischen Gläubiger"* zu geraten oder an einen Gläubiger, der die Beweislastverteilung des § 284 geschickt auszunutzen weiß, wird eine Haftungsbegrenzung jedenfalls im Interesse eines jeden Schuldners liegen. In diese Richtung zielen die Erwägungen, den Schuldner bei nur schwer kalkulierbaren Geschäften nicht unnötig einem zu hohem Haftungsrisiko auszusetzen,[727] was aus der Warte der ökonomischen Analyse des Rechts zu ineffizienten Ergebnissen führen kann.[728]

Ohne die Stichhaltigkeit vorgebrachter Argumente für eine Haftungseindämmung untergraben zu wollen, soll zunächst einmal dazu animiert werden, sich die Dimension der Fälle, in denen der Schuldner tatsächlich der heraufbeschworenen Art von Gläubiger ausgesetzt ist, vor Augen zu führen. Dass die Gefahr ausgenutzt zu werden nicht besonders groß ist, liegt in der Natur der Sache: So hatte der Gläubiger nämlich bei Vornahme der Aufwendungen, für die nun Ersatz verlangt wird, davon auszugehen, die Kosten selbst tragen zu müssen. Das heißt er wird aus rein eigennützigen Gründen eine rational wirtschaftliche Entscheidung gesucht haben, was wiederum ein Indiz dafür ist, dass die Aufwendung zur Zweckerlangung tatsächlich notwendig war und keineswegs durch eine andere, weniger kostenintensive Investition hätte ersetzt werden können[729]. Auf demselben Erfahrungssatz rationalen (Aufwendungs-) Verhaltens beruhte übri-

---

Aufwendungsersatz verlangen könne. Dies sei eine unangemessene Benachteiligung gem. § 307 II Nr. 2. Dem kann nicht gefolgt werden. Dagegen spricht die Überschätzung der Bedeutung des Tatbestandsmerkmals der Erheblichkeit der Pflichtverletzung in § 281. Von Westphalen verkennt, dass das Gesetz als *„Regelfall"* annimmt, dass die Verletzung erheblich ist, vgl. Faust/Huber, *Schuldrechtsmodernisierung*, Kap. 3 Rn. 162ff, S. 202. Es handelt sich hierbei um eine Nachfolgenorm zu § 459 I S. 2 BGB a.F., nach dem eine bloß unerhebliche Minderung des Werts oder der Tauglichkeit zum gewöhnlichen oder nach dem Vertrag vorausgesetzten Gebrauch keinen Fehler darstellte. Der neue Begriff des Sachmangels ist weiter gefasst, um dem Käufer in diesen Fällen einen Nacherfüllungsanspruch zu gewähren. Das Erfordernis der Erheblichkeit erfüllt aber dieselbe Funktion der Bagatellgrenze.

727 Leonhard, AcP 199, 660 (672); im Ergebnis ebenso für eine Einschränkung des Ersatzanspruchs: Müller-Laube, JZ 1995, 538 (544); mit Blick auf § 284: Reim, NJW 2003, 3662 (3666).

728 Schäfer/Ott, *Lehrbuch der ökonomischen Analyse des Zivilrechts*, S. 427.

729 So auch Schobel/Verda y Beamonte, ERPL 2002, 453 (464); ähnlich: Wiedemann-Soergel, § 325 Rn. 53.

gens auch das Argumentationsgerüst der (Ur-) Rentabilitätstheorie. Die Gefahr, vom Gläubiger ungebührlich übervorteilt zu werden, schrumpft des Weiteren aufgrund mehrerer Sicherungen, die im Tatbestand des § 284 enthalten sind, insbesondere aufgrund des Kriteriums des berechtigten Vertrauens.

In der amerikanischen Literatur wird das Problem unter dem prägnanten Schlagwort „*overreliance*" diskutiert, auch hier wird treffend darauf hingewiesen, dass dieses Problem von vornherein nur bei den "*surplus-enhancing*" Aufwendungen,[730] nicht bei Aufwendungen in Ausführung beziehungsweise in Vorbereitung der Ausführung des Vertrages virulent werde. Darüber hinaus reduziere sich das Problem durch die Möglichkeit des Käufers eines homogenen Gutes, sich auf dem Markt Ersatz zu beschaffen.[731] Mit letzterem Aspekt wird die Pflicht zur Schadensgeringhaltung des Gläubigers gemäß § 254 angesprochen, deren Verletzung auch einem auf § 284 gestützten Begehren entgegen gehalten werden kann.[732]

Während besagtes Bedürfnis einer Haftungsbeschränkung vielerorts bereits bemerkt wurde,[733] ist man, was den Lösungsweg angeht, noch weit entfernt von einer einheitlichen Linie:

1. denkbare Begrenzungskriterien

a) Begrenzung durch positives Interesse

Denkbar erscheint eine Begrenzung des Aufwendungsersatzanspruchs durch die Höhe des positiven Interesses des Gläubigers. Eine derartige Begrenzung käme hinsichtlich Aufwendungen mit kommerziellem Hintergrund dann zu tragen, wenn der Gläubiger ein Verlustgeschäft abgeschlossen hat. Diese Vorgehensweise nimmt für sich in Anspruch, sicherzustellen, dass der Gläubiger infolge des Vertragsbruchs nicht besser steht als er bei ordnungsgemäßer Durchführung gestanden hätte. Tatsächlich gelingt dies aber nicht bezüglich aller § 284 unterfallenden Fallkonstellationen. Denn eine derartige Begrenzung des Ersatzanspruchs würde da nicht weiter helfen, wo positives Interesse nicht feststellbar

730 Siehe zu diesem Begriff oben Seite 186.
731 Cooter/Eisenberg, 73 Calif. L. Rev. 1432 (1466).
732 Siehe unten Seite 221.
733 Vgl. Gsell, *Aufwendungsersatz nach § 284*, S. 321 (326); Vgl. auch den Vorschlag bzgl. des Einheitlichen Kaufrechts von Magnus, der Ersatz für vergeblich gewordene Aufwendungen dann zusprechen will, wenn die Aufwendung zur Vertragsdurchführung geeignet und angemessen war und der Schuldner sie bei Vertragsschluss vorhersehen konnte, Magnus-Staudinger, Art. 74 CISG Rn. 21, 53.

beziehungsweise bezifferbar ist.[734] Abgesehen davon würde die Einführung einer Begrenzung des Ersatzanspruchs aus § 284 auf das positive Interesse dazu führen, dass der Gläubiger sein positives Interesse darlegen und beweisen müsste, was nicht mit der Beweislastumkehr des § 284 a.E. harmoniert. Letztlich führt dieser Weg zu den bekannten Schwierigkeiten in der Behandlung von Fällen mit immaterieller Zielsetzung, in denen kein berechenbares positives Interesse existiert, und ist schon aus diesem Grunde abzulehnen.[735] Die Richtigkeit dieser Auffassung wird durch die insoweit eindeutigen Gesetzgebungsmaterialien bestätigt: „*...Führt man eine solche Begrenzung ein, kann das auch zu verzerrten Ergebnissen führen, da die Aufwendungen, für die dem Gläubiger Ersatz verschafft werden sollte, nicht sachgerecht anhand des Erfüllungsinteresses bemessen werden können.*" [736] Damit setzt sich der Gesetzgeber bewusst über die Regelung des Aufwendungsersatzes in den USA hinweg, wo das positive Interesse die Höhe des Ersatzanspruchs begrenzt.[737] Diese Entscheidung darf nicht konterkariert werden.

b) Begrenzung durch Vertrauensaspekt

Erkennt man als Haftungsgrund des § 284 das enttäuschte Vertrauen des Gläubigers an, so scheint es auf den ersten Blick nur folgerichtig, den Umfang des vom Schuldner geweckten Vertrauens als Maßstab für die schadensrechtliche Berücksichtigung der Gläubigeraufwendung auszuwählen.[738] Dementsprechend müsste ein schwacher Vertrauenstatbestand, dem eine geringfügige Schutzwürdigkeit des Gläubigers korrespondiert, Auswirkungen auf der Rechtsfolgenseite haben. Dies kann nur so aussehen, dass die getätigten Aufwendungen nicht in ihrer vollen Höhe ersatzfähig sind. Ob ein schwacher oder starker Vertrauenstatbestand vorliegt, könnte von Kriterien wie der generellen Erkennbarkeit eines Mangels der Leistung, der Bonität des Schuldners oder dem Sphärengedanken abhängig gemacht werden.

---

734 Leonhard, AcP199, 660 (671), der eine Begrenzung des Ersatzes in Höhe des positiven Interesses befürwortet, soweit es sich um Aufwendungen mit einem kommerziellen Hintergrund handelt.

735 Ernst-Müko, § 284 Rn. 28; im Ergebnis ebenso: Dedek, *Praxis der Schuldrechtsreform*, § 284 Rn. 13. Generell gegen eine Begrenzung des negativen durch das positive Interesse wendet Kelly, Wis. L. Rev. 1992, 1755 (1760; 1783 f) ein, dass auf diese Art und Weise sich das negative Interesse drastisch von den eigenen Zielen entferne, nämlich den Gläubiger so zu stellen, wie er stünde, wenn er den Vertrag nicht geschlossen hätte.

736 Regierungsbegründung, BT-Drucks. 14/6040, S. 144.

737 Siehe oben Seite 115.

738 In diese Richtung tendierte unter altem Schuldrecht Leonhard, *Ersatz des Vertrauensschadens*, AcP 199, 660 (675).

Angesichts der Auslegung des Vertrauenskriteriums innerhalb des § 284 als zu vermutender subjektiver Gefühlslage des Gläubigers[739] verbietet sich eine derartige Vorgehensweise. Insbesondere ist der Gedanke des Vertrauensschutzes, der hinter der Normierung des § 284 steht, schwer mit solch (vermeintlich) objektiven Wertungen in Einklang zu bringen. Außerdem sind die angesprochenen, als ausschlaggebend in Betracht zu ziehenden Kriterien ohnehin besser über das Billigkeitskriterium beziehungsweise die Mitverschuldensgrundsätze zu berücksichtigen.

c) Begrenzung auf "vorhersehbare" Aufwendungen

Wie gesehen statuiert in den USA § 351 (1), (2) Rest. die so genannte Vorhersehbarkeitsregel, wonach der Schuldner nur für solche Schäden haftet, die für ihn als Folge des Vertragsbruchs vorhersehbar waren.[740] In Deutschland plädierte Thüsing bereits vor Normierung des § 284 für die generelle Einführung des Vorhersehbarkeitskriteriums im Bereich der Schadensersatzhaftung für Nichtvermögensschäden im Vertragsrecht.[741] Und speziell zur Lösung der Ersatzfrage frustrierter Aufwendungen im Vertragsrecht sprach sich Leonhard dahingehend aus.[742] Heute möchte Gsell den Billigkeitsbegriff des § 284 mit der Vorhersehbarkeitsregel füllen, soweit es sich um vertragliche Leistungspflichten handelt.[743]

Tragender Grund dieser Lehre ist der Grundsatz der optimalen Verteilung der vertragsimmanenten Risiken,[744] demzufolge ein Gläubiger, für den der Vertrag außergewöhnliche Risiken beziehungsweise Chancen birgt, entweder selbst Sicherungsmaßnahmen für den Fall einer Pflichtverletzung des Vertragspartners zu treffen oder diesen jedenfalls über besondere Schadensrisiken aufzuklären

---

739 Siehe oben Seite 167 f.

740 Siehe oben Seite 44.

741 Thüsing, VersR 2001, 285 (297) – der glaubt, er sei der erste, der dieses Kriterium zur Haftungsbeschränkung im deutschen Schrifttum anspricht und so Leonhard, AcP 199, 660 (675f) übergeht.

742 Leonhard, AcP 199, 660 (675f): *„Der Vertrag gibt die beiderseitigen Pflichten an, zeigt auf, welche Interessen des Gläubigers befriedigt werden sollen und verdeutlicht daher den Umfang des Schadensersatzes bei einer Vertragsverletzung. Der Schuldner haftet daher im Falle eines Vertragsbruchs nicht für alle denkbaren Folgen, sondern nur für diejenigen Einbußen, welche das durch den Vertrag geschützte Gläubigerinteresse erleidet“*, (siehe oben Seite 21). Gegen eine Einordnung der Vorhersehbarkeitsregel als Ausfluss der Privatautonomie wendet sich Faust, *Vorhersehbarkeit des Schadens gemäß Art. 74 Satz 2 UN-Kaufrecht*, S. 198ff. Ihm zufolge besteht ihr Sinn darin, den Käufer zu bewegen, sein Wissen über den im Fall einer Pflichtverletzung drohenden Schaden dem Verkäufer mitzuteilen. Nur so könne dieser den Preis sachgerecht festsetzen (a.a.O., S. 235).

743 Gsell, *Aufwendungsersatz nach § 284*, S. 321 (344).

744 Ebenso: Schäfer/Ott, *Lehrbuch der ökonomischen Analyse des Zivilrechts*, S. 433 ff.

hat. Zustimmung verdient dieser Gedanke in inhaltlicher Hinsicht, doch liegt sein Ansatzpunkt richtigerweise im Rahmen des § 254 und nicht in der mit dem deutschen Schadensersatzrecht nur schwer zu vereinbarenden Vorhersehbarkeitsregel[745]. Schließlich stehen die gleichen Erwägungen hinter der Warnpflicht gemäß § 254 II S.1, 1.Var, mittels derer ohnehin vergleichbare Ergebnisse erzielt werden können. Außerdem verbietet sich ein Rekurs auf die Vorhersehbarkeitsregel, welche auf die Wahrscheinlichkeit nach dem Urteil eines objektiven Durchschnittsbeobachters abstellt, im Rahmen des § 284 aus dem Grunde, dass dies nicht zur Konzeption des § 284 als Tatbestand des Vertrauensschutzes passt.

Unabhängig von den besonderen Gegebenheiten des § 284 spricht einiges gegen den „Import" der Vorhersehbarkeitsregel: Treffend wendet zum Beispiel Keuk ein, dass dem BGB das Prinzip des vollen Interesseersatzes zugrunde liege und daher eine derartige Bestimmung des Inhaltes des Erfüllungsinteresses immer als zumindest willkürlich erscheine.[746] Ergänzend ist darauf hinzuweisen, dass selbst in den USA, wo die Vorhersehbarkeitsregel anerkanntes Mittel zu Be-

---

745 So auch Canaris, JZ 2001, 499 (517). Ganz fremd ist das Kriterium der Vorhersehbarkeit dem deutschen Schadensersatzrecht nicht, Schäfer/Ott, *Lehrbuch der ökonomischen Analyse,* S. 435 weisen darauf hin, dass das BGB mit § 254 II einen vergleichbaren Ansatz bereithält. Schließlich basiert auch das die Haftungszurechnung eingrenzende allgemein anerkannte Kriterium der Adäquanz im Kern auf der Vorhersehbarkeit des Schadens (Larenz in FS für Oftinger, S. 162 f). Auch RG und BGH haben die Vorhersehbarkeit als Kriterium zur Entscheidungsbegründung herangezogen (RGZ 92, 87 (89); 99, 115 (116); 106, 7 (9); BGH, NJW 1978, 2390 (2390f)). Über die Vorhersehbarkeit wird entweder das noch hinzunehmende Vertragsrisiko determiniert oder eine negative Aussage über die von der betroffenen Seite geltend gemachte Unzumutbarkeit des Festhaltens am Vertrag getroffen. Im Ergebnis jedenfalls soll die Vorhersehbarkeit die Berufung auf den Wegefall der Geschäftsgrundlage regelmäßig ausschließen. Vorhersehbarkeit spielt auch im Recht der Freizeichnungsklauseln eine Rolle: *„Hat der Verwender für vorsätzlich oder grob fahrlässige Vertragsverletzungen seiner Erfüllungsgehilfen einzustehen, ist eine Haftungsbegrenzung auf die vertragstypischen vorhersehbaren Schäden als zulässig anzusehen"*, Hefermehl/Werner-Erman (10. Aufl., 2000), § 11 Nr. 7 AGBG Rn. 19; Vgl. § 309 Nr. 5: eine Schadenspauschale ist unwirksam, wenn sie den *„nach dem gewöhnlichen Lauf der Dinge zu erwartenden Schaden oder die gewöhnlich eintretende Wertminderung übersteigt"*.
Das Abstellen auf eine Vorhersehbarkeitsschranke wurde bei den Beratungen zum BGB mit Hinweis auf eine zu erwartende Unhandlichkeit als nicht handhabbar abgelehnt. Das BGB folgt dem Alles-oder-Nichts-Prinzip: Adäquat auf der Vertragsverletzung beruhende Schäden, an denen den Geschädigten kein Mitverschulden trifft, werden ohne Rücksicht auf ihre Höhe voll ersetzt, von Kübel, *Die Vorentwürfe der Redaktoren,* S. 104 ff; RG JW 1907, 828 (828); BGH DB 1956, 110; Kuckuk-Erman vor § 249 Rn. 27; Palandt vor § 249 Rn. 6; Mertens-Soergel, vor § 249 Rn. 17; zur Vorhersehbarkeitsregel tendiert Huber, *Leistungsstörungen,* § 39 I 2, S. 267.

746 Keuk, *Vermögensschaden und Interesse,* S. 166.

grenzung von Ersatzansprüchen ist, diese Regel bisher nicht in einer überzeugenden Weise inhaltlich konkretisiert werden konnte.[747]

Eine Begrenzung des Erstattungsanspruchs auf die für den Schuldner vorhersehbaren Aufwendungen scheidet demzufolge aus.
Festzuhalten ist damit, dass abgesehen von den gesetzlich in § 284 vorgegebenen Einschränkungen des Aufwendungsersatzes keine weiteren Begrenzungskriterien eine sinnvolle Auslegung dieser Norm zulassen.

2. Berücksichtigung erlangter Vorteile

a) Vorteilsausgleich

Dass das Vermögen des Geschädigten durch das schädigende Ereignis nicht nur gemindert, sondern zugleich vermehrt werden kann, ist ein allgemeiner schadensrechtlicher Befund, der insofern nur konsequent auch im Rahmen des § 284 zu Tage tritt.[748] Zur Bewältigung der Problematik der Vorteilsausgleichung hat sich die Bildung von Fallgruppen als hilfreich herausgestellt.[749] Dagegen ist die Lösung der Problematik mittels eines konkreten Grundgedankens noch nicht gelungen und auch nicht zu erwarten.

Ob der einzelne Umstand anspruchsmindernd zu berücksichtigen ist, ist unter der Maxime zu ermitteln, dass der Gläubiger durch den Sekundäranspruch nicht

---

747 Siehe oben Seite 43.

748 Westermann-Erman, § 284 Rn. 9; angedeutet von Ernst-MüKo, § 284 Rn. 28 a.E. Bereits unter dem BGB a.F. von Leonhard, AcP 199, 660 (694) erkannt. In der Stadthallen-Entscheidung war zum Beispiel für die enttäuschte Gläubigerin ein Vorteil infolge der Leistungsverweigerung der Schuldnerin das Freiwerden von der Mietzinsverpflichtung; denkbar wäre auch, dass der Gläubiger Finanzierungskosten oder sonstige Vertragskosten spart. Auch, wer sich nicht der Sicht anschließen mag, die den Anspruch aus § 284 als Schadensersatzanspruch wertet, wird die Grundsätze der Vorteilsausgleichung anwenden, denn es ist anerkannt, dass diese bei anderen Entschädigungsansprüchen zur Geltung kommen, vgl. Mertens-Soergel, vor § 249 Rn. 246; Lange/Schiemann, *Schadensersatz*, § 9 XII, S. 531. Vgl. zur Vorteilsausgleichung statt aller: Lange/Schiemann, *Schadensersatz*, § 9, S. 486ff.

749 Medicus, *Bürgerliches Recht*, Rn. 856ff; vgl. Lange/Schiemann, *Schadensersatz*, § 9 IV, V, S. 502ff oder Oetker-MüKo, § 249 Rn. 234 ff zu den einzelnen Fallgruppen. Nach der Rechtsprechung sind nur solche Vorteile anrechenbar, die kausal auf das schädigende Ereignis zurückführbar sind. Unter Anwendung der Adäquanztheorie stellt der BGH weiterhin darauf ab, ob das schädigende Ereignis allgemein geeignet war, den eingetretenen Vorteil mit sich zu bringen (zum Beispiel BGH 49, 56 (61)). Weiterhin muss die Berücksichtigung des Vorteils dem Zweck der Schadensersatzpflicht entsprechen (vgl. BGH 91, 206 (209f)), was zu verneinen ist, wenn sich den Wertungen der Rechtsordnung entnehmen lässt, dass der Schädiger nicht begünstigt werden soll.

schlechter, aber auch nicht besser als bei ordnungsgemäßer Abwicklung des Geschäfts stehen darf.[750]

Beispiel: *S und G haben einen Vertrag über mehre Lieferungen von holländischen Blumen geschlossen. Diese sollte G zu jeweils feststehenden Zeitpunkten in Holland abholen. Als S verschuldet die Tulpen nicht wie vereinbart übergeben konnte, hatte G umsonst die X-Spedition zur Abholung der Ware nach Holland entsandt. Die Umstände ließen es zu, dass die Spedition noch einen Tag zuwartete und die nächste Lieferung Rosen nach Deutschland brachte. Damit brauchte G nicht erneut die Dienste eines Fuhrunternehmens beanspruchen.*

Stellt man auf den konkreten Zweck ab, war die Beauftragung der X-Spedition vergeblich im Sinne des § 284. Einem Aufwendungsersatzanspruch stünde nichts im Wege. Im Zusammenhang mit dem erlittenen Nachteil ist dem Gläubiger aber ein Vorteil daraus entstanden, dass er – abgesehen von einer Pauschale für das Zuwarten[751] – keine erneuten Transportkosten für die Rosen hatte, dass er also Aufwendungen sparte.[752]
Das Gesetz selbst sieht die Anrechnung von ersparten Aufwendungen auf den Sekundäranspruch des enttäuschten Gläubiger in verschiedenen Vorschriften vor, vgl. §§ 642 II, 326 II S. 2; 537 I S. 2; 615 S. 2, 616 S. 2, 649 S. 2; §§ 658, 659 HGB und § 26 BinSchG. Grundsätzlich wird sie auch als geboten angesehen.[753] Der diese Regelungen einende Gedanke ist, dass der enttäuschte Gläubiger für das Bereithalten von Arbeitskraft und Kapital entschädigt werden soll, wenn er sich diese ersparen konnte. Daher spricht auch im oben gebildeten Beispielsfall nichts dagegen, die ersparten Aufwendungen mit dem Aufwendungserstattungsanspruch aus § 284 zu verrechnen.

Etwas anderes gilt nur dann, wenn es sich nach den einschlägigen anerkannten Fallgruppen um nicht zu berücksichtigende Vorteile handelt. Etwa, wenn ein Mangel an Kausalität besteht oder wenn es sich um von dem Geschädigten „er-

---

750 Looschelders, *Schuldrecht AT,* Rn. 929 spricht in diesem Zusammenhang vom schadensrechtlichen Bereicherungsverbot; Müller, *Ersatz entwerteter Aufwendungen,* S. 184.

751 Dies sind Kosten der Schadensminderung, welche dem Gläubiger nach ständiger Rechtsprechung als Folgeschäden zu ersetzen sind, vgl. BGH 122, 172 (179); Lange/Schiemann, *Schadensersatz,* § 10 X 1., S. 578.

752 Dies ist ein Vorteil, da sich ein solcher nicht nur in einer Vermögensmehrung, sondern auch im Vermeiden von Verlusten zeigen kann, Oetker-MüKo, § 249 Rn. 223; vgl. zu ersparten Aufwendungen im Rahmen derProblematik der Vorteilsausgleichung: Lange/Schiemann, *Schadensersatz,* § 9 IV 2, S. 503f; Oetker-MüKo, § 249 Rn. 234.

753 Lange/Schiemann, *Schadensersatz,* § 9 IV 2, S. 503; Oetker-MüKo, § 249 Rn. 234; Mertens-Soergel, vor § 249 Rn. 230 .

kaufte“ Vorteile handelt. Das gleiche gilt für freiwillige Zuwendungen Dritter[754] und eigene überpflichtmäßige Anstrengungen des Geschädigten[755].

b) Berücksichtigung verbleibender Bereicherung

Nicht selten werden die Aufwendungen durch die Leistungsstörung zwar insofern frustriert, als sie ihrem eigentlichen Bestimmungszweck nicht zugeführt werden können, aber gleichzeitig nicht komplett entwertet. Denkbar ist, dass ihr Bezugsobjekt - wenn auch unter Verlust - im weiteren Verlauf veräußert wird, dass Nutzungen aus ihm gezogen werden oder dass es auf andere Weise verwertet wird. Im Diskotheken-Fall etwa war es den Klägern gelungen, die erstandene Disko zwischenzeitlich zu vermieten und sie waren bereit, sich die erzielten Einnahmen auf den geltend gemachten Schadensersatz anrechnen zu lassen.[756] Damit ist die so genannte **Restwertproblematik** angesprochen. Unter Berücksichtigung des schadensersatzrechtlichen Bereicherungsverbots ist es angezeigt, in diesen Fällen den Ersatzanspruch des Gläubigers entsprechend zu kürzen.[757] Auch in den USA besteht eine entsprechende Praxis.[758]
Das Verbot der Überkompensation verlangt, dass der Gläubiger nicht gleichzeitig Ersatz seiner Aufwendungen verlangen und im Besitz gezogener Nutzungen jedweder Art beziehungsweise des erstandenen Aufwendungsobjekts verbleiben darf.[759] Dies würde ihn besser als bei ordnungsgemäßer Vertragsdurchführung

---

754 RG 92, 57; BGH 21,112 (117); BGH NJW 2000, 3638 (3639).
755 BGH 55, 329 (332).
756 BGH, NJW 1991, 2276 (2277) – während das Berufungsgericht dementsprechend verfuhr, lehnte dies der BGH ab, dazu unten mehr.
757 Ernst-MüKo, § 284 Rn. 28; Müller, *Ersatz entwerteter Aufwendungen,* S. 184; Leonhard, AcP 199, 660 (689).
758 Holt v. United Sec.Life Ins.& T.Co., 72 A. 301 (N.J. Err.&App. 1909) vom New Jersey Court of Appeals – Anrechnung des Wertes der Baumaterialien, die der Gläubiger im Vertrauen auf den Erhalt eines grundlos verweigerten Finanzierungskredits zur Errichtung eines Hauses erstanden hatte; Brennemann v. Auto-Teria, inc. 491 P. 2d 992 (Oreg. 1971) – Anrechnung der Wertsteigerung eines Grundstücks infolge von Umbaumaßnahmen, die infolge des Vertrauens auf die Zusage des Schuldners, eine Autowaschanlage zu liefern, durchgeführt worden waren; Beefy Trail, Inc. v. Beefy King International, Inc. 267 So. 2d, 853 (860) (Fla.App. 1972) – Anrechnung des erwirtschafteten Gewinns eines Franchisenehmers, dem der Franchisevertrag grundlos aufgekündigt worden war, auf seinen Aufwendungsersatzanspruch. Fuller und Perdue: "*the proposition, that we will avoid conferring on the plaintiff advantages beyond those, which performance of the contract would have involved, carries the further corollary that there should be deducted from the plaintiff's recovery any losses he would have suffered, had the contract been performed*", Yale Law Journal 1936, 52 (79).
759 Derselbe Gedankengang findet sich in der Regelung des § 42 III S. 2 UrhG wieder, wonach der Urheber, der das Nutzungsrecht gegenüber dem Inhaber zurückruft, die von diesem getätigten Aufwendungen zu erstatten hat – er allerdings berechtigt ist, die Summe der vom Inhaber gezogenen Nutzungen anzurechnen.

stellen. Dementsprechend müsste im Spielzeugpferd-Fall von oben[760] der Aufwendungserstattungsanspruch des Vaters um den Betrag des Wertes der erstandenen Gegenstände gekürzt werden.
Fraglich ist, ob hier der objektive Betrag anzusetzen oder ein subjektiver Wertebegriff zugrunde zu legen ist, der sich an den Verhältnissen des Gläubigers orientiert. Letztgenannter Weg überzeugt dadurch, dass berücksichtigt werden kann, ob der Gläubiger überhaupt Nutzen aus den ihm verbleibenden Objekten der Aufwendung ziehen kann, und dass aus der maßgeblichen Sicht des Gläubigers nur in dieser Situation von einer Restwertproblematik im eigentlichen Sinne gesprochen werden kann.

Für Vertragsverhältnisse mit einem kommerziellen Hintergrund gilt: Der tatsächlich unter Einsatz der Aufwendungen erzielte Gewinn ist von dem geltend gemachten negativen Interesse abzuziehen, da ansonsten zusätzlich Teile des Erfüllungsinteresses ersetzt würden.[761] Der Gläubiger hat also nur einen um diesen Betrag geminderten Ersatzanspruch. Dies ergibt sich auch aus dem Sinn und Zweck des § 284. Diese Norm will nämlich Ersatz für den *Frustrations*schaden gewähren; wo aber die auf Gewinnerzielung angelegten Aufwendungen auch nur teilweise einen Erfolg bewirkten, sind sie zwar hinsichtlich ihres konkreten Ziels, nicht aber hinsichtlich ihrer allgemeinen Zweckbestimmung frustriert.
Diese Grundsätze werfen die Leitlinien des BGH zur Vorteilsausgleichung im Zusammenhang mit frustrierten Aufwendungen, wie sie in der Diskotheken-Entscheidung aufgestellt worden waren, um. Hier verneinte der BGH das Band zwischen den durch die Nichterfüllung bedingten nachteiligen und vorteilhaften Vermögenspositionen, das den Vorteilsausgleich erst legitimiert, soweit es sich um Vorteile handelt, die nicht unmittelbar auf aus dem Gegenseitigkeitsverhältnis entspringenden Umständen basieren. Daher rügte der BGH das Berufungsgericht, eine Prüfung, auf welche der geltend gemachten Aufwendungsposten die Kläger sich die Einnahmen aus der Vermietung der Disko anrechnen ließen, unterlassen zu haben. Weiter führte der BGH an, aufgrund der zwischen den Parteien bestehenden Risikoverteilung käme eine Anrechnung der Vorteile weder auf die Kosten zur Erlangung von Besitz und Eigentum an dem Grundstück noch auf die im notwendigen Zusammenhang mit dem Güteraustausch stehenden Aufwendungen in Betracht.[762] Unter § 284, dem der Vertrauensgedanke und nicht die Rentabilitätsvermutung zugrunde liegt, wäre heute anders zu entscheiden.

---

760 Siehe oben Seite 63.
761 Leonhard, *Der Ersatz des Vertrauensschadens,* AcP 199, 660 (692).
762 BGH NJW 1991, 2277 (2278f), da der BGH Aufwendungen außerhalb dieser Kategorien ohnehin nicht als erstattungsfähig wertete, stellte sich für ihn die Frage der Vorteilsanrechnung nicht.

Auch an der Handhabung der Vorteilsausgleichung in dem Diskotheken-Fall, die sich aus der Aufspaltung der ersatzfähigen Aufwendungen ergibt, zeigt sich die Unzulänglichkeit dieser Theorie. Sie setzt sich darüber hinweg, dass das vom Schuldner gesäte Vertrauen dem Gläubiger Früchte mit zweierlei Vorzeichen eintrug, nämlich in Gestalt von Vorteilen wie von Nachteilen. Diese Zusammenhänge erscheinen sehr wohl geeignet als Rechtfertigung für die Möglichkeit der Vorteilsanrechnung.

3. Mitverschulden, § 254

a) direkte beziehungsweise analoge Anwendbarkeit des § 254

Der Umfang des geschuldeten Aufwendungsersatzes wird von § 254 beeinflusst.[763] Dagegen kann nicht eingewendet werden, die Rechtsfolge des § 284 sei Aufwendungs- nicht aber Schadensersatz, es wäre also kein Raum für die Anwendung des § 254.[764] Übersehen würde, dass die Aufwendungen nur einen Anhaltspunkt für die Größe des erlittenen Frustrationsschadens darstellen, dessen Ersatz eigentlicher Regelungszweck und –gehalt des § 284 ist.[765] Wer § 254 nicht direkt anwenden will, sollte außerdem angesichts des weit auszulegenden Anwendungsbereichs dieser Vorschrift, die nicht nur für alle Schadensersatzansprüche, sondern ihrem Rechtsgedanken entsprechend immer gilt, wenn ein beiderseitiges Verschulden gegeneinander abzuwägen ist[766] (vgl. zum Beispiel

---

763 So bereits vor der Schuldrechtsmodernisierung: Müller, *Ersatz entwerteter Aufwendungen,* S. 184; Wiedemann in FS für Hübner, 719 (729); Leonhard, AcP 199, 660 (694); Schäfer/Ott, *Lehrbuch der ökonomischen Analyse des Zivilrecht,* S. 427.

764 So aber Emmerich, *Recht der Leistungsstörungen* (5.Aufl., 2003) § 13 IV. 4.bb), S. 212; Zweifel haben auch Lorenz/Riehm, *Lehrbuch zum neuen Schuldrecht,* Rn. 228. Für eine direkte Anwendung: Köhler, *Fälle zum neuen Schuldrecht,* Fall 7 Rn. 39, S. 72f; Grigoleit, ZGS 2002, 122 (124); Däubler, *BGB-Kompakt,* 16. Kapitel Rn. 70 b, S. 583; Stoppel, *Ersatz frustrierter Aufwendungen,* S. 112; derselbe AcP 204, 81 (106).

765 Außerdem ist davon auszugehen, dass der Gesetzgeber von einer Anwendbarkeit des § 254 ausgegangen ist. Denn Canaris weiß - im Zusammenhang mit dem Billigkeitskriterium-zu berichten, dass sich § 254 während der Gesetzesberatungen stets als taugliches Korrektiv erwies, Canaris, JZ 2001, 499 (517). Schließlich ist eine Anwendbarkeit des § 254 auf den mit § 284 vergleichbaren Aufwendungsersatzanspruch aus § 1298 anerkannt, vgl. RG WarnR 1914, Nr. 254, S. 360; OLG Braunschweig OLGE 26, 209; Wacke-MüKo, § 1298 Rn. 7.

766 RG 71, 187 (191); BGH 50, 112 (115); BGH NJW 1995, 395 (396); Heinrichs-Palandt, § 254 Rn. 6; Oetker-MüKo, § 254 Rn. 20; Lange/Schiemann, *Schadensersatz,* § 10 IV 3, S. 540; Schiemann-Staudinger, § 254 Rn. 20ff.

§ 426), auf eine Analogie zurückgreifen[767]. Schließlich ist in § 254 ein grundlegendes Prinzip der Gerechtigkeit postuliert.[768]
Für die Anwendbarkeit des § 254 streitet auch die Erwägung, dass § 350 Rest. des als Vorbild für § 284 dienenden amerikanischen Rechts „*Avoidability as Limitation on Damages*“, also die Vermeidbarkeit des Schadens, zu einer Begrenzungsfunktion erklärt, die auch auf die den Ersatz frustrierter Aufwendungen regelnden Normen anwendbar ist. Dies kommt inhaltlich den Mitverschuldensgrundsätzen sehr nahe.[769]
Aufwendungen, die der Gläubiger auf sich nimmt, um seiner Obliegenheit aus § 254 zu genügen, kann er über die Regeln der berechtigten Geschäftsführung ohne Auftrag vom Schuldner ersetzt verlangen.

b) „besonders strikte“ Handhabe des § 254 ?

In der Auseinandersetzung mit § 254 findet sich die Aussage, Mitverschuldensgrundsätze seien bei § 284 „*besonders strikt zu handhaben*“.[770] Leider bleibt man eines konkreten Maßstabs ebenso schuldig wie einer Begründung, warum dies im Zusammenhang mit dem Ersatz frustrierter Aufwendungen angebracht sein sollte. Umstände, die eine solche verschärfte „Haftung“ des Gläubigers, der aus § 284 vorgehen will, gegenüber einem Gläubiger, der seinen Anspruch zum Beispiel auf § 281 stützt, rechtfertigen könnten, sind nicht ersichtlich. Vielmehr erscheinen beide gleichermaßen schutzbedürftig. Nahe liegt die Vermutung, dass hinter diesem Vorschlag das Bemühen Canaris` steckt, die Bedeutung des Billigkeitskriteriums, gegen dessen Verankerung im Gesetzestext er entschieden war, herunter zu spielen.

c) die einzelnen Obliegenheiten des Gläubigers

§ 254 ist eine biegsame Richtlinie auf der Grenze zwischen einem verbindlichen Rechts- und einem unverbindlichen Programmsatz. Diese gibt dem Richter nur auf, bei der Entscheidung über Grund und Höhe eines Schadensersatzanspruchs ein mitwirkendes Verschulden des Beschädigten zu beachten. Ansonsten ist der Richter frei von jeglichen Vorgaben, wie er die Entschädigung bemisst. Entscheidend sollen die Umstände des Einzelfalls sein.[771]

767 So Huber/Faust, *Schuldrechtsmodernisierung*, 4. Kap. Rn. 34, S. 170; Vollkommer-Jauernig, § 284 Rn. 8; Reim, NJW 2003, 3662 (3666f).
768 Vgl. zum Beispiel BGH NJW 1997, 2234 (2235).
769 Siehe oben Seite 45 (insbes. comment b).
770 Canaris, JZ 2001, 499 (517).
771 Henke, JuS 1988, 753 (756).

aa) Mitwirken bei Entstehen des Schadens, § 254 I

Leitlinien mit Anspruch auf allgemeine Gültigkeit darüber, ob ein Mitverschulden im Sinne des § 254 I vorliegt, lassen sich schwerlich entwerfen. Zu sehr sind hier einzelfallabhängige Faktoren maßgeblich. Erwartungsgemäß wird daher die Zurechnung der Mitverursachung stets ein Feld weitläufiger Kasuistik bleiben.[772]
Hinsichtlich § 284 bleibt festzuhalten, dass auch im Rahmen des § 254 I die große Bedeutung des Vertrauensgrundsatzes im Rahmen von (vertraglichen) Sonderverbindungen zu Tage tritt: Demnach darf der Gläubiger sich prinzipiell darauf verlassen, dass der Schuldner über die zur Erfüllung der geschuldeten Leistung nötigen Kenntnisse und Fähigkeiten verfügt. Wenn nicht konkrete Hinweise Zweifel an der Kompetenz des Vertragspartners aufkommen lassen, obliegt es dem Geschädigten unter dem Aspekt des § 254 nicht, die Eignung, Befähigung oder Ausstattung des anderen zu überprüfen.[773] Anders ist es, wenn der Geschädigte ungeeigneten Personen, zum Beispiel einem Nichtfachmann, Einwirkungsmöglichkeiten auf die eigenen Rechtsgüter gegeben hat.[774] Da § 284 schon tatbestandlich voraussetzt, dass der Gläubiger die Aufwendungen im berechtigten Vertrauen vorgenommen hat, dürften Fälle, da vom Mitverschulden bei Entstehen des Schadens, das heißt der Frustration der Aufwendungen, auszugehen ist, äußerst rar sein. Eine Obliegenheitsverletzung gemäß § 254 I wird ausnahmsweise dann einmal vorliegen, wenn der Gläubiger ein ihm mögliches und zumutbares Deckungsgeschäft nach einer Pflichtverletzung des Schuldners schuldhaft unterlässt, obwohl dieses die Frustration der Aufwendung verhindert hätte.

bb) Obliegenheiten gemäß § 254 II S.1, 3.Var.

Nach § 254 II S.1 a.E. trifft den Gläubiger die Obliegenheit, den entstandenen Schaden zu mindern.[775] Da der Schädiger durch die Pflichtverletzung die Gefahr

---

772 Lange/Schiemann, *Schadensersatz*, § 10 IX 1, S. 563. Die Kommentare beschränken sich denn auch in der Regel auf die Darstellung dieser Kasuistik, vgl. Oetker-MüKo, § 254 Rn. 36ff. Oben auf Seite 183 erfolgte eine weitere inhaltliche Charakterisierung dieser Obliegenheit.

773 BGH NJW 1993, 1191 (1192); Looschelders, *Mitverantwortlichkeit des Geschädigten*, S. 381.

774 Vgl. BGH WM 1974, 311 - Vergabe eine Auftrages über die Errichtung eines Flachdachs an einen unqualifizierten Unternehmer.

775 Falsch ist es, wenn Stoppel (*Ersatz frustrierter Aufwendungen*, S. 115) aus der Wahrnehmung der ihm obliegenden Pflicht zur Schadensminderung durch den Gläubiger darauf schließt, dieser hätte seinen Aufwendungen nun einen anderen Zweck gegeben. Sie seien lediglich teilweise frustriert. Zum einen wäre dies dann in der Vergeblichkeitsprüfung zu be-

von Folgeschäden verursacht hat, sollten die an den Geschädigten gerichteten Anforderungen zur Abwendung und Minderung des Schadens eher vorsichtig gehandhabt werden.[776] Von ihm wird verlangt, im Rahmen dessen, was von einem vernünftigen und sorgfältigen Menschen erwartet werden kann, dazu beizutragen, dass sich die Ausmaße des Schadens nicht unnötig vergrößern.[777] Was dem Gläubiger unter Berücksichtigung seiner persönlichen Verhältnisse zumutbar ist, richtet sich nach den in § 254 I hervorgehobenen „*Umständen*".[778] Hinsichtlich § 284 mündet dies in der Überlegung, was an Bemühungen vom Gläubiger verlangt werden kann, um aus den getätigten und bereits frustrierten Aufwendungen noch das Beste zu machen.
Zur Beantwortung dieser Frage bietet es sich erneut an, zwischen Aufwendungen mit einem materiellen und einem immateriellen Hintergrund zu differenzieren. Denn bezüglich erstgenannter Gruppe sind keine Bedenken hinsichtlich einer Orientierung an der Handhabung herkömmlicher, ebenfalls auf den wirtschaftlichen Bereich zugeschnittener Mitverschuldensgrundsätze ersichtlich. Dementsprechend wird es hier vergleichbar einfach sein, das Vorliegen einer Obliegenheitsverletzung zu beurteilen.[779] Anders sieht es bei Aufwendungen mit einem immateriellen Hintergrund aus, für die keine vergleichbaren Erfahrungswerte vorhanden sind.

(1) hinsichtlich Aufwendungen mit materiellem Hintergrund

Wenn es sich um einen fungiblen, marktgängigen Leistungsgegenstand und nicht um Fixaufwendungen handelt, kann von dem Gläubiger entsprechend dem allgemeinen Leitsatz verlangt werden, dass er sein Leistungsinteresse anderweitig befriedigt. Denkbar ist ein Deckungskauf oder innerhalb des Werkvertragsrechts eine Ersatzvornahme. Auf diese Weise kann eine unnötige Ausweitung des Frustrationsschadens vermieden werden. Außerdem entspricht es dem Gebot der Schadensminderung, dass der enttäuschte Gläubiger die mit den vergeblichen Aufwendungen erworbenen Positionen und Rechtsgüter verwer-

---

rücksichtigen und zum anderen kommt es richtigerweise auf die tatsächlich im Zeitpunkt der Vornahme der Aufwendung verfolgten Ziele an.

776 *Looschelders, Mitverantwortlichkeit des Geschädigten,* S. 464; Lepa, DRiZ 1994, 161 (165); Medicus, VersR 1981, 593 (602).

777 *Looschelders, Mitverantwortlichkeit des Geschädigten,* S. 463; Oetker-Müko, § 254 Rn. 76.

778 Henke, JuS 1991, 265 (267).

779 So auch Huber/Faust, *Schuldrechtsmodernisierung,* 4. Kap. Rn. 35, S. 170; Däubler, *BGB Kompakt,* 16. Kap. Rn. 70 c, S. 583; zur gleichen Vorgehensweise im Rahmen des Ersatzes entwerteter Aufwendungen bei § 839 vgl. BGH 106, 323 (335) – vom Erstattungsanspruch wurden fiktive Weiterveräußerungseinnahmen abgezogen.

tet.[780] Bestand die Aufwendung darin, dass der Gläubiger einen Kredit aufgenommen hat, ist von ihm zu erwarten, dass er sich um eine frühzeitige Kündigung bemüht, um das Anfallen weiterer Zinsverpflichtungen zu vermeiden.

(2) hinsichtlich Aufwendungen mit immateriellem Hintergrund

Wurde der mit einer Aufwendung verfolgte immaterielle Zweck vereitelt, hängt es von der Art dieses Zwecks, von der Art der Pflichtverletzung und von den individuellen Verhältnissen des Gläubigers ab, was von ihm zur Schadensgeringhaltung verlangt werden kann. Es bleibt als Orientierung nicht viel mehr als die Maxime des § 254, wonach alle Umstände des Einzelfalls entscheidend sind.[781] Da es sich nicht um den mit Kalkulationen und betriebswirtschaftlichen Überlegungen nachvollziehbaren gewerblichen Sektor, sondern um den privaten, zum Teil höchstpersönlichen Bereich handelt, ist es zum einen ungleich prekärer, dem Gläubiger über eine Reduzierung seines Sekundäranspruchs gemäß § 254 quasi vorschreiben zu wollen, was er hätte tun sollen. Und zum anderen wird der Schuldner, der sich im Privatleben seines Gläubigers kaum auskennt, allein aus diesem Grunde selten nachweisen können, dass der Gläubiger die Aufwendungen hätte anderweitig verwenden können.[782] Zu Tage tritt der Grundsatz, dass bei persönlichen Entscheidungen die Kriterien der Angemessenheit und Zumutbarkeit bezüglich der Minderungspflicht im besonderen Maße zurückhaltend zu beurteilen sind.[783]

Jedenfalls ist von dem Gläubiger, der die Möglichkeit hierzu hat, zu verlangen, den Aufwendungsgegenstand in einer der eigentlich geplanten Weise ähnlichen Art einzusetzen. Kommt er dem nicht nach, sollte vom Gericht der Aufwendungserstattungsanspruch gekürzt werden. Eine entsprechende Praxis der Rechtsprechung findet sich im Reisevertragsrecht, wo zum Beispiel Überlegungen angestellt wurden, ob der Resterholungswert eines so genannten Balkonurlaubs als Schadensminderungsposten zu berücksichtigen ist und ob es dem Gläubiger gemäß § 253 obliegt, Gebrauch von den Naherholungsgebieten seines Wohnortes zu machen.[784]

---

780 So schon zum BGB a.F.: Leonhard, AcP 199, 660 (689f); Müller, *Ersatz entwerteter Aufwendungen,* S. 184.

781 Huber/Faust, *Schuldrechtsmodernisierung,* 4. Kap. Rn. 35, S. 170; Schobel, *Frustrierte Aufwendungen,* S. 263; a.A. noch unter altem Recht: Stoll in FS für Duden, S. 641 (658): der Schuldner müsse ohne Widerlegungsmöglichkeit hinnehmen, dass der Gläubiger die Aufwendungen geltend macht.

782 Ähnlich Reim, NJW 2003, 3662 (3667).

783 *Looschelders, Mitverantwortlichkeit des Geschädigten,* S. 464; Däubler, *BGB Kompakt,* 16. Kap. Rn. 70 c, S. 585f spricht davon, dass, sich der Gläubiger grundsätzlich keine Alternativen vorschreiben lassen müsse.

784 Löwe, *Pauschalreiserecht,* S. 120. Vgl. auch die Sachverhaltskonstellation, die OLG Köln, NJW 1975, 561 zugrunde liegt: Die Klägerin musste am Urlaubsort feststellen, dass ihr

cc) Obliegenheit gemäß § 254 II S.1, 1.Var.

Gemäß § 254 II S.1, 1.Var obliegt es dem Gläubiger ferner, den Schaden möglichst noch abzuwenden – bezogen auf § 284 heißt dies, die Frustration noch abzuwenden. Als eine spezielle Form dieser Schadensabwendungsobliegenheit spricht das Gesetz eine Warnobliegenheit des Gläubigers an. Dass die Berechtigung und die Vereinbarkeit einer Warnobliegenheit bezüglich einer aus § 284 resultierenden Ersatzpflicht des Schuldners zu bejahen ist, wurde bereits dargetan.[785] Entsprechendes gilt für die Abwendungspflicht als wesensgleiche umfassende Obliegenheit. Im rechtsgeschäftlichen Verkehr können diese Obliegenheiten in verschiedenster Form auftreten: Hinsichtlich § 284 ist insofern zu denken an die Möglichkeit der Stornierung einer im Vertrauen auf den Erhalt der Leistung getätigten Aufwendung, nachdem der Gläubiger Kenntnis von der Pflichtverletzung erlangt hat, oder an die Möglichkeit eines Deckungsgeschäfts für den enttäuschten Käufer.

II. Konkurrenzen

Im Zusammenhang mit der Frage der Konkurrenzen ist zu fundamentaler Kritik an § 284 angesetzt worden: Da mit einem Anspruch auf Aufwendungsersatz der gesamte Bereich der Schadensbestimmungen überlagert werde, stellten sich zahlreiche Konkurrenzfragen. Dabei hätte es gesetzgeberischer Klugheit entsprochen, diese Frage weiterhin Wissenschaft und Praxis zu überlassen.[786]

1. Anspruchskonkurrenz mit Schadensersatz neben der Leistung

Von Gesetzes wegen wird der Aufwendungsersatz an Stelle des Schadensersatzanspruchs statt der Leistung gewährt.[787] Sofern zusätzlich ein Anspruch auf einfachen Schadensersatz nach § 280 begründet ist, ändert sich an diesem Ersatzanspruch nichts dadurch, dass der Gläubiger von seinem Wahlrecht nach § 284

---

nicht wie vereinbart ein Ferienhaus für vier Wochen zur Verfügung stand. Daher mietete sie sich sowie ihre beiden Kinder zwischenzeitlich in einem Hotel ein. Sie erhielt 50% ihrer Reisekosten und die im Voraus geleistete Vergütung zurück erstattet.

785Siehe Seite 184; auch Grigoleit, ZGS 2002, 122 (124) wendet § 254 II S. 1, 1.Alt. bedenkenlos an; ebenso Stoppel, *Ersatz frustrierter Aufwendungen,* S. 114f.

786 Ernst-MüKo, § 284 Rn. 2; aus ähnlichen Beweggründen sprach sich Müller, *Ersatz entwerteter Aufwendungen,* S. 195, unter dem BGB a.F. gegen die Kodifikation eines allgemeinen Aufwendungsersatzanspruches aus.

787 Vergleichbar: das nach allgemeiner Literatursicht (Medicus, *Bürgerliches Recht, Rn. 182;* Flume, *BGB AT,* § 15 III 4 c cc, S. 280; Larenz, SchRe AT I § 10 III) bestehende Wahlrecht des Gläubigers, der bei Vertragsanbahnung arglistig über das Bestehen eines Unwirksamkeitsgrundes getäuscht wurde, zwischen dem Ersatz des negativen Interesses und der Inanspruchnahme des Schuldners auf Erfüllung.

Gebrauch macht. Vielmehr sind die Ansprüche voneinander unabhängig. Da § 280 vor allem Mangelfolgeschäden erfasst, mithin das Integritätsinteresse des Gläubigers befriedigt, bestehen keine Bedenken an einer Kumulation unter dem Aspekt der doppelten Befriedigung des Gläubigerinteresses. Die wertmäßige Wiederherstellung des Integritätsinteresses des Gläubigers bedeutet eine Geltendmachung seines Schadensersatzanspruchs in negativer Richtung - ebenso wie ein Vorgehen nach § 284. Das Anliegen beider Sekundäransprüche ist es, den Gläubiger jedenfalls betragsmäßig wieder in den hypothetischen Zustand vor Vertragsschluss zu setzen.
Ergänzend sei darauf hingewiesen, dass es dem enttäuschten Gläubiger schwer fallen würde, den juristischen Überlegungen zu folgen und einen Unterschied zwischen den zur Wiederherstellung seines Integritätsinteresses nötigen Kosten und der Kostengruppe der frustrierten Aufwendungen auszumachen, der eine bloß alternative Geltendmachung rechtfertigen könnte. Der Gläubiger hätte unweigerlich den Eindruck, als ob ein einheitlicher Lebensvorgang künstlich aufgespalten würde.[788]

2. Anspruchskonkurrenz mit Schadensersatz statt Leistung

Während nach dem Verständnis der früher herrschenden Literaturmeinung und der ständigen Rechtsprechung der Ersatz frustrierter Aufwendungen ein Posten des Schadensersatzes wegen Nichterfüllung war, soll heute ausweislich der Anordnung in § 284 Alternativität zwischen der Geltendmachung des Schadensersatzes statt der Leistung und dem Begehren von Aufwendungsersatz bestehen.[789]
Zur Rechtfertigung der gesetzlich angeordneten Alternativität sind verschiedene Aspekte bemüht worden: Die Verfechter einer Einordnung des § 284 in die Kategorie des negativen Interesses – wie sie in dieser Arbeit vertreten wird, siehe oben Seite 75 – argumentieren mit Recht, der Gläubiger könne nur sein positives *oder* sein negatives Interesse geltend machen.[790] Es wäre widersinnig,

---

788 Müller, *Ersatz entwerteter Aufwendungen*, S. 105.
789 Kritisch gegenüber genereller Alternativität äußerte sich vor der Schuldrechtreform Müller, *Ersatz entwerteter Aufwendungen*, S. 93ff: Dies untergrabe die Bedeutung des Vertragsschlusses für den Schadensumfang. Ab diesem Zeitpunkt verändere der Vertrauensschutz seine Zielrichtung vom negativen zum positiven Interesse. Dies sei nur ausnahmsweise dann zu ignorieren, wenn besondere Voraussetzungen vorlägen – zum Beispiel dass der Gläubiger außerstande ist, einen Schaden darzulegen, beziehungsweise dass dies nur mit einem außerverhältnismäßigen Aufwand gelingen könne (Spekulationsgeschäfte, Einführung neuer Produkte, immaterieller Vertragszweck).
790 Canaris, JZ 2001, S. 499 (517); Faust/Huber, *Schuldrechtsmodernisierung*, 4. Kap. Rn. 48, S. 176; Ehmann/Sutschet, *Modernisiertes Schuldrecht*, S. 121; Köhler, *Fälle zum neuen Schuldrecht*, Fall 7 Rn. 37, S. 72; Oechsler, *Schuldrecht*, Rn. 256; entsprechend vor der Reform: Müller-Laube, JZ 1995, 538 (545).

ihm das Verlangen zu gestatten, so gestellt zu werden, wie er bei ordnungsgemäßer Erfüllung stünde und zugleich so, als wäre es nie zum Abschluss des Vertrags gekommen.[791] Denn der Gläubiger begehrt mit der Geltendmachung des Erfüllungsinteresses zumindest in pekuniärer Hinsicht die Herstellung des Zustandes, wie er bei vertragsgemäßem Verhalten des Schuldners bestehen würde. Daher ist allgemein anerkannt, dass sich das Ersatzbegehren nicht zugleich am negativen Interesse des Gläubigers orientieren kann.[792] Alles andere würde eine Überkompensation des Gläubigers bedeuten.[793]

Nach Gsell macht die Alternativität bezüglich kommerziellen Aufwendungen nur insoweit Sinn, als die Vergeblichkeit der Aufwendungen als Ausfall aufwendungsbedingten Gewinns im Wege des Schadensersatzes kompensiert wird. Denn dann sei sowohl Schadensersatz statt der Leistung als auch Aufwendungsersatz auf Befriedigung desselben Interesses gerichtet. Hier würde die Gewähr beider Posten eine doppelte Befriedigung der Interessen bedeuten.[794] Diese Argumentation ist überzeugend. Schließlich hätte der Gläubiger bei ordnungsgemäßer Vertragserfüllung zwar einen Gewinn verbuchen können, die Aufwendungen jedoch zu tragen gehabt.

Wenig überzeugend sind dagegen die Ausführungen Gsells hinsichtlich Gläubigeraufwendungen mit einem immateriellen Hintergrund, unter gleichzeitiger Verursachung eines materiellen Schadens im Sinne des § 281 durch die Pflichtverletzung des Schuldners.[795] Bedenklich ist schon, dass Gsell zwar den einschlägigen Untertitel ihres Aufsatzes *„Kumulation ... bei objektiv und subjektiv nichtkommerziellen Aufwendungen“* nennt, sowie einleitend angibt, auf Fallkonstellationen abzustellen, in denen *„objektiv nach dem hypothetischen Kausalverlauf bei korrekter Leistung keine Vermögensvorteile bedingt“* wären, tatsächlich aber in dem Kunstliebhaberbeispiel[796], an dem sie ihre These von der

---

791 Darauf, dass es auch Fallkonstellationen gibt, in denen von der Rechtsprechung ein Teil des negativen Interesses ersetzt wird, obwohl gesetzlich der Schutz des Erfüllungsinteresses vorgegeben wird – zum Beispiel bei der ausnahmsweisen Haftung auf das Erfüllungsinteresse aus culpa in contrahendo - weisen Hanau/Wackerbarth, *Positives und negatives Interesse,* S. 205 (208ff) hin.

792 Vgl. BGH NJW 1999, 3625 (3627); Stoll in FS Für Duden, S. 641 (652); ders., *Freiburger Begegnungen*, S. 55 (61, Fn. 20); Hanau/Wackerbarth, *Positives und negatives Interesse,* S. 205 (108); Leonhard, AcP 199, 660 (691).

793 Der Gesetzgeber selbst gibt eine eigenartig anmutende Begründung für die Alternativität: *„In der Sache geht es bei dem Ersatz frustrierter Aufwendungen nicht eigentlich um ein Schadensersatzproblem, sondern um eine Frage des Aufwendungsersatzes... Deshalb gewährt § 284 dem Gläubiger die Möglichkeit, anstelle des Schadensersatzes statt der Leistung auch Aufwendungsersatz zu verlangen.“* Regierungsbegründung, BT-Drucks. 14/6040, S. 144.

794 Gsell, *Aufwendungsersatz nach § 284,* S. 321 (337).

795 Gsell, *Aufwendungsersatz nach § 284,* S. 321 (338 f).

796 Es handelt sich um das in Verbindung mit § 284 viel bemühte Beispiel des Kunstliebhabers, der für ein wertvolles gekauftes Bild einen Rahmen anfertigen lässt – eine Anschaffung,

verfehlten Alternativität entwickelt, den dem Gläubiger *„entgangenen Mehrwert“* des schuldig gebliebenen Leistungsgegenstandes als Posten des Schadensersatzes statt der Leistung ins Feld führt. Damit wird doch eine Fallkonstellation gebildet, in der der Gläubiger einen Vermögenszuwachs bei ordnungsgemäßer Leistung zu verbuchen hatte, es sich also in der Terminologie von Gsell um eine objektiv kommerzielle Aufwendung handelte. Unklar ist damit, wann Gsell die Ausnahme von der gesetzlich angeordneten Alternativität nun tatsächlich als gerechtfertigt ansieht.
Sollte sich ihre Aussage tatsächlich auf Fallgestaltungen beziehen, da der Gläubiger weder subjektiv vom Gewinnstreben geleitet war noch objektiv betrachtet ein profitables Geschäft getätigt hatte, ist das Alternativitätsproblem mangels pekuniär messbaren positiven Interesses des Gläubiges ohnehin weniger dringend.
Anders sieht es aus, wenn man isoliert auf die Schlussfolgerungen von Gsell abstellt, die sich aus ihrer Betrachtung des Kunstliebhaber-Beispiels speisen. Hier geht es um ein objektiv profitables, aber subjektiv nicht als solches beabsichtigte Geschäft. Aufsehen erregend ist insofern die Behauptung, es fehle hier an einem sachlichen Grund, Schadensersatz statt der Leistung und Aufwendungsersatz nur alternativ zu gewähren. Insbesondere führe dies nicht zu einer doppelten Befriedigung desselben Interesses. Gsell möchte dem Kunstfreund daher über § 281 die Differenz zwischen Kaufpreis und tatsächlichem Wert, das heißt den entgangenem Gewinn, sowie über § 284 Ersatz der frustrierten Aufwendungen zusprechen. Dies verkennt, dass ein Gläubiger grundsätzlich Investitionen oder Anschaffungen, die die ordnungsgemäße Durchführung eines anderen Geschäfts zur Voraussetzung haben, weil sie ansonsten für den Gläubiger sinnlos sind, auf eigene Gefahr tätigt. § 284 stellt bereits eine Durchbrechung dieses Grundsatzes auf Kosten des Schuldners zugunsten des Gläubigers dar. Diese sollte nicht durch eine unnötige Missachtung der gesetzlichen Alternativität auf Kosten des Schuldners über die Gebühr strapaziert werden.[797]

Indessen hat auch Canaris durchblicken lassen, dass die gesetzlich angeordnete Alternativität nicht sakrosankt ist: Sollte sich ein Fall finden, in dem die kumulative Anerkennung der Ansprüche schadensersatzrechtlich korrekt ist, lasse sich dem durch teleologische Auslegung Rechnung tragen.[798] Dem ist zuzustimmen.

---

die durch die Nichtleistung des Bildverkäufers frustriert wird. Gsell reichert dieses Beispiel um die Besonderheit an, dass der Gläubiger das Bild unter Wert gekauft hatte, Gsell, *Aufwendungsersatz nach § 284*, S. 321 (338).

797 Außerdem verträgt sich die Sicht von Gsell nicht mit der in dieser Arbeit vertretenen Ansicht, wonach es sich bei der Rechtsfolge des § 284 um die Befriedigung des negativen Interesses des Gläubigers handelt, er also
nur so gestellt werden soll, wie er stünde, wenn es nicht zum Vertragsabschluss gekommen wäre.

798 Canaris, JZ 2001, 499 (517).

Unter Beachtung des Leitsatzes, dass eine Überkompensation des Gläubigers zu vermeiden ist, kommt zum Beispiel die Kumulation des Ersatzes frustrierter Aufwendungen und der Kosten für ein Deckungsgeschäft in Betracht, wenn dieses die Frustration nicht mehr verhindern konnte.[799] Gleiches gilt für die Kosten für eine Rechtsberatung nach Erlöschen des Erfüllungsanspruchs[800] oder für ein in Auftrag gegebenes Gutachten zum Vergleich der Vorteile eines Schadensersatzanspruchs beziehungsweise eines Aufwendungsersatz[801]. Kennzeichnend für diese Schadensposten ist, dass sie nicht unmittelbar die Vergeblichkeit der Aufwendungen als Ausfall aufwendungsbedingten Gewinns kompensieren.

3. Anspruchskonkurrenz zum Rücktritt

Gemäß § 325 kann nach der Schuldrechtsreform ein Rücktritt des Gläubigers neben einem Anspruch auf Schadensersatz geltend gemacht werden. Dementsprechend ist es möglich, einen anstelle des Schadensersatzes verlangten Aufwendungsersatzanspruch nach § 284 mit dem Rücktrittsrecht zu kombinieren.[802] Der Gedanke der Kombination dieser beiden Rechtsmittel kann für sich in Anspruch nehmen, dass der Gläubiger jeweils sein negatives Interesse zu befriedigen sucht: Während das Rücktrittsrecht den Gläubiger hinsichtlich des sachbezogenen Teils des negativen Interesses befriedigt, wird er über § 284 hinsichtlich der Aufwendungen so gestellt, als hätte er nie vom Vertrag gehört. Insofern ergänzen sich Aufwendungsersatz und Rücktritt. Vor allem aber entspricht die Möglichkeit, Aufwendungsersatz und Rücktritt zu kombinieren, der allgemeinen Gesetzessystematik: Zum einen sieht das Verlobungsrecht mit den § 284 ähnlichen §§ 1299, 1298 I S.1 vor, dass ein Partner zugleich zurücktreten und Ersatz seiner vergeblich gewordenen Aufwendungen verlangen kann. Ferner hat der

---

799 Müller, *Ersatz entwerteter Aufwendungen,* S. 95, 105.

800 Huber/Faust, *Schuldrechtsmodernisierung,* 4. Kap. Rn. 49, S. 176; Reim, NJW 2003, 3662 (3667 Fn. 74); Stoppel, *Ersatz frustrierter Aufwendungen,* S. 123, ders., AcP 204, 89 (107). Die Frage der Kumulation der Ansprüche stellt sich nicht, wenn man die Kosten der Rechtsberatung als einen über § 280 ersatzfähigen Schaden ansieht, so zum Beispiel Schulze-HK, § 280 Rn. 18.

801 Reim, NJW 2003, 3662 (3667 Fn. 74).

802 Für unbedenklich halten die Kombinationsmöglichkeit: Faust/Huber, *Schuldrechtsmodernisierung,* 4. Kap. Rn. 51, S. 178; Vollkommer-Jauernig, § 284 Rn. 8; Grothe in Bamberger/Roth, § 325 Rn. 2; Lange/Schiemann, *Schadensersatz,* § 6 IV, S. 258; sich anschließend: Stoppel, *Ersatz frustrierter Aufwendungen,* S. 126. Schon unter dem BGB a.F. war die Forderung nach einem Anspruch auf Ersatz des negativen Interesses, begrenzt auf das positive Interesse neben den Rücktritt laut geworden: Müller, *Ersatz entwerteter Aufwendungen,* S. 130ff; Wolf, AcP 153, 97 (111); Wiedemann in FS für Universität Köln, S. 367 (393) - bemängelt wurde, dass – vom historischen Gesetzgeber übersehen – ein Rücktrittsrecht allein die Interessen des Gläubigers nur unzureichend befriedige, Keuk, *Vermögensschaden und Interesse,* S. 160; Schackel, ZEuP 2001, 248 (259).

Anfechtende gemäß § 812 das Erlangte zurückzugewähren sowie gemäß § 122 den Vertrauensschaden des anderen zu ersetzen.

Nach Huber und Faust soll bei einem kombinierten Vorgehen aus §§ 284 und 325, 346, 347 zu beachten sein, dass der Gläubiger neben einem Aufwendungsersatzanspruch keinen Anspruch auf Nutzungen hat, die der Schuldner aus seiner Leistung gezogen hat beziehungsweise hätte ziehen müssen und die dieser ihm eigentlich nach §§ 346 I, 347 I schuldet.

> **Beispiel**: *A und B vereinbaren einen Tausch. Sie kommen überein, dass B dem A einen Papagei überlasst und A dem B im Gegenzug eine seltene Rose aus seiner Blumenzucht. A kauft spezielles Vogelfutter und richtet eine neue Voliere für den Papageien ein. Doch B nimmt zwar den Rosenstrauch entgegen, bleibt aber den versprochenen Vogel schuldig. Die erhaltene Rose überlässt B gegen Entgelt (100 €) einem Blumenverein zur zeitweiligen Ausstellung.*

Hier soll A nach Huber/ Faust zwar von dem Tauschvertrag zurücktreten und gleichzeitig nach § 284 Ersatz seiner frustrierten Aufwendungen für das Vogelfutter verlangen können, nicht aber zusätzlich die gezogenen Nutzungen gem. § 346 I in Höhe von 100 €, die B durch die Vermietung erzielen konnte. Hinter der Versagung des Nutzungsersatzes steht die Erwägung, der Aufwendungserstattungsanspruch sei ein Äquivalent dafür, dass der Gläubiger die Leistung des Schuldners nicht erhielt und nicht nutzen konnte. Würde er zusätzlich Nutzungsersatz vom Schuldner bekommen, würde er besser stehen als ohne die Pflichtverletzung des Schuldners.[803] Diese Argumentation hat zwar einen richtigen Kern. Allerdings gleicht § 284 primär den erlittenen Frustrationsschaden aus. Außerdem ist zu beachten, dass sich der hinter der Regelung der Herausgabe der Nutzungen verbergende Sinn und Zweck, nämlich eine möglichst weitgehende Rückabwicklung des Vertragsverhältnisses, mit dem auf Ersatz des negativen Interesses angelegten § 284 sehr wohl verträgt. Abgesehen davon zielt der Anspruch auf Herausgabe auf die Befriedigung eines anderen Gläubigerinteresses als § 284. Daher droht hier gerade nicht die Gefahr einer doppelten Befriedigung.
Da allerdings für § 284 typisch ist, dass der Gläubiger eine Geld- und keine Sachschuld eingegangen war, wird es auf diese Problematik nur im Ausnahmefall, etwa bei einem Tauschgeschäft, ankommen.

---

803 Huber/Faust, *Schuldrechtsmodernisierung*, 4. Kap. Rn. 51, S. 178.

4. Anspruchskonkurrenz zur Minderung

Die Minderung ist ein Instrument zur Vertragsanpassung als Rechtsfolge einer zu vertretenden Vertragsverletzung des Schuldners. Mittels der Minderung wird das Leistungs- und Gegenleistungsverhältnis unter Beibehaltung der Essentialia des Vertrages neu bestimmt, so dass sie als "Teilrücktritt" treffend charakterisiert ist.[804] Von dieser Sicht der Dinge aus, ergeben sich keine Bedenken, dem Gläubiger als Sanktion derselben Pflichtverletzung kumulativ Aufwendungsersatz sowie das Recht auf Minderung zuzusprechen.[805] Insbesondere führt dies nicht zu einer doppelten Befriedigung des Gläubigers. Denn während über § 284 der erlittene Frustrationsschaden kompensiert wird, dient die Minderung dazu, das Preis-Leistungsverhältnis neu zu ordnen und trägt somit dem In-den-Händen-Halten einer geringwertigeren Gegenleistung Rechnung.

Das Augenmerk ist insbesondere darauf zu richten, welche Aufwendungen neben einer Minderung geltend gemacht werden: denkbar ist zum einen, dass durch die Pflichtverletzung eine Vertrauensdisposition in ihrer Gesamtheit oder nur anteilsmäßig[806] frustriert wird. Dies wirkt sich in der Prüfung der Vergeblichkeit aus.

5. Anspruchskonkurrenz zum stellvertretenden commodum

Schließlich bedarf der Klärung, ob Ansprüche des Gläubigers auf das stellvertretende commodum gemäß § 285 und auf Ersatz der vergeblichen Aufwendungen gemäß § 284 kombiniert werden können.[807]

Soweit das stellvertretende commodum verlangt wird, mindert dies den Anspruch auf Schadensersatz statt der Leistung des Gläubigers um den Wert des erlangten Surrogats, § 285 II. Das heißt, ein Anspruch auf Schadensersatz statt der Leistung bleibt nur in den Fällen bestehen, in denen der Wert des Surrogats unter dem des Sekundäranspruchs liegt. Damit ist die Frage angesprochen, ob dem Gläubiger trotz dieses verkürzten Schadensersatzanspruchs das Wahlrecht aus § 284 auf Ersatz des gesamten Frustrationsschadens zusteht. Angesichts eingangs dargelegter Unvereinbarkeit gleichzeitiger Geltendmachung des positiven wie des negativen Interesses verbietet sich dies.

Es kann allenfalls darüber nachgedacht werden, dem Gläubiger neben seinem Anspruch aus § 285 einen verkürzten Anspruch aus § 284 zu gewähren. Doch nach welchem Maßstab wäre das richtige Verhältnis zu bestimmen? Huber und

---

804 Huber/Faust, *Schuldrechtsmodernisierung,* 3. Kap. Rn. 203, S. 147; Canaris in FS für Wiedemann, S. 3(30).

805 Im Ergebnis ebenso: Huber/Faust, *Schuldrechtsmodernisierung,* 3. Kap. Rn. 52, S. 178; Canaris in FS für Wiedemann, S. 3 (30); Otto-Staudinger, § 284 Rn. 42.

806 Z.B. erweisen sich Finanzierungskosten für den Käufer nach erfolgter Minderung nur in dem auf den zurückgewährten Betrag entfallenden Anteil als frustriert.

807 Dafür: Faust/Huber, *Schuldrechtsmodernisierung,* 4. Kap. Rn. 53, S. 178; 6. Kap. Rn. 7, S. 205; Vollkommer-Jauernig, § 284 Rn. 8; Otto-Staudinger, § 284 Rn.43..

Faust schlagen vor, vom Anspruch aus § 284 den Wert des stellvertretenden commodum analog § 285 II abzuziehen.[808] Diese Analogie ist allerdings aus dem Aspekt einer vergleichbaren Sachverhaltsgestaltung heraus kritisch zu betrachten. Hinter der Regelung des § 285 II steht die Überlegung, dass es eine doppelte Befriedigung des positiven Gläubigerinteresses wäre, ihm zugleich das schuldrechtliche Surrogat für die ausgebliebene Leistung sowie den Schadensersatz statt der Leistung zu gewähren. Die doppelte Befriedigung wäre daraus bedingt, dass sich in § 285 quasi der durch Unmöglichkeit untergegangene Primäranspruch fortsetzt.[809] Die Lage bei einer Kombination von stellvertretendem commodum und Ersatz frustrierter Aufwendungen im Rahmen der Geltendmachung des negativen Gläubigerinteresses ist damit nicht vergleichbar, da die Ersatzansprüche unterschiedlich gepolte Gläubigerinteressen befriedigen. Vielmehr muss eine Kombination dieser Ansprüche aus genau diesem Grunde ausscheiden.

6. Verhältnis zur culpa in contrahendo

Wie gesehen, überschneiden sich die Regelungsbereiche von § 284 und der culpa in contrahendo bei einer Eröffnung des Anwendungsbereichs des § 284 über § 311 a bei anfänglicher Unmöglichkeit. Dies ist dadurch bedingt, dass § 311 a II zwar keine Haftung für vorvertragliches Fehlverhalten darstellt, ein solches aber zwangsläufig impliziert. Ein Fall, in dem dieses vorvertragliche Fehlverhalten nicht zugleich die Voraussetzungen der Haftung aus culpa in contrahendo erfüllt, ist undenkbar.[810] Wie bereits ausgeführt, ist § 311 a II in Verbindung mit § 284 gegenüber §§ 311 II, 280 spezieller, sofern die Schadensersatzansprüche darauf gründen, dass der Schuldner einen Vertrag geschlossen hat, obwohl er wusste oder in zu vertretender Weise nicht wusste, dass ihm gemäß § 275 keine Leistungspflicht oblag.[811]

Es bleibt die Frage nach dem Konkurrenzverhältnis der weiteren, anerkannten Fallgruppen der culpa in contrahendo zum Aufwendungsersatz gem. § 284:

a) Abbruch von Vertragsverhandlungen

Nach den noch zum BGB a.F. entwickelten Rechtsgrundsätzen greift die culpa in contrahendo, wenn eine Seite grundlos Vertragsverhandlungen abbricht und

808 Faust/Huber, *Schuldrechtsmodernisierung*, Kap. 4 Rn. 53, S. 178; Kap. 6 Rn. 7, S. 205.
809 Kropholler, *Studienkommentar*, § 285 Rn. 1.
810 Huber/Faust, *Schuldrechtsmodernisierung*, 7. Kap. Rn. 17, S. 212.
811 Siehe oben Seite 105.

sich dies als Vertrauensbruch für den Gläubiger darstellt.[812] An das Vorliegen eines triftigen Grundes werden dabei keine hohen Anforderungen gestellt, sondern jeder vernünftige Grund als ausreichend gewertet.[813] Der Haftungsgrund ist, dem § 284 nicht unähnlich, die Erweckung und Enttäuschung berechtigten Vertrauens auf das Zustandekommen eines Vertrages.[814] Demnach können auch Aufwendungen, die der Gläubiger im Vertrauen auf das Zustandekommen dieses Vertrages getätigt hatte, und die sich durch das Scheitern der Vertragsverhandlungen als frustriert erweisen, nach §§ 311, 280 ersetzt verlangt werden. Gleiches gilt für Opportunitätskosten. § 284 ist in dieser Situation dagegen mangels eines Leistungsanspruchs des Gläubigers als Anknüpfungspunkt für das anspruchsbegründende Vertrauen nicht einschlägig, so dass sich die Frage nach der Anspruchskonkurrenz für die enttäuschte Partei gar nicht stellt.

Allerdings wirft die Tatsache, dass über das Vertrauensinteresse dem Gläubiger hier frustrierte Aufwendungen im Vertrauen auf das Zustandekommen des Vertrages sowie Opportunitätseinbußen[815] ersetzt werden, die Frage nach der **richtigen Gewichtung innerhalb des Leistungsstörungsrechts** auf. Schließlich stellen derartige vorvertragliche Verhandlungen im Kontext des § 284 keine Vertrauensgrundlage dar, deren Enttäuschung zum Ersatz frustrierter Aufwendungen oder Opportunitätseinbußen berechtigen würde. Für den Gläubiger wird diese Differenzierung nur schwerlich verständlich sein. Auch unter rechtlichen Gesichtspunkten ist eine ungerechtfertigte Ungleichbehandlung in der jeweiligen Qualifikation der gleichartigen Vertrauenstatbestände offensichtlich. Eine Abstimmung der beiden Normen durch eine Ausdehnung der Anwendbarkeit des § 284 auch auf vorvertragliche Vertragsverhältnisse im Sinne der culpa in contrahendo kommt nicht in Betracht, wie bereits oben erörtert.[816] Gleichwohl ist eine Angleichung unerlässlich. Angesichts des bekundeten Willens des Gesetzgebers, den Problembereich frustrierter Aufwendungen einer einheitlichen

---

812 Eine Ersatzpflicht ist in der Rechtsprechung anerkannt, wenn die Partei zuvor in zurechenbarer Weise Vertrauen auf das Zustandekommen des Vertrages erweckt und so einen qualifizierten Vertrauenstatbestand gesetzt hat, BGHZ 71, 386 (395); 76, 343 (349); BGH NJW 1975, 1774; ZIP 1989, 514 (515); WM 1974, 508 (509); 1967, 798 (799); Heinrichs-Palandt, § 311 Rn.28. In der Literatur wird die Berechtigung dieser Fallgruppe zum Teil verneint: Wertenbruch, ZIP 2004, 1525 (1529); Reinicke/ Tiedke, ZIP 1989, 1093 (1097).

813 Kindl-Erman, § 311 Rn.34; Emmerich-MüKo, § 311 Rn.181; Heinrichs-Palandt, § 311 Rn.26. Ausreichend sind etwa niedrigere Absatzerwartungen als erwartet oder ein besseres Angebot durch einen Konkurrenten.

814 BGHZ 71, 386 (393); 60, 221 (226); Ballerstedt, AcP 151, 501 (507); Lorenz/ Riehm, *Lehrbuch zum neuen Schuldrecht,* 6. Kapitel, § 8 4. a), Rn.380; Heinrichs-Palandt, § 311 Rn.11.

815 BGH NJW 1988, 2236; Heinrichs-Palandt, § 311 Rn.57.

816 Siehe oben Seite 172 ff.

Regelung zuzuführen,[817] ist es daher angebracht, die Daseinsberechtigung dieser Fallgruppe der culpa in contrahendo kritisch zu überdenken. In dieselbe Richtung wurde bereits vor der Modernisierung des Schuldrechts mit gewichtigen Argumenten argumentiert, welche auch heute noch Geltungskraft haben. So wurde mit Recht darauf hingewiesen, dass die Haftung nach dieser Fallgruppe gegen den **Grundsatz der Privatautonomie** verstoße und dass der Anspruchsteller daher nicht darauf vertrauen durfte, dass die Gegenseite bei ihrer Einstellung bleibt.[818] Solange die Parteien lediglich verhandeln, besteht keine Bindung an das Erklärte. Dies kommt in der gesetzlichen Regelung des § 154 I zum Ausdruck, wonach ein Vertrag als nicht geschlossen gilt, solange die Parteien sich nicht über alle Punkte des Vertrags geeinigt haben. Die Verständigung über bloß einzelne Punkt wird ausdrücklich als nicht bindend erklärt. Damit handelt grundsätzlich jeder auf eigene Gefahr, der bereits während der Verhandlungen auf den erhofften Vertragsabschluss Aufwendungen tätigt.[819]
Durch eine Abkehr von der bisherigen Praxis wären im Übrigen auch keine unbotmäßigen Ergebnisse im Einzelfall zu erwarten. Schließlich bleibt es den Parteien unbenommen, sich durch entsprechende **Vorverträge**[820] abzusichern, wenn ihnen eine frühzeitige Vornahme von Aufwendungen unabdingbar erscheint.
In Anbetracht der bereits bestehenden und der neuen, durch die Schuldrechtsmodernisierung drohenden Wertungswidersprüche innerhalb des Leistungsstörungsrechts ist es angezeigt, diese Fallgruppe gänzlich aufzugeben.

b) Schutzpflichtverletzung

Unproblematisch ist das Verhältnis von culpa in contrahendo und § 284, wenn es infolge von Schutzpflichtverletzungen zu Körper- und Eigentumsbeschädigungen auf Seiten des Gläubigers im Vorfelde des Vertragsabschluss kommt.[821] Hier zusätzlich Aufwendungsersatz nach § 284 für eine Nicht- oder Schlechtleistung im Rahmen des später geschlossenen Vertrages zu gewähren, begegnet keinen Bedenken. Es wird zwar jeweils Schadensersatz in negativer Richtung geltend gemacht, eine doppelte Befriedigung des Gläubigerinteresses ist indessen nicht zu befürchten, da jeweils unterschiedliche Komponenten des negativen Interesses, nämlich zum einen das Integritätsinteresse und zum anderen der Frustrationsschaden, ersetzt gesucht werden.

---

817 Regierungsbegründung BT-Drucks. 14/6040, S. 144.
818 Wertenbruch, ZIP 2004, 1525 (1529); Reinicke/ Tiedke, ZIP 1989, 1093 (1097).
819 Emmerich-MüKo, § 311 Rn.178.
820 In einem Vorvertrag verpflichten sich die Parteien nach Einigung über die wesentlichen Vertragsgegenstände zum Abschluss eines Hauptvertrages, vgl. BGHZ 102, 384 (388); Heinrichs-Palandt, Einf. vor § 145 Rn.18; Armbrüster-Erman vor § 145, Rn.5.
821 Vgl. zu dieser Fallgruppe der c.i.c: RGZ 78, 239; BGH 66, 51 (54); NJW 1962, 31 (32).

c) Verleitung zum Vertragsschluss

Die letzte große Fallgruppe der culpa in contrahendo besteht darin, dass der künftige Schuldner bei den Vertragsverhandlungen durch gezielte Fehlinformationen[822] beziehungsweise durch eine fahrlässige Verletzung einer Aufklärungspflicht auf die Willensbildung seines Vertragspartners einwirkt und es auf Grund dessen zu einem unwirksamen oder wirksamen, aber für den Gläubiger nachteiligen Vertrag kommt.[823]
Der Schuldner ist dem Gläubiger regelmäßig zum Ersatz des Vertrauensschadens, der auch den Ersatz nutzloser Aufwendungen umfasst,[824] verpflichtet. Der Anspruch ist auf Aufhebung des Vertrages gerichtet. Wahlweise kann beim nicht erwartungsgerechten Vertrag an diesem festgehalten und als Schadensersatz seine Anpassung dahingehend verlangt werden dass, er die Gestalt erhält, die er bei ordnungsgemäßer Aufklärung gehabt hätte.[825]

> **Beispiel Wohnungskauf**:[826] *V und K verhandeln über den Verkauf einer Eigentumswohnung. K hat Bedenken, die Wohnung zu erwerben, da er fürchtet, sich finanziell zu übernehmen. Um ihn für die Durchführung des Geschäfts zu gewinnen, schlägt V vor, dass der Kaufpreis durch ein Darlehen finanziert werde, das K bei einer bestimmten Bank aufnehmen und durch eine gleichzeitig abzuschließende Lebensversicherung tilgen solle. K verlässt sich auf die Beteuerung des V, dass ihm keinerlei finanzielle Nachteil drohten, da die Zinsen für den Kredit durch Steuervorteile ausgeglichen würden. Nach Abschluss des Kreditvertrags schließt K mit V den Kaufvertrag. Das Rechenmodel des V stellt sich schließlich als falsch und für K ungünstig heraus.*

---

822 Heinrichs-Palandt, § 311 Rn. 42.

823 Kritisch zur Einordnung dieser Fallkonstellation unter die c.i.c: Kaiser, *Die Rückabwicklung gegenseitiger Verträge wegen Nicht- und Schlechterfüllung nach BGB*, S. 216.

824 St. Rspr., vgl. BGHZ 99, 182 (201) = NJW 1987, 831 (835).

825 So die Rechtsprechung: BGH 69, 53 (57): Unternehmenskäufer wurde durch bilanzmäßig falsch ausgewiesenen Gewinn zum Vertragsschluss veranlasst; er hat Anspruch auf Schadensersatz in Höhe des Betrages, um den er das Unternehmen zu teuer kaufte; BGH NJW 1980, 2408 (2410) = BB 1980, 1392 (1393); NJW 1989, 1793 (1793f); 1999, 2032 (2034); kritisch: Lange/Schiemann, *Schadensersatz*, § 5 II 2, S. 223.
Anspruchsgrundlage hierfür sind heute §§ 311, 241 II, 280 und nicht etwa § 324, denn § 324 setzt die Verletzung einer nicht leistungsbezogenen Pflicht aus einem gegenseitigen Vertrag voraus, was bedingt, dass im Zeitpunkt der Pflichtverletzung ein solcher Vertrag bereits besteht – dies ist aber bei den hier in Frage stehenden, sich im Vorfelde des Vertragsschlusses ereignenden Leistungsstörungen gerade nicht der Fall, ebenso Schwab in Schwab/Witt, *Examenswissen zum neuen Schuldrecht*, S. 121 (127); Muthers in *Praxis der Schuldrechtsreform*, § 311 Rn.10; a.A: Grunewald in FS für Wiedemann, S. 75 (77).

826 Beispiel nach BGH NJW 1998, 302; vgl. hierzu Schwab in Schwab/Witt, *Examenswissen zum neuen Schuldrecht*, S. 121 (123).

a) V hat sich bei seiner Kalkulation fahrlässig verrechnet.
b) V hat K absichtlich falsch beraten.

K möchte „alles rückgängig machen".

Nach bisheriger Rechtsprechung hätte K gegen V einen Anspruch aus culpa in contrahendo auf Vertragsaufhebung und Aufwendungsersatz für die Kreditkosten – und zwar in beiden Fallkonstellationen. Mangels Vorliegen der anspruchsbegründenden Voraussetzungen kommt daneben ein Aufwendungsersatzanspruch nach dem neuen § 284 nicht in Betracht, da es sich bei den Kreditzinsen um vorvertragliche Aufwendungen handelt.

Die Schaffung einer eigenen Anspruchsgrundlage für frustrierte Aufwendungen in § 284 bietet aber Anlass, die Daseinsberechtigung dieser Fallgruppe der culpa in contrahendo neu zu überdenken.

Zumindest was die **fahrlässige Täuschung** des Gläubigers durch den Schuldner angeht [Fallkonstellation a)], droht hier ein unüberwindliches Wertungsgefälle zur Regelung des § 284. Das Vertrauen auf das Zustandekommen des Vertrages beziehungsweise auf das Zustandekommen eines Vertrages mit einem bestimmten Inhalt würde über das Rechtsinstitut der culpa in contrahendo im Vergleich zur Handhabung unter § 284 einen weitergehenden Schutz erfahren. Der Gläubiger, dem ein Anspruch aus culpa in contrahendo zusteht, also aus einem Verschulden vor beziehungsweise bei den Vertragsverhandlungen, bekommt ein „Mehr" gegenüber dem Gläubiger, der Ersatz seiner frustrierten Aufwendungen nach § 284 verlangt und dem dieser Ersatz mit Hinweis auf den Zeitpunkt der Vornahme dieser Aufwendungen verwehrt wird. Gleichzeitig spricht der Wille des Gesetzgebers, den Ersatz frustrierter Aufwendungen im Schuldrecht einer einheitlichen Regelung, nämlich § 284, zuführen,[827] dagegen, dass diese in Zukunft über die culpa in contrahendo ersetzt verlangt werden können.

Insbesondere angesichts des Gewichts des letztgenannten Arguments ist es am überzeugendsten, auch in der Fallgruppe des **gezielten Verleitens** des anderen zum Vertragsschluss von der Wertung des § 284 auszugehen. Die Überzeugungskraft des gesetzgeberischen Willens würde auch den möglichen Einwand ausräumen, hier sei das Wertungsgefälle angesichts der Schwere des Vorwurfs der vorsätzlichen Pflichtverletzung weniger stark ausgeprägt, mithin dem Gläubiger ein Vorgehen nach culpa in contrahendo zu ermöglichen. Außerdem hat der Gläubiger in dieser Situation ohnehin die Möglichkeit, sich gemäß § 123 von dem nachteiligen Vertrag zu lösen und als Schadensersatz sein gesamtes

827 Regierungsbegründung BT-Drucks. 14/6040, S. 144.

negatives Interesse geltend zu machen. Dies hat allerdings in der Jahresfrist des § 124 zu erfolgen, während ein auf culpa in contrahendo gestütztes Vorgehen der regelmäßigen Verjährungsfrist von drei Jahren nach §§ 195, 199 unterliegen würde.

Demnach darf der Ersatz frustrierter Aufwendungen keine Rechtsfolge der Fallgruppe des Verleitens zum Vertragsschluss mehr darstellen, wenn der Gläubiger vom Vertrag Abstand nimmt. Auf unser Beispiel bezogen heißt dies, dass K in beiden Konstellationen aus §§ 311 II Nr.1, 280 nur die Vertragsaufhebung und aus § 812 I S. 2, 1. Alt. nur die Rückgewähr des Geleisteten verlangen kann.

Neben diesem Problembereich kann die Frage virulent werden, ob der am für ihn ungünstigen Vertrag festhaltende, aber dessen **Anpassung verlangende** Gläubiger gem. § 284 oder gem. §§ 311, 280 Ersatz von frustrierten Aufwendungen verlangen kann, die er in dem enttäuschten Vertrauen auf die Vollständigkeit und Richtigkeit der Angaben des Schuldners tätigte.[828]

> **Beispiel Unternehmenskauf**:[829] *Der Unternehmenskäufer K wurde durch einen bilanzmäßig falsch ausgewiesenen Gewinn zum Vertragsschluss veranlasst. Er hat einen Anspruch auf Schadensersatz in Höhe des Betrages, um den er das Unternehmen zu teuer kaufte, und macht diesen im Wege der Vertragsanpassung geltend. Zur Finanzierung des Kaufpreises hatte der K einen Kredit aufgenommen, welcher sich nunmehr als frustriert erweist, soweit er zur Finanzierung des zu hoch gezahlten Kaufpreises dienen sollte..*
> *K verlangt Ersatz seiner „zu viel" gezahlten Darlehenszinsen.*

Im Gegensatz zu den bisher besprochenen Fallgruppen besteht hier kein normatives Wertungsgefälle zwischen dem Regelungsgehalt des § 284 einerseits und demjenigen der §§ 311, 280 andererseits, da Anknüpfungspunkt für die Vertrauensdisposition ein verbindliches Leistungsversprechen ist. Hier kommt also ein Ersatz der frustrierten Aufwendungen aus culpa in contrahendo in Betracht, eine Ausklammerung des Aufwendungsersatzes auf Rechtsfolgenseite aufgrund von normativen Gesichtspunkten ist nicht angezeigt.

Gleichzeitig ist fraglich, ob die Anspruchsvoraussetzungen des § 284 vorliegen, da dem Gläubiger kein Anspruch auf Schadensersatz statt der Leistung nach Maßgabe der §§ 280, 281-283 zusteht. Wie gesehen, ist das Erfordernis eines

---

828 Dies wird befürwortet von: Lange/Schiemann, *Schadensersatz*, § 5 III 3, S. 223.
829 Vgl. BGHZ 69, 53 (57); weitere Beispiele bei Müller, *Ersatz entwerteter Aufwendungen*, S. 140 ff.

entsprechenden Ersatzanspruches nicht absolut.[830] Vorliegend erscheint es vertretbar, im Wege einer teleologischen Reduktion der in § 284 enthaltenen Alternativitätsanordnung eine Ausnahme von der Voraussetzung eines auf Befriedigung des positiven Interesses gerichteten Schadensersatzanspruchs zu machen. Die ohnehin fragwürdigen, hinter der Alternativitätsanordnung stehenden Überlegungen greifen in Fällen dieser Art nicht, da keine doppelte Befriedigung der Gläubigerinteressen droht. Der Gläubiger verlangt eben nicht zur selben Zeit die Befriedigung seines positiven und seines negativen Interesses. Er verlangt nur so gestellt zu werden, wie er ohne die Pflichtverletzung, nämlich der Täuschung, stehen würde. Außerdem ist der Haftungsgrund des § 284 auch hier gegeben, denn der Verkäufer weckte und brach das Vertrauen des Käufers in die Richtigkeit seiner Angaben.

Sind die Voraussetzungen des § 284 damit gegeben, kommt es zur Frage der Anspruchskonkurrenz zu einer Haftung aus culpa in contrahendo. Die Antwort hierzu ist relativ eindeutig. Ein auf §§ 311, 280 neben § 284 gestütztes Begehren auf Aufwendungsersatz muss auf Konkurrenzebene ausscheiden, da es zu einer doppelten Befriedigung desselben, negativen Gläubigerinteresses führen würde. Denn über beide Anspruchsgrundlagen wird der Gläubiger dafür entschädigt, dass der Schuldner gegen den von ihm selbst gesetzten Vertrauenstatbestand verstieß und dadurch Vertrauensdispositionen des Gläubigers entwertet wurden. Der Weg über § 284 kann unter Umständen einmal für den Gläubiger vorteilhafter sein, da er nur so den Vorzug einer gesetzlich angeordneten Beweislastumkehr[831] kommt, wonach zu seinen Gunsten von der Kausalität der schuldnerischen Pflichtverletzung für die Frustration der Aufwendungen auszugehen ist. Zusätzlich kann er in diesem Fall über §§ 311, 280 Vertragsanspassung verlangen.

7. Anspruchskonkurrenz zu § 252

Ein Anspruch aus § 252 auf entgangenen Gewinn kommt nur in solchen Fällen in Betracht, die nicht durch eine ideelle beziehungsweise private Zielsetzung des Gläubigers gekennzeichnet sind. Entgangener Gewinn ist die Summe aller *„Vermögensvorteile, die im Zeitpunkt des schädigenden Ereignisses noch nicht zum Vermögen des Verletzten gehörten, die ihm aber ohne dieses Ereignis zugeflossen wären.“*[832] Dabei wird nur der Netto-Gewinn-Betrag zum Schadensposten, also zum Beispiel im Kaufrecht der nach Abzug aller zur Erwirtschaftung von Gewinn anfallenden Unkosten vom Weiterverkaufspreis verbleibende Be-

---

830 Siehe oben Seite 97.
831 Siehe oben Seite 198.
832 BGH NJW 1988, 200; Oetker-MüKo, § 252 Rn. 4; für Ersatz des Brutto-Gewinns: Schiemann-Staudinger, § 252 Rn. 49

trag.[833] Für die ungestörte Vertragsabwicklung vorgesehene, aber infolge der Leistungsstörung unterbliebene Aufwendungen sind daher im Wege der Vorteilsanrechnung von dem Ersatzbegehren abzuziehen. Ansonsten ginge die Differenzrechnung nicht auf.[834]

Die Frage der Anspruchskonkurrenz kann also nur bezüglich Aufwendungen mit einem kommerziellen Hintergrund fraglich werden und innerhalb dieser Gruppe nur insoweit, als dem Gläubiger ausnahmsweise neben § 284 ein Anspruch auf Schadensersatz zusteht, da § 252 nur die Verpflichtung des Gläubigers aus § 249 klarstellt. Wie gesehen sind dies die Fälle, in denen der Gläubiger neben § 284 einen Anspruch auf Ersatz seines Mangelfolgeschadens aus § 280 beziehungsweise aus § 281 auf Ersatz solcher Schadensposten hat, die nicht unmittelbar die Vergeblichkeit der Aufwendungen als Ausfall aufwendungsbedingten Gewinns kompensieren. Dahinter steht die Überlegung, dass mit dem Ersatz der entgangenen Erwerbschance der erlittene Frustrationsschaden ausreichend kompensiert wird – der Gläubiger wird letztlich so gestellt, als hätten seine Aufwendungen noch zum Ziel geführt.[835] Damit wird sich die Frage nach dem Verhältnis von § 284 und § 252 von vornherein in den praktisch wenigsten Fällen stellen.

Ob im Einzelfall eine Anspruchskonkurrenz angezeigt ist, ist anhand der Leitlinie zu ermitteln, ob die Gewähr entgangenen Gewinns eine doppelte Kompensation der entgangenen Erwerbschance begründen würde. Dies sei anhand eines Beispielfalles verdeutlicht:

> **Beispiel:** *Handwerker H hatte eine teure, neue Spezialmaschine bestellt. Als diese mangelbehaftet geliefert wird, erweist sich die Anstellung eines besonders geschulten, neuen Mitarbeiters - jedenfalls bis zur Nachbesserung der Maschine - als frustriert. Gleichzeitig verursachte die Maschine bei ihrer erstmaligen Inbetriebnahme eine gesundheitsgefährdende Belastung der Werkstatt, so dass in dieser für die Dauer von einer Woche nicht gearbeitet werden konnte und der Gläubiger aufgrund dessen einen Gewinnausfall zu beklagen hatte.*

Hier sowohl Ersatz des entgangenen Gewinns als auch der frustrierten Aufwendungen zuzusprechen begegnet aus dem Grunde keinen Bedenken, dass jeweils unterschiedliche Interessen des Gläubigers befriedigt werden. Es handelt sich hierbei zum einen um Ersatz für die zumindest für eine gewisse Zeit sinnlos gewordene Anstellung des neuen Mitarbeiters und zum anderen um Ersatz für den

833 BGH NJW 1991, 1817(1818); Oetker-MüKo, § 252 Rn. 12.
834 Vgl. BGH 143, 41 (50) = NJW 2000, 506 (508).
835 Schobel, *Ersatz frustrierter Aufwendungen,* S. 33; Timme, zfs 1999, 502 (504).

Ausfall des unabhängig vom Einsatz der neuen Maschine erwirtschafteten Gewinns.

III. Verjährung und Prozessuales

Der Anspruch auf Aufwendungsersatz aus § 284 unterliegt der regelmäßigen Verjährungsfrist von 30 Jahren gemäß §§ 195, 199. Fraglich ist indes, wann der Anspruch entsteht – das heißt, wann die Verjährungsfrist gemäß § 199 I Nr.1 zu laufen beginnt. Denkbar ist zum einen das Entstehen der Berechtigung des Anspruchs auf Schadensersatz statt der Leistung und zum anderen die Geltendmachung des Aufwendungserstattungsanspruchs. Um zu verhindern, dass der Gläubiger die Verjährung einseitig hinausschiebt, spricht vieles für den früheren Zeitpunkt. Liegt die Pflichtverletzung in einer mangelhaften Leistung, so gilt für die Verjährung § 438 beziehungsweise 634a, da § 284 in § 437 Nr. 3 beziehungsweise § 634 Nr. 4 explizit genannt ist.

IV. Reversibilität der Entscheidung

Die einzelnen Rechtsbehelfe Schadensersatz statt Leistung nach § 281 und Aufwendungsersatz nach § 284 können sich in ihrer Höhe erheblich voneinander unterscheiden. Abgesehen davon ist die Beweislastverteilung für den Gläubiger grundsätzlich im Rahmen des § 284 günstiger. Daher kann es im Interesse des Gläubigers sein, seine bereits verlautbarte Entscheidung zu revidieren.[836] Eine Rolle in diesem Problembereich spielt die Frage, ob sich eine schon erfolgte Rücktrittserklärung auf den nunmehr geltend gemachten Anspruch aus § 284 auswirkt.

Unter dem BGB a.F. tauchte dieselbe Fragestellung hinsichtlich der verschiedenen von § 325 BGB a.F. im Falle nachträglicher Unmöglichkeit gewährten Rechtsbehelfe[837] auf. In Literatur und Rechtsprechung schlug man unterschiedliche Lösungswege ein: Die Gerichte unterschieden vor allem nach Art des zunächst geltend gemachten Rechtsbehelfs und fragten nach seinen Auswirkungen. Demnach war die Entscheidung zurückzutreten, irreversibel, weil bereits durch die Erklärung des Gläubigers das Schuldverhältnis in ein Abwick-

836 Vgl. allgemein zur Möglichkeit unter dem neuen Schuldrecht bei Leistungsstörungen und Mängeln zwischen den Gläubigerrechten zu wählen: Gsell, *Der Schadensersatz statt der Leistung nach dem neuen Schuldrecht*, S. 105 (124); Derleder, NJW 2003, 998.

837 Schadensersatz wegen Nichterfüllung; Rücktritt; Rechte nach § 323 BGB a.F. (stellvertretendes commodum; Herausgabe seiner Gegenleistung nach §§ 812 ff; Berufen auf Erlöschen der eigenen Leistungspflicht).

lungsverhältnis übergeht.[838] Andererseits galt eine Entscheidung des Gläubigers für den Schadensersatzanspruch beziehungsweise für das stellvertretende commodum so lange nicht als verbindlich, wie kein endgültiger Zustand geschaffen worden war.[839] In der Literatur vermochte man keinen sachlichen Grund erkennen, warum die Rechtsbehelfe unterschiedlich behandelt werden sollten. Keinesfalls wollte man den Gläubiger stets an die einmal getroffene Wahl binden. Es wurde der Wahl eines bestimmten Rechtsbehelfs durch den Gläubiger jede Verbindlichkeit abgesprochen, solange noch kein endgültiger Zustand geschaffen wurde, wie etwa durch Vergleich oder Erfüllung.[840]

Hinsichtlich § 284 sind insbesondere zwei Situationen zu unterscheiden: Zum einen, dass der Gläubiger zunächst nur den Rücktritt und zum anderen, dass er zunächst nur sein Schadensersatzverlangen äußerte und jeweils erst später auf den Gedanken kam, (auch beziehungsweise statt dessen) Ersatz der frustrierten Aufwendungen geltend zu machen.

Ein bereits erklärter Rücktritt steht dem Verlangen des Gläubigers auf Ersatz der frustrierten Aufwendungen nicht entgegen. Dies beruht auf der Möglichkeit, nach § 325 Rücktritt und Schadensersatz parallel geltend zu machen. § 325 ist trotz der Gestaltungswirkung des Rücktritts[841] nicht dahin zu verstehen, dass

---

838 RGZ 66, 430 (432); 85, 280 (282); 102, 262 (264f); 109, 184 (186); BGH, NJW 1979, 762 (762); WM 1982, 1384 (1386); WM 1984, 1095 (1096); NJW 1982, 1279 (1280); 1988, 2878 (2878).

839 RG 107, 345 (348f); SeuffA 82 Nr. 82, 136 (138); KG, BB 1984, 811; OLG Düsseldorf, NJW 1972, 1051 (1051f). Die Rechtsprechung versuchte auf verschiedene Weisen, dem Gläubiger, für den regelmäßig der Schadensersatzanspruch wegen Nichterfüllung günstiger als der Rücktritt war, entgegenzukommen: teils wurden die Anforderungen an eine wirksame Rücktrittserklärung besonders hoch gesteckt (vgl. BGH NJW 1982, 1279 (1279f)), teils wurden Rücktrittserklärungen als bloße Androhungen gewertet (vgl. BGH NJW 1979, 762 (762)) oder auf andere Schadensersatzansprüche ausgewichen (vgl. BGH NJW 1985, 2697 (2698)).

840 Emmerich, *Recht der Leistungsstörungen,* § 12, III, S. 183; Lindacher, JZ 1980, 48 (50ff); Weitnauer in FS für Hefermehl, S. 467 (474ff); Kohler, *Die gestörte Rückabwicklung gescheiterter Austauschvertäge,* S. 358 f. Die Literaturstimmen waren sich aber keinesfalls einig: Die dogmatischen Konstruktionen reichten von der Anerkennung eines Rechts auf Widerruf des Rücktritts (Heinrichs-Palandt, § 325 Rn. 8, 58. Aufl. 1999) bis zur Ermöglichung der Anfechtung der Rücktrittserklärung (Glaß, *Gefahrtragung und Haftung beim gesetzlichen Rücktritt,* S. 33). Heute ist trotz einer unwiderruflichen Rücktrittserklärung gemäß § 325 sowohl das gleichzeitige als auch das nachträgliche Verlangen von Schadensersatz zulässig. Für einen nach dem Schadensersatzbegehren verlautbarten Rücktritt ist dies ohnehin unproblematisch, Gehrlein in Bamberger/Roth, § 326 Rn.14.

841 Allgemeine Ansicht – vgl. nur Heinrichs-Palandt, vor § 346 Rn. 5ff; Ernst-MüKo, § 325 Rn. 21; Grothe in Bamberger/Roth, vor § 346 Rn. 6; Nach der Ausübung dieses Gestaltungsrechts entsteht gemäß § 346 ein Rückgewährschuldverhältnis. Dagegen verwandelt ein Schadensersatzanspruch das Schuldverhältnis in ein einseitiges Abrechnungsverhältnis, in dem die beiderseitigen Ansprüche zu unselbständigen Rechnungsposten werden und Rückgewähransprüche beseitigt werden.

nach der Erklärung des Rücktritts Schadensersatzansprüche[842] des Gläubigers ausgeschlossen wären.[843] Der Schuldner hat also ohnehin damit zu rechnen, dass gegen ihn noch weitere Geldforderungen erhoben werden. Außerdem haben die Sekundäransprüche nach Rücktritt und des Aufwendungsersatzes das wirtschaftlich gleichgerichtete Ziel, nämlich die Situation quod ante wiederherzustellen – es handelt sich um zwei Spuren des negativen Interesses.[844] Letztlich folgt dieses Ergebnis auch aus einem Rückschluss aus der Zulässigkeit, von einem erklärten Rücktritt auf einen Schadensersatzanspruch umzuschwenken (beim kleinen Schadensersatzanspruch) beziehungsweise diesen ergänzend geltend zu machen (beim großen Schadensersatzanspruch). Denn das Recht auf Schadensersatz ist ein Anspruch, der in unterschiedlichen Formen und Berechnungsweisen – eben auch als Ersatz frustrierter Aufwendungen – geltend gemacht werden kann.

Letztgenannter Punkt verdeutlicht, dass es dem Gläubiger auch möglich sein muss, seine Erklärung, Schadensersatz zu verlangen, dahingehend zu spezifizieren, Ersatz seiner frustrierten Aufwendungen geltend zu machen. Dies könnte zudem aus dem anspruchsbegründenden Erfordernis eines bestehenden Anspruchs auf Schadensersatz statt der Leistung nach § 284 herausgelesen werden. Denn der Schadensersatzanspruch aus § 281 setzt gemäß § 281 IV das entsprechende Verlangen des Gläubigers voraus, also eine unmissverständliche Erklärung, die seinen Willen erkennen lässt, sich auf das Schadensersatzbegehren beschränken zu wollen[845]. Auch ein bereits geäußertes Verlangen, den Schaden ersetzt zu erhalten, steht einem alternativen beziehungsweise im Ausnahmefall kumulativen Vorgehen nach § 284 nicht entgegen.

---

842 Nach hier vertretener Sicht ist der Aufwendungsersatzanspruch ein Schadensersatzanspruch, s.o. Seite 58ff.

843 Derleder, NJW 2003, 998 (1000f; 1003); Mattheus in Schwab/Witt, *Examenswissen zum neuen Schuldrecht*, S. 50 (60); Lorenz/Riehm, *Lehrbuch zum neuen Schuldrecht*, 6. Kap., § 3, V. 3.aa), Rn. 235, 237; Kropholler, *Studienkommentar*, § 325 Rn. 1; Gehrlein in Bamberger/Roth, § 325 Rn. 14. Ernst-MüKo, § 325 Rn. 21ff, zufolge *„scheinen auf erste Sicht“* zwei Erklärungen erforderlich, wenn Rücktritt und Schadensersatz verlangt werden, tatsächlich stehe dem Gläubiger schon als notwendige Folge seiner Rücktrittserklärung ein Schadensersatzanspruch zu. Ein Argument für das Abrücken vom Gesetzestext bleibt Ernst schuldig.

844 Vgl. die Regierungsbegründung, BT-Drucks. 16/6040, S. 189f, wonach das Ziel des Rücktritts sein solle, *„die vor dem Vertragsschluss bestehende Rechtslage wieder herzustellen.“*.

845 Regierungsbegründung, BT-Drucks 16/6040, S. 141; Lorenz/Riehm, *Lehrbuch zum neuen Schuldrecht*, 6. Kap. V. 3. a) bb), Rn. 236; Kropholler, *Studienkommentar*, § 281 Rn. 7.

Fünfter Teil: Schlussbetrachtung

A) Kritik an § 284

Nach der Auseinandersetzung mit den einzelnen anspruchsbegründenden Voraussetzungen des § 284, mit seiner Vorgeschichte sowie seiner gesetzessystematischen Stellung bietet es sich an dieser Stelle an, auf die Kritik, die dieser jungen Norm bereits so zahlreich wie vehement widerfahren ist, einzugehen: Insbesondere Schobel erachtet § 284 als verfehlt. Es handele sich hierbei um einen *„gravierenden Systembruch“* in Gestalt der *„Durchbrechung des elementaren Verursachungsprinzips“*.[846] Indem § 284 Ersatz für nicht-verursachte Aufwendungen gewähre, drohten die wahren Wertungsfragen im Rahmen der Frustrierungsproblematik, welche vor allem in der Frage des Schadenscharakters des *verursachten* Nachteils auszumachen seien, aus dem Blickfeld zu geraten.

Die behauptete Durchbrechung des Kausalitätsprinzips ist aus dem Grunde wenig stichhaltig, dass Schobel als Schaden im Sinne des § 284 fälschlicherweise die Aufwendungen an sich ansieht[847] und so zur Feststellung gelangt, dass die Pflichtverletzung des Schuldners nicht für deren Tätigung kausal war. Stellt man richtigerweise auf die Entwertung der Aufwendung als Schaden ab, ergeben sich hinsichtlich des Kausalzusammenhangs mit der schuldnerischen Pflichtverletzung keine Probleme, siehe oben Seite 195. Im Übrigen kann es als typische Eigenart des Vertrauensschadens angesehen werden, dass der Schaden vor dem die Haftung begründenden Ereignis angelegt ist, aber erst nach diesem als solcher hervortritt.

Abgesehen von diesen Überlegungen sind nach Schobel die Anstrengungen der Reformatoren vor allem hinsichtlich des selbst gesteckten Zieles, Aufwendungsersatz ungeachtet kommerzieller oder ideeller Zwecke des Aufwendenden gewähren zu können, von Anfang an überflüssig gewesen.[848] Damit spielt Schobel auf das von ihm vorgeschlagene bewegliche Haftungssystem als umfassendes Lösungsmodell der Frustrationsproblematik per se[849] an, welches sich allerdings weder mit den dem deutschen Recht immanenten Wesenszügen noch mit der Kodifikation des § 284 verträgt, so dass auch dieser Einwand nicht greift.

---

846 Schobel, *Ersatz frustrierter Aufwendungen*, S. 15.

847 Schobel, *Ersatz frustrierter Aufwendungen*, S. 16 und S. 306 (Fn. 111) – tatsächlich liegt der Schaden in der Frustration der Aufwendungen, siehe oben Seite 58.

848 Schobel, *Ersatz frustrierter Aufwendungen*, S. 16.

849 Dargestellt oben Seite 57.

II. Gefahr eines ausufernden Sekundäranspruchs

Ausgehend von einer Betrachtung des § 284 wurde bereits das Fazit gezogen, dass anstelle der bisherigen Ersatzlosigkeit immaterieller Schäden im Vertragsrecht eine ausgesprochen weitreichende Ersatzberechtigung getreten sei.[850] Dieselbe Tendenz weist die Befürchtung Hubers auf, es stehe eine Ausweitung der Ersatzpflicht aus § 284 "*ins Uferlose*" bevor, insbesondere, wenn Aufwendungen zum Zweck der Verwendung der Leistung der Schuldner § 284 unterfallen.[851]

Tatsächlich wurde über § 284 erstmals im Vertragsrecht eine Ersatzpflicht des Schuldners für immaterielle Schäden verankert. Zugleich belegt die Kodifikation des § 253 II im Rahmen der Reform des Schadensrechts im Jahre 2002, dass es sich hierbei um eine vom Gesetzgeber bezweckte, neue Tendenz im Schuldrecht handelt. Denn nach dieser Norm ist als Sanktion unter anderem von Vertragspflichtverletzungen in bestimmten Fällen eine Kompensation immaterieller Schäden zulässig.

Gleichzeitig ist die Befürchtung einer uferlosen Ersatzpflicht gem. § 284 übertrieben. Man muss berücksichtigen, dass diese Ersatzpflicht an gewisse Voraussetzungen – sprich Sicherungen – geknüpft ist: Zunächst muss dem Gläubiger prinzipiell ein Anspruch auf Schadensersatz statt der Leistung zustehen, er muss billigerweise auf die Leistungszusage vertraut haben und dem Schuldner darf es nicht gelungen sein, den Gegenbeweis nach § 284 2. HS zu führen. Darüber hinaus kann der Schuldner die Einwendung nach § 254 erheben. Schon hieran wird ersichtlich, dass auch in Zukunft nicht ohne weiteres Aufwendungsersatz geltend gemacht werden kann.

Außerdem greift der Erfahrungssatz rationalen Verhaltens auch hinsichtlich Aufwendungen mit einem immateriellen Hintergrund. Daher besteht kein Anlass zu der sich in § 253 widerspiegelnden Befürchtung, der Geschädigte könnte nach Belieben Schäden behaupten beziehungsweise manipulieren. Schließlich zählt der Gläubiger im Moment der Aufwendung gerade auf die Vertragserfüllung seines Geschäftspartners. Damit wird er schon aus eigenstem Interesse nur solche Aufwendungen vornehmen, die er für sinnvoll hält.[852]

Wer davon nicht überzeugt ist, sollte sich die einzig denkbare Alternative vor Augen halten: Fortführung der Rechtsprechung unter Zugrundelegung des Ren-

850 Ernst-MüKo, § 284 Rn. 37; zu der Thematik immaterieller Schäden im Vertragsrecht: Thüsing VersR 2001, 285; Braschos, *Der Ersatz immaterieller Schäden im Vertragsrecht;* Ströfer, JZ 1982, 663; Dietrich, MDR 1994, 525; Voß, ZRP 1999, 452.

851 Huber/Faust, *Schuldrechtsmodernisierung,* 4. Kap Rn. 22, S. 165.

852 V. Randow, EWiR § 249, 1994, 965 (966).

tabilitätsgedankens, sprich eine generelle Versagung des Schadensersatzes in Fällen mit einem immateriellen Hintergrund der Aufwendungen, die einhergeht mit der Tolerierung verschuldeter Pflichtverletzungen des Schuldners. Dass dies keine Lösung ist, wurde bereits festgestellt.[853]

III. Gefahr drohenden Missbrauchs

Teilweise wurde in der Literatur ein Problem des § 284 im Zusammenhang mit seinem drohenden Missbrauch von Seiten des Gläubigers ausgemacht.[854] Zu befürchten sei, dass der Gläubiger die Beweislastumkehr des § 284 2. HS ausnutzt, indem er das Vorliegen ideeller Zwecke vortäuscht und auf die Schwierigkeiten setzt, die damit für den Schuldner hinsichtlich der Widerlegung der Zweckverfehlung verbunden sind.
Dass es sich hierbei um ein Vorbringen mit wenig Überzeugungskraft handelt, wird schon daraus ersichtlich, dass der Einwand drohenden Missbrauchs ganz nach Belieben jedem Lösungsmodell entgegengehalten werden kann.
Bezogen auf § 284 fällt auch seine Prämisse auf, wenn gerade dem bisher vertragstreuen, von der anderen Partei enttäuschten Teil ein unbilliges Verhalten wird. Schließlich kann dem Anliegen dieses Einwandes im Rahmen des § 284 Rechnung getragen werden. So ist diesem Einwand hinsichtlich des Ersatzes frustrierter Aufwendungen nach § 284 dadurch zu begegnen, dass dem Gläubiger der Nachweis, tatsächlich immaterielle Ziele verfolgt zu haben, auferlegt wird. Auf diese Weise wird es dem Gläubiger unmöglich gemacht, das Vorliegen ideeller Zwecke vorzutäuschen.

IV. Disproportionalität

In der Literatur will man eine beunruhigende „*Disproportionalität*" zwischen dem Ersatz des Vertrauensschadens nach §§ 122 I, 179 II beziehungsweise § 311 II, III und dem Aufwendungserstattungsanspruch nach § 284 entdeckt haben: „*Der zum Ersatz seines positiven Interesses berechtigte Gläubiger kann wahlweise auch den Inhalt seines negativen Interesses fordern. Der in seinem negativen Interesse geschützte Gläubiger ist hierauf beschränkt.*"[855]
Mit der Normierung des § 284 steht fest, dass der Gläubiger nicht nur in seinem positiven Interesse, sondern auch zu weiten Teilen in seinem negativen Interesse geschützt ist – ihm gebührt daher das Wahlrecht zwischen positivem und negativen Interesse. Die Ausgangslage bei §§ 122 I, 179 II, 311 II, III ist eine andere,

853 Zur Kritik an der Rentabilitätstheorie siehe oben Seite 13.
854 Gsell, *Aufwendungsersatz nach § 284*, S. 321 (328); siehe hierzu bereits oben Seite 91.
855 Harke, JR 2003, 1 (1).

die damit auch eine andere Behandlung verlangt, so dass nicht von einer Disproportionalität gesprochen werden kann.

B) Auswirkungen des § 284 auf andere Rechtsgebiete

I. Auswirkungen auf das Deliktsrecht

1. keine gesetzliche Anerkennung des Frustrationsgedankens

Bisher war dem vertraglichen Schadensrecht jeglicher Grundsatz fremd, nach dem Aufwendungen erstattbar sind, die infolge eines zum Schadensersatz verpflichtenden Ereignisses nutzlos geworden waren. Dass über die Lehre vom Mindestschaden beziehungsweise über die Rentabilitätstheorie dem enttäuschten Gläubiger ein Ersatzanspruch in Höhe der getätigten Aufwendungen zugesprochen werden konnte, befindet sich hierzu nicht im Widerspruch. Denn Anliegen dieser Rechtsprechung war es nicht, einen Frustrationsschaden als solchen auszugleichen, sondern den Verlust einer wirtschaftlichen Größe, nämlich der Kompensationsmöglichkeit, wettzumachen.[856] Dies wurde genauso oft von den Gerichten betont[857] wie hervorgehoben wurde, dass die Rentabilitätstheorie nichts anderes sei als ein herkömmlicher Anwendungsfall der Differenztheorie[858]. Das Denkmodell der Rentabilitätstheorie verband also nicht das Geringste mit dem Frustrationsgedanken.

Wo dem Gläubiger unter dem BGB a.F. mit der Rentabilitätstheorie nicht zu einem Erstattungsanspruch seiner frustrierten Aufwendungen zu verhelfen war, bemühte man daher den Frustrationsgedanken. So zum Beispiel Schon im Stadthallen-Fall, dessen Entscheidung unter altem Recht durch BGH nur gegen einen Aufwendungsersatz ausfallen konnte.[859] Mit der Normierung des § 284 wäre im Stadthallen-Fall nunmehr zugunsten der enttäuschten Partei zu entscheiden gewesen, daher liegt der Gedanke nahe, dass diese Norm die Frustrationstheorie bestätigt – sei es als Rechtssatz für das gesamte Schadensrecht oder unter Ausklammerung des Deliktsrechts.[860] Jedenfalls ist § 284 wegen seiner systemati-

---

856 Anders wurde ausgehend von den Frustrationsfällen in der Literatur zum Teil für die Anerkennung der Frustrationstheorie für den Nichterfüllungsschaden plädiert, vgl. Fritzsche/Schmidt, WuB IV A. § 249 BGB 3. 99.

857 Vgl. BGHZ 99, 182 (197f) = ZIP 1987, 297 (302); BGH NJW 2002, 614 (614).

858 BGH 71, 234 (239).

859 So weiß Emmerich, JuS 1987, S. 489 (490) zu berichten; vgl. auch den Sachbericht BGH JZ 1987, 512 (512).

860 So die Befürchtung von Stoll, JZ 2001, 589 (596 Fn.38a). Nach Harke soll gar das Ziel der Regelung des § 284 der Ersatz der Rentabilitätsvermutung durch den Frustrationsgedan-

schen Stellung im allgemeinen Schuldrecht und wegen der Voraussetzung einer schuldrechtlichen Leistungspflicht im Bereich der deliktischen Schadensersatzhaftung, also wenn die Frustration der Aufwendung auf einer unerlaubten Handlung im Sinne des § 823 beruht, nicht direkt anwendbar. Dessen ungeachtet fragt es sich, ob der Geschädigte nicht auch Ersatz seiner frustrierten Aufwendungen verlangen kann, wenn die Verantwortlichkeit des anderen eine außervertragliche ist,[861] und, ob nicht alles andere eine ungerechtfertigte Ungleichbehandlung wäre.

Bei einer näheren Betrachtung gerät dieser Schluss ins Wanken. Dass § 284 kein Anerkenntnis des allgemeinen Frustrationsgedankens beinhaltet, dieser folglich auch in Zukunft nicht zur Anspruchsbegründung im Deliktsrecht herangezogen werden kann, folgt aus der nicht vergleichbaren Haftungsstruktur der Frustrationstheorie einerseits und des Aufwendungsersatzes nach § 284 andererseits. Denn nach der Frustrationstheorie besteht das haftungsauslösende Moment in der Pflichtverletzung, eine Kausalität muss nur zwischen dem Frustrationsschaden und dem Schadensereignis bestehen[862] – nach der zweigleisigen Struktur des § 284 besteht es dagegen im Hervorrufen und Enttäuschen von Vertrauen.[863]

2. Übertragung des Denkmodells des § 284 auf das Deliktsrecht

Das dem § 284 eigene Denkmodell führt nicht zu einer nun mehr angezeigten Ersatzfähigkeit frustrierter Aufwendungen im Rahmen einer deliktischen Haftung. Insoweit könnte man versucht sein, sich auf Literaturstimmen zu stützen, nach denen das Vertrauen des Gläubigers auf ein bestimmtes vertragsgemäßes Verhalten seines Schuldners insofern seine Entsprechung im Deliktsrecht findet, als hier jeder darauf vertraue, von dem anderen rechtens behandelt und nicht geschädigt zu werden.[864] Hervorgehoben wird, dass der Vertrauensgedanke in diesem Sinne anerkanntermaßen eine wichtige Rolle für die Entwicklung und Konkretisierung von Verkehrspflichten spiele. Im Straßenverkehr sei er geradezu zu der Maxime verdichtet worden, dass man sich grundsätzlich auf ein gesetzes- und ordnungsgemäßes Verhalten anderer Verkehrsteilnehmer verlassen darf.[865] Mit dieser „Erkenntnis" im Hinterkopf ließe sich nun argumentieren, dass so wie

---

ken sein, Harke, JR 2003, 1 (2); auch Altmeppen bringt § 284 mit dem Frustrationsgedanken in Verbindung, DB 2001, 1821 (1823.)

861 Ernst-MüKo, § 284 Rn. 11, 23 a.E; Gsell, *Aufwendungsersatz nach § 284,* S. 321 (327f) fragt, warum der Gesetzgeber nicht eine *„grundsätzlichere Lösung"* – sprich eine das Deliktsrecht umfassende Lösung – gesucht habe; ähnlich: Westerman-Erman, § 284, Rn. 1.

862 Ströfer, *Schadensersatz und Kommerzialisierung*, S. 58; Löwe, VersR 1963, S. 307 (310f).

863 Vgl. Müller, *Ersatz entwerteter Aufwendungen*, S. 71.

864 Keuk, *Vermögensschaden und Interesse,* S. 362, 364.

865 Canaris in FS für Schimansky, S. 45 (54).

der Aufwendungsersatz gemäß § 284 mit dem Hervorrufen und Täuschen von Vertrauen auf die ordnungsgemäße Leistung begründet wird, im Deliktsrecht an das enttäuschte Vertrauen des einzelnen auf das ordnungsgemäße Verhalten seiner Mitmenschen als Haftungsgrund anzuknüpfen sei. Doch dieser Vergleich hinkt.[866] Er lässt außer Acht, dass das Deliktsrecht dem Schutz des Integritätsinteresses des Einzelnen hinsichtlich enumerierter, absoluter Rechte und diesen gleichgestellten Rechtsgütern dient – nicht aber seinen Leistungserwartungen. Die Haftung aus Delikt kann allenfalls über den Gedanken der „*Anvertrauenshaftung*" mit der Vertrauenshaftung in Zusammenhang gebracht werden.[867]
Vor allem fehlt es im Deliktsrecht an der im Vertragsrecht typischen Sonderbeziehung zwischen den Parteien, welche eine Einstandspflicht für die Herbeiführung eines bestimmten Erfolges nach sich zieht und den Ersatz des negativen Interesses rechtfertigt.[868] Bezeichnend heißt es, dass das Deliktsrecht Zufallskontakte, das Vertragsrecht dagegen Zweckkontakte regelt. Nur Letzteres erfasst Kontakte von Menschen, die bewusst miteinander in Kontakt treten und Vereinbarungen treffen, um ihre Ziele zu realisieren und Interessen zu befriedigen.[869] Damit bleibt die Intensität eines solchen bloß abstrakten Vertrauens hinter dem der Sonderbeziehung, sei diese vertraglicher oder nichtvertraglicher Art, maßgeblich zurück.
Davon abgesehen unterscheiden sich die Interessenslagen erheblich: Jedenfalls im Vertragsrecht hat der Schuldner mit seinem Versprechen die Ursache für den Aufwand gesetzt, gleichzeitig wird durch den Inhalt des geschlossenen Vertrages der Umfang der bei der Schadensberechnung zu berücksichtigenden Aufwendungen hinreichend genau bestimmbar. An beiden Momenten fehlt es im Recht der unerlaubten Handlungen. Hier hätte der Schädiger für Dispositionen des Geschädigten einstehen müssen, ohne, was Anlass oder Umfang angeht, Einfluss auf das Tätigen der Aufwendungen durch den anderen gehabt zu haben.

---

866 Ausdrücklich gegen eine Übertragbarkeit des Rechtsgedankens des § 284 auf das Deliktsrecht: Canaris in FS für Wiedemann, S. 3 (28).

867 Canaris, *Vertrauenshaftung im Privatrecht*, S. 539ff; ders. in Festgabe für BGH, S. 129 (176).

868 Küppers, *Verdorbene Genüsse und vereitelte Aufwendungen*, S. 63; ders., VersR 1976, 604 (606); „*... bei rechtsgeschäftlichen Bindungen haben sich die Beteiligten zu einem bestimmten Verhalten verpflichtet, sie haben ausdrücklich erklärt, dass sie in der vertraglich vereinbarten Weise tätig werden wollen; und haben durch ihre Worte in dem anderen die Zuversicht oder mindestens die Erwartung geweckt, dass sie sich entsprechend verhalten werden, ... wenn die Beteiligten eine Sonderverbindung miteinander eingehen, verlassen sie das allgemeine auf Isolation bedachte Nebeneinander; sie begegnen sich nunmehr auf einer Ebene des Rechtsverkehrs auf der gemäß §§ 133, 157, 242 jedem Handeln, das in Richtung auf einen anderen vorgenommen wird ein bestimmter Erklärungswert zukommt.*" Frost, *Schutzpflichten*, S. 101.

869 Zum Wesensunterschied zwischen Vertrags- und Deliktsrecht: Ströfer, *Schadensersatz und Kommerzialisierung*, S. 144ff.

Gleichzeitig ist der geschädigte Vertragspartner grundsätzlich schutzwürdiger als derjenige, der Ansprüche aus den §§ 823 ff herleiten kann, dem gegenüber also eine allgemeine Verhaltenspflicht verletzt wurde, denn nur ersterer tätigte die Aufwendungen im Hinblick auf die konkrete Zusage des Vertragspartners.[870]

II. Auswirkungen auf das Reiserecht

Ist die Leistung der Reise als Ganzes mit einem Mangel behaftet (§ 651 c), und hat der Gläubiger den Mangel vor Ort angezeigt und vergeblich Abhilfe verlangt[871], so steht ihm ein Schadensersatzanspruch wegen Nichterfüllung nach § 651f zu. Interessant ist, dass dieser Anspruch bisher nach Rechtsprechung und nahezu einhelliger Lehre neben dem im Voraus bezahlten Reisepreis sonstige Aufwendungen, die mit Blick auf den Urlaub getätigt worden waren,[872] erfasste. So sollten zum Beispiel die Anschaffung einer Taucherausrüstung[873], eines Tropenanzuges,[874] von Bergschuhen oder von Tenniskleidung über § 651f erstattungsfähig sein.
Es sind verschiedene Gründe, die dies interessant erscheinen lassen: Zunächst, weil auf diese Weise vergeblich gewordene Aufwendungen, die zu immateriellen Zwecken – nämlich der Steigerung der Urlaubsfreude – getätigt wurden[875], ohne jede Problematisierung fast beiläufig als ersatzfähig eingestuft werden. Und zum anderen, weil die Rückgewähr des schon gezahlten Entgelts ohne Rekurs auf die Lehre vom Mindestschaden oder eine sonstige Erklärung als vom *Schadens*ersatz umfasst eingestuft wurde.[876] Müller interpretiert die allgemeine Erstattungsfreudigkeit unter Bedacht der Regelung des § 651f II: Wenn nach dieser Norm schon von Gesetzes wegen Ersatz für die frustrierte Urlaubszeit

---

870 Ähnlich, Müller, *Ersatz entwerteter Aufwendungen,* S. 82.
871 Str. dagegen: Eckert-Staudingers, § 651 f Rn. 10.
872 Eckert, *Risikoverteilung im Pauschalreiserecht,* S. 77; Führich, *Reiserecht,* Rn. 330, 343; Eckert-Staudinger, § 651 f, Rn. 32; differenzierend: Müller, *Schadensersatz aufgrund verdorbenen Urlaubs,* S. 217; Grunsky, NJW 1975, 609 (610); Tolk, *Frustrierungsgedanke,* S. 91.
873 Grunsky, NJW 1975, 609 (610).
874 Tolk, *Frustrierungsgedanke,* S. 91.
875 Es war lange umstritten, ob die Beeinträchtigung des Reisegenusses einen Vermögensschaden begründet. Anfangs hat der BGH dies in der bekannten Seereise-Entscheidung, BGH NJW 1956, 1234 (1235) = VersR 1956, 491, unter Kommerzialisierungsgesichtspunkten bejaht.
876 Beiläufig klingt in der Entscheidung des AG HH, NJW-RR 1989, 564 (564) der Rekurs auf die Rentabilitätsvermutung an (da dieser aber im Zusammenhang mit den frustrierten Aufwendungen eines Urlaubers für die Umtauschgebühr geschieht, ist dieser Verweis falsch); Derleder-AK, § 651 f Rn. 2; Honsell, JuS 1976, 222 (224) setzt sich kurz mit der Problematik auseinander. Löwe, *Pauschalreiserecht,* S. 115; kritisch: Müller, *Schadensersatz aufgrund entgangenen Urlaubs,* S. 217; vor Erlass des § 651 f wurde dasselbe Ergebnis über den Schadensersatz wegen Nichterfüllung gemäß § 635 erzielt: BGHZ 63, 98 (107); OLG Köln, NJW 1973, 1083 (1084); Grunsky-MüKo (3. Aufl., 1994), vor § 249 Rn. 29.

gewährt wird, empfinde man es wohl als konsequent über § 651f I Ersatz für frustrierte Sachaufwendungen zu gewähren.[877] Andere Stimmen erkennen hinter der Rechtsprechung zum Ersatz von Urlaub und Urlaubsgenuss den allgemeinen Frustrierungsgedanken.[878] Der BGH versuche dies lediglich mit der Rentabilitätstheorie zu überspielen, um der Kausalitätsproblematik aus dem Wege zu gehen,[879] es handele sich um die allgemeine Frage des Ersatzes nutzloser Aufwendungen.[880]

Erwähnte Grundsätze bestanden schon vor der Normierung der reisevertraglichen Spezialregeln im BGB im Jahre 1979[881] und haben sich hernach nicht geändert. Ein Blick in die Gesetzgebungsgeschichte lässt allerdings Zweifel an ihrer Legitimität aufkeimen: So heißt es im Entwurf der Bundesregierung: *„Über Art und Umfang der zu ersetzenden Schäden trifft das Gesetz keine Bestimmungen. Insoweit gelten die allgemeinen Bestimmungen des Bürgerlichen Gesetzbuchs.*“[882] Nach dem allgemeinen Verständnis dieser Zeit war der Ersatz frustrierter Aufwendungen nur dann ein Posten des Schadensersatzes wegen Nichterfüllung, wenn die Voraussetzungen der Rentabilitätstheorie vorlagen. Dementsprechend hätte auch bei Bemessung des Schadensersatzes wegen Nichterfüllung nach § 651f I verfahren werden müssen.
Dies gilt umso mehr, als eine ausdrückliche Erklärung des Gesetzgebers zum Ersatz frustrierter Aufwendungen zu erwarten gewesen wäre, wenn ein Abweichen von der herrschenden Rentabilitätstheorie angestrebt war. Auch wenn der Bundesrat in seiner Begründung zur Anrufung des Vermittlungsausschusses anführt, eine Regelung wie die des späteren § 651f I sei überflüssig, da dieser in seinen Rechtsfolgen dem § 635 entspreche,[883] untermauert dies ein gegen die generelle Erstattbarkeit frustrierter Aufwendungen sprechendes Verständnis. Erstmalig im Bericht des Rechtsausschusses des Deutschen Bundestages über den Gesetzesentwurf heißt es, dass § 651 f I „*... praktische Bedeutung bei Vorliegen von Begleitschäden (zum Beispiel nutzlose Aufwendungen), Mangelfolgeschäden sowie im Hinblick auf den nach Abs. 2 ebenfalls erstattungsfähigen Schaden...*“ habe.[884] Dies ist die Stelle, die später als Begründung des Ersatzes

877 Müller, *Ersatz entwerteter Aufwendungen,* S. 53.
878 Baur in FS für Raiser, S. 119 (135); Müller, *Schadensersatz aufgrund verdorbenen Urlaubs,* S. 105 a.E.ff (insbesondere S. 107).
879 Müller, *Schadensersatz aufgrund verdorbenen Urlaubs,* S. 107.
880 Grunsky, NJW 1975, 609 (610); Tolk, *Frustrierungsgedanke*, S. 89.
881 Vgl. LG Frankfurt, Urteil v. 9. 9. 1975, FVE Nr. 1055, S. 237 (239); LG Frankfurt, Urt. v. 26. 10. 1977; LG Frankfurt, Urteil v. 26. 20. 1975, FVE Nr. 1052, S. 216; OLG Karlsruhe, ZMR 1988, 223 (224f).
882 BT-Drucks. 8/786, S. 29.
883 BT-Drucks 8/2589, S. 5; bevor das Reisevertragsrecht Einzug ins BGB erhielt, wurde der Schadensersatzanspruch wegen Nichterfüllung aus § 635 abgeleitet.
884 BT-Drucks 8/2343, S. 10.

frustrierter Aufwendungen über § 651 f I herhalten sollte, obwohl sie eine inhaltliche Begründung des Aufwendungsersatzes schuldig blieb und obwohl dies der geltenden Rentabilitätstheorie widersprach. Angesichts der vorausgegangenen amtlichen Erörterung der neuen Regelung kann diese Stelle nur als ein Fehlschluss angesehen werden.

Mit der Schuldrechtsreform ist ein geeigneter Zeitpunkt gekommen, diese alten Fehler auszumerzen und auch im Reiserecht auf § 284 zurückzugreifen.[885]

Nur dies entspräche im Übrigen dem erklärten Willen des Gesetzgebers, mit § 284 eine einheitliche Anspruchsgrundlage für den Ersatz frustrierter Aufwendungen zu schaffen. Abgesehen davon wäre ansonsten eine Besserstellung der Gläubiger, die aus der Verletzung eines Reisevertrages vorgehen und sich nicht zwischen Aufwendungsersatz und Schadensersatz statt der Leistung entscheiden müssen, zu befürchten.

C) Fazit und Aussicht

„Ein friedliches Zusammenleben unter Rechtsgesetzen, die jedem das Seine sichern, ist nur möglich, wo Vertrauen geschützt wird. Allseitiges totales Misstrauen führt zu allseitiger totaler Abschließung oder zur Herrschaft des Stärkeren, also zum Gegenteil eines Rechtszustandes. Vertrauen zu ermöglichen und gerechtfertigtes Vertrauen zu schützen, ist eines der elementarsten Gebote, denen unsere Rechtsordnung nachzukommen hat."[886]

Ausgehend von dieser, das Gefüge der Rechtsordnung betreffenden Erkenntnis ist es zu begrüßen, dass der Gesetzgeber im Rahmen der Schuldrechtsreform die Gelegenheit ergriff, die Problematik der infolge Pflichtverletzung frustrierten Aufwendungen zu regeln. Zuvor konnte insbesondere der Gläubiger, der mit dem Schuldverhältnis immaterielle Zwecke verfolgt und im Vertrauen auf den Erhalt der Leistung Aufwendungen getätigt hatte, nicht wegen der Frustration dieser Aufwendungen infolge der Pflichtverletzung seines Schuldners gegen diesen vorgehen. Da ihm regelmäßig gerade wegen seiner immateriellen Beweggründe sonstige Anspruchsgrundlagen nicht offen standen, sah er sich von der Rechtsordnung im Stich gelassen. Auch andere in der höchstrichterlichen Rechtsprechung immer deutlicher zu Tage tretenden Unzulänglichkeiten der Rentabilitätstheorie, wie ihre Beschränkung auf vertragliche Schuldverhältnisse sowie

---

885 Vollkommer-Jauernig, § 284 Rn. 2.
886 Larenz, *Methodenlehre*, S. 477.

die in der Diskotheken-Entscheidung präzisierten Grundsätze zur Vorteilsausgleichung, hatten ein Handeln des Gesetzgebers unumgänglich gemacht.
Ob die neue Regelung in der Praxis überzeugen mag, wird die Zukunft zeigen. Das dogmatische Gerüst des § 284 vermochte jedenfalls einer kritischen Betrachtung in praktischer wie in dogmatischer Hinsicht standzuhalten, sofern man den von § 284 sanktionierten Schaden in der Frustration der Aufwendungen erblickt. Und sofern man die unbestimmten Rechtsbegriffe der Billigkeit und des Vertrauens als Ansatzpunkt für die Besonderheiten bestimmter Schuldverhältnisse, wie zum Beispiel innerhalb eines Schenkungsvertragsverhältnisses, bei der Auslobung oder bei einem Auftrag, versteht.
Gleichzeitig führt eine Auseinandersetzung mit der Regelung des neuen § 284 zur Wiederbelebung verschiedener rechtsdogmatischer Diskussionen, wie beispielsweise der Auseinandersetzung mit der Lehre von der Vertrauenshaftung oder der Frustrationstheorie. So deutet einiges darauf hin, dass es sich bei § 284 um einen weiteren Grundtyp der vertrauensrechtlichen Schadensersatzhaftung, nämlich wegen Verletzung einer (Leistungs-) Pflicht handelt. Daneben regt § 284 dazu an, zwei zum BGB a.F. entwickelte Fallgruppen der culpa in contrahendo zu überdenken. Hierbei handelt es sich um den grundlosen Abbruch von Vertragsverhandlungen sowie um die Verletzung von vorvertraglichen Aufklärungspflichten.
Letztlich erlaubt und erfordert § 284 in vielen Fällen eine Rechtsanwendung, die zu anderen Ergebnissen führt als die bisherige von der Rentabilitätstheorie geprägte Jurisdiktion. So bedingt die Fassung des § 284 eher eine Ausweitung als eine Abnahme der positiven Bescheidungen von Begehren auf Ersatz frustrierter Aufwendungen. Bei der Verfolgung materieller Zwecke durch den Gläubiger sind nunmehr Aufwendungen, die der Gläubiger für die weitere Verwendung des Leistungsgegenstandes gemacht hat, prinzipiell ersetzbar. Vor allem aber besteht nunmehr erstmals eine Ersatzpflicht des säumigen Schuldners in der Vielzahl der Fälle, in denen durch die Pflichtverletzung private, konsumtive oder anderweitige immaterielle Zwecke des Gläubigers vereitelt wurden. Auch bei Pflichtverletzungen im Rahmen nicht-vertraglicher Schuldverhältnisse erlaubt § 284 erstmalig die Berücksichtigung.
Außerdem werden die früheren Leitlinien des BGH zur Vorteilsausgleichung im Zusammenhang mit frustrierten Aufwendungen, wie sie in der Diskotheken-Entscheidung aufgestellt worden waren, hinfällig. Zur Erinnerung: Hier verneinte der BGH die Möglichkeit der Vorteilsanrechnung, soweit es sich um Vorteile handelt, die nicht unmittelbar auf aus dem Gegenseitigkeitsverhältnis entspringenden Umständen basieren.[887] Die Aufgabe dieser „jüngeren" Tendenzen zur Rentabilitätstheorie kommt insbesondere dem Schuldner zugute, der damit

887 BGH NJW 1991, 2277 (2278f) - da der BGH Aufwendungen außerhalb dieser Kategorien ohnehin nicht als erstattungsfähig wertete, stellte sich für ihn die Frage der Vorteilsanrechnung nicht.

weitergehende Möglichkeiten erhält, den Umfang seiner Ersatzpflicht zu reduzieren.

Schriften zum Handels- und Wirtschaftsrecht

Herausgegeben von Herbert Leßmann und Ralph Backhaus

Band 1 Thomas Häuser: Die Eigenmittel der Kreditinstitute und mögliche Erweiterungen. 2000.

Band 2 Susanne Koch: Schutz vor kommerzieller Markenverunglimpfung durch das Markengesetz. 2001.

Band 3 Andreas Lachmann: Haftungs- und Vermögensfolgen bei Sitzverlegung ausländischer Kapitalgesellschaften ins Inland. 2000.

Band 4 Markus Fischer: Die freie Benutzung beim Schreiben künstlerischer Literatur. 2001.

Band 5 Frank Zingel: Ausbietungsgarantien. Rechtliche Probleme eines Kreditsicherungsmittels. 2001.

Band 6 Stephan Marienfeld: Konzernproblematiken bei der Publikumspersonengesellschaft. Dargestellt an den Beispielen der Mehrheitsentscheidungen, des Beirates und der Treuhandkonstruktion. 2001.

Band 7 Tobias Menzel: Werbebeschränkungen im Sport. Eine wettbewerbsrechtliche Untersuchung verbandsrechtlicher Werbebeschränkungen am Beispiel des DFB. 2002.

Band 8 Thomas Ullrich: Unternehmensmitbestimmung in der kapitalistischen Kommanditgesellschaft auf Aktien, 2002.

Band 9 Sebastian Jungermann: Der Beweiswert elektronischer Signaturen. Eine Studie zur Verläßlichkeit elektronischer Signaturen und zu den Voraussetzungen und Rechtsfolgen des § 292a ZPO. 2002.

Band 10 Axel Schilder: Schadensersatz bei Durchbrechung der Bindung an obligatorische Vertragsofferten. Eine vergleichende Untersuchung zum BGB und zum UN-Kaufrecht (CISG). 2003.

Band 11 Götz Wied: Gewinnversprechen von Versandfirmen. Rechtfertigung, Auslegung und Anwendungsprobleme des § 661a BGB. 2003.

Band 12 Timo Elsner: Die laufende Kontrolle der Tochtergesellschaften durch die Verwaltung der Muttergesellschaft. Eine Konkretisierung der aktiengesetzlichen Grundlagen. 2004.

Band 13 Elmar Mand: Das Recht der Kabelweitersendung. Kabelweiterleitung von Rundfunkprogrammen im Lichte des § 20 b UrhG. 2004.

Band 14 Thorsten Schaefer: Normenkonkurrenz beim Schutz von Marken und geschäftlichen Bezeichnungen. 2005.

Band 15 Frank Fricke: Zivilrechtliche Folgen von Verstößen gegen das SchwarzArbG. 2005.

Band 16 Christine Bunzel: Der Ersatz vergeblicher Aufwendungen im modernisierten Schuldrecht. 2007.

www.peterlang.de